Annexverfahren im Europäischen Insolvenzrecht

Schriften zum Verfahrensrecht

Herausgegeben von
Jens Adolphsen, Christoph Althammer, Peter Gottwald und Ulrich Haas

Band 53

PL ACADEMIC RESEARCH

Tobias Waldmann

Annexverfahren im Europäischen Insolvenzrecht

PL ACADEMIC RESEARCH

Bibliografische Information der Deutschen Nationalbibliothek
Die Deutsche Nationalbibliothek verzeichnet diese Publikation in der Deutschen Nationalbibliografie; detaillierte bibliografische Daten sind im Internet über http://dnb.d-nb.de abrufbar.

Zugl.: Regensburg, Univ., Diss., 2015

Gedruckt auf alterungsbeständigem,
säurefreiem Papier.

D 355
ISSN 1619-344X
ISBN 978-3-631-66822-1 (Print)
E-ISBN 978-3-653-06005-8 (E-Book)
DOI 10.3726/978-3-653-06005-8

PL Academic Research ist ein Imprint der Peter Lang GmbH.
Peter Lang – Frankfurt am Main · Bern · Bruxelles · New York · Oxford · Warszawa · Wien

Diese Publikation wurde begutachtet.

www.peterlang.com

Vorwort

Die vorliegende Arbeit wurde im Sommersemester 2015 von der Fakultät für Rechtswissenschaften der Universität Regensburg als Dissertation angenommen. Rechtsprechung und Literatur sind bis Mai 2015 berücksichtigt.

Besonderer Dank gilt meinem Doktorvater Herrn Prof. Dr. Dr. h.c. Peter Gottwald, der mein Vorhaben stets mit großen Bemühungen unterstützte und mir bis zur Veröffentlichung in fachlichen und organisatorischen Fragen hilfsbereit zur Seite stand.

Bedanken möchte ich mich auch bei meiner Familie und meiner Verlobten für die große Unterstützung und Geduld über die lange Zeit der Entstehung dieser Arbeit.

Regensburg, im August 2015 Tobias Waldmann

Meinen Eltern

Inhaltsverzeichnis

1. Einführung

Die Frankfurter Allgemeine Zeitung schrieb:

> *„Neue Stufe im europäischen Abenteuer“*
>
> *13.12.2007* – Die Staats- und Regierungschefs der Europäischen Union haben *den Vertrag von Lissabon unterzeichnet, das neue Regelwerk der EU: „Zum ersten Mal sind die Länder, die einst durch den Eisernen Vorhang getrennt waren, vereint durch einen gemeinsamen Vertrag“, sagte EU-Kommissionspräsident Barroso.“*[1]

Der Vertrag von Lissabon stellt einen weiteren Schritt zur Verselbständigung der Europäischen Union, einen weiteren Schritt auch für die Globalisierung, dar. Dass mit der Globalisierung auch die internationale Verflechtung von Unternehmen einhergeht, ist offensichtlich. Die Gesellschaften, insbesondere Kapitalgesellschaften, expandieren und bilden Tochtergesellschaften. Die Probleme bei Insolvenzen solcher Konzerne resultieren aus der Verschiedenartigkeit der einzelnen Rechtsordnungen.

Die Europäische Union hat auf die zunehmende Globalisierung im Rahmen der Insolvenzrechts am 31. Mai 2002 mit der Europäischen Insolvenzverordnung (EuInsVO)[2] reagiert und damit ein ganzes Stück Rechtssicherheit bei internationalen Insolvenzen geschaffen.

Allerdings sind mit der Einführung der Europäischen Insolvenzverordnung nicht alle Probleme bei internationalen Insolvenzen gelöst worden. Wie bei beinahe jeder Vorschrift müssen manche Regelungen noch ausgelegt werden, da entweder Problemfelder gar nicht geregelt sind oder nicht genau bestimmt werden kann, welche Fälle unter eine bestimmte Vorschrift subsumiert werden können. So verhält es sich auch bei Art. 25 EuInsVO, da insbesondere bei den Annexverfahren, also den Verfahren, *„die unmittelbar aufgrund des Insolvenzverfahrens ergehen und in engem Zusammenhang damit stehen“*[3], nicht abschließend geklärt ist, welches Gericht international zuständig ist, sodass strittig ist, ob

---

1 Alle aufgeführten Zitate sind indirekte Zitate, soweit sie nicht mit Anführungszeichen als direkte Zitate gekennzeichnet sind:
Frankfurter Allgemeine Zeitung, FAZ.NET, vom 13.12.2007, abzurufen unter http://www.faz.net/aktuell/politik/europaeische-union/vertrag-von-lissabon-unterzeichnet-neue-stufe-im-europaeischen-abenteuer-1492620-b2.html.

2 VO (EG) Nr. 1346/2000 des Rates vom 29.05.2000 über Insolvenzverfahren (ABl. Nr. L 160 S. 1).

3 Art. 25 Abs. 1 UAbs. 2 EuInsVO.

die internationale Zuständigkeit sich nach autonomem Recht, nach der EuGVVO[4] oder nach der EuInsVO richtet.

Insbesondere diese Thematik behandelt der Entwurf der Kommission der EU zu einer Reform der EuInsVO. Am 12.12.2012 veröffentlichte die Kommission einen Vorschlag zur Änderung der EuInsVO,[5] der insbesondere auch die Problematiken bei der Bestimmung der Zuständigkeit für das Haupt-, aber auch für das Annexverfahren lösen soll.

Umstritten ist aber auch, welche Entscheidungen schließlich als Annexentscheidungen zu qualifizieren sind. Insbesondere im Gesellschaftsrecht sind im Rahmen der Gesellschafterhaftung oder Geschäftsleiterhaftung noch viele Probleme erörterungsbedürftig. Desweiteren ist zu berücksichtigen, dass sich durch das In-Kraft-Treten des MoMiG[6] der Charakter der Haftungsvorschriften geändert haben könnte, sodass eine Anpassung früherer Sichtweisen geboten erscheint. Im Rahmen der Reform durch das MoMiG sind Vorschriften aus gesellschaftsrechtlichen Regelungen in die Insolvenzordnung verschoben worden, was tendenziell bedeuten könnte, dass diese Ansprüche künftig als insolvenzrechtlich qualifiziert werden müssen.

Die Probleme bei der Bestimmung der internationalen Zuständigkeit rühren von der sog. *vis attractiva concursus* her. Diese beinhaltet, dass Streitigkeiten im Zusammenhang mit einer Insolvenz vom Insolvenzgericht im Rahmen des Insolvenzverfahrens zu entscheiden sind. Die andere Möglichkeit die internationale Zuständigkeit festzulegen ist, diese Annexverfahren in getrennten Zivilverfahren abzuwickeln. Die Problematik dabei ist, dass die *vis attractiva concursus* in den einzelnen Rechtsordnungen der Mitgliedsstaaten der Europäischen Union unterschiedlich stark ausgeprägt ist, sodass in manchen Ländern deutlich weniger Verfahren von den Insolvenzgericht mit entschieden werden als in anderen Mitgliedsstaaten.

Insbesondere in Deutschland wird die *vis attractiva concursus* grundsätzlich abgelehnt, sodass das deutsche Recht ausschließlich bei Feststellungsklagen zur Insolvenztabelle und bei Passivprozessen des Insolvenzverwalters auf die örtliche Zuständigkeit beschränkte *vis attractiva concursus* abstellt. In England und

4 Verordnung (EG) Nr. 44/2001 des Rates vom 22.12.2000 über die gerichtliche Zuständigkeit und die Anerkennung und Vollstreckung von Entscheidungen in Zivil- und Handelssachen.

5 Vorschlag der Kommission COM(2012) 744 final, 2012/0360 (COD), C7-0413/12.

6 Gesetz zur Modernisierung des GmbH-Rechts und zur Bekämpfung von Missbräuchen vom 29.05.2006.

Frankreich hingegen ist eine deutlich stärker ausgeprägte *vis attractiva concursus* für Verfahren in Zusammenhang mit einem Insolvenzverfahren vorzufinden.[7]

Daraus resultieren Probleme, welche teils mittlerweile durch Rechtsprechung gelöst wurden, teils aber noch fortbestehen oder neu hinzugekommen sind, insbesondere bei der Bestimmung der internationalen Zuständigkeit und der Qualifikation der Annexverfahren im Sinne des Art. 25 Abs. 1 UAbs. 2 EuInsVO. Diese sollen nachfolgend rechtsvergleichend mit englischem und französischem Recht dargestellt werden. Ein Schwerpunkt wird dabei auf das Gesellschaftsrecht gelegt.

7 *Willemer*, Vis attractiva concursus, S. 28 ff.

2. Vis attractiva concursus

2.1 Begriff sowie Vor- und Nachteile

Der Grundsatz der *vis attractiva concursus* besagt, dass alle Rechtsfragen, die das Insolvenzverfahren berühren, vom Insolvenzgericht zu entscheiden sind, dessen Zuständigkeit durch die Attraktionskraft der Insolvenz/des Konkurses begründet wird.[8] Das bedeutet, dass die Gerichte am Ort der Insolvenzverfahrenseröffnung nicht nur für die Abwicklung des Insolvenzverfahrens allgemein zuständig ist, sondern auch für alle Entscheidungen und Prozesse, die in diesem Zusammenhang ergehen (ausschließlich) zuständig sind.[9] Es handelt sich um eine Form der Zuständigkeit kraft Sachzusammenhangs.[10]

Dieser Grundsatz beinhaltet, dass bei Insolvenzverfahrenseröffnung die allgemeinen Zuständigkeitsregeln des betreffenden Landes durch spezielle Zuständigkeitsregeln für den Insolvenzfall verdrängt werden. Hierdurch können Probleme entstehen, da jeder einzelne Mitgliedsstaat andere Vorschriften für Insolvenzverfahren hat und somit verschieden stark ausgeprägte Attraktivzuständigkeiten für die Verfahren neben dem eigentlichen Insolvenzverfahren nennt; die Kompetenz des Insolvenzgerichts ist deshalb in jedem Mitgliedsstaat unterschiedlich.[11] In manchen Mitgliedsstaaten fehlt eine Zuständigkeitskonzentration vollkommen.[12] Deshalb bringt es große Probleme, insbesondere bei der Qualifikation und Zuständigkeitsbestimmung, mit sich, wenn Entscheidungen zur Durchführung und Beendigung des eigentlichen Insolvenzverfahrens getroffen werden sollen, aber auch wenn Streitigkeiten geklärt werden sollen, die in verselbständigten Einzelverfahren entschieden werden. Die Entscheidung, ob Annexstreitigkeiten besser direkt vom Insolvenzgericht oder in getrennten

---

8 *Smid*, Grundzüge des Insolvenzrechts, S. 25.

9 *Jahr*, ZZP 79 (1966), 347, 348 f.; *Bauer/Stürner*, ZKVR, Rn. 5.47; *Smid*, Grundzüge des Insolvenzrechts, S. 25; *Häsemeyer*, Insolvenzrecht, Rn. 2.10; *Willemer*, Vis attractiva concursus, S. 9.

10 *Smid*, Grundzüge des Insolvenzrechts, S. 25.

11 *Haubold*, IPRax 2002, 157, 159; *Kolmann*, Kooperationsmodelle, S. 119 ff., 279; *Paulus*, EuInsVO, Art. 25 Rn. 6; *Schollmeyer*, IPRax 1998, 29, 29; *Ambach*, Art. 25 EuInsVO, S. 95 f.

12 *Schollmeyer*, IPRax 1998, 29, 29.

Zivilverfahren entschieden werden sollten, ist letztlich eine rechtspolitische Entscheidung.[13]

Die Nachteile, welche durch die unterschiedliche Anwendung der *vis attractiva concursus* in den Mitgliedsstaaten resultieren, sollen durch die Vorteile der Verfahrensbeschleunigung und Arbeitserleichterung für die Organe des Verfahrens aufgewogen werden, da das Insolvenzgericht alle in diesem Zusammenhang stehenden Prozesse miterledigen kann.[14] Ein weiterer Vorteil der *vis attractiva concursus* ist die besondere Sachnähe[15] des Gerichts, da das Insolvenzgericht den Blick für die Ganzheit des schuldnerischen Unternehmens und die für dessen Ertragskraft unentbehrlichen Verflechtungen hat und somit am besten über die im Zusammenhang stehenden Prozesse entscheiden kann.[16] Desweiteren ist es von Vorteil, wenn das Insolvenzgericht in diesem Zusammenhang über alle derartigen Prozesse entscheidet, sodass eine gewisse Widerspruchsfreiheit der Urteile und Entscheidungen gewährleistet ist, was wiederum den einzelnen Verfahrensbeteiligten zugutekommt. Somit kann durch eine Attraktivzuständigkeit des Insolvenzgerichts die voneinander abweichende und unterschiedliche Beurteilung von gleichartigen insolvenzbezogenen Annexverfahren verhindert werden.[17] Die Einheit und Einheitlichkeit des Insolvenzverfahrens kann gefördert werden.[18] Dadurch wird wiederum dem Ziel und dem Grundsatz der *par conditio creditorum*, der Gläubigergleichbehandlung, genüge getan.[19] Durch das Zentralisieren der Zuständigkeiten beim Insolvenzgericht soll insgesamt also mehr materielle Gerechtigkeit und Effektivität im Insolvenzverfahren bewirkt werden.[20] Dies geschieht vor allem durch Beschleunigung aufgrund kurzer Wege, widerspruchsfreie Entscheidungen und Arbeitserleichterung für die Organe des Verfahrens.[21]

---

13 *Haubold*, IPRax 2002, 157, 159.

14 *Ambach*, Art. 25 EuInsVO, S. 97; *Willemer*, Vis attractiva concursus, S. 9.

15 *Haubold*, IPRax 2002, 157, 163.

16 *Berges*, KTS 1965, 73, 74.

17 *Haubold*, IPRax 2002, 157, 163; *Ambach*, Art. 25 EuInsVO, S. 97; *Willemer*, Vis attractiva concursus, S. 10 *Lent*, KTS 1959, 73, 78 f.

18 *Haas*, NZG 1999, 1148, 1149.

19 *Haas*, NZG 1999, 1148, 1149; *Willemer*, Vis attractiva concursus, S. 10.

20 *Baur/Stürner*, ZKVR, Rn. 5.47; *Ambach*, Art. 25 EuInsVO, S. 97; *Willemer*, Vis attractiva concursus, S. 10; Vergleiche zu den Vorteilen insgesamt auch: *Aderhold*, Auslandskonkurs im Inland, S. 304.

21 *Baur/Stürner*, ZKVR, Rn. 5.47.

Im Gegensatz zu dem Modell der *vis attractiva concursus* steht das Prinzip der dezentralen Zuständigkeitsordnung, das die Entscheidungsbefugnis über den unmittelbaren Ablauf des Insolvenzverfahrens und die Überwachung der Organe dem Insolvenzgericht überlässt. Nach dieser Ansicht sollen alle übrigen auftretenden Einzelstreitigkeiten in getrennten Verfahren ausgetragen werden. Es sind die Gerichte weiterhin zuständig, die nach den allgemeinen Zuständigkeitsvorschriften zuständig sind. Nach diesem Konzept sollen also die Lasten des Verfahrens besser verteilt, die Funktion des Insolvenzgerichts als Aufsichts- und Überwachungsinstanz gestärkt werden (und nicht etwa durch eine allzu weitgehende Zuständigkeit beeinträchtigt werden) und die fachgerichtliche Kompetenz der einzelnen Gerichte für das jeweilige Einzelverfahren genutzt werden.[22] Außerdem sieht diese Meinung in der Zentralisierung der Einzelverfahren beim Insolvenzgericht eine Gefahr für den raschen Verfahrensgang, weil nach dieser Ansicht die durch die Zusammenfassung der Verfahren beim Insolvenzgericht beabsichtigte Beschleunigung des Insolvenzverfahrens nicht zur Geltung gelangt, sondern im Gegenteil vielmehr für eine Verzögerung wegen Überlastung der Insolvenzgerichte sorgt.[23] Gegen das Konzept der Allzuständigkeit des Insolvenzgericht spricht weiterhin, dass denjenigen, die außerhalb des Insolvenzverfahrens stehen, der Prozessgerichtstand (meist allgemeiner Gerichtsstand des Beklagten) entzogen werden würde, den sie bei Nicht-Eröffnung des Insolvenzverfahrens gehabt hätten.[24] Die Sanierungsmöglichkeiten in einem Insolvenzverfahren würden durch eine Verzögerung wegen Überlastung der Insolvenzgerichte deutlich eingeschränkt werden und damit auch die Befriedigungschancen für die Gläubiger. Außerdem würde eine gewisse Rechtsunsicherheit für Prozesse bestehen, die vor Insolvenzeröffnung bereits anhängig waren oder nach Insolvenzbeendigung noch nicht entschieden worden sind.[25]

---

22 *Aderholt*, Auslandskonkurs im Inland, S. 303; *Ambach*, Art. 25 EuInsVO, S. 97; *Willemer*, Vis attractiva concursus, S. 11.

23 *Baur/Stürner*, ZKVR, Rn. 5.47; *Ambach*, Art. 25 EuInsVO, S. 97; *Häsemeyer*, Insolvenzrecht, Rn. 2.10; *Willemer*, Vis attractiva concursus, S. 11; *Haas*, NZG 1999, 1148, 1149.

24 *Aderholt*, Auslandskonkurs im Inland, S. 303; *Habscheid*, ZIP 1999, 1113, 1115; *Herchen*, Das Übereinkommen, S. 221 f.; *Ambach*, Art. 25 EuInsVO, S. 97; *Trunk*, Internationales Insolvenzrecht, S. 378 ff.

25 *Kolmann*, Kooperationsmodelle, S. 122; *Ambach*, Art. 25 EuInsVO, S. 97.

2.2 Art und Umfang

2.2.1 Vis attractiva concursus im nationalen Recht

Die *vis attractiva concursus* ist in den Mitgliedsstaaten der Europäischen Union unterschiedlich stark ausgeprägt.[26] Somit umfasst die Zuständigkeit des Insolvenzgerichts in dem einen Mitgliedsstaat die meisten Einzelverfahren, die im Zusammenhang mit dem Insolvenzverfahren stehen, in einem anderen Mitgliedsstaat wiederum werden lediglich die Verfahren, die den unmittelbaren Ablauf des Insolvenzverfahrens betreffen, von der Zuständigkeit des Insolvenzgerichts erfasst. Dabei bestehen nicht nur Ausprägungen einer *vis attractiva concursus*, die einerseits ausschließliche Allzuständigkeiten für sämtliche Streitigkeiten in diesem Rahmen und andererseits bei der das Insolvenzgericht nur die Kontrolle ausübt,[27] welche Eckpunkte des möglichen Spektrums darstellen,[28] sondern auch Ausprägungen, die in dem dazwischen liegenden Bereich angesiedelt sind.[29]

So wird hinsichtlich des Umfangs der *vis attractiva concursus* danach unterschieden, ob lediglich Passiv- oder auch Aktivprozesse der Masse erfasst werden.[30] Allerdings sind die Auswirkungen der *vis attractiva concursus* in den Fällen, in denen Aktivprozesse erfasst werden, wesentlich umfangreicher, da die Prozessgegner des Insolvenzverwalters und Schuldners meist nach Insolvenzeröffnung einen neuen Gerichtsstand am Ort der Insolvenzverfahrenseröffnung erhalten und nicht mehr auf ihren allgemeinen Gerichtsstand vertrauen können. Im Gegensatz dazu wird regelmäßig bei Passivprozessen der allgemeine Gerichtsstand des Schuldners und des Insolvenzverwalters der Ort der Insolvenzeröffnung sein.[31]

Hinsichtlich der Art der *vis attractiva concursus* wird unterschieden zwischen einer vollen *vis attractiva concursus* und einer beschränkten *vis attractiva concursus*; das Insolvenzgericht hat im Fall der vollen *vis attractiva concursus* über die einzelnen, damit im Zusammenhang stehenden Rechtsstreitigkeiten im

26 *Haubold*, IPRax 2002, 157, 159.
27 *Paulus*, EuInsVO, Art. 25 Rn. 6.
28 *Haas*, NZG 1999, 1148, 1149.
29 *Ambach*, Art. 25 EuInsVO, S. 96.
30 *Schollmeyer*, Gegenseitige Verträge, S. 99; *Schollmeyer*, IPRax 1998, 29, 29, Fn. 1.
31 Vgl. *Willemer*, Vis attractiva concursus, S. 12 f.

Insolvenzverfahren mitzuentscheiden, wobei es dann ein sachliches und ein örtliches Zuständigkeitsmonopol hat.[32]

Dagegen kann eine beschränkte *vis attractiva concursus* bewirken, dass im Insolvenzverfahren die Regeln des Zivilprozesses Anwendung finden; außerdem kann in diesem Fall lediglich die sachliche und örtliche Gerichtszuständigkeit beeinflusst werden, wenn beispielweise das Einzelverfahren am Ort des Insolvenzverfahrens vom Prozessgericht entschieden wird.[33]

2.2.2 Vis attractiva concursus im internationalen Recht

Auch im internationalen Insolvenzrecht kann eine *vis attractiva concursus* Bedeutung erlangen. So ist bei grenzüberschreitenden Insolvenzen, also bei Insolvenzen, bei denen das Vermögen des Schuldners auf mehrere Staaten verteilt ist oder Gläubiger des Schuldners ihren Sitz nicht allein im Eröffnungsstaat haben, die internationale *vis attractiva concursus* zu unterscheiden von der nationalen *vis attractiva concursus*. Die Attraktivzuständigkeit im internationalen Insolvenzrecht besagt nämlich, dass die Gerichte des Insolvenzstaats für Annexstreitigkeiten, also für Streitigkeiten, die im Zusammenhang mit dem Insolvenzverfahren entstehen, international zuständig sind. Die *vis attractiva concursus* bestimmt hierbei also lediglich den Staat, dessen Gerichte für das Insolvenzverfahren zuständig sind, nicht hingegen die Zuständigkeit der Gerichte innerhalb des Landes (vgl. Art. 3 und i.E. Art. 25 EuInsVO).[34] Diese richtet sich wiederum nach der jeweiligen Rechtsordnung und der Ausprägung, dem Umfang und der Intensität der *vis attractiva concursus* des jeweiligen Staates.[35]

Die Auswirkungen der *vis attractiva concursus* im internationalen Insolvenzrecht sind in entscheidendem Maße abhängig von der rechtsdogmatischen Einordnung der Attraktivzuständigkeit durch die nationalen Gerichte und davon, ob der Anerkennungsstaat dem Territorialitäts- oder dem Universalitätsprinzip folgt.[36]

Die *vis attractiva concursus* kann insolvenzrechtlich oder (zivil-) verfahrensrechtlich eingeordnet werden. Wird sie als insolvenzrechtlich qualifiziert, so

---

32 *Herchen*, Das Übereinkommen, S. 220; *Ambach*, Art. 25 EuInsVO, S. 96; vgl. dazu auch *Jahr*, Vis attractiva concursus, in: Kegel/Thieme, Vorschläge und Gutachten, S. 307.

33 *Schollmeyer*, IPRax, 1998, 29, 29, Fn. 1; *Ambach*, Art. 25 EuInsVO, S. 96; *Jahr*, ZZP 79 (1966), 347, 349 f.; *Willemer*, Vis attractiva concursus, S. 13 m.w.N.

34 Umstritten, so aber richtigerweise zum Beispiel: MünchKommBGB – *Kindler*, Band 11, Art. 3 EuInsVO Rn. 85 a.E.

35 *Jahr*, RabelsZ 36 (1972), 620, 626; *Willemer*, Vis attractiva concursus, S. 14.

36 *Willemer*, Vis attractiva concursus, S. 19.

ist das Recht des Staates der Eröffnung des Insolvenzverfahrens anzuwenden, also die *lex fori concursus*. Wenn die Attraktivzuständigkeit allerdings als (zivil-) verfahrensrechtlich angesehen wird, sind die Verfahrensvorschriften des Staates anzuwenden, in dem das Gericht angerufen wurde, also die *lex fori*; die *lex fori* entscheidet dann über die internationale Zuständigkeit für die Eröffnung dieses Einzelverfahrens.[37]

Desweiteren sind die Auswirkungen der *vis attractiva concursus* im internationalen Insolvenzrecht abhängig davon, ob der Anerkennungsstaat dem Territorialitäts- oder Universalitätsprinzip folgt. [38] Im Falle des Territorialitätsprinzips erstrecken sich die Rechtsfolgen der Verfahrenseröffnung nämlich lediglich auf das Gebiet des Staates, in dem das Verfahren eröffnet wurde.[39]

In diesem Fall würde eine Entscheidung zur Qualifikation der *vis attractiva concursus* als (zivil-) verfahrens- oder insolvenzrechtlich keine Bedeutung haben, da jeder Staat seine eigene Auffassung einer *vis attractiva concursus* verfolgt und sich damit die Zuständigkeit und andere Verfahrensvorschriften nur auf das Land beziehen würden, das das Verfahren eröffnet hat; der Nachteil des Territorialitätsprinzip ist allerdings, dass positive und negative Kompetenzkonflikte entstehen.[40]

Im Gegensatz dazu steht das Universalitätsprinzip, welches besagt, dass sich die Eröffnung des Insolvenzverfahrens in allen anderen Staaten auswirkt und dass das weltweite Vermögen des Schuldners nach einheitlichen Regeln von dem Verfahren umfasst wird.[41]

Bei einer materiell insolvenzrechtlichen Qualifikation der *vis attractiva concursus* würde diese Teil der *lex fori concursus* und dabei grenzüberschreitende Wirkungen erzeugen. Wenn die *vis attractiva concursus* allerdings nicht insolvenzrechtlich, sondern (zivil-) verfahrensrechtlich eingeordnet würde, so würden die Wirkungen eines eröffneten Insolvenzverfahrens in einem anderem Staat nicht automatisch anerkannt werden; das im Einzelverfahren angerufene Gericht müsste sodann unter Anwendung der eigenen *lex fori* über die Berücksichtigung einer ausländischen *vis attractiva concursus* entscheiden.[42]

37 Vgl. *Habscheid*, Grenzüberschreitendes (internationales) Insolvenzrecht, S. 458; *Willemer*, Vis attractiva concursus, S. 17.

38 *Willemer*, Vis attractiva concursus, S. 19.

39 *Beck/Depré*, Praxis der Insolvenz, § 38 Rn. 2.

40 *Willemer*, Vis attractiva concursus, S. 20.

41 *Beck/Depré* – Kammel, Praxis der Insolvenz, § 38 Rn. 2 m.w.N.

42 *Willemer*, Vis attractiva concursus, S. 22.

Mit der Qualifikation der *vis attractiva concursus* als insolvenzrechtlich würden positive und negative Kompetenzkonflikte vermieden, allerdings hätten beispielsweise inländische Gläubiger Nachteile, wenn ihr bisheriger inländischer Gerichtsstand ins Ausland gezogen werden würde, insbesondere wegen der damit verbunden Risiken und Kosten.[43]

2.3 Ausprägung in Deutschland, England und Frankreich

2.3.1 Deutschland

Die *vis attractiva concursus* wird in Deutschland grundsätzlich abgelehnt. Dies geschah bereits bei der Einführung der Konkursordnung von 1877.[44] In den Motiven zur Konkursordnung heißt es:

> „*Aus der Natur und den Endzielen des Konkurses ergibt sich kein genügender Grund, ein solches Ausnahmerecht zu schaffen und Personen, welche gänzlich außerhalb des Konkurses stehen, ihrem ordentlichen Richter zu entziehen. Bloße Zweckmäßigkeitsrücksichten, welche nicht einml unbestritten sind, können hierfür nicht bestimmend sein.*“[45]

Auch nach Einführung der Insolvenzordnung 1999 war es Ziel des Gesetzgebers das Insolvenzverfahren ohne Verzögerungen und ohne Abhängigkeit von Einzelstreitigkeiten zügig zu Ende zu bringen, sodass sich der Umfang der *vis attractiva concursus* bis heute grundsätzlich nicht geändert hat.[46] Noch heute gilt die grundsätzliche Ablehnung der Attraktivzuständigkeit des Insolvenzgerichts bis auf eine beschränkte *vis attractiva concursus* in zwei Fällen: Dies sind zum einen § 180 Abs. 1 Satz 2 InsO und § 19a ZPO; danach sind Klagen zur Feststellung von Insolvenzforderungen zur Tabelle beim Gericht am Sitz des Insolvenzgerichts zu erheben.[47] Zum anderen ist die örtliche Zuständigkeit des Streitgerichts in § 19a ZPO für Prozesse gegen den Insolvenzverwalter[48] am Sitz des Insolvenzgerichts

---

43 *Willemer*, Vis attractiva concursus, S. 22 f.

44 *Haubold*, IPRax 2002, 157, 159.

45 Zitiert in *Jahr*, Vis attractiva concursus, in: Kegel/Thieme, Vorschläge und Gutachten, S. 316 f.

46 *Haas*, NZG 1999, 1148, 1150; *Häsemeyer*, Insolvenzrecht, Rn. 2.10; *Ambach*, Art. 25 EuInsVO, S. 98.

47 *Willemer*, Vis attractiva concursus, S. 26.

48 Von § 19a ZPO sind gerade nicht Aktivprozesse, sondern ausschließlich Passivprozesse erfasst: BGH, Urteil vom 27. Mai 2003, Az. IX ZR 203/02; mit Anmerkung von *Mankowski*, NZI 2003, 545, 546 f.; *Haubold*, EuZW 2003, 703, 703 ff.; LG Lübeck, DZWIR 2001, 220; OLG Schleswig, ZInsO 2001, 968; *Herbst*, DZWIR 2001, 190, 190 ff.; *Schütze*, DZWIR 2001, 412, 412 ff.; Thomas/Putzo – *Hüßtege*, ZPO, § 19a Rn. 4.

vorgesehen, welche allerdings – im Gegensatz zu § 180 InsO – nicht ausschließlich ist.[49]

Auch für alle übrigen Streitigkeiten, die über die Eröffnung und Beendigung des Insolvenzverfahrens oder über die Anordnung von Sicherungsmaßnahmen hinausgehen, wie Anfechtung, Masseansprüche, oder auch Aus- und Absonderung, gelten in Deutschland die Regeln der ZPO.[50]

2.3.2 England

In England ist die *vis attractiva concursus* – ganz im Gegenteil zu Deutschland – stark ausgeprägt. Sec. 363 (1) Insolvency Act 1986 legt eine Zuständigkeit für alle Streitigkeiten, die in einem Insolvenzverfahren entstehen, beim Insolvenzgericht fest.[51] Hierzu gehören beispielsweise Haftungsklagen gegen Geschäftsführer aus *fraudulent* und *wrongful trading* oder Insolvenzanfechtungsklagen.[52]

2.3.3 Frankreich

Wie England so hat sich auch Frankreich, wie allgemein der romanische Rechtskreis,[53] zum Prinzip der *vis attractiva concursus* bekannt,[54] sodass alle Einzelverfahren grundsätzlich durch das Insolvenzgericht entschieden werden. Nach dem Urteil der *cour de cassation* vom 29.10.1888[55] fallen dem Insolvenzgericht all diejenigen Streitigkeiten zu, die dem Konkurs entspringen oder auf die der Konkurs einen juristischen Einfluss ausübt.[56] Nach Art. 339 Décr.

---

49 *Willemer*, Vis attractiva concursus, S. 27, dort Fn. 79.

50 *Ambach*, Art. 25 EuInsVO, S. 98.

51 Sec. 363 (1) Insolvency Act 1986 lautet:

„*General control of court*

(1) Every bankruptcy is under the general control of the court and, subject to the provisions in this Group of Parts, the court has full power to decide all questions of priorities and all other questions, whether of law or fact, arising in any bankruptcy."

Vgl. zur Zuständigkeit für Insolvenzsachen schon: *Eckstein*, Das englische Konkursrecht, S. 114 ff.

52 *Willemer*, Vis attractiva concursus, S. 30.

53 *Haubold*, IPRax 2002, 157, 159.

54 *Gröniger*, Das französische Insolvenzsystem, S. 55.

55 "*contestations nées de la faillite ou sur lesquelles l'etat de faillite exerce une influence juridique*" (Cass. Req., 29. 10. 1888); *Ripert/Roblot*, Traité de droit commercial, Band II, Rn. 2922; Siehe dazu auch: Cass. Com. 8.6.1993, Bull. civ. IV, N° 233; *Willemer*, Vis attractiva concursus, S. 28.

56 vgl. dazu *Haubold*, IPRax 2002, 157, 159; *Schollmeyer*, IPRax 1998, 29 m.w.N.

28 déc. 2005[57] richtet sich in Frankreich der Umfang der *vis attractiva concursus*, wonach das Insolvenzgericht grundsätzlich über alle Einzelstreitigkeiten, die das Insolvenzverfahren betreffen, entscheidet, wie Forderungsfeststellung, Insolvenzanfechtung oder Aussonderungsrechte; davon ausgenommen sind Streitigkeiten, die die Haftung des Verwalters, des Gläubigervertreters oder der Haftung des Organs, das für die Durchführung eines Insolvenzplans oder der Liquidation verantwortlich ist, betreffen, sowie Klagen, die außerhalb des Insolvenzverfahrens stehen und davon unabhängig sind, wie Streitigkeiten aus vor Verfahrenseröffnung geschlossenen Verträgen[58] und Streitigkeiten um Masseschulden oder zwischen Vorrechtsinhabern sowie Klagen, die sich um die Haftungserstreckung auf Geschäftsführer einer Gesellschaft drehen.[59]

2.4 Bedeutung der vis attractiva concursus im EU-Recht

Durch die sehr stark voneinander abweichende Ausgestaltung der Attraktivzuständigkeit in den Mitgliedsstaaten der EU ergibt sich, wie gesagt, ein unterschiedliches Vorverständnis v.a. hinsichtlich der Entscheidungen, die als Annexentscheidungen, also als Entscheidungen, die in Zusammenhang mit einem Insolvenzverfahren ergehen, bezeichnet werden.[60]

So werden die Annexentscheidungen in den einzelnen Mitgliedsstaaten als entweder zivilrechtlich oder insolvenzrechtlich eingestuft, sodass sich – wie bereits oben dargestellt[61] – hinsichtlich der anzuwendenden Regeln Unterschiede ergeben. Diese Frage stellt sich auch bei Art. 25 Abs. 1 UAbs. 2 EuInsVO, da die Entscheidungen, wenn sie als insolvenzrechtlich zu qualifizieren sind, von der

---

57 Art. 339 décret n° 2005-1677 du 28 décembre 2005 pris en application de la loi n° 2005-845 du 26 juillet 2005 de sauvegarde des entreprises lautet:

"Sans préjudice des pouvoirs attribués en premier ressort au juge-commissaire, le tribunal saisi d'une procédure de sauvegarde, de redressement judiciaire ou de liquidation judiciaire connaît de tout ce qui concerne la sauvegarde, le redressement et la liquidation judiciaires, la faillite personnelle ou autres sanctions prévues par le livre VI du code de commerce, à l'exception des actions en responsabilité civile exercées à l'encontre de l'administrateur, du mandataire judiciaire, du commissaire à l'exécution du plan ou du liquidateur qui sont de la compétence du tribunal de grande instance."

58 *Willermer*, Vis attractiva concursus, S. 29 m.w.N.

59 *Gröniger*, Das französische Insolvenzsystem, S. 55 f.; *Willemer*, Vis attractiva concursus, S. 29.

60 *Haubold*, IPRax 2002, 157, 159; *Schollmeyer*, IPRax 1998, 29, 29.

61 Siehe unter Kap. 2.2 und 2.3.

EuInsVO erfasst werden, anderenfalls, wenn sie als zivilrechtlich zu qualifizieren sind, insbesondere ihre Zuständigkeit nach der EuGVVO zu beurteilen ist.

Grundsätzlich darf das anzuwendende Recht, also die EuInsVO oder die EuGVVO, nicht von der jeweiligen Auslegung des Mitgliedsstaats abhängen, sodass eine autonome Auslegung geboten ist.[62]

Eine ähnliche Problematik besteht bei anderen Entscheidungen und Maßnahmen nach Art. 25 Abs. 1 EuInsVO. Es ist notwendig, diese Maßnahmen und Entscheidungen in ein widerspruchsfreies Gesamtkonzept innerhalb der Verordnung einzugliedern und wiederum das lückenlose Zusammenspiel zwischen den Verordnungen, der EuInsVO und der EuGVVO, zu gewährleisten, um Rechtsunsicherheiten zu vermeiden.[63]

62 *Paulus*, KommEuInsVO, Art. 25 Rn. 6; MünchKommBGB – *Kindler*, Band 11, Vor Art. 1 EuInsVO Rn. 13 m.w.N.

63 *Willemer*, Vis attractiva concursus, S. 55.

3. Das System der EuInsVO und der EuGVVO

3.1 Die EuInsVO

3.1.1 Rechtsgeschichtliche Einordnung

3.1.1.1 Vorentwurf eines Übereinkommens (1970)

Für den Vorentwurf eines Übereinkommens über den Konkurs, Vergleiche und ähnliche Verfahren von 1970 wurde bereits 1963 eine Sachverständigenkommission eingesetzt.[64] Grundlage für dieses Konkursübereinkommen war Art. 220 EWGV[65]. Danach sollten die Mitgliedsstaaten untereinander Verhandlungen einleiten, „*um zugunsten ihrer Staatsangehörigen die Vereinfachung der Förmlichkeiten für die gegenseitige Anerkennung und Vollstreckung richterlicher Entscheidungen und Schiedssprüche sicherzustellen*".[66] In diesem Vorentwurf war die Universalität des Insolvenzverfahrens als Grundsatz festgelegt worden. Es galten die Grundsätze der Einheit des Verfahrens und der *lex fori concursus*, also das Recht des Staates, der das Insolvenzverfahren eröffnet hat. Partikular-, oder Sekundärinsolvenzverfahren, wie sie heute in der EuInsVO möglich sind, waren diesem Vorentwurf unbekannt. Das Prinzip der einheitlichen Abwicklung wurde aber von zahlreichen Ausnahmen durchbrochen, die die sehr unterschiedlichen Insolvenzvorschriften der einzelnen Mitgliedsstaaten erforderten.[67]

Dieser Vorentwurf wurde 1980[68] und 1984[69] überarbeitet und veröffentlicht. Schon im ersten Vorentwurf wurden die Zuständigkeit, Anerkennung und Vollstreckung, sowie das anwendbare Recht und die Wirkungen des Konkurses

---

64 Bericht von *Lemontey* zum Entwurf des EG-Konkursübereinkommens, ZIP 1981, 547, 548; MünchKommBGB – *Kindler*, Band 11, Einl. IntInsR, Rn. 13.

65 Vertrag über die Europäische Wirtschaftsgemeinschaft (EWG-Vertrag).

66 Art. 220, 4. Spiegelstrich des Vertrags zur Gründung der EWG (EWGV); MünchKommBGB – *Kindler*, Band 11, Einl. IntInsR, Rn. 13.

67 MünchKommBGB – *Kindler*, Band 11, Einl. IntInsR, Rn. 13; *Ambach*, Art. 25 EuInsVO, S. 17.

68 Siehe dazu: Entwurf eines Übereinkommens über den Konkurs, Vergleiche und ähnliche Verfahren, EG-Dok. III/D/72/80-DE (von 1980), abgedruckt in Kegel/Thieme, Vorschläge und Gutachten zum Entwurf eines EG-Konkursübereinkommens, Tübingen 1988, S. 45 ff.

69 Siehe dazu: Entwurf eines Übereinkommens der Mitgliedsstaaten der Europäischen Gemeinschaften über den Konkurs, Vergleiche und ähnliche Verfahren, Text der Ad-hoc-Gruppe beim Rat der EG nach zweiter Lesung (1984), abgedruckt in: Kegel/

geregelt, wobei die Überarbeitung des Vorentwurfes eine deutliche Verbesserung aufgrund Vereinheitlichung der Normen mit sich brachte.[70] In allen Entwürfen wurde grundsätzlich eine weitgehende *vis attractiva concursus* eingearbeitet.[71]

Die starken Unterschiede der jeweiligen Rechtsordnungen führten zu einem sehr komplizierten Recht mit vielen komplexen Sonderanknüpfungen,[72] sodass eine einheitliche Abwicklung des Insolvenzverfahrens nicht möglich war.[73] Dies wiederum hätte im Einzelfall zu einer gleichzeitigen Anwendung verschiedener materieller Rechte geführt, was nicht hingenommen werden konnte.[74] Schließlich wurden die Beratungen 1985 (mit Beschluss im März 1986) eingestellt, da Harmonisierungsmaßnahmen zu dieser Zeit nicht gewollt waren[75] oder man zu dieser Zeit hierzu noch nicht bereit war.[76]

3.1.1.2 Istanbuler Europaratsübereinkommen (1990)

Das Istanbuler Europaratsübereinkommen über bestimmte internationale Aspekte des Konkurses vom 5. 6. 1990 [77] beinhaltete insbesondere die gegenseitige Anerkennung der Verfahren und die Verwaltungs- und Verfügungsbefugnisse des Konkursverwalters des Eröffnungsstaates in dem Staat, in dem das Vermögen des Schuldners belegen ist. Dieses Übereinkommen wurde von sieben Staaten gezeichnet, aber lediglich in Zypern umgesetzt. Da die EuInsVO vorrangig

Thieme, Vorschläge und Gutachten zum Entwurf eines EG-Konkursübereinkommens, Tübingen 1988, S. 417 ff.

70 *Thieme*, RabelsZ 45 (1981), 459, 490; MünchKommBGB – *Kindler*, Band 11, Einl. IntInsR Rn. 13.

71 *Willemer*, Vis attractiva concursus, S. 40 ff.

72 *Lüer*, KTS 1981, 147, 163; MünchKommBGB – *Kindler*, Band 11, Einl. IntInsR, Rn. 13.

73 D-K/D/Ch – *Duursma*, EuInsVO, Geschichte, Rn. 4; *Martini*, ZInsO 2002, 905, 906; *Ambach*, Art. 25 EuInsVO, S. 17.

74 *Lüer*, KTS 1981, 147, 163.

75 *Chalupsky*, Das europäische Übereinkommen über Insolvenzverfahren, in: *Baudenbacher*, Aktuelle Probleme, S. 321; *Ambach*, Art. 25 EuInsVO, S. 17 f.; *Fritz/Bähr*, DZWIR 2001, 221, 222; MünchKommBGB – *Kindler*, Band 11, Einl. IntInsR Rn. 13; *Thieme*, Der revidierte Entwurf eines EG-Konkursübereinkommens von 1984, in: Kegel/Thieme, Vorschläge und Gutachten, S. 476.

76 *Martini*, ZInsO 2002, 905, 906.

77 European Convention on Certain International Aspects of Bankruptcy, Council of Europe, European Treaty Series – No. 136; abzurufen unter: http://conventions.coe.int/Treaty/en/ Treaties/Word/136.doc.

gegenüber dem Istanbuler Übereinkommen ist (Art. 44, 47 EuInsVO), wird es insoweit auch nicht in Kraft treten und gilt mittlerweile als gescheitert.[78]

3.1.1.3 Europäisches Insolvenzübereinkommen (1995)

Nachdem 1985 die Arbeiten an den Entwürfen zu einem Übereinkommen über den Konkurs, Vergleiche und ähnliche Verfahren eingestellt wurde, wurden 1989 die Arbeiten an einem europäischen Insolvenzübereinkommen (EuInsÜ)[79] wieder aufgenommen. Ziel war es dabei eine *„kontrollierte Universalität"*[80] zu verwirklichen. Es wurde im EuInsÜ zwischen Hauptinsolvenzverfahren und Partikularinsolvenzverfahren unterschieden,[81] wobei der Mitgliedsstaat für die Eröffnung des Hauptinsolvenzverfahrens zuständig war, in dem der Mittelpunkt der hauptsächlichen Interessen liegt.[82] Nicht übernommen wurde aus den Vorentwürfen für ein Konkursübereinkommen die Ausrichtung an einer *vis attractiva concursus.*[83] Das Europäische Insolvenzübereinkommen war auch im Übrigen inhaltlich der heute geltenden Europäischen Insolvenzverordnung sehr ähnlich bzw. weitgehend identisch.[84] Es bestehen lediglich geringe inhaltliche Abweichungen.[85]

1995 wurde das Europäische Insolvenzübereinkommen von beinahe allen Mitgliedsstaaten unterschrieben, wobei letztlich das Vereinigte Königreich die Unterschrift verweigerte und so das In-Kraft-Treten des Übereinkommens verhinderte.[86]

---

78 Vgl. zum Istanbuler Konkursübereinkommen: *Geimer*, IZPR, Rn. 3354; *Metzger*, Die Umsetzung des Istanbuler Konkursübereinkommen, S. 1 ff.; *Fletcher*, The Law of Insolvency, S. 777 ff.; MünchKommBGB – *Kindler*, Band 11, Einl. IntInsR Rn. 17; D-K/D/Ch – *Duursma*, EuInsVO, Parallelentwicklungen, Rn. 4; *Ambach*, Art. 25 EuInsVO, S. 18.

79 Rat der Europäischen Union, Übereinkommen über Insolvenzverfahren vom 23. 11. 1995, abgedruckt in Stoll, Vorschläge und Gutachten zur Umsetzung des EU-Übereinkommens über Insolvenzverfahren im deutschen Recht, Tübingen 1997, S. 4 ff.

80 *Taupitz*, ZZP 111 (1998), 315, 324 f.; MünchKommBGB – *Kindler*, Band 11, Einl. IntInsR Rn. 16.

81 D-K/D/Ch – *Duursma*, EuInsVO, Geschichte, Rn. 6.

82 *Ambach*, Art. 25 EuInsVO, S. 18; MünchKommBGB – *Kindler*, Band 11, Einl. IntInsR Rn. 16.

83 Vgl. *Virgos/Schmit*, Erläuternder Bericht, in: Stoll, Vorschläge und Gutachten, Rn. 77.

84 *Eidenmüller*, IPRax 2001, 2, 7 f.; *Wimmer*, ZInsO 2001, 97, 98 f.

85 Zu diesen Abweichungen siehe: *Eidenmüller*, IPRax 2001, 2, 7 f.

86 Das Vereinigte Königreich verweigerte die Unterschrift, weil englisches Rindfleisch auf dem kontinentalen Europa wegen des Ausbruchs einer Krankheit unter den Tieren nicht mehr eingeführt werden durfte; weitergehend zu den Hintergründen der

3.1.1.4 Europäische Insolvenzverordnung (2002)

Bei der Entstehungsgeschichte der Europäischen Insolvenzverordnung (EuInsVO) leisteten Deutschland und Finnland einen entscheidenden Beitrag. So haben beide Staaten den Text des gescheiterten EuInsÜ als Entwurf einer Verordnung gem. Art. 61 lit.c, 65 EGV zur Verbesserung der Bereiche der Justiz und der Zusammenarbeit in Zivilsachen vorgelegt und in das Rechtsetzungsverfahren der EU eingebracht.[87]

Am 31. 5. 2002 ist die EuInsVO schließlich in Kraft getreten. Nach dem heutigen Art. 288 Abs. 2 AEUV ist sie als Verordnung in allen Teilen verbindlich und wirkt unmittelbar; außerdem genießt sie Vorrang gegenüber nationalem Recht und gegenüber sonstigen Übereinkünften der Mitgliedsstaaten.[88]

Am 12.12.2012 veröffentlichte die Kommission einen Vorschlag zur Änderung der EuInsVO.[89] Nach Art. 2 dieses Entwurfs der Änderungverordnung zur EuInsVO wird sie am 20. Tag nach ihrer Veröffentlichung in Kraft treten. Dieser Zeitpunkt ist bisher noch nicht vorherzusehen. Anwendbar ist sie aber – bei Übernahme des Entwurfs – mit Ausnahme des neuen Art. 44a erst 24 Monate nach ihrem In-Kraft-Treten.[90]

3.1.2 Ziele

Die Ziele der EuInsVO sind in den ersten Erwägungsgründen zur Europäischen Insolvenzverordnung dargestellt. So ist nach Erwägungsgrund 2 für ein reibungloses Funktionieren des Binnenmarktes erforderlich, dass es effiziente und wirksame grenzüberschreitende Insolvenzverfahren gibt. Weiterhin ist nach Erwägungsgrund 3 und 4 wegen der sich auf viele Länder beziehenden Insolvenzen nötig, dass die Insolvenz eines international tätigen Unternehmens keine nachteiligen Auswirkungen auf das ordnungsgemäße Funktionieren des Binnenmarktes hat. Es ist das sog. *forum shopping*, also das Verlagern von Vermögensgegenständen oder Rechtsstreitigkeiten von einem Mitgliedsstaates

---

ablehnenden Haltung des Vereinigten Königreichs: *Paulus*, NZG 2006, 609, 611; *Jayme/Kohler*, IPRax 1996, 377, 388 f.; *Ambach*, Art. 25 EuInsVO, S. 18; MünchKommBGB – *Kindler*, Band 11, IntInsR Rn. 16.

87 Initiative der Bundesrepublik Deutschland und der Republik Finnland vom 26. 5. 1999, ABl. EG vom 3. 8. 1999, Nr. C 221, S. 8 ff.; *Ambach*, Art. 25 EuInsVO, S. 19.

88 *Ambach*, Art. 25 EuInsVO, S. 19.

89 Vorschlag der Kommission COM(2012) 744 final, 2012/0360 (COD), C7-0413/12.

90 Vorschlag der Kommission COM(2012) 744 final, 2012/0360 (COD), C7-0413/12, Art. 2.

in einen anderen, um so eine verbesserte Rechtsstellung zu erlangen, zu verhindern.

Die Europäische Insolvenzverordnung vereinheitlicht die Regeln des internationalen Insolvenzrechts, insbesondere die der internationale Zuständigkeit zur Eröffnung eines Verfahrens. Das Universalitätsprinzip spielt dabei eine entscheidende Rolle. Es wird demnach vom Insolvenzhauptverfahren das in jedem Mitgliedsstaat der Europäischen Union belegene Vermögen erfasst; das eröffnete Hauptinsolvenzverfahren muss von anderen Ländern anerkannt werden. Nicht nur die internationale Zuständigkeit, sondern auch die Anerkennung und die Vollstreckbarerklärung von insolvenzrechtlichen Entscheidungen in der EuInsVO wird einheitlich geregelt. Die internationale Insolvenz soll damit berechenbarer und auch die Verhandlungen im Vorfeld erleichtert werden.[91]

Eine Durchbrechung des Universalitätsprinzip erfolgt nur, wenn der Schuldner eine Niederlassung in einem Mitgliedsstaat unterhält, da in einem solchen Fall ein selbständiges Partikularinsolvenzverfahren oder ein Sekundärverfahren in diesem Mitgliedsstaat eröffnet werden kann, das das in diesem Staat belegene Vermögen umfasst und die Masse des Hauptverfahrens entsprechend reduziert.[92] Es schien bei der Schaffung der EuInsVO, auch im Hinblick auf die Entstehungsgeschichte, nicht möglich zu sein, ein vollkommenes Universalitätsprinzip durchzusetzen, sodass insbesondere das Partikularinsolvenzverfahren dem Territorialitätsprinzip folgt und damit nur das Vermögen des Schuldners in dem jeweiligen Staat erfasst wird und das jeweilige Insolvenzrecht anzuwenden ist.[93]

Nach Erwägungsgrund 23 beinhaltet die Verordnung lediglich einheitliche Kollisionsnormen, aber nur einige wenige insolvenzrechtliche Sachregelungen.[94] Es wird kein einheitliches europäisches Insolvenzverfahren i.e.S. geschaffen.[95] Auf das Verfahren findet grundsätzlich das Recht des Staates der Verfahrenseröffnung, die *lex fori concursus,* Anwendung (vgl. Art. 4 EuInsVO). Dieses regelt dann alle verfahrensrechtlichen wie materiellen Wirkungen des Insolvenzverfahrens auf die davon betroffenen Personen und Rechtsverhältnisse; nach ihr

91 *Wimmer*, NJW 2002, 2427, 2428; *Ambach*, Art. 25 EuInsVO, S. 20.

92 *Foerste*, Insolvenzrecht, Rn. 673 f.; D-K/D/Ch – *Duursma-Kepplinger*, EuInsVO, Vorbem, Rn. 43 ff.; *Ambach*, Art. 25 EuInsVO, S. 21; Gottwald – *Gottwald/Kolmann*, Handbuch, § 130 Rn. 4; *Balz*, ZIP 1996, 948, 953.

93 siehe Erwägungsgrund 11.

94 *Schwarz*, NZI 2002, 290, 292.

95 *Ambach*, Art. 25 EuInsVO, S. 21.

bestimmen sich alle Voraussetzungen für die Eröffnung, Abwicklung und Beendigung des Insolvenzverfahrens.[96]

3.1.3 Auslegung

In der Rechtssache „*Eurofood/Parmalat*"[97] entschied der EuGH, dass die EuInsVO gemeinschaftsrechtlich autonom auszulegen ist; das jeweilige nationale Verständnis wird dabei außen vor gelassen. Ebenso ist eine einheitliche Anwendung der Normen unabdingbare Voraussetzung für einen geordneten Ablauf bei internationalen Insolvenzen.[98] Es ist deshalb Aufgabe des EuGH, bei Zweifeln über die Auslegung und die Gültigkeit gemäß Art. 267 AEUV die endgültige Auslegung festzulegen. Das bedeutet für die letztinstanzlichen Gerichte der Mitgliedsstaaten, dass sie bei Entscheidungserheblichkeit einer entsprechenden Vorlagefrage den EuGH zur Auslegung der Norm anrufen müssen.

Bei der Auslegung der EuInsVO sind sowohl die Erwägungsgründe der EuInsVO als auch die Stellungnahmen des Europäischen Parlaments[99] und des Wirtschafts- und Sozialausschusses[100] zu berücksichtigen.[101] Da die EuInsVO beinahe inhaltsgleich mit dem EuInsÜ ist,[102] können für die Auslegung der einzelnen Normen der EuInsVO ebenfalls sowohl der Erläuternde Bericht von *Virgos/Schmit*[103] als auch sonstige Literatur zum EuInsÜ herangezogen werden.[104]

---

96 Erwägungsgrund 23.

97 EuGH, Urteil vom 2. 5. 2006, Rs. C 341/04 – *Eurofood/Parmalat.*

98 MünchKommBGB – *Kindler*, Band 11, Vor Art. 1 EuInsVO Rn. 13; Gottwald – *Gottwald/Kolmann*, Handbuch, S. 2294; *Virgos/Schmit*, Erläuternder Bericht, in: Stoll, Gutachten und Vorschläge, Rn. 43; *Ambach*, Art. 25 EuInsVO, S. 22.

99 Abl. EG 2000 Nr. C 346/280; Gottwald – *Gottwald/Kolmann*, Handbuch, § 130 Rn. 5; MünchkommBGB – *Kindler*, Vor Art. 1 EuInsVO, Rn. 13.

100 Abl. EG 2000 Nr. C 75/1; Gottwald – *Gottwald/Kolmann*, Handbuch, § 130 Rn. 5; MünchkommBGB – *Kindler*, Band 11, Vor Art. 1 EuInsVO, Rn. 13.

101 Gottwald – *Gottwald/Kolmann*, Handbuch, § 130 Rn. 5; MünchkommBGB – *Kindler*, Band 11, Vor Art. 1 EuInsVO Rn. 13.

102 Siehe vorne Kap. 3.1.1.3.

103 *Virgos/Schmit*, Erläuternder Bericht zu dem EU-Übereinkommen über Insolvenzverfahren, in: Stoll, Vorschläge und Gutachten zur Umsetzung des EU-Übereinkommens über Insolvenzverfahren im deutschen Recht, Teil B, dort ab S. 33.

104 Gottwald – *Gottwald/Kolmann*, Handbuch, § 130 Rn. 5; *Ambach*, Art. 25 EuInsVO, S. 22.

3.1.4 Anwendungsbereich

Der Anwendungsbereich der EuInsVO unterteilt sich in sachlicher, persönlicher, räumlicher und zeitlicher Hinsicht, wobei in Art. 1 EuInsVO der sachliche und persönliche und in Art. 43 EuInsVO der zeitliche Anwendungsbereich normiert ist.

3.1.4.1 Sachlich

Art. 1 Abs. 1 EuInsVO lautet:

> *„Diese Verordnung gilt für Gesamtverfahren, welche die Insolvenz des Schuldners voraussetzen und den vollständigen oder teilweisen Vermögensbeschlag gegen den Schuldner, sowie die Bestellung eines Verwalters zur Folge haben“.*[105]

Folgende Voraussetzungen müssen erfüllt sein: Es muss sich um ein Gesamtverfahren handeln; es ist die Insolvenz eines Schuldners notwendig; diese muss den vollständigen oder teilweisen Vermögensbeschlag zur Folge haben; und schließlich ist die Bestellung eines Verwalters Voraussetzung. Diese vier Voraussetzungen müssen kumulativ erfüllt sein.[106] Wegen der großen Unterschiede der Rechtsordnungen wollte man eine weite Defintion des Insolvenzverfahrens wählen.[107]

3.1.4.1.1 Gesamtverfahren

Ein Gesamtverfahren ist, im Gegensatz zum Einzelzwangsvollstreckungsverfahren, ein Verfahren, das auf die Befriedung alle Gläubiger abzielt, ohne dass individuelle Ansprüche einzelner Gläubiger vollstreckbar sind.[108] Diese Gesamtverfahren können sowohl die Sanierung[109] als auch die Liquidation

---

105 Art. 1 Abs. 1 EuInsVO.

106 *Duursma-Kepplinger/Duursma*, IPRax 2003, 505, 506 f.; *Lorenz*, Annexverfahren, S. 11.

107 *Duursma-Kepplinger/Duursma*, IPRax 2003, 505, 507; Der Anwendungsbereich ist aber noch zu eng gefasst. Siehe dazu auch: *Mörsdorf-Schulte*, IPRax 2004, 31, 35.

108 *Virgos/Schmit*, Erläuternder Bericht, in: Stoll, Vorschläge und Gutachten, Rn. 49; MünchKommBGB – *Kindler*, Band 11, Art. 1 EuInsVO Rn. 4.

109 Auch die Sanierungsverfahren *„redressement judiciaire“* in Frankreich und das deutsche Insolvenzplanverfahren sind unter den Anwendungsbereich der EuInsVO zu subsumieren; siehe dazu: *Huber*, ZZP 114 (2001), 133, 135; Nerlich/Römermann – *Nerlich*, InsO, Art. 1 VO (EG) 1346/ 2000, Rn. 4; *Virgos/Schmit*, Erläuternder Bericht, in: *Stoll*, Vorschläge und Gutachten, Rn. 51; MünchKommBGB – *Kindler*, Band 11, Art. 1 EuInsVO Rn. 5.

bezwecken.[110] Es werden nur grenzüberscheitende Insolvenzverfahren, die in den Anhängen A und B aufgelistet sind, von dem Anwendungsbereich der Verordnung erfasst. Vorinsolvenzrechtliche Vergleichsverfahren oder reine Sequestrationsverfahren sind nicht nach der EuInsVO zu behandeln. Beispiele für derartige Verfahren sind der deutsche außergerichtliche Schuldenbereinigungsplan gem. §§ 305, 305a InsO, das französische *réglement amiable* und das *conciliation*, aber auch das englische *creditors' winding-up of a company* ohne den Zusatz *„with confirmation by the court"*.[111]

Dabei ist allerdings zu beachten, dass der sachliche Anwendungsbereich nach der Definition des Art. 1 Abs. 1 EuInsVO zu eng gefasst ist.[112] Unter den Anwendungsbereich ist ebenfalls die Eröffnung des Insolvenzverfahrens nach Art. 3 EuInsVO, die Eröffnungsentscheidung des Art. 16 Abs. 1 EuInsVO, die Durchführungs- und Beendigungsentscheidung des Art. 25 Abs. 1 UAbs. 1 EuInsVO, aber auch sonstige eng mit dem Insolvenzverfahren zusammenhängende Entscheidungen nach Art. 25 Abs. 1 UAbs. 2 zu subsumieren, sodass sich der sachliche Anwendungsbereich auch auf alle diese Entscheidungen, die im Laufe eines Insolvenzverfahrens ergehen, bezieht.[113]

3.1.4.1.2 Insolvenz

Der Begriff der Insolvenz ist in der EuInsVO nicht näher erläutert. Es wird aber eine Finanzkrise, Zahlungskrise oder Vermögensinsuffizienz des Schuldners vorausgesetzt.[114] Die drei Insolvenzeröffnungsgründe in Deutschland, die drohende Zahlungsunfähigkeit gem. § 18 InsO, die Zahlungsunfähigkeit gem. § 16 InsO und die Überschuldung gem. § 19 InsO, fallen unter diesen Begriff, da selbst bei der drohenden Zahlungsunfähigkeit das Ziel des daraufhin eröffneten Verfahrens die Befriedung aller Gläubiger ist.[115] Es ist umstritten und zweifelhaft[116], ob das englische Verfahren *administrative receivership* zur Sicherung der

110 *Fritz/Bähr*, DZWIR 2001, 221, 223; *Smid*, in: FS Geimer, 1215, 1222; *Lorenz*, Annexverfahren, S. 10.

111 Gottwald - *Gottwald/Kolmann*, Handbuch, § 130 Rn. 7; MünchKommBGB - *Kindler*, Band 11, Art. 1 EuInsVO Rn. 5.

112 *Mörsdorf-Schulte*, IPRax 2004, 31, 35; *Lorenz*, Annexverfahren, S. 9.

113 *Lorenz*, Annexverfahren, S. 10.

114 MünchKommInsO – *Kindler*, Band 11, Art. 1 EuInsVO Rn. 5.

115 MünchKommBGB – *Kindler*, Band 11, Art. 1 EuInsVO Rn. 5; *Leipold*, Zum künftigen Weg, in: Stoll, Vorschläge und Gutachten, S. 187.

116 Das Verfahren ist bereits nicht im Anhang zur EuInsVO aufgelistet.

Kredite durch *floating charges*, also Sicherheiten an Umlaufvermögen,[117] in den Anwendungsbereich der EuInsVO fällt, da dieses lediglich die Kreditsicherung bezweckt und deswegen die Voraussetzung der Insolvenz fehlen könnte.[118] Nach anderer Meinung ist dieses Verfahren schon kein Gesamtverfahren, da der „*receiver*" vorrangig die Interessen der Gläubiger der „*floating charge*" wahrnimmt und das Gericht nicht an dem Verfahren beteiligt ist.[119]

3.1.4.1.3 Vermögensbeschlag

Als dritte Voraussetzung für die Eröffnung des sachlichen Anwendungsbereichs der EuInsVO muss das Vermögen des Schuldners in Beschlag genommen worden sein. Das bedeutet, dass die Verwaltungs- und Verfügungsbefugnis des Schuldners über sein Vermögen auf eine andere Person übergegangen ist oder die Befugnis des Schuldners über sein Vermögen zu verfügen durch die Überwachung mittels einer anderen Person eingeschränkt worden ist.[120]

Der Vermögensbeschlag kann entweder vollständig oder teilweise erfolgen, was bedeutet, dass nur Teile des Vermögens oder/und nur Einzelbereiche der Gesamtbefugnis darunter fallen.[121] Unerheblich für die Eröffnung des sachlichen Anwendungsbereichs der EuInsVO ist, wie die einzelnen Mitgliedsstaaten diesen vollständigen oder teilweisen Vermögensbeschlag ausgestalten.[122]

3.1.4.1.4 Verwalter

Letzte Voraussetzung zur Anwendbarkeit der EuInsVO ist die Bestellung eines Verwalters. Nach Art. 2 lit. b S. 1 EuInsVO ist ein Verwalter i.d.S. jede Person oder Stelle, deren Aufgabe es ist, die Masse zu verwalten oder zu verwerten oder die Geschäftstätigkeit des Schuldners zu überwachen. In Anhang C sind schließlich die darunter fallenden Verwalter aufgeführt. In Deutschland gelten als Verwalter i.S.d. EuInsVO der Insolvenzverwalter gem. §§ 56 ff. InsO, der Sachwalter gem.

---

117 Siehe dazu Kap. 10.2.2.4.

118 Vergleiche dazu: *Reinhart*, Sanierungsverfahren, S. 174; *Wenckstern*, RabelsZ 56 (1992), 624, 674 ff.; MünchKommBGB – *Kindler*, Band 11, Art. 1 EuInsVO Rn. 5.

119 *Fritz/Bähr*, DZWiR 2001, 221, 223 m.w.N.; Pannen – *Pannen*, EuInsVO, Art. 1 Rn. 13.

120 *Virgos/Schmit*, Erläuternder Bericht, in: Stoll, Vorschläge und Gutachten, Rn. 49.

121 *Balz*, ZIP 1996, 948, 948; D-K/D/Ch – *Duursma-Kepplinger*, EuInsVO, Art. 1 Rn. 24; *Duursma-Kepplinger/Duursma*, IPRax 2003, 505, 507; Nerlich/Römermann – *Nerlich*, InsO, Art. 1 VO (EG) 1346/2000, Rn. 2; *Virgos/Schmit*, Erläuternder Bericht, in: Stoll, Vorschläge und Gutachten, Rn. 49; MünchKommBGB – *Kindler*, Band 11, Art. 1 EuInsVO Rn. 6.

122 *Virgos/Schmit*, Erläuternder Bericht, in: Stoll, Vorschläge und Gutachten, Rn. 49.

§§ 274 ff. InsO, der vorläufige Verwalter gem. §§ 21 Abs. 2 Nr. 1, 22 InsO und auch der Treuhänder gem. §§ 291 ff., 313 f. InsO.[123]

3.1.4.2 Persönlich

In Art. 1 Abs. 1 EuInsVO ist kein persönlicher Anwendungsbereich definiert, mithin nicht, wer Schuldner i.S.d. EuInsVO ist. Deshalb richtet sich der Begriff des Schuldners nach dem nationalen Insolvenzrecht des Eröffnungsstaates.[124]

Der Schuldner kann somit Kaufmann oder Nicht-Kaufmann, juristische Person, Staatsbetrieb oder auch eine Privatperson sein.[125] Wenn in einem Mitgliedsstaat das Insolvenzverfahren über eine Person eröffnet wurde, die in einem anderen Mitgliedsstaat nicht insolvenzfähig wäre, so ist die Eröffnung in dem anderen Mitgliedsstaat dennoch anzuerkennen.[126] In Frankreich gilt für Privatpersonen ein besonderes Verfahren mit Restschuldbefreiung (Art. 331-1 ff. Code de Consommation);[127] dennoch ist beispielsweise ein deutsches Verbraucherinsolvenzverfahren in Frankreich anzuerkennen (Art. 16 EuInsVO).[128]

Nach der Entscheidung des EuGH in „*Inspire Art*“[129] aus 2003 ist auch eine englische *Limited* in Deutschland als insolvenzfähig anzusehen.[130] Nach den

123 *Lorenz*, Annexverfahren, S. 12.

124 Siehe Art. 4 Abs. 2 lit. a EuInsVO; Pannen - *Pannen*, EuInsVO, Art. 1 Rn. 93.

125 Erwägungsgrund Nr. 9; dazu *Duursma-Kepplinger/Duursma*, IPRax 2003, 505, 508; *Fritz/Bähr*, DZWIR 2001, 221, 223; *Lehr*, KTS 2000, 577, 578; Nerlich/Römermann - *Nerlich*, InsO, Art. 1 VO (EG) 1346/2000, Rn. 8; MünchKommBGB - *Kindler*, Band 11, Art. 1 EuInsVO Rn. 12; Pannen - *Pannen*, EuInsVO, Art. 1 Rn. 94 m.w.N.

126 HambKomm - *Undritz*, Art. 1 EuInsVO, Rn. 3.

127 MünchKommInsO - *Niggemann*, Band 3, Anh. Länderberichte Frankreich Rn. 9.

128 *Fritz/Bähr*, DZWIR 2001, 221, 223; Pannen - *Pannen*, EuInsVO, Art. 1 Rn. 95.

129 EuGH, Urteil vom 30.9.2003, Rs. C-167/01; Siehe zu diesem Urteil: *Kleinert/Probst*, DB 2003, 2217, 2217 ff.; *Altmeppen*, NJW 2004, 97, 97 ff.; *Ziemons*, ZIP 2003, 1913, 1913 ff; *Zimmer*, NJW 2003, 3585, 3585 ff.; *Bayer*, BB 2003, 2357, 2357 ff.; *Spindler/Berner*, RIW 2004, 7, 7 ff.; *Spindler/Berner*, RIW 2003, 949, 949 ff.; *Leible/Hoffmann*, EuZW 2003, 677, 677 ff.

130 Beispielsweise AG Duisburg, Beschluss vom 14. Oktober 2003, Az. 63 IN 48/03; a.A. AG Hamburg, Beschluss vom 14. Mai 2003, Az. 67g IN 358/02; siehe dazu: Pannen - *Pannen*, EuInsVO, Art. 1 Rn. 96.

weiteren Entscheidungen des EuGH im Urteil „*Centros*“[131] und „Überseering“[132] ist jede ausländische Gesellschaft mit beschränkter Haftung in einem Mitgliedsstaat anzuerkennen, auch wenn die Gründung im Ausland (beispielsweise in Frankreich, Großbritannien oder Irland, welche nur geringe Anforderungen an das Mindestkapital stellen) lediglich dazu dienen sollte, die strengeren Gründungsvorschriften im Inland zu umgehen.[133] Dies ist nach Meinung des EuGH zur Verwirklichung der Niederlassungsfreiheit von Gesellschaften notwendig. Deshalb ist die Insolvenzfähigkeit einer englischen *Limited* nach Art. 4 Abs. 2 lit. a EuInsVO, also nach der *lex fori concursus*, zu beurteilen. Die *Limited* ist nach § 11, 12 InsO in Deutschland damit insolvenzfähig.[134]

In den Anwendungsbereich der EuInsVO fallen allerdings nicht Versicherungsunternehmen, Kreditinstitute, Wertpapierdienstleister und Organismen für gemeinsame Anlagen, da die Aufsichtssysteme dieser Institutionen nicht beeinflusst werden sollten.[135]

Nicht geregelt ist, ob ein Konzern – soweit diesem Insolvenzfähigkeit zugesprochen werden kann – in den persönlichen Anwendungsbereich der EuInsVO fallen soll. Dies wird von Teilen der Literatur problematisiert, da gerade der Konzern einen Prototyp einer grenzüberscheitenden Insolvenz darstellt.[136]

3.1.4.3 Räumlich

Nach Erwägungsgrund 14 zur EuInsVO gilt diese Verordnung nur für Verfahren, bei denen der Mittelpunkt der hauptsächlichen Interessen des Schuldners

---

131 EuGH, Urteil vom 09. 03. 1999, Rs. C-212/97; Vergleiche dazu: *Ebke*, JZ 1999, 656, 656 ff.; *Altmeppen*, DStR 2000, 1061, 1961 ff.; *Ulmer*, JZ 1999, 662, 662 ff.; *Behrens*, IPRax 2000, 384, 384 ff.

132 EuGH, Urteil vom 05. 11. 2002, Rs. C-208/00; Vergleiche zu diesem Urteil: *Weller*, IPRax 2003, 324, 324 ff.; *Weller*, IPRax 2003, 209, 209 ff.; *Forsthoff*, DB 2002, 2471, 2471 ff.; *Behrens*, IPRax 2003, 193, 193 ff.; *Zimmer*, BB 2003, 1, 1 ff.; *Leible/Hoffmann*, ZIP 2003, 925, 925 ff.; *Baudenbacher/Buschle*, IPRax 2004, 26, 26 ff.; *Roth*, IPRax 2003, 117, 117 ff.; *Weller*, IPRax 2003, 520, 520 ff., insbesondere 522.

133 *Altmeppen*, NJW 2004, 97, 97 Fn. 2; Pannen – *Pannen*, EuInsVO, Art. 1 Rn. 99.

134 BGH, Urteil vom 14. März 2005, Az. II ZR 5/03; AG Duisburg, Beschluss vom 14. Oktober 2003, Az. 63 IN 48/03; BGH, Urteil vom 13.3.2003, Az. VII ZR 370/98; Vergleiche dazu auch: Pannen – *Pannen*, EuInsVO, Art. 1 Rn. 100/102; *Hirsch/Britain*, NZG 2003, 1100, 1101; *Lutter*, BB 2003, 7, 9; *Schulz*, NJW 2003, 2705, 2705 ff.

135 *Virgos/Schmitt*, Erläuternder Bericht, in: Stoll, Vorschläge und Gutachten, Rn. 54; *Braun/Heinrich*, NZI 2005, 578, 578; HambKomm – *Undritz*, Art. 1 EuInsVO, Rn. 4.

136 *Mankowski*, NZI 2004, 450, 450 f; *Eidenmüller*, ZHR 169 (2005), 528, 528 ff.; HambKomm – *Undritz*, Art. 1 Rn. 5.

in der Gemeinschaft liegt. Daraus ergibt sich der räumliche Anwendungsbereich. Die EuInsVO gilt also für grenzüberschreitende Insolvenzverfahren, bei denen sich das *„center of main interests“* des Schuldners (COMI; Mittelpunkt der hauptsächlichen Interessen) in einem Mitgliedsstaat der Europäischen Union befindet; daraus ist zu folgern, dass bei Verortung des Mittelpunkt der hauptsächlichen Interessen in einem Drittstaat oder Dänemark[137], die EuInsVO keine Anwendung findet.[138]

Der Anwendungsbereich der EuInsVO verlangt einen Auslandsbezug, sodass sie nicht auf reine Binnensachverhalte anwendbar ist.[139] Ein qualifizierter Auslandsbezug[140], also ein Auslandsbezug zu einem anderen Mitgliedsstaat anstelle eines Drittstaates, ist wohl nicht Voraussetzung.[141] Allerdings ist der Fall, dass der Mittelpunkt der hauptsächlichen Interessen in einem Mitgliedsstaat der Europäischen Union liegt, aber gleichzeitig nur Auslandsbezug zu einem Drittstaat besteht (einfacher Auslandsbezug), umstritten. So lässt die herrschende Meinung in der Literatur[142] die Anwendbarkeit der Verordnung nur auf den qualifizierten Auslandsbezug zu, während eine andere Meinung in der Literatur,[143] der High Court of Justice in seinem Urteil „BRAC Budget“[144] und wohl auch der

137 Erwägungsgrund Nr. 33 zur EuInsVO; Dänemark hat sich an der Annahme der Verordnung beteiligt, sodass sie den Mitgliedsstaat auch nicht bindet und auf ihn keine Anwendung findet. Dänemark ist also diesbezüglich als Drittstaat zu behandeln; Vergleiche dazu: *Smid*, Deutsches und Europäisches Internationales Insolvenzrecht, Art. 1 EurInsVO Rn. 8; MünchKommBGB - *Kindler*, Band 11, Art. 1 EuInsVO Rn. 22.

138 Pannen - *Pannen*, EuInsVO, Art. 1 Rn. 3; *Leible/Staudinger*, KTS 2000, 533, 538; Gottwald - *Gottwald/Kolmann*, Handbuch, § 130 Rn. 9.

139 Pannen - *Pannen*, EuInsVO, Art. 1 Rn. 3.

140 Gottwald - *Gottwald/Kolmann*, Handbuch, § 130 Rn. 10.

141 *Geimer*, IZPR, Rn. 3357c; *Herchen*, ZInsO 2003, 742, 743 f.; *Huber*, ZZP 114 (2001), 133, 138; Gottwald - *Gottwald/Kolmann*, Handbuch, § 130 Rn. 10.

142 *Virgos/Schmit*, Erläuternder Bericht, in: Stoll, Vorschläge und Gutachten, Rn. 11; *Fritz/Bähr*, DZWIR 2001, 221, 222; *Paulus*, NZI 2001, 505, 507; *Paulus*, ZIP 2002, 729, 732; *Martini*, ZInsO 2002, 905, 907; *Häsemeyer*, Insolvenzrecht, Rn. 35.03; *Eidenmüller*, IPRax 2001, 2, 5; *Ehricke/Ries*, JuS 2003, 313, 313 f., MünchKommBGB - *Kindler*, Band 11, Art. 1 EuInsVO Rn. 27; *Huber*, ZZP 114 (2001), 133, 138.

143 *Haubold*, IPRax 2003, 34, 35; *Herchen*, ZInsO 2003, 742, 744; *Krebber*, IPRax 2004, 540, 542 f.; MünchKommBGB - *Kindler*, Band 11, Art. 1 EuInsVO Rn. 26.

144 High Court of Justice Chancery Division Companies Court, Urteil vom 7.2.2003, 0042/2003, *BRAC Rent-A-Car International Inc* (2003) EWHC (Ch) 128, abgedruckt in: ZIP 2003, 813, 813 ff.; Der High Court of Justice ging in dem Fall *„BRAC-Budget“* davon aus, dass eine in den USA registrierte Gesellschaft, die sich im Reorganisationsverfahren nach Chapter 11 Bankruptcy Code befand, dass trotzdem ein

BGH sich für einen einfachen Auslandsbezug zur Eröffnung des räumlichen Anwendungsbereichs der EuInsVO aussprechen.[145] Für eine Anwendbarkeit ohne notwendigem Bezug zu einem Mitgliedsstaat der Europäischen Union spricht nach *Gottwald* und *Kolmann*[146] die herrschende Sichtweise zur Parallelverordnung für gerichtliche Zuständigkeit, Anerkennung und Vollstreckung von Entscheidungen in Zivil- und Handelssachen (EuGVVO)[147], die ebenfalls keinen qualifizierten Auslandsbezug voraussetzt.[148]

3.1.4.4 Zeitlich

Der zeitliche Anwendungsbereich der EuInsVO ist in Art. 43 EuInsVO beschrieben. Die Verordnung ist danach nur auf solche Insolvenzverfahren anwendbar, die nach dem In-Kraft-Treten der Verordnung, also nach dem 31.5.2002, eröffnet worden sind. Nach Art. 43 S. 1 EuInsVO ist der Zeitpunkt der Insolvenzverfahrenseröffnung der entscheidende Zeitpunkt, wobei nach Art. 2 lit. f EuInsVO das Wirksamwerden der Eröffnungsentscheidung maßgeblich ist.[149]

3.1.5 Zuständigkeit für die Eröffnung des Hauptverfahrens

3.1.5.1 Der Begriff des COMI

Die grundsätzliche Regelung zur Zuständigkeit in der EuInsVO befindet sich in deren Art. 3:

Sekundärinsolvenzverfahren (Art. 3 Abs. 2, 27 ff. EuInsVO) durchgeführt werden könne, da das *Center of main interests* (COMI) in England belegen sei: „*The company is incorporated in Delaware, and has ist registered adress in the United States. However it is not an adress from which it trades, and it has never traded in the US. Ist operationsare conducted almostentirely in the UK...It has no employees in the US, and all ist employees work in England, with contracts of employment governed by English law, apart from a small number in branch office in Switzerland.*“ (High Court of Jutice Chancery Division Companies Court (England, The Honourable Mr. Justice Lloyd), Urteil vom 7. 2. 2003, 0042/2003; damit ging der High Court of Justice davon aus, dass obwohl kein sonstiger Bezug zu einem weiteren EU-Mitgliedsstaat besteht, der Anwendungsbereich der EuInsVO trotzdem eröffnet ist. Vgl. dazu Pannen - *Pannen*, EuInsVO, Art. 1 Rn. 122 ff.; siehe dazu auch: *Westpfahl/Wilkens*, EWiR 2004, 847, 848.

145 MünchKommBGB - *Kindler*, Band 11, Art. 1 EuInsVO Rn. 26 m.w.N.

146 Gottwald - *Gottwald/Kolmann*, Handbuch, § 130 Rn. 10.

147 Verordnung des Rates (EG) Nr. 44/2001 vom 22.12.2000.

148 Vgl. Erwägungsgrund Nr. 8 zur EuGVVO.

149 *Virgos/Schmit*, Erläuternder Bericht, in: Stoll, Vorschläge und Gutachten, Rn. 305; MünchKommBGB - *Kindler*, Band 11, Art. 1 EuInsVO Rn. 19 f.

„Für die Eröffnung des Insolvenzverfahrens sind die Gerichte des Mitgliedsstaates zuständig, in dessen Gebiet der Schuldner den Mittelpunkt seiner hauptsächlichen Interessen hat.“[150]

Dieses dort beschriebene Insolvenzverfahren ist das sog. Hauptinsolvenzverfahren, das nach dem Universalitätsprinzip das in allen Mitgliedsstaaten belegene Vermögen des Schuldners erfasst.[151] Der Begriff des Mittelpunkts der hauptsächlichen Interessen (center of main interests, COMI) wurde für die EuInsVO entwickelt.[152] Nach dem EuGH in der Entscheidung *„Eurofood/Parmalat“*[153] ist der Begriff des COMI einheitlich und autonom auszulegen, um so das *„forum shopping“*[154] zu verhindern.

Eine ähnliche Regelung ist in § 3 InsO aufgenommen worden, wobei es sich dort um den Mittelpunkt der selbständigen *wirtschaftlichen* Tätigkeit handelt; diese Unterscheidung dürfte allerdings in der Praxis keine große Rolle spielen.[155] Unter den Begriff des COMI in der EuInsVO, also des Mittelpunktes der *hauptsächlichen* Interessen, werden alle gewerblichen und freiberuflichen Tätigkeiten, auch von Privatpersonen, subsumiert; entscheidend dabei ist der Schwerpunkt der wirtschaftlichen Betätigung des Schuldners.[156] Erwägungsgrund 13 zu EuInsVO besagt, dass als Mittelpunkt der hauptsächlichen Interessen der Ort gelten solle, *„an dem der Schuldner gewöhnlich der Verwaltung seiner Interessen nachgeht und damit für Dritte feststellbar ist“*. In der Entscheidung *„Eurofood/Parmalat“*[157] sieht der EuGH in Erwägungsgrund 13 die Absicht des Verordnungsgesetzgebers, dass das COMI nach objektiven und zugleich für Dritte feststellbaren Kriterien zu bestimmen ist; dies sei sowohl für die Rechtssicherheit, als auch für die Vorhersehbarkeit unabdingbar, da sich aus der Bestimmung des COMI einerseits das zuständige Gericht festlegen lasse, andererseits aber auch das nach

---

150 Art. 3 Abs. 1 S. 1 EuInsVO.

151 vgl. AG Duisburg, Beschluss vom 10. Dezember 2002, Az. 62 IN 190/02; *Taupitz*, ZZP 111 (1998), 315, 324.

152 Die USA haben bei der Umsetzung des UNCITRAL-Modellgesetzes ein ähnliches Anknüpfungsmoment in Chapter 15 des US-Bankruptcy Code in ihr Internationales Insolvenzrecht aufgenommen (*Schmidt*, ZIP 2007, 405, 409; HambKomm – *Undritz*, Art. 3 EuInsVO, Rn. 2).

153 EuGH, Urteil vom 02.05.2006, Rs. C 341/04.

154 Siehe dazu Erwägungsgrund 4.

155 *Geimer*, IZPR, Rn. 3436; Gottwald – *Gottwald/Kolmann*, Handbuch, § 131 Rn. 11.

156 D-K/D/Ch – *Duursma-Kepplinger*, EuInsVO, Art. 3 Rn. 13; *Herchen*, ZInsO 2004, 825, 827 ff.; Gottwald – *Gottwald/Kolmann*, Handbuch, § 130 Rn. 15.

157 EuGH, Urteil vom 02.05.2006, Rs. C 341/04; vgl. auch EuGH, Urteil vom 20.10.2011, Rs. C-396/09.

Art. 4 EuInsVO anwendbare Recht, also die *lex fori concursus*. In der Literatur wird die Entscheidung des EuGH kritisiert, weil weder die Kriterien zur Bestimmung des COMIs noch der Begriff des Dritten näher beschrieben worden sind.[158]

Da Art. 3 EuInsVO die Eröffnungszuständigkeit eines Insolvenzhauptverfahrens regelt, können beispielsweise Anfechtungsklagen oder Klagen des Insolvenzverwalters gegen Dritte oder sonstige Klagen, die im Zusammenhang mit einem Insolvenzverfahren ergehen, nicht direkt unter diese Vorschrift subsumiert werden.[159]

Allerdings unterscheidet Art. 3 EuInsVO zwischen Haupt- und Nebeninsolvenzverfahren (Sekundär- oder Partikularinsolvenzverfahren); so richtet sich die Zuständigkeit eines Nebenverfahrens danach, ob der Schuldner neben dem Mittelpunkt der hauptsächlichen Interessen in einem Mitgliedsstaat eine Niederlassung in einem anderem Mitgliedsstaat hat, in dem das Sekundär- oder Partikularinsolvenzverfahren eröffnet werden soll. Hierbei gilt aber das Territorialitätsprinzip, so dass nur das Vermögen erfasst wird, das in diesem Mitgliedsstaat belegen ist. [160] Ein Partikularinsolvenzverfahren kann nur unter den zusätzlichen Voraussetzungen des Art. 3 Abs. 4 EuInsVO vor der Eröffnung eines Hauptinsolvenzverfahrens eröffnet werden.

3.1.5.2 Das COMI bei Gesellschaften und juristischen Personen

Art. 3 Abs. 1 S. 2 EuInsVO lautet:

> *„Bei Gesellschaften und juristischen Personen wird bis zum Beweis des Gegenteils vermutet, dass der Mittelpunkt ihrer hauptsächlichen Interessen der Ort ihres satzungsmäßigen Sitzes ist.“*[161]

Es wird also widerleglich vermutet – mit echter Beweislastumkehr -, dass das COMI der Ort des satzungsmäßigen Sitzes ist. In der Entscheidung des EuGH *„Eurofood/ Parmalat“* hielt das Gericht fest, dass diese Vermutung nur widerlegt werden könne, wenn *„objektive und für Dritte feststellbare Elemente belegen, dass in Wirklichkeit die Lage derjenigen entspricht, die die Verortung am genannten satzungsmäßigen Sitz wiederspiegeln soll“*[162]. Geht eine Gesellschaft oder juristische Person an ihrem

---

158 *Mankowski*, BB 2006, 1753, 1754; *Paulus*, NZG 2006, 609, 612; HambKomm - *Undritz*, Art. 3 EuInsVO Rn. 5.

159 siehe dazu Wortlaut des Art. 3 EuInsVO und MünchKommBGB, - *Kindler*, Band 11, Art. 3 EuInsVO Rn. 1.

160 Art. 3 Abs. 2–4 EuInsVO.

161 Art. 3 Abs. 1 S. 2 EuInsVO.

162 EuGH, Urteil vom 02.05.2006, Rs. C 341/04, Juris-Rn. 34.

satzungsmäßigen Sitz keiner Tätigkeit nach (beispielsweise bei einer sog. „Briefkastenfirma"), so könne in diesem Fall die Vermutung widerlegt werden.[163]

Die Bestimmung des COMI ist in der Praxis mit erheblichen Schwierigkeiten verbunden. Umstritten ist vor allem, welche Kriterien zur Bestimmung des COMI und zur Widerlegung der Vermutung herangezogen werden dürfen. Schließlich haben sich zwei Ansätze zur Verortung der hauptsächlichen Interessen herausgebildet.

Die *mind-of-management-* oder die *headquarter-functions*-Theorie, der die frühere herrschende Rechtsprechung folgte[164] und der sich auch ein Teil der Literatur angeschlossen hatte,[165] stellt auf unternehmensinterne Gesichtspunkte ab. Es soll nach dieser Theorie der Mittelpunkt der hauptsächlichen Interessen an dem Ort sein, an dem die wesentlichen strategischen Unternehmenslenkungsentscheidungen in Bezug auf Geschäfts-, Vertriebs- oder Personalleitung gefällt werden.[166] Der *High Court of Justice Leeds* hat in einer Entscheidung vom 16.5.2003[167] betriebsinterne Methoden der Buchhaltung und Bilanzierung, betriebsinterne Absprachen, dass sich die Niederlassung an einem vom Hauptsitz verfassten Geschäfts- und Strategieplan zu halten habe und dass bestimmte Anschaffungen zustimmungsbedürftig sind und betriebsbedingte Absprachen bezüglich der Einstellungspolitik, sowie Arbeitsaufwand und Reisetätigkeit der Geschäftsführung als unternehmensleitende Entscheidungen qualifiziert, sodass mithilfe dieser Kriterien das COMI in dem Staat zu verorten ist, in dem diese Entscheidungen hauptsächlich getroffen werden. Weitere Kriterien sind beispielsweise die Personalabrechnung, Controlling und das Marketing.[168]

---

163 EuGH, a.a.O., Juris-Rn. 35; Siehe dazu HambKomm – *Undritz*, Art. 3 EuInsVO Rn. 6.

164 High Court of Justice Leeds, Judgement zur Administration Order v. 16.5.2003, No 861-876/03 (ZIP 2003, 1365), ZIP 2004, 963 ff.; AG Duisburg, Beschluss vom 10. Dezember 2002, Az. 62 IN 190/02; AG Offenburg, Beschluss vom 02. August 2004, Az. 2 IN 133/04; AG München, Beschluss vom 04. Mai 2004, Az. 1501 IE 1276/04, vgl. dazu auch MünchKommBGB – *Kindler*, Band 11, Art. 3 EuInsVO Rn. 19.

165 MünchKommBGB – *Kindler*, Band 11, Art. 3 EuInsVO Rn. 19.

166 Gottwald – *Gottwald/Kolmann*, Handbuch, § 130, Rn. 20 m.w.N.

167 High Court of Justice Leeds, Judgement zur Administration Order v. 16.5.2003, No 861-876/03 (ZIP 2003, 1365), ZIP 2004, 963 ff., insb. 965; MünchKommBGB – *Kindler*, Band 11, Art. 3 EuInsVO Rn. 19.

168 AG München, Beschluss vom 04. Mai 2004, Az. 1501 IE 1276/04; MünchKommBGB – *Kindler*, Band 11, Art. 3 EuInsVO Rn. 19; Zu weiteren Kriterien, die bei der Bestimmung des COMI berücksichtigt werden können: *Kübler*, FS Gehardt, S. 556.

Die *business-activity*-Theorie hingegen, die der EuGH in seiner Entscheidung *Eurofood/Parmalat*[169] angewendet hatte und der jetzt die heutige Rechtsprechung und die herrschende Lehre folgen,[170] berücksichtigt nur die Kriterien, die nach außen für Dritte erkennbar in Erscheinung treten. Dabei ist die Sicht eines Gläubigers als Dritter entscheidend, wobei diese Sicht allerdings objektiviert werden muss, sodass die Kriterien aus der Sicht eines durchschnittlichen, potentiellen Gläubigers zu beurteilen sind.[171] Damit ist heute die operative Leitung des Schuldnerunternehmens aus der Sicht eines Gläubigers und nicht die strategische Führung entscheidend.[172]

Wie bereits erwähnt,[173] ist der Prototyp einer grenzüberschreitenden Insolvenz, die Konzerninsolvenz, nicht in der EuInsVO geregelt. Es ist deswegen der Grundsatz „eine *Person, ein Vermögen, ein Verfahren*"[174] anzuwenden, der im deutschen und europäischen Recht gleichermaßen gilt. So ist deshalb bei Konzernen zur Bestimmung der Zuständigkeit zur Eröffnung eines Verfahrens über Tochtergesellschaften auf diese abzustellen, also auf den Mittelpunkt der hauptsächlichen Interessen der einzelnen Tochtergesellschaften.[175]

3.1.5.3 Das COMI bei natürlichen Personen

Erwägungsgrund 13 gilt auch für die Bestimmung des Mittelpunktes der hauptsächlichen Interessen des Schuldners, wenn der Schuldner eine natürliche Peson ist, sodass der Ort maßgeblich ist, an dem der Schuldner gewöhnlich der Verwaltung seiner Interessen nachgeht. Dies ist grundsätzlich der Wohnsitz einer nicht beruflich tätigen Privatperson, da der Schuldner von dort aus seinen Aktivitäten

---

169 Der EuGH stellt, wie oben bereits dargestellt, auf objektive, für Dritte feststellbare Kriterien, ab (EuGH, Urteil vom 02.05.2006, Rs. C 341/04; *Eurofood/Parmalat*).

170 *Pannen/Riedemann*, NZI 2004, 646, 651; *Kübler*, FS Gehardt, S. 555; *Vallender*, KTS 2005, 283, 292 f.; *Mankowski*, RIW 2005, 561, 575 f.; MünchKommBGB - *Kindler*, Band 11, Art. 3 EuInsVO Rn. 20.

171 *Westpfahl/Goetker/Wilkens*, Grenzüberschreitende Insolvenzen, Rn. 142 f.; HambKomm - *Undritz*, Art. 3 EuInsVO Rn. 4 f.; Gottwald - *Gottwald/Kolmann*, Handbuch, § 130 Rn. 21.

172 *Konecny*, ZIK 2005, 2, 5.

173 Siehe Kap. 3.1.4.2.

174 HambKomm - *Undritz*, Art. 3 EuInsVO Rn. 7.

175 Gottwald - *Gottwald/Kolmann*, § 130 Rn. 29 f.; HambKomm - *Undritz*, Art. 3 EuInsVO Rn. 7; *Ehricke*, EWS 2002, 101, 101 ff.; *Ehricke*, ZInsO 2002, 393, 296 f.; umfassende Darstellung mit Änderungsvorschlägen in: *Paulus*, ZIP 2005, 1948, 1984 ff.; Erwiderung auf den Aufsatz von Paulus, a.a.O.: *Sester*, ZIP 2005, 2099, 2099 ff.; vgl. zu diesem Thema auch: *Oberhammer*, KTS 2009, 27, 64 ff.

nachgeht und dort auch seinen Lebensmittelpunkt hat.[176] Wenn allerdings der tatsächliche gewöhnliche Aufenthaltsort nicht der Wohnsitz ist, so ist auf den gewöhnlichen Aufenthaltsort abzustellen, da dieser dann dem tatsächlichen Interessenmittelpunkt i.S.d. Art. 3 EuInsVO entspricht.[177] Vergleichend kann dazu gesagt werden, dass der gewöhnliche Aufenthalt bei natürlichen Personen wie der tatsächliche Verwaltungssitz bei Gesellschaften dem Wohnsitz bzw. dem satzungsmäßigen Sitz vorgeht.[178]

Ist der Schuldner berufstätig, muss differenziert werden: Ist der Schuldner Arbeitnehmer, liegt der Interessenmittelpunkt grundsätzlich weiterhin am Ort des Wohnsitzes.[179] Ist der Schuldner Selbständiger, Kaufmann oder Gewerbetreibender, ist der Ort der gewerblichen Niederlassung der Mittelpunkt der hauptsächlichen Interessen.[180]

3.1.6 Anerkennung der Eröffnungsentscheidung

Die Anerkennung ausländischer Insolvenzverfahren ist in Art. 16 EuInsVO geregelt. Art. 16 Abs. 1 EuInsVO lautet:

> *„Die Eröffnung des Insolvenzverfahrens durch ein nach Artikel 3 zuständiges Gericht eines Mitgliedsstaates wird in allen übrigen Mitgliedsstaaten anerkannt, sobald die Entscheidung im Staat der Verfahrenseröffnung wirksam ist.*
>
> *Dies gilt auch, wenn in den übrigen Mitgliedsstaaten über das Vermögen des Schuldners wegen seiner Eigenschaft ein Insolvenzverfahren nicht eröffnet werden kann.“*

---

176 MünchKommBGB – *Kindler*, Band 11, Art. 3 EuInsVO Rn. 36 ff.; Gottwald – *Gottwald/Kolmann*, Handbuch, § 130 Rn. 18.

177 High Court of Justice London, Beschluss vom 20.12.2006, No. 9849/02; AG Köln, Beschluss vom 06. November 2008, Az. 71 IN 487/07; *Huber*, ZZP 114 (2001), 133, 140; Pannen – *Pannen*, EuInsVO, Art. 3 Rn. 19 ff., 27 ff.; *Kolmann*, Kooperationsmodelle, S. 286; Gottwald – *Gottwald/Kolmann*, Handbuch, § 130 Rn. 18.

178 *Leible/Staudinger*, KTS 2000, 533, 543 f.; *Mankowski*, RIW 2005, 561, 577; *Huber*, ZZP 114 (2001), 133, 140; D-K/D/Ch – *Duursma-Kepplinger*, EuInsVO, Art. 3 Rn. 22; *Ehricke/Ries*, JuS 2003, 313, 314; MünchKommBGB – *Kindler*, Band 11, Art. 3 EuInsVO Rn. 40.

179 AG Celle, Beschluss vom 18. April 2005, Az. 29 IN 11/05; Gottwald – *Gottwald/Kolmann*, Handbuch, § 130 Rn. 18; *Ehricke/Ries*, JuS 2003, 313, 314; *Leible/Staudinger*, KTS 2000, 533, 543 f.; *Mankowski*, NZI 2005, 368, 370.

180 BGH, Beschluss vom 17. September 2009, Az. IX ZB 51/09; *Balz*, ZIP 1996, 948, 949; *Kemper*, ZIP 2001, 1609, 1612; *Huber*, ZZP 114 (2001), 133, 140; *Fritz/Bähr*, DZWIR 2001, 221, 224.

Durch diese Vorschrift, die eine Kernvorschrift der EuInsVO ist,[181] wird die Universalität des Hauptverfahrens nach der EuInsVO festgelegt, womit letztendlich die Verwirklichung und Sicherstellung des europäischen Binnenmarktes bewirkt werden soll. In Art. 16 EuInsVO wird die automatische Anerkennung des ausländischen Insolvenzverfahrens durch die anderen Mitgliedsstaaten bestimmt, ohne dass ein Anerkennungsverfahren, eine Veröffentlichung oder eine Vollstreckung stattfindet, was großes gegenseitiges Vertrauen unter den Mitgliedsstaaten der Europäischen Union voraussetzt.[182] Ist die Eröffnungsentscheidung wirksam geworden,[183] entfaltet sie „*(...) in jedem anderen Mitgliedsstaat, ohne dass es hierfür irgendwelcher Förmlichkeiten bedürfte, die Wirkungen, die das Recht des Staates der Verfahrenseröffnung dem Verfahren beilegt, sofern diese Verordnung nichts anderes bestimmt und solange in diesem anderen Mitgliedsstaat kein Verfahren nach Artikel 3 Absatz 2 eröffnet ist.*“[184]

Es ist umstritten, ob das eröffnende Gericht tatsächlich international zuständig gewesen sein muss (*compétence directe*).[185] Nach Erwägungsgrund 22 zur EuInsVO ist das Prioritätsprinzip anzuwenden, sodass die Entscheidung des zuerst eröffnenden Gerichts anzuerkennen ist. Das Gericht, das das Verfahren

---

181 Nerlich/Römermann - *Nerlich*, InsO, Art. 16 VO (EG) Nr. 1346/2000 Rn. 2; MünchKommBGB - *Kindler*, Band 11, Art. 16 EuInsVO Rn. 1.

182 *Fritz/Bähr*, DZWIR 2001, 221, 225; Nerlich/Römermann - *Nerlich*, InsO, Art. 16 VO (EG) Nr. 1346/2000 Rn. 2; *Balz*, ZIP 1996, 948, 951; *Virgos/Schmit*, Erläuternder Bericht, in: Stoll, Vorschläge und Gutachten, Rn. 143; *Leible/Staudinger*, KTS 2000, 533, 560 f.; MünchKommBGB - *Kindler*, Art. 16 EuInsVO Rn. 1.

183 Siehe dazu Art. 2 lit. f EuInsVO; die Anerkennung erfolgt also sobald die Eröffnung des Verfahrens nach der lex fori concursus des jeweiligen Mitgliedsstaates wirksam geworden ist, wobei nicht die formelle oder materielle Rechtskraft erforderlich ist; vielmehr fällt auch eine “vorläufige” Entscheidung, gegen die noch ein Rechtsmittel eingelegt werden kann, unter diesen Begriff, wenn die Entscheidung schon im Staat der Verfahrenseröffnung Wirkungen entfaltet (D-K/D/Ch - *Duursma-Kepplinger/Chalupsky*, EuInsVO, Art. 16 Rn. 10; Nerlich/Römermann - *Nerlich*, InsO, Art. 16 VO (EG) Nr. 1346/2000 Rn. 14; *Kemper*, ZIP 2001, 1609, 1613; *Lüke*, ZZP 111 (1998), 275, 286; MünchKommBGB - *Kindler*, Band 11, Art. 16 EuInsVO Rn. 8.

184 Art. 17 Abs. 1 EuInsVO.

185 Dagegen: *Huber*, ZZP 114 (2001), 133, 146; Für die tatsächliche Zuständigkeit des Eröffnungsgerichts wohl: *Trunk*, Internationales Insolvenzrecht, S. 361; MünchKommBGB - *Kindler*, Band 11, Art. 16 EuInsVO Rn. 9.

anzuerkennen hat, darf die Zuständigkeit des Gerichts, das das Verfahren eröffnet hat, nicht nachprüfen.[186]

Für eine wirksame Anerkennung ist erforderlich, dass es sich bei dem Verfahren um ein Insolvenzverfahren handelt. Das Insolvenzverfahren ist in Art. 1 Abs. 1 i.V.m. dem Anhang A der EuInsVO legaldefiniert.[187] Insolvenzverfahren i.d.S. können sowohl Hauptinsolvenzverfahren als auch Partikularinsolvenzverfahren bzw. Sekundärinsolvenzverfahren sein, da Art. 16 EuInsVO lediglich von einem nach Art. 3 EuInsVO zuständigen Gericht spricht und nicht näher unterscheidet. Für diese Nebenverfahren sieht Art. 17 EuInsVO die Begrenzung der Wirkungen des Hauptverfahrens vor.

Eine weitere Voraussetzung ist, dass das Insolvenzverfahren eröffnet sein muss. Hierbei ist zu differenzieren zwischen der Eröffnungsentscheidung selbst und den sonstigen Verfahren, die in Zusammenhang mit einem Insolvenzverfahren ergehen, wie Verfahren zur Durchführung und Beendigung des Insolvenzverfahrens. Beispielweise kann hier die Einsetzung eines Gläubigeruasschusses durch das Gericht gemäß § 67 Abs. 1 InsO genannt werden. Für erstere gilt Art. 16 EuInsVO, für letztere ist die Vorschrift des Art. 25 EuInsVO einschlägig.[188]

Nach dem Urteil des EuGH in Sachen „*Eurofood/Parmalat*"[189] ist Art. 16 Abs. 1 UAbs. 1 der EuInsVO dahingehend auszulegen, „*dass die von einem Gericht eines Mitgliedsstaates auf einen entsprechenden, auf die Insolvenz des Schuldners gestützten Antrag auf Eröffnung eines in Anhang A der Verordnung genannten Verfahrens hin erlassene Entscheidung eine Eröffnung eines Insolvenzverfahrens im Sinne dieser Vorschrift darstellt, wenn sie den Vermögensbeschlag gegen den Schuldner zur Folge hat und durch sie ein in Anhang C der Verordnung genannter Verwalter bestellt wird. Ein solcher Vermögensbeschlag bedeutet, dass der Schuldner die Befugnisse zur Verwaltung seines Vermögens verliert.*"[190] Dadurch ist der Begriff der Eröffnung zeitlich vorverlagert worden, ändert aber nichts an der Anerkennungsgrundlage des Art. 16 für die Eröffnungsentscheidung und des Art. 25 EuInsVO für im Zusammenhang stehende Verfahren.[191]

---

186 *Herchen*, ZInsO 2004, 61, 64; *Lüke*, ZZP 111 (1998), 275, 287; *Mankowski*, EWiR 2003, 1239, 1239 f.; Gottwald – *Gottwald/Kolmann*, Handbuch, §130 Rn. 51; MünchKommBGB – *Kindler*, Band 11, Art. 16 EuInsVO Rn. 7 und 9.

187 Siehe dazu Kap. 3.1.4.1.1.

188 Vgl. zum Ganzen: MünchKommBGB – *Kindler*, Band 11, Art. 16 EuInsVO Rn. 6.

189 EuGH, Urteil vom 2.5.2006, Rs. C341/04.

190 EuGH, Urteil vom 2.5.2006, Rs. C341/04, Tenor des Urteils Nr. 3.

191 Siehe Kap. 4.2.2.

Schließlich ist für eine wirksame Anerkennung notwendig, dass die Entscheidung nicht gegen den *ordre public* des Anerkennungsstaates verstößt (Art. 26 EuInsVO). Der *ordre-public*-Vorbehalt eines Mitgliedsstaats ist dann berührt, wenn gegen die Grundprinzipien eines Staates offensichtlich verstoßen wurde oder die verfassungsmäßigen Rechte und Pflichten des Einzelnen verletzt worden sind; dies ist aber sehr restriktiv auszulegen.[192] Wie oben bereits dargestellt,[193] ist keine Voraussetzung für die Anerkennung nach Art. 16 EuInsVO die internationale Zuständigkeit des eröffnenden Gerichts; somit stellt dies auch keinen Verstoß gegen den *ordre public* dar.[194]

3.1.7 Vollstreckung

Die Entscheidungen, welche – ganz allgemein formuliert – aus der Eröffnung des Verfahrens resultieren, werden über Art. 25 Abs. 1 UAbs. 1 Satz 2 EuInsVO i.V.m. Art. 31 bis 51 (mit Ausnahme von Art. 34 Abs. 2) des Brüsseler Übereinkommens über die gerichtliche Zuständigkeit und die Vollstreckung gerichtlicher Entscheidungen in Zivil- und Handelssachen (EuGVÜ, seit 1.3.2002 EuGVVO mit neuer Nummerierung), in der durch die Beitrittsübereinkommen zu diesem Übereinkommen geänderten Fassung, vollstreckt. Das bedeutet also, dass es keine direkten Vollstreckungsvorschriften in der EuInsVO gibt, sondern vielmehr auf die Vorschriften der EuGVVO, die im nächsten Kapitel dargestellt werden, verwiesen wird.[195]

3.2 Die EuGVVO

3.2.1 Rechtsgeschichtliche Einordnung

Die VO (EG) Nr. 44/2001 des Rates vom 22. Dezember 2000 über die gerichtliche Zuständigkeit und die Anerkennung und Vollstreckung von Entscheidungen in Zivil- und Handelssachen (EuGVVO, EuGVO oder auch VO Brüssel I) löste das 1968 abgeschlossene EuGVÜ, eines der großen Vertragswerke zur Schaffung eines juristischen Rahmens für den europäischen Binnenmarkt,

192 *Lehr*, KTS 2000, 577, 584; MünchKommBGB – *Kindler*, Band 11, Art. 16 EuInsVO Rn. 12.

193 Siehe Kap. 3.1.6.

194 *Leible/Staudinger*, KTS 2000, 533, 568; *Herchen*, ZIP 2005, 1401, 1404; Österr.OGH, Beschl. v. 17.3.2005, Az. 8 Ob 135/04 t; D-K/D/Ch – *Duursma-Kepplinger/Chalupsky*, EuInsVO, Art. 16 Rn. 26; MünchKommBGB – *Kindler*, Art. 16 EuInsVO Rn. 9 und 14.

195 Siehe dazu Kapitel 3.2.

ab.[196] Vor Abschluss des EuGVÜ bestanden große Schwierigkeiten bei der internationalen Prozessführung. So traten insbesondere bei der Anerkennung und Vollstreckung ausländischer Entscheidungen Probleme auf, da beispielsweise entweder entsprechende Gerichtstände im Inland nicht bekannt waren oder die Anerkennung gänzlich ausgeschlossen wurde.[197] Dies war für die Verwirklichung eines gemeinsamen Binnenmarktes nicht tragbar.

Schon durch das EuGVÜ wurden diese Probleme größtenteils behoben. Es beinhaltete insbesondere die internationale Entscheidungszuständigkeit der Mitgliedsstaatengerichte in Zivil- und Handelssachen in einem umfassenden Katalog von Zuständigkeitsregeln.[198] Zudem ging es im Rahmen der Anerkennung und Vollstreckung ausländischer Entscheidungen deutlich über einen reinen Anerkennungs- und Vollstreckungsvertrag hinaus, da ein Mitgliedstaat – ähnlich der EuInsVO – ohne Prüfung der internationalen Zuständigkeit die Urteile und Entscheidungen eines anderen Mitgliedsstaates anzuerkennen hatte. Aber auch die Vollstreckungsmöglichkeiten innerhalb der EU wurden vereinfacht; die Vollstreckung wurde durch ein grundsätzlich einseitiges Klauselerteilungsverfahren geregelt. Ferner fanden sich Regelungen zur internationalen Rechtshängigkeit eines Verfahrens in einem anderen Mitgliedsstaat der Europäischen Union in dem Übereinkommen.[199]

Durch das EuGVÜ wurde ein wesentlicher Schritt zur Vereinheitlichung des internationalen Zivilprozessrechts in Europa getan;[200] Überlegungen zu einer gemeinsamen Zivilprozessordnung haben aber bisher keine größere Bedeutung erlangt.[201]

Seit 1968 wurde der Geltungsbereich des Übereinkommens durch mehrere Beitrittsübereinkommen vom 9.10.1978[202], vom 25.10.1982[203], vom 26.5.1989[204] und vom 29.11.1996[205] erweitert.[206]

---

196 MünchKommZPO – *Gottwald*, Band 3, Vorbem. EuGVO, Rn. 1.

197 MünchKommZPO – *Gottwald*, Band 3, Vorbem. EuGVO, Rn. 1.

198 Saenger – *Dörner*, Hk-ZPO, Vorbem. EuGVVO Rn. 1.

199 MünchKommZPO – *Gottwald*, Band 3, Vorbem. EuGVO Rn. 2.

200 Siehe dazu: *Spellenberg*, EuR 1980, 329 ff.; *Adolphsen*, FS 400 Jahre Universität Gießen, S. 88 ff.; MünchKommZPO – *Gottwald*, Band 3, Vorbem. EuGVO Rn. 3.

201 MünchKommZPO – *Gottwald*, Band 3, Vorbem. EuGVO, Rn. 3.

202 ABl. EG Nr. L 304 vom 30. 10. 1978.

203 ABl. EG Nr. L 388 vom 31. 12. 1982.

204 ABl. EG Nr. L 285 vom 30. 10. 1989; vgl. dazu *Jayme/Kohler*, IPRax1989, 337, 338 ff.

205 ABl. EG Nr. C 15 vom 15. 1. 1997; vgl. dazu *Wagner*, RIW 1998, 590, 590 ff.

206 Vergleiche zu den Übereinkommen: MünchKommZPO – *Gottwald*, Band 3, Vorbem. EuGVO Rn. 10–15.

Am 16.9.1988 wurde in Lugano ein Parallelübereinkommen (LugÜ) geschlossen.[207] Die Staaten der EG schlossen mit den EFTA-Staaten ein Übereinkommen über die gerichtliche Zuständigkeit und Vollstreckung gerichtlicher Entscheidungen in Zivil- und Handelssachen, welches ein einheitliches Zivilprozessrecht für Westeuropa zum Ziel hatte.[208] Dieses Übereinkommen wurde inhaltlich an das EuGVÜ angeglichen. Der Geltungsbereich zu und innerhalb der EFTA-Staaten war dem Luganer Übereinkommen vorbehalten, innerhalb der EU-Staaten galt das EuGVÜ. Bei der Auslegung beider Übereinkommen sollten die Gerichte der EFTA-Staaten und der EuGH die jeweiligen Vorschriften des anderen Übereinkommens beachten. Das Luganer Übereinkommen konnte durch Beitritt von Drittstaaten erweitert werden, was im Rahmen der EuGVÜ nicht möglich war.[209]

In den Jahren 1988/89 wurde eine Revisionskonferenz für eine gleichzeitige Revision des Luganer Übereinkommen und des EuGVÜ abgehalten.[210] Die daraus entstandene überarbeitete Version des EuGVÜ wurde als Verordnung (EuGVVO) am 22. 12. 2000 erlassen und ist am 1. 3. 2002 in Kraft getreten.

Am 20.12.2012 wurde im Amtsblatt der Europäischen Union eine Neufassung der EuGVVO[211] veröffentlicht.[212] Die Verordnung (EG) Nr. 44/2001 wird nach Art. 80 der Verordnung vom 20.12.2012 aufgehoben. Die neue EuGVVO ist am 20. Tag nach ihrer Veröffentlichung gemäß Art. 81 EuGVVO n.F. in Kraft getreten. Allerdings ist sie derzeit nicht anwendbar. Die neue EuGVVO gilt nach Art. 81 erst ab dem 10. Januar 2015 mit Ausnahme der Artikel 75 und 76, die ab dem 10. Januar 2014 gelten. Damit ist die bisherige EuGVVO derzeit geltendes Recht und ausschließlich diese anzuwenden.

---

207 ABl. EG L 319 vom 25. 11. 1988; siehe dazu: MünchKommZPO – *Gottwald*, Band 3, Vorbem. EuGVO Rn. 16.

208 MünchKommZPO – *Gottwald*, Band 3, Vorbem. EuGVO Rn. 16 m.w.N.

209 Vgl. insgesamt MünchKommZPO – *Gottwald*, Band 3, Vorbem. EuGVO Rn. 17.

210 *Wagner*, IPRax 1998, 241, 241 ff.; *Jayme/Kohler*, IPRax 1997, 385, 390; vgl. zu Revision des EuGVÜ auch: *Kerameus/Prütting*, ZZPInt. 3 (1998), 265, 265 ff.; MünchKommZ-PO – *Gottwald*, Band 3, Vorbem. EuGVO Rn. 18.

211 Verordnung (EU) Nr. 1215 des Europäischen Parlaments und des Rates vom 12. Dezember 2012 über die gerichtliche Zuständigkeit und die Anerkennung und Vollstreckung von Entscheidungen in Zivil- und Handelssachen.

212 ABl. EU L 351 vom 20.12.2012.

3.2.2 Ziele

Die Zielsetzung der EuGVVO ist die grundlegende Schaffung von rechtlichen Rahmenbedingungen des Europäischen Binnenmarktes.[213] Dies ist in Erwägungsgrund 1 und 2 zur EuGVVO dargestellt:

> *„(1) Die Gemeinschaft hat sich zum Ziel gesetzt, einen Raum der Freiheit, der Sicherheit und des Rechts, in dem der freie Personenverkehr gewährleistet ist, zu erhalten und weiterzuentwickeln.(...)*
>
> *(2) Die Unterschiede zwischen bestimmten einzelstaatlichen Vorschriften über die gerichtliche Zuständigkeit und die Anerkennung von Entscheidungen erschweren das reibungslose Funktionieren des Binnenmarktes. Es ist daher unerlässlich, Bestimmungen zu erlassen, um die Vorschriften über die internationale Zuständigkeit in Zivil- und Handelssachen zu vereinheitlichen und die Formalitäten im Hinblick auf eine rasche und unkomplizierte Anerkennung und Vollstreckung von Entscheidungen aus den durch diese Verordnung gebundenen Mitgliedsstaaten zu vereinfachen."*

Dazu sind als Grundprinzipien, die sowohl für die EuGVVO als auch für das EuGVÜ gelten, die Anwendung auf Zivil- und Handelssachen, unabhängig von der nationalen Gerichts- oder Rechtswegorganisation, die Schaffung einheitlicher Regeln der internationalen Entscheidungszuständigkeit zwischen den Vertragsstaaten, die Anknüpfung an den Wohnsitz bzw. Sitz anstelle der Staatsangehörigkeit und der besondere Schutz für Beklagte mit Wohnsitz in den Vertragsstaaten durch Ausschluss exorbitanter Gerichtsstände und Einführung einer Amtsprüfung der internationalen Zuständigkeit bereits im Erststaat anzugeben.[214]

Das Problem des *forum shopping*, also die Verlagerung eines Vermögensgegenstandes oder einer Rechtsstreitigkeit von einem Mitgliedsstaat in einen anderen, um auf diese Weise eine verbesserte Rechtsstellung anzustreben,[215] ist in der EuGVVO nicht gelöst worden, da sie keine Regelung enthält, die es den Parteien unmöglich macht oder sie jedenfalls einschränkt, die materiell-rechtlichen Unterschiede der einzelnen Rechtsordnungen zu diesem Zweck auszunutzen.[216]

3.2.3 Auslegung

Die EuGVVO muss grundsätzlich, wie die meisten europäischen Rechtsnormen, autonom ausgelegt werden.[217] Der Rechtsvereinheitlichungszweck der Verordnung

213 Saenger - *Dörner*, Hk-ZPO, Vorbem EuGVVO Rn. 1.

214 Aufgezählt in: MünchKommZPO - *Gottwald*, Band 3, Vorbem. EuGVO Rn. 4.

215 Siehe dazu bereits unter Kap. 3.1.5.1.

216 MünchKommZPO - *Gottwald*, Band 3, Vorbem. EuGVO Rn. 5.

217 Geimer/Schütze - *Geimer*, EuZVR, A.1 Art. 1 Rn. 2.

fordert eine Auslegung unabhängig von nationalen Rechtsordnungen und Auslegungsgrundsätzen, insbesondere wenn es um den Anwendungsbereich geht. Insbesondere wegen der weitgehenden Identität von EuGVÜ und EuGVVO kann aber auch die Rechtsprechung des EuGH, der nationalen Gerichte und sonstige Rechtserkenntnisquellen zur Auslegung zum Brüsseler Übereinkommen hinzugezogen werden, wenn und soweit die jeweiligen Vorschriften sich entsprechen.[218] Allerdings sind nach dem EuGH bestimmte Begriffe nach dem vom Internationalen Privatrecht der *lex fori* berufenen nationalen Recht auszulegen.[219]

3.2.4 Anwendungsbereich

3.2.4.1 Räumlich-territorial

Der räumliche Anwendungsbereich der EuGVVO ist mit dem des europäischen Primärrechts grundsätzlich identisch.[220] Es besteht allerdings eine Ausnahme bezüglich Dänemark. Nach Art. 1 Abs. 3 EuGVVO umfasst der Begriff Mitgliedsstaat nicht Dänemark. Nach Erwägungsgrund 21 und 22 zur EuGVVO hat sich Dänemark nicht an der Annahme dieser Verordnung beteiligt, sodass sie für Dänemark nicht bindend und nicht anwendbar ist. Zwischen Dänemark und den an diese Verordnung gebundenen Mitgliedsstaaten ist das Brüsseler Übereinkommen (EuGVÜ) weiterhin in Geltung; aber auch das Protokoll von 1971 ist in dieser Beziehung anzuwenden.[221] Allerdings ist zwischen der EU und dem Königreich Dänemark ein eigener völkerrechtlicher Vertrag am 19.10.2005 abgeschlossen worden, der am 1. 7. 2007 in Kraft trat und mit dem praktisch die EuGVVO übernommen wurde.[222]

Beide Regelungswerke werden in Deutschland nach dem Gesetz zur Ausführung zwischenstaatlicher Verträge und zur Durchführung von Verordnungen und Abkommen der Europäischen Gemeinschaft auf dem Gebiet der Anerkennung und Vollstreckung in Zivil- und Handelssachen (Anerkennungs- und Vollstreckungsausführungsgesetz -AVAG) ausgeführt.

218 Prütting/Gehrlein – *Pfeiffer*, ZPO, Art. 1 EuGVO Rn. 2; Saenger – *Dörner*, Hk-ZPO, Vorbem. EuGVVO Rn. 14.

219 EuGH, Urteil vom 28. September 1999, Rs. C-440/97; vgl. dazu Saenger – *Dörner*, Hk-ZPO, Vorbem. EuGVVO Rn. 14.

220 *Schlosser*, EU-ZPR, Einleitung Rn. 18.

221 Erwägungsgrund 21 und 22 der EuGVVO.

222 *Schlosser*, EU-ZPR, Einleitung Rn. 18a.

3.2.4.2 *Persönlich*

Die EuGVVO ist grundsätzlich universell anwendbar. Nach dem Urteil des EuGH in „*Group Josi*"[223] erfasst die EuGVVO nicht nur Staatsangehörige und Bewohner der Mitgliedsstaaten im Sinne der Verordnung (siehe Art. 1 Abs. 3 EuGVVO), sondern das Zuständigkeitssystem der EuGVVO gilt auch für Rechtsstreitigkeiten, bei denen der Wohnsitz oder Sitz des Klägers in einem Drittstaat liegt. Die Vollstreckung kann dann ohne Rücksicht auf Nationalität oder Wohnsitz des Vollstreckenden durchgeführt werden. Viele Vorschriften sind aber nur anwendbar, wenn Bezüge des Rechtsstreits zu einem anderen Mitgliedsstaat vorliegen, sodass es Einschränkungen des Anwendungsbereichs in den einzelnen Vorschriften gibt, insbesondere in den Zuständigkeitsvorschriften.[224]

3.2.4.3 *Sachlich*

3.2.4.3.1 *Zivil- und Handelssachen*

Die VO (EG) Nr. 44/2001 ist gemäß ihrem Art. 1 anwendbar auf Zivil- und Handelssachen; öffentlich-rechtliche Streitigkeiten sind ausgeklammert. Nach Meinung von *Schlosser* und *Geimer* stellt die Ausklammerung von öffentlich-rechtlichen Streitigkeiten eine antiquierte Ansicht dar; die Verordnung basiert nach deren Ansicht auf dem überholten Axiom, dass öffentliches Recht exterritorial nicht durchsetzbar sei.[225]

Bei der Auslegung des Begriffs der „Zivil- und Handelssachen" und deren Qualifikation sind nach Ansicht des EuGH die Zielsetzungen und die Systematik des EuGVÜ (was entsprechend für die EuGVVO gilt) sowie die allgemeinen Rechtsgrundsätze, die allen Mitgliedsstaaten gemein sind, zu beachten.[226] Es kann also auch nicht auf die Art der Gerichtsbarkeit zur Abgrenzung ankommen, wie es in vielen Mitgliedsstaaten noch gehandhabt wird.[227]

Im Streit, ob nun Zivil- und Handelssachen oder öffentlich-rechtliche Streitigkeiten vorliegen,[228] entschied der EuGH beispielweise, dass Haftpflichtansprüche

223 EuGH, Urteil vom 13. 7. 2000, Rs. C-412/98.

224 *Schlosser*, EU-ZPR, Art. 1 EuGVVO Rn. 1 f.

225 *Schlosser*, EU-ZPR, Art. 1 EuGVVO Rn. 3; Geimer/Schütze – *Geimer*, EuZVR, A.1 Art. 1 Rn. 1.

226 Dies hat der EuGH hat in einer Reihe von Entscheidungen festgestellt, beispielsweise EuGH 21. 4. 1993, Rs. C- 172/91 „*Sonntag/Waidmann*"; vgl. dazu Geimer/Schütze – *Geimer*, EuZVR, A. 1 Art. 1 Rn. 2.

227 Geimer/Schütze – *Geimer*, EuZVR, A. 1 Art. 1 Rn. 4.

228 Vergleiche zu den einzelnen Fällen: *Schlosser*, EU-ZPR, Art. 1 EuGVVO, Rn. 9–9c.

gegen einen Lehrer einer öffentlichen Schule wegen des Todes eines seiner Schüler bei einem Bergunfall privatrechtlich sind.[229] In einem anderen Fall wurden Rückgriffsklagen von Behörden, die Unterhaltsleistungen vorgestreckt hatten, als Zivil- und Handelssachen qualifiziert, „*soweit für die Grundlage dieser Klagen und die Methoden ihrer Erhebung die allgemeinen Vorschriften über Unterhaltsverpflichtungen gelten*".[230] Desweiteren sind nach Ansicht des EuGH Forderungen aus Bürgschaften zugunsten öffentlich-rechtlicher Ansprüche als privatrechtlich zu qualifizieren;[231] allerdings verneinte der EuGH die Qualifikation als Zivil- und Handelssache bei Ansprüchen wegen Übergriffen von Besatzungstruppen im Zweiten Weltkrieg.[232]

Grundsätzlich ist davon auszugehen, dass, sofern die Verwaltung anstelle z. B. eines Verwaltungsaktes den Vertrag wählt, dies europarechtlich nicht öffentlich-rechtlich, sondern privatrechtlich zu qualifizieren ist; dies gilt allerdings nicht, wenn vergleichbare Verträge in allen Mitgliedsstaten als öffentlich-rechtlich gelten.[233] So verhält es sich nach Meinung von *Schlosser*, wenn die Verwaltung Verträge mit Unternehmen über den Bau von öffentlichen Vorhaben, wie beispielweise die französischen *marchés publics*,[234] schließt.[235]

3.2.4.3.2 Ausgeschlossene Rechtsgebiete

Art. 1 Abs. 2 EuGVVO lautet:

> „*(2) Sie* [die Verordnung] *ist nicht anwendbar auf*
> *a) den Personenstand, die Rechts- und Handlungsfähigkeit sowie die gesetzliche Vertretung von natürlichen Personen, die ehelichen Güterstände, das Gebiet des Erbrechts einschließlich des Testamentsrechts;*
> *b) Konkurse, Vergleiche und ähnliche Verfahren;*
> *c) die soziale Sicherheit;*
> *d) die Schiedsgerichtsbarkeit.*"

Die genaue Bestimmung der einzelnen Streitgegenstände, die der Verordnung nicht unterfallen, ist schwierig, da die Ausnahmen in der Begrifflichkeit des

229 EuGH, Urteil vom 21.4.1993, Rs. C-172/91 – „*Sonntag/Waidmann*".
230 EuGH, Urteil vom 14.11.2002, Rs. C-271/00 – "*Gemeente Steenbergen*", Rn. 40.
231 EuGH, Urteil vom 5.2.2004, Rs. C-265/02, – „*Frahuil*".
232 EuGH, Urteil vom 15.2.2007, Rs. C-292/05 – "*Lechouritou et alt.*"
233 Rauscher – *Mankowski*, EuZPR, Art. 1 Brüssel I-VO Rn. 3 ff.; *Schlosser*, EU-ZPR, Art. 1 EuGVVO Rn. 12.
234 Vergleiche dazu *Schlosser*, NJW 77, 457, 460 f.
235 *Schlosser*, EU-ZPR, Art. 1 EuGVVO Rn. 12; so auch mit einem entsprechendem Beispiel: *Geimer/Schütze*, Internationale Urteilsanerkennung, § 19 Kap. VII.

materiellen Rechts ausgedrückt sind.[236] Inwieweit die Ausnahmen restriktiv auszulegen sind, ist umstritten. So sieht *Geimer* in dem Ziel der Verordnung die Zuständigkeits- und Anerkennungsregeln zu vereinheitlichen, die Notwendigkeit einer restriktiven Auslegung.[237] *Schlosser* bringt hierzu vor, dass der EuGH eine derartige Auslegung der Verordnung nicht angemahnt hat und daher eine vertragsautonome Auslegung anzuwenden ist.[238] Unproblematisch ist, wenn Vorfragen aus Rechtsgebieten, die unter die Ausnahmen des Abs. 2 fallen, vorliegen. Dies hindert nicht die Anwendbarkeit der EuGVVO. Liegen mehrere Streitgegenstände vor, so ist eine isolierte Betrachtungsweise anzuwenden, sodass jeder Streitgegenstand einzeln auf seine Anwendbarkeit hin geprüft werden muss; selbst bei akzessorischen Ansprüchen ist nach diesem Verfahren vorzugehen.[239]

Entscheidend bei der Interpretation der Ausnahmetatbestände ist, dass sie den gleichen Begriffsinhalt für alle Anwendungsbereiche der Verordnung haben und sie vor allem im Verhältnis zwischen dem Kapitel II und III, also bezüglich der Zuständigkeit und der Anerkennung und Vollstreckung, gleich angewendet werden.[240]

Desweiteren ist Voraussetzung für die Anwendbarkeit der Ausnahmetatbestände, dass sie streitgegenständlich und nicht nur im Rahmen der Präjudizialität von Belang sind.[241]

3.2.4.3.2.1 Art. 1 Abs. 2 lit. a EuGVVO

Unter Art. 1 Abs. 2 lit. a EuGVVO fallen insbesondere alle Statussachen, also Ehesachen, Kindschaftssachen und Lebenspartnerschaftssachen, aber auch Verschollenheits-, Betreuungs- Entmündigungs- und Pflegschaftssachen sowie Nachlasssachen. [242]

Problematisch ist weiters in Abs. 2 lit. a die einheitliche Auslegung der Begriffe „Personenstand“ und „eheliche Güterstände“. Ehelicher Güterstand wird

---

236 *Schlosser*, EU-ZPR, Art. 1 Rn. 13.

237 Geimer/Schütze – *Geimer*, EuZVR, A.1 Art. 1 Rn. 49.

238 *Schlosser*, EU-ZPR, Art. 1 EuGVVO Rn. 13.

239 *Schlosser*, EU-ZPR, Art. 1 EuGVVO Rn. 13; *Geimer*, IPRax 1992, 5, 5 ff.

240 Geimer/Schütze – *Geimer*, EuZVR, A. 1 Art. 1 Rn. 53 ff.

241 EuGH, Urteil vom 25. 7. 1991, Rs. C-190/89 – *„Marc Rich/Società Italiana Impianti“*; OLG Stuttgart, Urteil vom 07. August 2000, Az. 5 U 184/99; vgl. dazu: Geimer/Schütze, Internationale Urteilsanerkennung, § 20 Kap. V; *Kropholler/von Hein*, EuZPR, Art. 1 EuGVO Rn. 17; Geimer/Schütze – *Geimer*, EuZVR, A. 1 Art. 1 Rn. 58 ff.

242 *Kropholler/von Hein*, EuZPR, Art. 1 EuGVO Rn. 21; Rauscher – *Mankowski*, EuZPR, Art. 1 Brüssel I-VO Rn. 10; Geimer/Schütze – *Geimer*, EuZVR, A. 1 Art. 1 Rn. 87.

beispielsweise in der englischen Version der Verordnung mit *„rights in property arising out of a matrimonial relationship“* beschrieben. Dieser Begriff ist sehr weit gefasst gegenüber denen der anderen Mitgliedsstaaten, sodass es zu einer unterschiedlichen Anwendung der Begriffe in den einzelnen Rechtsordnungen kommen kann.[243]

3.2.4.3.2.2 Art. 1 Abs. 2 lit. b EuGVVO

Nach lit. b fallen nicht unter die EuGVVO Konkurse, Vergleiche und ähnliche Verfahren. Es findet also ein Ausschluss all derjenigen Verfahren statt, die in die oben beschriebene EuInsVO fallen. Diesbezüglich soll die EuInsVO die Lücke schließen, die durch den Ausschluss der Verfahren in lit. b entstanden ist. Es ist hier von einem lückenlosen Ineinandergreifen von EuGVVO und EuInsVO auszugehen. Es kann also ein Verfahren entweder unter die EuInsVO oder die EuGVVO fallen, je nachdem wie es zu qualifizieren ist.[244] Nicht unter die EuGVVO und auch nicht unter die EuInsVO fallen jedenfalls Insolvenzverfahren über das Vermögen von Versicherungsunternehmen oder Kreditinstituten, von Wertpapierfirmen, die Dienstleistungen erbringen, welche die Haltung von Geldern oder Wertpapieren Dritter umfassen, sowie für Organismen gemeinsamer Anlagen. Diese Verfahren fallen unter speziell für diese Fälle erlassene Vorschriften, die Richtlinie 2014/59/EU vom 14.05.2015[245] und die Verordnung (EU) Nr. 806/2014 vom 15.07.2014[246].

Zur Zeit des EuGVÜ bzw. des LugÜ, also vor In-Kraft-Treten der EuInsVO, sollten Streitigkeiten, die sich unmittelbar aus deren Insolvenz ergeben, aus dessen Anwendungsbereich genommen werden.[247] So wurde eine Reihe von Einzelverfahren, die sich auf ein Insolvenzverfahren beziehen, aus dem Anwendungsbereich genommen, *„wenn sie unmittelbar aus diesen Verfahren*

---

243 Geimer/Schütze – *Geimer*, EuZVR, A. 1 Art. 1, Rn. 52 f.

244 *Stürner*, IPRax 2005, 416, 417.

245 Richtlinie 2014/59/EU des Europäischen Parlaments und des Rates vom 15. Mai 2014 zur Festlegung eines Rahmens für die Sanierung und Abwicklung von Kreditinstituten und Wertpapierfirmen und zur Änderung der Richtlinie 82/891/EWG des Rates, der Richtlinien 2001/24/EG, 2002/47/EG, 2004/25/EG, 2005/56/EG, 2007/36/EG, 2011/35/EU, 2012/30/EU und 2013/36/EU sowie der Verordnungen (EU) Nr. 1093/2010 und (EU) Nr. 648/2012 des Europäischen Parlaments und des Rates.

246 Verordnung (EU) Nr. 806/2014 des Europäischen Parlaments und des Rates vom 15. Juli 2014 zur Festlegung einheitlicher Vorschriften und eines einheitlichen Verfahrens für die Abwicklung von Kreditinstituten und bestimmten Wertpapierfirmen im Rahmen eines einheitlichen Abwicklungsmechanismus und eines einheitlichen Abwicklungsfonds sowie zur Änderung der Verordnung (EU) Nr. 1093/2010.

247 Geimer/Schütze – *Geimer*, EuZVR, A. 1 Art. 1 Rn. 131.

hervorgehen und sich eng innerhalb des Rahmens eines Konkurs- oder Vergleichsverfahrens in dem vorgenannten Sinne halten.“[248] Diese Rechtsprechung des EuGH in Sachen „*Gourdain/Nadler*“[249] zur Qualifikation der Verfahren als Insolvenzverfahren war nicht unumstritten; viele halten diese Rechtsprechung mittlerweile für überholt.[250]

Welche Verfahren letztendlich unter die EuGVVO oder unter die EuInsVO fallen, ist nicht abschließend geklärt. Anhaltspunkte kann die in Art. 4 Abs. 2 EuInsVO aufgeführte Liste geben, welche Verfahren unter die EuInsVO fallen.[251]

Nach neuerer Rechtsprechung des EuGH in Sachen „*Deko Marty*“[252] richtet die Zuständigkeit für Anfechtungsklagen nach der EuInsVO; hieraus ist zu schließen, dass Anfechtungsverfahren jedenfalls vom Anwendungsbereich der EuInsVO erfasst werden. Dies erfordern die Erwägungsgründe zur EuInsVO und das Gebot der praktischen Wirksamkeit („*effet utile*“). Mit dem Gebot der praktischen Wirksamkeit und den Erwägungsgründen würden sich natürlich viele Verfahren unter die EuInsVO subsumieren lassen. Im Urteil des EuGH „*German Graphics*“[253] stellte das Gericht allerdings fest, dass der Anwendungsbereich der EuGVVO grundsätzlich weit und im Gegenzug dazu der Anwendungsbereich der EuInsVO enger zu fassen ist. Eine abschließende Klärung der Frage, welche konkreten Verfahren unter die EuInsVO fallen, ist der EuGH noch schuldig geblieben.

3.2.4.3.2.3 Art. 1 Abs. 2 lit. c und lit. d EuGVVO

Nach Art. 1 Abs. 2 lit.c findet die EuGVVO keine Anwendung auf Fälle der sozialen Sicherheit. Ansprüche gegen den Arbeitgeber auf Beitragszahlung[254] oder Ansprüche von Versorgungsträgern auf Rückgewähr zu Unrecht bezogener Leistungen[255] unterfallen deshalb nicht dem Anwendungsbereich der EuGVVO,

---

248 EuGH, Urteil vom 22.2.1979, Rs. 133/78 – „*Goudrain/Nadler*“; *Lüke*, FS Schütze, S. 470 ff.; *Haubold*, IPRax 2000, 375, 375 ff.; *Stürner*, IPRax 2005, 416, 417; Geimer/Schütze – *Geimer*, EuZVR, A. 1 Art. 1 Rn. 131.

249 EuGH, Urteil vom 22.2.1979, Rs. 133/78 – „*Goudrain/Nadler*“.

250 Geimer/Schütze – *Geimer*, EuZVR, A. 1 Art. 1 Rn. 131; Siehe dazu weitergehend Kap. 5.5.

251 Rauscher – *Mankowski*, EuZPR, Art. 1 Brüssel I-VO Rn. 18a; Geimer/Schütze – *Geimer*, EuZVR, A.1 Art. 1 Rn. 128.

252 EuGH, Urteil vom 12.2.2009, Rs. C-339/07 – "*Deko Marty*".

253 EuGH, Urteil vom 10.9.2009, Rs. C-292/08 – "*German Graphics*".

254 *Schlosser*, EU-ZPR, Art. 1 EuGVVO Rn. 22.

255 BSG, Urteil vom 26. Januar 1983, Az. 1 S 2/82; OLG Köln, Beschluss vom 24. September 1990, Az. 13 W 67/90.

da sie als Ansprüche aus sozialer Sicherheit angesehen wurden. Allerdings werden Rechtsstreitigkeiten über Betriebsrenten, die der Arbeitgeber selbst schuldet, sowie Rechtsstreitigkeiten über Kranken- und Lebensversicherungsverträge in den Anwendungsbereich der Verordnung einbezogen.[256]

Nach Art. 1 Abs. 2 Nr. 4 EuGVVO ist die Schiedsgerichtsbarkeit vom Anwendungsbereich ausgeschlossen. Schon im EuGVÜ wurde dies so gehandhabt, da es zahlreiche internationale Abkommen auf dem Gebiet der Schiedsgerichtsbarkeit gab, sodass nach Ansicht der Verfasser des EuGVÜ kein Regelungsbedürfnis für die Schiedsgerichtsbarkeit bestand.[257] Der Anwendungsbereich ist beispielsweise[258] für folgende Verfahren nicht eröffnet: Verfahren zur Ernennung und Abberufung von Schiedsrichtern,[259] Verfahren zur Vorabentscheidung materieller Fragen[260] und Entscheidungen über Anträge auf Aufhebung,[261] Änderung, Anerkennung[262] oder Vollstreckbarerklärung von Schiedssprüchen.[263]

3.2.4.4 Zeitlich

Die EuGVVO ist am 1. März 2002 in Kraft getreten. Nach Art. 66 EuGVVO sind deshalb die Vorschriften nur auf solche Klagen und öffentliche Urkunden anwendbar, die nach In-Kraft-Treten der Verordnung erhoben bzw. aufgenommen worden sind.

3.2.5 Zuständigkeit

Bei der Bestimmung der internationalen Zuständigkeit in der EuGVVO ist wie folgt vorzugehen: Zuerst ist zu beachten, dass die EuGVVO einen ausschließlichen

256 Siehe zum Ganzen: *Schlosser*, EU-ZPR, Art. 1 EuGVVO Rn. 22.

257 Geimer/Schütze - *Geimer*, EuZVR, A. 1 Art. 1 Rn. 144; siehe dort auch eine Reihe aufgezählter internationaler Abkommen zu dieser Zeit.

258 Siehe zu den folgenden Beispielen: Geimer/Schütze - *Geimer*, EuZVR, A. 1 Art. 1 Rn. 152 ff.; Rauscher - *Mankowski*, EuZPR, Art. 1 Brüssel I-VO Rn. 27 ff.

259 EuGH, Urteil vom 25. 7. 1991, Rs. C-190/89 – "*Marc Rich/Società Italiana Impianti*"; *Weigand*, EuZW 1992, 529, 529 ff.

260 Im englischen Recht war nach sec. 21 Arbitration Act 1950 die Entscheidung materieller Fragen vorab möglich („*statement of special case*").

261 OLG Stuttgart, Urteil vom 22. Dezember 1986, Az. 5 U 3/86.

262 LG Hamburg, Beschluss vom 24. April 1979, Az. 5 O 112/79.

263 Vergleiche dazu insgesamt MünchKommZPO - *Gottwald*, Band 3, Art. 1 EuGVO Rn. 25; *Schlosser*, EU-ZPR, Art. 1 EuGVVO Rn. 23 ff.

Gerichtsstand in Art. 22 i.V.m. Art. 25 vorsieht. So ist für bestimmte Klagen, wie beispielsweise Klagen, welche dingliche Rechte an unbeweglichen Sachen zum Gegenstand haben, ohne Rücksicht auf den Wohnsitz des Beklagten das Gericht zuständig, in dessen Bezirk die unbewegliche Sache belegen ist (*lex rei sitae*). Nach Art. 25 EuGVVO hat sich das angerufene Gericht von Amts wegen für unzuständig zu erklären, wenn ein Gericht eines anderen Mitgliedsstaates nach Art. 22 EuGVVO ausschließlich zuständig wäre. Der ausschließliche Gerichtsstand ist vorrangig vor allen anderen Gerichtsständen der EuGVVO zu prüfen, also vor dem allgemeinen Gerichtsstand des Art. 2 EuGVVO, den Ausnahmetatbeständen des Art. 5–7 EuGVVO und den besonderen Zuständigkeiten nach Art. 8–21 EuGVVO.

3.2.5.1 Allgemeiner Gerichtsstand

Die Zuständigkeit nach der EuGVVO ist in deren Art. 2 folgendermaßen geregelt:

> *„(1) Vorbehaltlich der Vorschriften dieser Verordnung sind Personen, die ihren Wohnsitz in dem Hoheitsgebiet eines Mitgliedsstaats haben, ohne Rücksicht auf ihre Staatangehörigkeit vor den Gerichten dieses Mitgliedsstaats zu verklagen.*
>
> *(2) Auf Personen, die nicht dem Mitgliedsstaat, in dem sie ihren Wohnsitz haben, angehören, sind die für Inländer maßgebenden Zuständigkeitsvorschriften anzuwenden."*

Bei der Anwendung der EuGVVO ist demnach wie folgt zu prüfen:

1. Der sachliche Anwendungsbereich der Verordnung muss eröffnet sein,
2. Die Verordnung muss im Zeitpunkt der Klageerhebung im Gerichtsstaat in Kraft getreten sein,
3. Der Beklagte muss seinen Wohnsitz in einem Mitgliedsstaat haben; falls dies nicht der Fall sein sollte, greift Art. 4 EuGVVO und das nationale Zuständigkeitsrecht findet Anwendung. Hat der Beklagte seinen Wohnsitz in einem Mitgliedstaat, muss geprüft werden, ob dies derselbe Mitgliedsstaat ist, in dem das Gericht liegt; liegt der Wohnsitz des Beklagten im selben Staat wie das Gericht, so richtet sich die internationale Zuständigkeit nach Art. 2 EuGVVO, wobei sich die örtliche Zuständigkeit nach dem nationalen Recht richtet. Ist der Staat des Wohnsitzes nicht derselbe wie der Mitgliedsstaat, dem das Gericht angehört, so ist es von Norm zu Norm unterschiedlich, wonach sich die örtliche Zuständigkeit richtet, da die Normen teils die örtlichen Zuständigkeiten mitregeln, teils aber lediglich die internationale Zuständigkeit allein beinhalten. Es ist also jedenfalls zuerst die internationale Zuständigkeit zu

prüfen und dann die örtliche Zuständigkeit je nachdem entweder der Norm selbst oder dem nationalen Recht zu entnehmen.[264]

Art. 2 EuGVVO beinhaltet die Grundregel für die internationale Zuständigkeit von Prozessen, die in den Anwendungsbereich der Verordnung fallen. Diese Grundregel ist im Zusammenhang mit Art. 59 und 60 EuGVVO zu sehen, die wie folgt lauten:

> *„Art. 59*
> *(1) Ist zu entscheiden, ob eine Partei im Hoheitsgebiet des Mitgliedsstaates, dessen Gerichte angerufen sind, einen Wohnsitz hat, so wendet das Gericht sein Recht an.*
> *(2) Hat eine Partei keinen Wohnsitz in dem Mitgliedsstaat, dessen Gerichte angerufen sind, so wendet das Gericht, wenn es zu entscheiden hat, ob die Partei einen Wohnsitz in einem anderen Mitgliedsstaat hat, das Recht dieses Mitgliedsstaates an.*
>
> *Artikel 60*
> *(1) Gesellschaften und juristische Personen haben für die Anwendung dieser Verordnung ihren Wohnsitz an dem Ort, an dem sich*
> *a) ihr satzungsmäßiger Sitz*
> *b) ihre Hauptverwaltung oder*
> *c) ihre Hauptniederlassung*
>
> *befindet.*
>
> *(2) Im Falle des Vereinigten Königreichs und Irlands ist unter dem Ausdruck „satzungsmäßiger Sitz" das registered office oder, wenn ein solches nirgendwo besteht, der place of incorporation (Ort der Erlangung der Rechtsfähigkeit) oder, wenn ein solcher nirgendwo besteht, der Ort, nach dessen Recht die formation (Gründung) erfolgt ist, zu verstehen.*
> *(3) Um zu bestimmen, ob ein trust seinen Sitz in dem Vertragsstaat hat, bei dessen Gerichten die Klage anhängig ist, wendet das Gericht sein Internationales Privatrecht an."*

Da – wie beschrieben – nur die internationale Zuständigkeit in Art. 2 geregelt wird, ist bei einer Klage in Deutschland die örtliche Zuständigkeit nach §§ 12 ff. ZPO zu bestimmen.

Art. 2 Abs. 2 EuGVVO regelt den Fall, dass die örtliche Zuständigkeit an die Staatsangehörigkeit gebunden ist. In diesem Fall können die Bewohner eines Mitgliedsstaates, dessen Gericht nach Abs. 1 international zuständig ist, vor jedem Gericht verklagt werden, vor dem auch ein Angehöriger dieses Staates verklagt werden könnte. Die Verknüpfung der örtlichen Zuständigkeit mit der

264 Vgl. zur Prüfungsreihenfolge MünchKommZPO – *Gottwald*, Band 3, Art. 2 EuGVO Rn. 3; *Schlosser*, EU-ZPR, Vor Art. 2 EuGVVO Rn. 9 ff.

Staatsangehörigkeit ist allerdings in Deutschland und in den anderen Mitgliedstaaten derzeit nicht vorhanden.[265]

In den weiteren Abschnitten des zweiten Kapitels der EuGVVO sind noch eine Reihe an weiteren Zuständigkeitsvorschriften enthalten. Insbesondere die Besonderen Zuständigkeiten im zweiten Abschnitt, die mit den Wahlgerichtsständen der deutschen ZPO vergleichbar sind. Ferner sind die Zuständigkeiten für Versicherungssachen (Abschnitt 3), für Verbrauchersachen (Abschnitt 4) und für individuelle Arbeitsverträge extra geregelt und gehen als leges speciales dem allgemeinen Gerichtsstand des Art. 2 i.V.m. Art. 59, 60 EuGVVO vor.

Die isolierte Sonderzuständigkeit des Art. 5 (Abschnitt 2) ist wiederum zu unterteilen in Zuständigkeit für Ansprüche aus Vertrag, für eine Unterhaltssache, für eine unerlaubte Handlung, für Klagen auf Schadensersatz oder Wiederherstellung des früheren Zustandes, die auf eine mit Strafe bedrohte Handlung gestützt wird, für Streitigkeiten aus dem Betrieb einer Niederlassung, für Klagen gegen Personen, die als Begründer, *trustee* oder Begünstigter eines *trust* in Anspruch genommen werden, der aufgrund eines Gesetzes oder durch schriftlich vorgenommenes oder schriftlich bestätigtes Rechtsgeschäft errichtet ist und für Streitigkeiten von Berge- und Hilfslohn, der für Bergungs- und Hilfsleistungsarbeiten gefordert wird, die zugunsten einer Ladung oder Frachtforderung erbracht worden sind. Die Gerichtsstände des Art. 5 begründen mit Ausnahme der Nr. 6 sowohl eine internationale wie auch eine örtliche Zuständigkeit.

Im Folgenden sollen die wichtigsten Gerichtsstände, nämlich der Gerichtsstand des Vertrages, der unerlaubten Handlung und der Gerichtsstand für Streitigkeiten aus Niederlassungen, dargestellt werden:

3.2.5.2 Zuständigkeit für vertragliche Ansprüche / Gerichtsstand des Erfüllungsortes

Ein wichtiger Teil des Art. 5 EuGVVO ist die Regelung der isolierten Sonderzuständigkeit für Verträge. Wenn Verträge oder Ansprüche aus Verträgen den Gegenstand des Verfahrens bilden, ist für Klagen das Gericht des Ortes zuständig, an dem die Verpflichtung erfüllt worden ist oder zu erfüllen wäre (Art. 5 Nr. 1a EuGVVO). In Art. 5 Nr. 1b EuGVVO ist auch definiert, wo der Erfüllungsort zu verorten ist. Im Sinne der Vorschrift ist, sofern nichts anderes vereinbart ist, der Erfüllungsort der Verpflichtung für den Verkauf beweglicher Sachen der Ort in einem Mitgliedsstaat, an dem sie nach dem Vertrag geliefert worden sind oder hätten geliefert werden sollen. Für die Erbringung von Dienstleistungen ist der

265 *Schlosser*, EU-ZPR, Art. 2 EuGVVO Rn. 3.

Ort in einem Mitgliedsstaat entscheidend, an dem die Dienstleistungen erbracht worden sind oder hätten erbracht werden müssen. Nach Art. 5 Nr. 1c EuGVVO gilt Nr. 1a, wenn Nr. 1b nicht anwendbar ist.

Der Begriff der „vertraglichen" Anspruchsgrundlage ist europarechtlich und weit auszulegen.[266] So unterfallen beispielsweise auch alle „gesetzlichen" Ansprüche aus einem Vertrag[267] dieser Norm, ebenso wie Sonderformen willentlich[268] eingegangener Rechtsbeziehungen. Auch als vertragliche i.S.d. Vorschrift sind anzusehen Ansprüche aus Sonderbeziehungen zwischen einer juristischen Person und deren Organwaltern.[269] Ist eine Gesamtschuld durch Vertrag entstanden, so ist der Gesamtschuldnerausgleich vertraglicher Natur.[270]

Da der Begriff der vertraglichen Ansprüche voraussetzt, dass die Verpflichtung freiwillig eingegangen ist,[271] fallen Ansprüche aus cic nicht unter Art. 5 Nr. 1, sondern unter Nr. 3, dem Gerichtsstand für unerlaubte Handlungen.[272] Ansprüche aus isolierten Gewinnzusagen aus dem EU-Ausland fallen allerdings inzwischen in den Bereich der Nr. 1, da es sich um ein rechtsgeschäftsähnliches Schuldverhältnis handelt.[273]

Nicht unter diese Vorschrift fallen deliktische Anspruchsgrundlagen, diesbezüglich ist auch nicht von einer Annexkompetenz auszugehen, diese sind vielmehr in einer eigenen Zuständigkeitsvorschrift geregelt.[274] Wenn allerdings eine vertragliche Anspruchsgrundlage mit der einer deliktischen eng verknüpft ist, wie es beispielsweise bei durch vertragswidrige Handlungen ausgelösten Delikten der Fall ist, wird die Ansicht vertreten, dass die an sich vertragliche Anspruchsgrundlage prozessrechtlich zu den deliktischen gezählt werden sollte.[275]

---

266 *Kropholler/von Hein*, EuZPR, Art. 5 EuGVO Rn. 5; *Schlosser*, EU-ZPR, Art. 5 EuGVVO Rn. 3; Geimer/Schütze – *Geimer*, EuZVR, A1 Art. 5 Rn. 24.

267 Thüringer Oberlandesgericht, Urteil vom 05. August 1998, Az. 4 U 1774/97, juris-Rn. 37.

268 EuGH, Urteil vom 5.2.2004, Rs. C-265/02 – "*Frahuil*".

269 OLG München, Urteil vom 25. Juni 1999, Az. 23 U 4834/98.

270 vergleiche zu den Ansprüchen insgesamt: *Schlosser*, EU-ZPR, Art. 5 EuGVVO Rn. 3.

271 EuGH, Urteil vom 5. 2. 2004, Rs. C-265/02; Thomas/Putzo – *Hüßtege*, ZPO, Art. 5 EuGVVO Rn. 2.

272 Thomas/Putzo – *Hüßtege*, ZPO, Art. 5 EuGVVO Rn. 19.

273 BGH, Urteil vom 01. Dezember 2005, Az. III ZR 191/03; Palandt – *Sprau*, BGB, § 661 a Rn. 1 m.w.N.

274 *Schlosser*, EU-ZPR, Art. 5 EuGVVO Rn. 3 m.w.N.

275 *Kropholler/von Hein*, EuZPR, Art. 5 EuGVO Rn. 79; vgl. dazu auch: *Lorenz/Unberath*, FS Schlosser, S. 522 ff.; A.A. MünchKommZPO – *Gottwald*, Band 3, Art. 5 EuGVO Rn. 12; *Schlosser*, EU-ZPR, Vor. Art. 5 EuGVVO Rn. 2.

Der Erfüllungsort ist einheitlich für die Erbringung von Dienstleistungen wie auch für den Verkauf beweglicher Sachen in Art. 5 Nr. 1b geregelt. Dies rührt aus der Absicht der Förderung der Freizügigkeit des Waren- und Dienstleistungsverkehrs. Die Festsetzung eines autonomen Erfüllungsortbegriffs bringt den Vorteil, dass der Erfüllungsort nicht mehr mit Hilfe des IPR des Staates, dem das angerufene Gericht angehört (Tessili-Regel): Nach Nr. 1c ist zur Bestimmung des Erfüllungsortes für alle Fälle, die nicht unter Nr. 1b fallen, das Vertragsstatut maßgeblich, das nach dem IPR des Staates des angerufenen Gerichts zu bestimmen ist (Buchstabe a / Tessili-Regel); dies gilt auch für die Fälle, in denen auf das Recht eines Nicht-Mitgliedsstaates verwiesen wird.[276]

Der Erfüllungsort in Nr. 1b ist rein faktisch zu bestimmen und unabhängig von dem rechtlichen Erfüllungsort nach dem materiellen anwendbaren Recht,[277] wie dies schon im französischen Recht gestaltet war.[278] Der vertragscharakteristische Ort ist der reale Ablieferungsort oder Dienstleistungsort.[279] So kann die ordnungsgemäße Erfüllung wegen der Beweisnähe im Rechtstreit einfacher bewiesen werden.[280] Der Käufer kann bei einer Leistung, die an seinen Wohnsitz zu verbringen ist (Lieferung), an seinem Wohnsitz, oder bei Gesellschaften und juristischen Personen, ihrem Sitz, den Verkäufer wegen aller aus dem Kaufvertrag herrührender Streitigkeiten verklagen; der Besteller hat grundsätzlich die Wahl (Besonderer Gerichtsstand, der in einem Alternativverhältnis zu dem allgemeinen Gerichtsstand des Art. 2 EuGVVO steht), ob er den Dienstleister an dessen Wohnsitz oder an seinem Wohnsitz verklagen will.[281] Dies gilt auch in dem Falle, wenn für den Vertrag UN-Kaufrecht Anwendung finden sollte.[282]

---

276 EuGH, Urteil vom 28. September 1999, Rs. C-440/97; BGH, Beschluss vom 30. April 2003, Az. III ZR 237/02; Thomas/Putzo – *Hüßtege*, ZPO, Art. 5 EuGVVO, Rn. 4 und 11.

277 MünchKommZPO – *Gottwald*, Band 3, Art. 5 EuGVO Rn. 15.

278 Vgl. *Kropholler/v.Hinden*, GS Lüderitz, S. 404; MünchKommZPO – *Gottwald*, Band 3, Art. 5 EuGVO Rn. 15.

279 *Buchner*, EWS 2000, 147, 149 f.; Zöller – *Geimer*, ZPO, Anh. I Art. 5 EuGVVO Rn. 4; MünchKommZPO – *Gottwald*, Band 3, Art. 5 EuGVO Rn. 15.

280 *Hau*, IPRax 2000, 354, 358; MünchKommZPO – *Gottwald*, Band 3, Art. 5 EuGVO Rn. 15.

281 MünchKommZPO – *Gottwald*, Band 3, Art. 5 EuGVO Rn. 18.

282 *Leipold*, GS Lüderitz, S. 447; MünchKommZPO – *Gottwald*, Band 3, Art. 5 EuGVO Rn. 18.

3.2.5.3 Zuständigkeit für deliktische Ansprüche

Der Gerichtsstand der unerlaubten Handlung ist grundsätzlich an dem Ort, an dem die unerlaubte Handlung begangen wurde.[283] Eingetreten ist das schädigende Ereignis nach Ansicht des EuGH sowohl am Ort der Handlung als auch am Ort des Erfolgs.[284] Da es sich auch hierbei um einen Wahlgerichtsstand handelt, kann der Geschädigte an dem allgemeinen Gerichtsstand des Art. 2 EuGVVO oder an dem Ort der unerlaubten Handlung klagen. Vorteile bringt dieser Gerichtsstand in Form der Rechtsnähe und der größeren Beweisnähe, wie schon bei den vertraglichen Ansprüchen ausgeführt. Es wird dabei nicht nur die internationale Zuständigkeit geregelt, sondern auch die örtliche, sodass die §§ 12 ff. ZPO ausgeschlossen sind.[285]

Wie schon bei den vertraglichen Ansprüchen erläutert, ist auch der Begriff der deliktischen Ansprüche europarechtsautonom auszulegen.[286] Der Begriff ist weit zu interpretieren und umfasst praktisch alle Klagen, mit denen eine Haftung des Beklagten für einen Schaden geltend gemacht wird, die nicht vertraglicher Natur i.S.d. Art. 5 Nr. 1 EuGVVO sind.[287] Darunter fallen alle Ansprüche aus außervertraglichen Rechtsverletzungen,[288] wie aus Produkthaftung, aus unlauterem Wettbewerb und Kartelldelikten[289]. Nicht unter Nr. 3 fallen hingegen konkurrierende vertragliche Ansprüche.[290]

3.2.5.4 Zuständigkeit für Niederlassungen

Die Zuständigkeitsvorschrift der Nr. 5 ermöglicht Klagen gegen das Stammhaus, nicht gegen die Niederlassung.[291] Es wird ein neuer weiterer Gerichtsstand gegen das Stammhaus gebildet, soweit nicht das Stammhaus und die Niederlassung in demselben Mitgliedsstaat liegen.[292]

Nach Nr. 5 ist für Streitigkeiten aus dem Betrieb einer Zweigniederlassung, einer Agentur oder einer sonstigen Niederlassung, das Gericht zuständig, an dem sich

283 MünchKommZPO - *Gottwald*, Band 3, Art. 5 EuGVO Rn. 53.
284 EuGH, Urteil vom 11. 1. 1990, Rs. C-220/8.
285 Vgl. insgesamt MünchKommZPO - *Gottwald*, Band 3, Art. 5 EuGVO Rn. 53.
286 EuGH, Urteil vom 27. 9. 1988, Rs. C-189.
287 Thomas/Putzo - *Hüßtege*, ZPO, Art. 5 EuGVVO Rn. 17.
288 EuGH, Urteil vom 27. 10. 1998, Rs. C-51/97.
289 MünchKommZPO - *Gottwald*, Band 3, Art. 5 EuGVO Rn. 56 m.w.N.
290 Thomas/Putzo - *Hüßtege*, ZPO, Art. 5 EuGVO Rn. 19 m.w.N.
291 Geimer/Schütze - *Auer*, Internationaler Rechtsverkehr, BVor I 10 b, Art. 5 Rn. 168.
292 Geimer/Schütze - *Auer*, Internationaler Rechtsverkehr, BVor I 10 b, Art. 5 Rn. 174.

diese befindet.[293] Auch hierbei ist der Begriff der Niederlassung europarechtsautonom auszulegen, um die gleichen Rechte und Pflichten der Partei in der EU zu begründen.[294] Für den Begriff der Niederlassung ist entscheidend, dass diese eine auf Dauer angelegter Mittelpunkt geschäftlicher Aktivitäten ist, der der Aufsicht und Leitung des Stammhauses unterliegt und materiell und personell so ausgestattet ist, dass es möglich ist von ihr aus mit Dritten Geschäfte zu machen.[295]

Nicht als Niederlassung angesehen werden kann die Tochtergesellschaft, da sie trotz der Weisungsbefugnis der Muttergesellschaft, des herrschenden Unternehmens, aufgrund des Beherrschungsvertrages nach § 308 AktG selbständig ist und sie die laufenden Geschäfte somit auch selbständig durchführt.[296] Tritt die Tochtergesellschaft allerdings faktisch als reine Außenstelle der Muttergesellschaft auf, kann bei äußerlicher Identität die Muttergesellschaft am Sitz der Tochtergesellschaft verklagt werden.[297]

3.2.6 Anerkennung

Die Anerkennung von Entscheidungen eines Mitgliedsstaates in einem anderen Mitgliedsstaat ist in den Art. 32 ff. EGVVO geregelt. Im EuGVÜ war diese in den Art. 25 ff. EuGVÜ normiert. Da aber – wie bereits oben beschrieben[298] – der Wortlaut des EuGVÜ beinahe komplett übernommen wurde, kann bei der Auslegung und Anwendung der EuGVVO die Judikatur und Literatur zum EuGVÜ herangezogen werden. Sowohl für die Anerkennung als auch für die Vollstreckung der Entscheidungen der Gerichte ist der Begriff „Entscheidung" maßgeblich.

---

293 vgl. Art. 5 Nr. 5 EuGVVO.

294 EuGH, Urteil vom 22.11.1978, Rs. 33/78.

295 EuGH, Urteil vom 22.11.1978, Rs. 33/78; vgl. zum Ganzen: MünchKommZPO – *Gottwald*, Band 3, Art. 5 EuGVO Rn. 72, 74; Thomas/Putzo – *Hüßtege*, ZPO, Art. 5 EuGVVO Rn. 22; Der Begriff Niederlassung umfasst aber nicht nur kaufmännische Unternehmungen wie in § 12 ZPO, sondern auch freie Berufe (*Nagel/Gottwald*, IZPR, § 3 Rn. 98).

296 MünchKommZPO – *Gottwald*, Band 3, Art. 5 EuGVO, Rn. 78; *Birk*, RdA 1983, 143, 148; Geimer/Schütze – *Auer*, Internationaler Rechtsverkehr, BVor I 10 b, Art. 5 Rn. 191.

297 Es kommt dabei auf die Sicht eines externen objektiver Betrachters an, nicht auf die Identität der Geschäftsführung. Vgl. dazu EuGH, Urteil vom 09. Dezember 1987, Rs. 218/86; *Adams v Cape Industries Plc* (CA (Civ Div)) Court of Appeal (Civil Division), 27 July 1989; OLG Düsseldorf, Urteil vom 26. Mai 1995, Az. 17 U 240/94; Geimer/Schütze – *Auer*, Internationaler Rechtsverkehr, BVor I 10 b, Art. 5 Rn. 188 ff., insb. Rn. 194; MünchKommZPO – *Gottwald*, Band 3, Art. 5 EuGVO Rn. 79.

298 Siehe dazu Kap. 3.2.3.

3.2.6.1 Der Begriff der Entscheidung

Artikel 32 EuGVVO definiert den Begriff der Entscheidung wie folgt:

> *„Unter „Entscheidung" im Sinne dieser Verordnung ist jede von einem Gericht eines Mitgliedsstaats erlassene Entscheidung zu verstehen, ohne Rücksicht auf ihre Bezeichnung wie Urteil, Beschluss, Zahlungsbefehl oder Vollstreckungsbescheid, einschließlich des Kostenfestsetzungsbeschlusses eines Gerichtsbediensteten."*

Der Begriff der „Entscheidung" i.S.d. EuGVVO ist somit sehr weitgreifend. Er umfasst prinzipiell alle positiven und negativen Entscheidungen eines Gerichts, die dem Bürger etwas zusprechen oder etwas aberkennen. Es kommt weder auf die Form, den Entscheidungsinhalt oder die Rechtskraft der Entscheidung an. Ebenso ist ohne Bedeutung, welcher Funktionsträger die Entscheidung erlassen hat.[299]

Nicht unter den Begriff hingegen fallen beispielsweise Entscheidungen, die auf einseitigen Antrag hin getroffen worden sind, wie die des einstweiligen Rechtsschutzes, die ohne vorherige Anhörungen getroffen worden sind,[300] und Entscheidungen über den Verfahrensfortgang[301]. So können die französische *ordonannce de référé* oder die englische *freezing order* anerkannt werden, wenn sie im streitigen Verfahrens ergangen sind.[302] Dies gilt auch für Entscheidungen über den Verfahrensfortgang, die in anderen Entscheidungen enthalten sind, wie beispielsweise in den französischen *jugements mixtes*, die sowohl die Feststellung des Anspruchs der Höhe nach als auch die Entscheidung über den Verfahrensfortgang wie die Anordnung einer Beweisaufnahme über die Anspruchshöhe beinhalten.[303]

---

299 MünchKommZPO – *Gottwald*, Band 3, Art. 32 EuGVO Rn. 1 ff. und 8 ff.; *Schlosser*, EuZPR, Art. 32 EuGVVO Rn. 1 ff.

300 Grundsätzlich wären Entscheidungen des einstweiligen Rechtsschutzes in den Anwendungsbereich des Art. 32 EuGVVO miteinzubeziehen, allerdings hat der EuGH entschieden, dass diejenigen Entscheidungen, die ohne Ladung des Schuldners ergangen sind oder die ohne Zustellung an den Schuldner vollstreckt werden können, wegen notwendiger Gewährung rechtlichen Gehörs vor Auslandsentscheidungen nicht nach Art. 32 EuGVVO anzuerkennen oder zu vollstrecken sind. Die Entscheidungen müssen kontradiktorisch ergehen. Vgl. dazu EuGH, Urteil vom 21. 5. 1980, Rs. 125/79; EuGH, Urteil vom 27. 11. 1984; Rs. 258/83; MünchKommZPO – *Gottwald*, Band 3, Art. 32 EuGVO Rn. 16 f.

301 *Schlosser*, EuZPR, Art. 32 Rn. 5 ff.; MünchKommZPO – *Gottwald*, Band 3, Art. 32 EuGVO Rn. 20.

302 MünchKommZPO – *Gottwald*, Band 3, Art. 32 EuGVO Rn. 17 m.w.N.

303 *Schlosser*, EU-ZPR, Art. 32 EuGVVO, Rn. 7 m.w.N.

Grundsätzlich anerkennungsfähig sind auch hinreichend bestimmte Kostenentscheidungen, wobei diesbezüglich nur die Kostenerstattungsansprüche der Parteien Art. 32 EuGVVO unterfallen. Ebenso verhält es sich bei ähnlichen Entscheidungen, die Verpflichtungen der Parteien gegenüber dem Gericht beinhalten und so einer Entscheidung i.d.S. gleichgestellt sind, wie beispielsweise die sog. *undertakings* des *common law*.[304]

3.2.6.2 Die Anerkennungspflicht

In Art. 33 EuGVVO wird der Grundsatz die Anerkennung normiert:

> *„(1) Die in einem Mitgliedsstaat ergangenen Entscheidungen werden in einem anderen Mitgliedsstaat anerkannt, ohne dass es hierfür eines besonderen Verfahrens bedarf.*
> *(2) Bildet die Frage, ob eine Entscheidung anzuerkennen ist, als solche den Gegenstand eines Streites, so kann jede Partei, welche die Anerkennung geltend macht, in dem Verfahren nach den Abschnitten 2 und 3 dieses Kapitels die Feststellung beantragen, dass die Entscheidung anzuerkennen ist.*
> *(3) Wird die Anerkennung in einem Rechtsstreit vor dem Gericht eines Mitgliedsstaates, dessen Entscheidung von der Anerkennung abhängt, verlangt, so kann dieses Gericht über die Anerkennung entscheiden.“*

Die Norm beinhaltet in Absatz 1 den Grundsatz der *ipso-iure*-Anerkennung der Entscheidung eines anderen Mitgliedstaates, ohne Erfordernis eines speziellen Verfahrens zur Anerkennung. Im Regelfall entscheidet jedes Gericht eines Mitgliedsstaates inzident nach Art. 33 Abs. 3 EuGVVO über die Anerkennung mit, wenn seine Entscheidung von der Anerkennung abhängt; es besteht aber auch die Möglichkeit eines gesonderten Verfahrens zur Feststellung der Anerkennung nach Art. 33 Abs. 2 EuGVVO.[305]

3.2.6.2.1 Automatische Anerkennung gemäß Art. 33 Abs. 1 EuGVVO

In den Mitgliedsstaaten der Europäischen Union werden die oben beschrieben Entscheidungen grundsätzlich automatisch anerkannt, ohne ein vorheriges Verfahren der Akzeptierung oder Registrierung der Entscheidung.[306] Dies setzt voraus,

---

304 *Schlosser*, EU-ZPR, Art. 32 EuGVVO, Rn. 10 f. m.w.N.

305 Vgl. dazu *Kropholler/von Hein*, EuZPR, Vor Art. 33 EuGVO Rn. 2.

306 *Kropholler/von Hein*, EuZPR, Art. 33 EuGVO Rn. 1; Geimer/Schütze – *Tschauner*, Internationaler Rechtsverkehr, BVor I 10 b, Art. 33 Rn. 1; MünchKommZPO – *Gottwald*, Band 3, Art. 33 EuGVO Rn. 1.

dass der Anwendungsbereich der EuGVVO eröffnet ist und kein Ausschlussgrund eingreift.[307]

Nicht definiert ist der Begriff der Anerkennung. Daher ist im Einzelnen umstritten[308], welche Wirkung der Anerkennung zukommt bzw. welche Entscheidungswirkungen anzuerkennen sind. Nach der Lehre von der Wirkungserstreckung des EuGH kommt der anerkannten ausländischen Entscheidung grundsätzlich dieselbe rechtliche Wirkung zu wie im Ursprungsstaat.[309]

Der Umfang der Anerkennung erstreckt sich demnach auf die materielle Rechtskraft der Entscheidung, selbst wenn diese bei ausländischen Urteilen weitergehend ist, da sich die subjektiven und objektiven Grenzen der materiellen Rechtskraft nach dem Recht des Staates richten, in dem das Urteil erlassen wurde. Eine erneute Klage auf Leistung in dem Staat, in dem die Entscheidung anerkannt worden ist, ist als unzulässig abzuweisen, da die Rechtskraft der ausländischen anzuerkennenden Entscheidung dem entgegensteht.[310] Weitere prozessuale Entscheidungswirkungen sind die Präklusionswirkung, die Gestaltungswirkung und die prozessualen Drittwirkungen wie die Interventions- und Streitverkündungswirkung.[311]

3.2.6.2.2 Das selbständige Anerkennungsverfahren gemäß Art. 33 Abs. 2 EuGVVO

Die automatische Anerkennung nach Art. 33 Abs. 1 EuGVVO hat zur Folge, dass über die Anerkennungsfähigkeit als Vorfrage entschieden werden muss. Diese Entscheidung kann abweichend voneinander ohne Bindung an die Inzidentanerkennung anderer Gerichte vorgenommen werden. In manchen Fällen besteht allerdings das Bedürfnis, die Anerkennungsfähigkeit der Entscheidung, insbesondere bei nicht vollstreckbaren Entscheidungen, feststellen zu lassen.[312]

---

307 Prütting/Gehrlein – *Schinkels*, ZPO, Art. 33 EuGVO Rn. 2.

308 Zum Theorienstreit vergleiche *Kropholler/von Hein*, EuZPR, Vor Art. 33 Rn. 9; Rauscher – *Leible*, EuZPR, Art. 1 Brüssel I-VO Rn. 3; Prütting/Gehrlein – *Schinkels*, ZPO, Art. 33 EuGVO Rn. 3.

309 EuGH, Urteil vom 4.2.88, Rs. 145/86 – "*Hoffmann*"

310 Prütting/Gehrlein – *Schinkels*, ZPO, Art. 33 EuGVO Rn. 4 m.w.N.

311 *v. Hoffmann/Hau*, RIW 1997, 89, 93; MünchKommmZPO – *Gottwald*, Band 3, Art. 33 EuGVO, Rn. 3.

312 *Kropholler/von Hein*, EuZPR, Art. 33 EuGVO Rn. 2; Prütting/Gehrlein – *Schinkels*, ZPO, Art. 33 EuGVO Rn. 5.

Zulässig ist nur die positive Feststellung der Anerkennungsfähigkeit, nicht die negative.[313] Allerdings muss für den Antrag das allgemeine Rechtschutzbedürfnis gegeben sein, das vorliegt, wenn die Anerkennung zwischen den Parteien rechtlich relevant ist. Nicht notwendig ist ein besonderes Feststellungsinteresse i.S.d. § 256 ZPO.[314] Das Verfahren des Feststellungsantrags richtet sich gemäß Art. 33 Abs. 2 EuGVVO nach den §§ 38 ff. und §§ 53 ff. EuGVVO. §§ 25 f. AVAG sind ebenfalls in diesem Zusammenhang relevant.[315]

3.2.6.2.3 Die inzidente Anerkennung gemäß Art. 33 Abs. 3 EuGVVO

Besteht für ein Gericht oder auch eine Verwaltungsbehörde, welches bzw. welche eine Entscheidung anerkennen soll, keine Bindungswirkung gemäß Art. 33 Abs. 2 EuGVVO, kann es bzw. sie selbst über die Anerkennung als Vorfrage inzident entscheiden, wenn dies für die Entscheidung maßgeblich ist.[316] Vorzulegen sind die nach Art. 53 ff. EuGVVO notwendigen Urkunden.[317] Allerdings erstreckt sich die Rechtskraft nicht auf die Inzidentanerkennung, da sie nur in den Urteilsgründen erwähnt wird. Zur rechtskräftigen Entscheidung über die Anerkennungsfähigkeit ist nach überwiegender Ansicht als einzige Möglichkeit ein Verfahren nach Art. 33 Abs. 2 EuGVVO anzustreben. Allerdings kann die Vorfrage der Anerkennungsfähigkeit auch zum Gegenstand einer Zwischenfeststellungsklage nach § 256 Abs. 2 ZPO gemacht werden.[318]

3.2.6.3 Ausschlussgründe

Liegt ein Ausschlussgrund vor, kann eine Entscheidung nicht anerkannt werden. Die Auschlussgründe sind vorwiegend in Art. 34 EuGVVO geregelt. Art. 35 EuGVVO ergänzt Art. 34 EuGVVO hinsichtlich Versicherungs- und Verbrauchersachen und hinsichtlich Fällen ausschließlicher Zuständigkeit.[319] Art. 34 und Art. 35 Abs. 1 EuGVVO regeln abschließend die Gründe, bei deren

---

313 *Kropholler/von Hein*, EuZPR, Art. 33 EuZPR Rn. 7; MünchKommZPO – *Gottwald*, Band 3, Art. 33 EuGVO Rn. 6/8.

314 MünchKommZPO – *Gottwald*, Band 3, Art. 33 EuGVO Rn. 7.

315 Prütting/Gehrlein – *Schinkels*, ZPO, Art. 33 EuGVO Rn. 5.

316 Prütting/Gehrlein – *Schinkels*, ZPO, Art. 33 EuGVO Rn. 6.

317 *Kropholler/von Hein*, EuZPR, Art. 33 EuGVO Rn. 10.

318 vgl. dazu: Handbuch IZVR – *Martiny*, Kap. II Rn. 222 ff.; MünchKommZPO – *Gottwald*, Band 3, Art. 33 EuGVO Rn. 18.

319 MünchKommZPO – *Gottwald*, Band 3, Art. 34 EuGVO Rn. 1.

Vorliegen die Anerkennung verweigert werden kann. Nach ständiger – des EuGH sind diese Gründe aufgrund ihres Ausnahmecharakters eng auszulegen.[320]

Art. 36 EuGVVO besagt, dass eine ausländische Entscheidung keinesfalls in der Sache selbst nachgeprüft werden darf (*révision au fond*). Liegt ein Versagungsgrund vor, ist strittig, ob das Günstigkeitsprinzip (*favor recognitionis*) gilt, ob also auf anerkennungsfreundliches nationales Recht zurückgegriffen werden und eine andere Rechtsgrundlage gewählt werden kann.[321]

Ferner ist umstritten, ob das Vorliegen der Anerkennungsvoraussetzungen von Amts wegen oder nur auf Einrede zu prüfen ist.[322] Grundsätzlich gilt aber, dass derjenige, der das Vorliegen der Anerkennungsvoraussetzungen bestreitet, dies beweisen muss. Es besteht nämlich für das Vorliegen der Anerkennungsvoraussetzungen eine Vermutung, sodass der Antragsgegner die Beweislast dafür trägt, dass die Voraussetzungen für die Anerkennung nicht vorliegen.[323]

Fällt eine anzuerkennende ausländische Entscheidung nur teilweise unter einen Ausschlussgrund des Art. 34 EuGVVO oder ist der Anwendungsbereich der EuGVVO nur teilweise eröffnet, besteht die Möglichkeit einer Teilanerkennung.[324]

3.2.6.3.1 Verstoß gegen ordre-public

Der Auffangtatbestand[325] des Vorbehalts eines Verstoßes gegen den *ordre public* eines Mitgliedsstaates in Art. 34 Nr. 1 EuGVVO will verhindern, dass eine in einem Mitgliedsstaat ergangene Entscheidung, die mit der öffentlichen Ordnung

---

320 EuGH, Urteil vom 28.3.2000, Rs. C-7/98, "*Krombach/Bamberski*"; vgl. Prütting/Gehrlein - *Schinkels*, ZPO, Art. 34 Rn. 1.

321 Für das Günstigkeitsprinzip: Thomas/Putzo – *Hüßtege*, ZPO, Art. 34 EuGVO Rn. 1. Gegen den Rückgriff auf anerkennungsfreundlicheres nationales Recht: Prütting/Gehrlein - *Schinkels*, ZPO, Art. 34 EuGVO Rn. 1.

322 MünchKommZPO - *Gottwald*, Band 3, Art. 34 EuGVO Rn. 5; Saenger - *Dörner*, Hk-ZPO, Art. 34 EuGVVO Rn. 1; Zum Streit, ob die Voraussetzung von Amts wegen oder nur auf Einrede hin zu prüfen ist, vergleiche Prütting/Gehrlein - *Schinkels*, ZPO, Art. 34 EuGVO Rn. 1.

323 BGH, Beschluss vom 06. Oktober 2005, Az. IX ZB 360/02; Prütting/Gehrling - *Schinkels*, ZPO, Art. 34 EuGVO Rn. 1; Saenger - *Dörner*, Hk-ZPO, Art. 34 EuGVVO Rn. 1.

324 MünchKommZPO - *Gottwald*, Band 3, Art. 34 EuGVO Rn. 7.

325 Die Vorschriften des Art. 34 Nr. 2–4 EuGVVO sind spezieller und gehen damit dem allgemeinen *ordre public*-Vorbehalt der Nr. 1 vor. Ebenso verhält es sich mit den Vorschriften des Art. 35 Abs. 1 und 2 EuGVVO (Prütting/Gehrlein - *Schinkels*, ZPO, Art. 34 EuGVO Rn. 2).

eines anderen Mitgliedsstaates unvereinbar ist, in dem anderen Mitgliedsstaat anzuerkennen ist.

Der Begriff des *ordre public* ist vom EuGH vertragsautonom und restriktiv auszulegen, wobei zu beachten ist, dass die Mitgliedsstaaten selbst ihre öffentliche Ordnung bestimmen können; daher ist es Sache des EuGH die Grenzen festzustellen, die die nationalen Gerichte bei der Beurteilung eines Verstoßen gegen den *ordre public* zu beachten haben.[326] Auch bei einem offensichtlichen Verstoß gegen die Grundsätze des Gemeinschaftsrechts ist eine Verweigerung der Anerkennung in eng umgrenztem Rahmen möglich.[327]

Ein Verstoß gegen den *ordre public* eines Mitgliedsstaates kann in zweierlei Weise erfolgen: Zum einen kann die materielle Rechtsanwendung gegen den *ordre public* verstoßen und zum anderen kann gegen den verfahrensrechtlichen *ordre public* verstoßen werden.[328]

Beispielweise kann die Anerkennung von Entscheidungen, die gegen zwingendes nationales Wirtschaftsrecht oder gegen zwingendes EU-Recht[329] schwerwiegend verstoßen, verweigert werden.[330] Ebenso verhält es sich bei einem Urteil, das durch Betrug oder sonstige Täuschung erschlichen wurde.[331] Den Verstoß gegen *ordre public* hat der Schuldner darzulegen und zu beweisen.[332]

Ist das Verfahren, auf Grund dessen eine Entscheidung eines anderen Mitgliedsstaates ergangen ist, nicht als geordnetes Verfahren nach den Maßstäben der deutschen Rechtsordnung einzustufen, so kann diese Entscheidung ebenfalls wegen des Verstoßes gegen den verfahrensrechtlichen *ordre public* in Deutschland verweigert werden.[333] Diese Grundsätze eines geordneten Verfahrens sind

---

326 EuGH, Urteil vom 2.4.09, Rs. C 394/07 – "*Gambazzi/DaimlerChrysler*"; Rauscher – *Leible*, EuZPR, Art. 34 Brüssel I-VO Rn. 5; Zöller – *Geimer*, ZPO, Anh. I Art. 34 EuGVVO Rn. 7; Prütting/Gehrlein – *Schinkels*, ZPO, Art. 34 EuGVO Rn. 2.

327 EuGH, Urteil vom 1.5.00, Rs. C 38/98 – "*Renault/Maxicar*"; Prütting/Gehrlein – *Schinkels*, ZPO, Art. 34 EuGVO Rn. 2.

328 Prütting/Gehrlein – *Schinkels*, ZPO, Art. 34 EuGVO Rn. 3, 4.

329 "*Ordre public européen*" (Geimer/Schütze – *Geimer*, EuZVR, A.1 Art. 34 Rn. 44).

330 *Schlosser*, EU-ZPR, Art. 34–36 EuGVVO Rn. 4; Geimer/Schütze – *Geimer*, EuZVR, A.1 Art. 34 Rn. 44; MünchKommZPO – *Gottwald*, Band 3, Art. 34 EuGVO Rn. 12.

331 vgl. *Kaye*, Civil Jurisdiction, S. 1444 ff.; MünchKommZPO – *Gottwald*, Band 3, Art. 34 EuGVO Rn. 12.

332 BGH, Beschluss vom 16. September 1993, Az. IX ZB 82/90; vgl. dazu MünchKommZPO -*Gottwald*, Band 3, Art. 34 EuGVO Rn. 12.

333 BGH, Urteil vom 18.10.1967, Az. VIII ZR 145/66; *Kropholler/von Hein*, EuZPR, Art. 34 EuGVO Rn. 13.

insbesondere in Art. 6 EMRK als Grundsätze des Gemeinschaftsrechts aufgelistet, wozu Gleichbehandlung der Parteien, Unabhängigkeit und Unparteilichkeit des Gerichts und die sonstigen Gründsätze des *„fair trial*", wie eben auch der Grundsatz der Gewährung rechtlichen Gehörs gehören, insofern nicht als lex specialis Art. 34 Nr. 2 EuGVVO greift.[334]

Bei der Bestimmung, ob ein *ordre-public*-Verstoß in verfahrensrechtlicher Hinsicht vorliegt, kann nicht auf die Vorschriften zu den Zuständigkeiten zurückgegriffen werden; diese bleiben dabei nach Art. 35 Abs. 3 S. 2 EuGVVO außer Betracht.[335] Allerdings stellen sog. *anti-suit-injunctions*, die das System der EuGVVO zu untergraben versuchen, einen Verstoß gegen den *ordre public* eines Mitgliedsstaates dar.[336]

3.2.6.3.2 Mangelndes rechtliches Gehör

Als Spezialvorschrift[337] gegenüber Art. 34 Nr. 1 EuGVVO regelt dessen Nr. 2 die Verweigerung der Anerkennung der Entscheidung, wenn dem Beklagten bei Verfahrenseinleitung kein rechtliches Gehör gewährt wurde (Art. 103 Abs. 1 GG). Wenn dem Beklagten in einer späteren Phase kein rechtliches Gehör gewährt wurde, ist evtl. Nr. 1 anzuwenden.[338] Die häufigsten Fälle von Verfahren, die diesem Verweigerungsgrund unterfallen, sind Versäumnisurteile, Vollstreckungsbescheide und einseitige Verfahren zur Kosten- und Gebührenfestsetzung.[339]

3.2.6.3.3 Unvereinbare Inlandsentscheidung

Nach Art. 34 Nr. 3 EuGVVO ist eine Entscheidung nicht anzuerkennen, wenn *„sie mit einer Entscheidung unvereinbar ist, die zwischen denselben Parteien in dem Mitgliedsstaat, in dem die Anerkennung geltend gemacht wird, ergangen ist"*.

---

334 Vgl. dazu die Rechtsprechung des EuGH zu Art. 6 EMRK als wichtiger Grundsatz und Grundlage des Gemeinschaftsrechts: EuGH, Urteil vom 11. 1. 2000, Rs. C-174/98 P; vgl. dazu auch Prütting/Gehrlein – *Schinkels*, ZPO, Art. 34 EuGVO Rn. 3.

335 EuGH, Urteil vom 28. 3. 2000, Rs. C-7/98.

336 EuGH, Urteil vom 27. 4. 04, Rs. C 159/02 – "*Turner/Grovit*"; vgl. dazu Prütting/Gehrlein – *Schinkels*, ZPO, Art. 34 EuGVO Rn. 3.

337 Vgl. dazu vorheriges Kapitel 3.2.6.3.1.

338 BGH, Beschluss vom 21. März 1990, Az. XII ZB 71/89; EuGH, Urteil vom 2.4.09, Rs. C-394/07 -"*Gambazzi/DaimlerChrysler*"; Prütting/Gehrlein – *Schinkels*, ZPO, Art. 34 EuGVO Rn. 5.

339 MünchKommZPO – *Gottwald*, Art. 34 EuGVO Rn. 16; vgl. auch OLG Düsseldorf, Beschluss vom 23. August 1995, Az. 3 W 176/95.

Die Voraussetzung „derselben Parteien" ist auch bei Teilidentität gegeben.[340] Unvereinbarkeit ist gegeben, wenn sich die Entscheidung aus dem Anerkennungsstaat mit der jetzt zu erlassenden Entscheidung in ihren jeweiligen Rechtsfolgen ausschließt.[341] Umstritten ist die Frage, ob die Rechtshängigkeit der inländischen Entscheidung einen Verweigerungsgrund gibt oder erst die rechtkräftige Entscheidung die Verweigerung der Entscheidung ermöglicht.[342]

Mit der Vorschrift ist der absolute Vorrang der Inlandsentscheidung festgestellt, der sogar dann Wirkung entfaltet, wenn die Inlandsentscheidung erst nach der Auslandsentscheidung ergeht. Dies bedeutet, dass eine ausländische Entscheidung zunächst im Inland wirksam ist, aber die Wirkung ex nunc wieder entfallen kann, wenn Art. 34 Nr. 3 EuGVVO eingreift.[343]

3.2.6.3.4 Unvereinbare Entscheidung aus einem anderen Staat

Eine weitere Möglichkeit der Versagung der Anerkennung einer Entscheidung besteht, wenn nach Art. 34 Nr. 4 EuGVVO die anzuerkennende Entscheidung *„mit einer früheren Entscheidung unvereinbar ist, die in einem anderen Mitgliedsstaat oder einem Drittstaat zwischen denselben Parteien in einem Rechtsstreit wegen desselben Anspruchs ergangen ist, sofern die frühere Entscheidung die notwendigen Voraussetzungen für ihre Anerkennung in dem Mitgliedsstaat erfüllt, in dem die Anerkennung geltend gemacht wird."*

Ist die anzuerkennende Entscheidung mit einer anderen Entscheidung, sei es aus einem Mitgliedsstaat, sei es aus einem Drittstaat nicht vereinbar,[344] so kann die Anerkennung versagt werden und die frühere Entscheidung wirkt fort; es gilt das Prioritätsprinzip.[345]

---

340 Gebauer/Wiedmann – *Gebauer*, Zivilrecht unter europäischem Einfluss, Kap. 26 Rn. 182; Prütting/Gehrlein – *Schinkels*, ZPO, Art. 34 EuGVO Rn. 11.

341 EuGH, Urteil vom 6.6.02, Rs. C-80/00 – "*Italian Leather*"; Prütting/Gehrlein – *Schinkels*, ZPO, Art. 34 EuGVO Rn. 11.

342 Für das Vorliegen der Rechtskraft der inländischen Entscheidung: OLG Karlsruhe, Urteil vom 19. Mai 1994, Az. 2 UF 179/93. Keine Rechtskraft muss vorliegen: Thomas/Putzo – *Hüßtege*, Art. 34 EuGVVO Rn. 15; Prütting/Gehrlein – *Schinkels*, ZPO, Art. 34 EuGVO Rn. 11.

343 *Kropholler/von Hein*, EuZPR, Art. 34 EuGVO Rn. 54; Rauscher – *Leible*, EuZPR, Art. 34 Brüssel I-VO Rn. 43; Prütting/Gehrlein – *Schinkels*, ZPO, Art. 34 EuGVO Rn. 11.

344 So im Ergebnis jedenfalls *Müller*, IPRax 2009, 484, 487.

345 MünchKommZPO – *Gottwald*, Band 3, Art. 5 EuGVO Rn. 42/43; Prütting/Gehrlein – *Schinkels*, ZPO, Art. 34 EuGVO Rn. 12; *Müller*, IPRax 2009, 484, 484 ff.

3.2.7 Vollstreckung

3.2.7.1 Grundsatz

Die Vollstreckung der Entscheidungen ist in den Art. 38–52 EuGVVO geregelt. Der Grundsatz der Vollstreckung nach der EuGVVO lautet gem. Art. 38 Abs. 1 EuGVVO:

> *„(1) Die in einem Mitgliedsstaat ergangenen Entscheidungen, die in diesem Staat vollstreckbar sind, werden in einem anderen Mitgliedsstaat vollstreckt, wenn sie dort auf Antrag eines Berechtigten für vollstreckbar erklärt worden sind."*

Im Grundsatz sind also die Mitgliedsstaaten für die Zwangsvollstreckung verantwortlich.[346] Geregelt wird in Art. 38 Abs. 1 EuGVVO, dass es einer Vollstreckbarerklärung bedarf. Die Vollstreckbarkeit muss durch eine Vollstreckbarerklärung neu begründet werden,[347] damit in einem anderen Mitgliedsstaat vollstreckt werden darf. Eine automatische Anerkennung der Vollstreckbarkeit gibt es somit – zumindest bis zum 15.01.2015 - nicht.[348]

Das Verfahren der Vollstreckbarerklärung ist in Art. 38–42 EuGVVO normiert.[349] Der Gläubiger kann grundstzlich innerhalb weniger Tage eine Vollstreckbarerklärung in einem einseitigen Verfahren ohne mündliche Verhandlung erlangen und daraufhin sofort Maßnahmen der Sicherung festsetzen lassen.[350] Der Schuldner kann erst im Anschluss an das Exequaturverfahren, welches als einseitiges Antragsverfahren zwischen dem Gericht und dem Gläubiger ausgestaltet ist, Rechtsbehelfe einlegen (Art. 43–45 EuGVVO).[351]

Die Verordnung zur Einführung eines europäischen Vollstreckungstitels für unbestrittene Forderungen (EuVTVO)[352] beinhaltet die Einführung eines vereinfachten Verfahrens, durch das der Gläubiger bei unbestrittenen Forderungen schneller und billiger einen Titel in einem anderen Mitgliedsstaat bekommt.

---

346 Dies war schon nach dem EuGVÜ so: *Wagner*, IPRax 2002, 75, 80.

347 *Hess/Bittmann*, IPRax 2007, 277, 278.

348 *Hess/Bittmann*, IPRax 2007, 277, 277 ff.; *Wagner*, IPRax, 02, 75, 80 f.; *Schlosser*, EU-ZPR, Art. 38 EuGVVO Rn. 1.

349 Dazu gelten die Verfahrensregeln der §§ 3 ff. AVAG in Deutschland. Diese ergänzen die Vorschriften der EuGVVO und sind durch den EuGH in konformer Weise dazu auszulegen (Prütting/Gehrlein - *Schinkels*, ZPO, Art. 38 EuGVO Rn. 1 m.w.N.).

350 *Schlosser*, EU-ZPR, Art. 38 EuGVVO Rn. 1; vgl. aber dazu Art. 47 Abs. 1 EuGVVO.

351 Prütting/Gehrlein - *Schinkels*, ZPO, Art. 38 EuGVO Rn. 1.

352 Verordnung der EG Nr. 805/2004, Verordnung des Europäischen Parlaments und des Rates vom 21. 4 2004 zur Einführung eines europäischen Vollstreckungstitels für unbestrittene Forderungen, Amtsblatt der Europäischen Union L 143/04 S. 15.

Diese Verordnung steht neben der EuGVVO; nach Art. 27 EuVTVO kann der Gläubiger einer titulierten Forderung wählen, ob er nach der EuVTVO oder nach der EuGVVO vorgehen will. Nicht abschließend geklärt ist dabei die Frage, ob das Rechtsschutzbedürfnis für eine Vollstreckbarerklärung nach der EuGV-VO entfällt, wenn bereits ein Titel nach der EuVTVO für diese Forderung im Inland vorliegt.[353]

Im Vereinigten Königreich gelten Besonderheiten hinsichtlich der Vollstreckung nach der EuGVVO. Nach Art. 38 Abs. 2 ist die Vollstreckbarkeit nur hinsichtlich des betreffenenden Teils des Landes zu erklären, nicht hinsichtlich des gesamten Königreichs, welches den Staat i.S.d. Völkerrechts darstellt. Die Vollstreckbarkeitserklärung ist also beispielsweise für England oder Wales auszustellen. Desweiteren ist die Vollstreckbarkeit im Vereinigten Königreich nicht durch Erteilung einer Vollstreckungsklausel durchzuführen, sondern durch Registrierung, welche im englischen Recht neben der *action upon the foreign judgement* steht. Die einzelnen Voraussetzungen für den Antrag und die Registrierung enthalten der Civil Jurisdiction and Judgements Act 1982, sec. 4, 5 und R.S.C.Order 71, r. 26–32 und die Magistrates' Courts (Civil Jurisdiction and Judgements Act 1982) Rules 1986. [354]

3.2.7.2 Voraussetzungen

3.2.7.2.1 Antrag eines Berechtigten

Um eine Vollstreckbarkeitserklärung zu erlangen, muss ein Antrag von der berechtigten Partei gestellt werden. Berechtigte sind beispielsweise der Titelgläubiger oder sein Rechtsnachfolger.[355] Antragsberechtigt kann aber auch derjenige sein, der nicht Inhaber des Titels ist, wenn er unmittelbar aus dem

---

353 Für das Entfallen des Rechtschutzbedürfnisses BGH, Beschluss vom 04. Februar 2010, Az. IX ZB 57/09; OLG Stuttgart, Beschluss vom 20. April 2009, Az. 5 W 68/08; vgl. dazu *Kienle*, EuZW 10, 334, 334 ff.; Rauscher – *Mankowski*, EuZPR, Art. 38 Brüssel I-VO Rn. 29a; Zöller – *Geimer*, ZPO, Anh. I Art. 27 EuGVVO Rn. 1; das Rechtsschutzbedürfnis entfällt nicht nach Rauscher – *Leible*, EuZPR, Art. 32 Brüssel I-VO Rn. 1; *Hess*, EuZPR, § 10 Rn. 37; Prütting/Gehrlein – *Schinkels*, ZPO, Art. 38 EuGVO Rn. 1; MünchKommZPO – *Gottwald*, Band 3, Art. 38 EuGVO Rn. 4.

354 Siehe dazu insgesamt: *Kaye*,Civil Jurisdiction, S. 1903 ff.; MünchKommZPO – *Gottwald*, Band 3, Art. 38 EuGVO Rn. 25 ff.; Rauscher – *Mankowski*, EuZPR, Art. 38 Brüssel I-VO Rn. 30.

355 vgl. dazu Rauscher – *Mankowski*, EuZPR, Art. 38 Brüssel I-VO Rn. 8 ff.

Urteil Rechte ableiten kann; diese Person muss nicht zwingend im Rubrum genannt werden.[356] Die Berechtigung ist stets nach dem Recht des Erststaates einschließlich dessen Kollisionsrecht zu beurteilen, nie nach dem des Zweitstaates. [357]

3.2.7.2.2 Vollstreckbarer Titel

Der Vollstreckungstitel muss zwingend im Erststaat vollstreckbar sein. Vollstreckbar erklärt werden können Entscheidungen (Art. 32 EuGVVO), öffentliche Urkunden (Art. 57 EuGVVO) und Prozessvergleiche (Art. 58 EuGVVO).[358]

Das Recht des Erststaates ist für die Vollstreckbarkeit entscheidend, wobei es nicht auf tatsächliche Durchsetzungshindernisse ankommt[359].

Vorläufige Vollstreckbarkeit ist ausreichend.[360] Maßgeblich dabei ist die abstrakte und formelle Vollstreckbarkeit.[361] Der Nachweis der Vollstreckbarkeit muss vom Antragsteller geführt werden.[362]

Der ausländische Titel muss hinreichend bestimmt sein, insbesondere hinsichtlich der Nebenforderungen,[363] wobei nicht geklärt ist, ob für die Bestimmtheit inländische, nationale Maßstäbe anzusetzen sind, da es nach dem Wortlaut eindeutig auf die Vollstreckbarkeit im ursprünglichen Staat ankommt. Nach dem BGH ist dieses Problem mit einer ergänzenden Auslegung zu lösen; durch diese soll versucht werden, eine ausreichende Konkretisierung für eine inländische Vollstreckung zu erreichen.[364]

---

356 Rauscher - *Mankowski*, EuZPR, Art. 38 Brüssel I-VO Rn. 10a m.w.N.

357 Geimer/Schütze - *Geimer*, EuZVR, A.1 Art. 38 Rn. 12.

358 Prütting/Gehrlein - *Schinkels*, ZPO, Art. 38 EuGVO Rn. 2.

359 Rauscher - *Mankowski*, EuZPR, Art. 38 Brüssel I-VO Rn. 11.

360 BGH, Beschluss vom 08. Dezember 2005, Az. IX ZB 28/04; vgl. dazu Prütting/Gehrlein - *Schinkels*, ZPO, Art. 38 EuGVO Rn. 2; *Wagner*, IPRax 2002, 75, 83; vgl. zum Thema "vorläufige Vollstreckbarkeit" ferner: *Hess/Hub*, IPRax 2003, 93, 98.

361 EuGH, Urteil vom 29. 4. 1999, Rs. C-267/97.

362 Rauscher - *Mankowski*, EuZPR, Art. 38 Brüssel I-VO Rn. 11.

363 MünchKommZPO - *Gottwald*, Band 3, Art. 38 EuGVO Rn. 9.

364 BGH, Beschluss vom 05. April 1990, Az. IX ZB 68/89; vgl. dazu auch MünchKommZPO - *Gottwald*, Band 3, Art. 38 EuGVO Rn. 9; Prütting/Gehrlein - *Schinkels*, ZPO, Art. 38 EuGVO Rn. 2; Geimer/Schütze - *Geimer*, EuZVR, A. 1 Art. 38 Rn. 27; *Kropholler/von Hein*, EuZPR, Art. 38 Rn. 12; *Schlosser*, EU-ZPR, Art. 38 EuGVVO Rn. 13.

Im Gegensatz zurm EuGVÜ ist heute in der EuGVVO nicht mehr die Zustellung der Entscheidung erforderlich. Unter Art. 47 Nr. 1 EuGVÜ musste die Zustellung vor der Vollstreckung an den Schuldner erfolgen.[365] Nach der EuGVVO (Art. 42 Abs. 2) ist *„die Vollstreckbarerklärung und, soweit dies noch nicht geschehen ist, die Entscheidung(...)"* dem Schuldner zuzustellen. Demnach kann also die Erklärung der Vollstreckbarkeit auch vor der Zustellung der Entscheidung erfolgen.[366]

3.2.7.2.3 Rechtschutzbedürfnis

Für die Erklärung der Vollstreckbarkeit im Inland ist weitere Voraussetzung, dass der Gläubiger ein Rechtschutzbedürfnis hat. Dieses fehlt, wenn er bereits einen Europäischen Vollstreckungstitel hat. Ebenso verhält es sich wohl bei Erwirkung eines Europäischen Mahnbescheids.[367] Der Gläubiger hat zwar gem. Art. 27 EuVTVO ein Wahlrecht zwischen einer Erklärung der Vollstreckbarkeit und der Bestätigung als Europäischer Vollstreckungstitel; dieses Wahlrecht steht ihm aber nur bis zur Bestätigung und nicht darüber hinaus zu, da er sonst verschiedene Rechte nebeneinander geltend machen könnte.[368] Dies würde Unklarheit und Verwirrung schaffen, sodass das Rechtsschutzbedürfnis richtigerweise entfallen muss.

3.2.7.3 Abwehrmöglichkeiten des Schuldners

3.2.7.3.1 Negative Feststellungsklage

Sieht der Zweitstaat die Möglichkeit einer negativen Feststellungsklage vor mit dem Ziel feststellen zu lassen, dass die Voraussetzungen für eine Vollstreckbarerklärung nicht vorliegen, kann der Schuldner etwas gegen einen Antrag auf Vollstreckbarerklärung unternehmen, ohne dass er auf die Rechtsbehelfe

---

365 EuGH, Urteil vom 14. 3. 1996, Rs. C-275/94 – *„van der Linden/Berufsgenossenschaft Feinmechanik"*; *Stadler*, IPRax 1997, 171, 171 ff.; MünchKommZPO – *Gottwald*, Band 3, Art. 38 EuGVO Rn. 12.

366 *Kropholler/von Hein*, EuZPR, Art. 38 EuGVO Rn. 8; Rauscher – *Mankowski*, EuZPR, Art. 38 Brüssel I-VO Rn. 29.

367 Strittig; siehe dazu bereits oben Kap. 3.2.7.1; Rauscher – *Mankowski*, EuZPR, Art. 38 Brüssel I-VO Rn. 29a; vgl auch BGH, Beschluss vom 04. Februar 2010, Az. IX ZB 57/09; OLG Stuttgart, Beschluss vom 20. April 2009, Az. 5 W 68/08.

368 Rauscher – *Mankowski*, EuZPR, Art. 38 Brüssel I-VO Rn. 29a m.w.N.

nach Erlass einer Vollstreckbarerklärung zurückgreifen muss.[369] Das Verfahren ist nach dem Recht des Zweitsstaates zu beurteilen. Das Feststellungsinteresse einer negativen Feststellungsklage nach deutschem Recht gemäß § 256 ZPO wäre deswegen zu bejahen, weil der Schuldner schon an der Abwendung der drohenden Vollstreckbarerklärung ein Interesse hat.[370]

3.2.7.3.2 Rechtsbehelf gemäß Art. 43 EuGVVO

Artikel 43 EuGVVO, der insoweit die nationalen Rechtsvorschriften verdrängt und durch die §§ 11–14 AVAG ergänzt wird, normiert, dass gegen die Entscheidung über den Antrag auf Vollstreckbarerklärung jede Partei einen Rechtsbehelf einlegen kann. Es findet ein einheitliches Rechtsbehelfsverfahren gegen stattgebende wie auch gegen ablehnende Entscheidungen statt.[371]

Art. 43 Abs. 2 EuGVVO i.V.m. Anhang III regelt die sachliche und funktionelle Zuständigkeit des Gerichts, bei dem der Rechtsbehelf eingelegt werden muss. In Deutschland ist das Oberlandesgericht zuständig. Für ein in England anhängiges Verfahren ist der *High Court of Justice* oder für Entscheidungen in Unterhaltssachen der *Magistrates´ Court*; in Frankreich ist die *Cour d`appel* in Bezug auf Entscheidungen zur Genehmigung des Antrags und der Vorsitzende Richter des *Tribunal de grande instance* bezüglich der Ablehnung des Antrags zuständig.[372]

In Deutschland ist dieser Rechtsbehelf eine Beschwerde (§ 11 AVAG).[373] Die Beschwerde darf nach dem Wortlaut jede Partei einlegen; jede Partei in diesem Sinne ist aber nur die beschwerte Partei, im Regelfall der Schuldner, nicht aber Dritte.[374] Die Frist für die Einlegung beträgt gemäß Art. 43 Abs. 5

369 Geimer/Schütze - *Geimer*, EuZVR, A.1 Art. 43 Rn. 5; *Kropholler/von Hein*, EuZPR, Art. 43 EuGVO Rn. 13; Rauscher - *Mankowski*, EuZPR, Art. 38 Brüssel I-VO Rn. 32.

370 Rauscher - *Mankowski*, EuZPR, Art. 38 Brüssel I-VO Rn. 32.

371 Prütting/Gehrlein - *Schinkels*, ZPO, Art. 43 EuGVO Rn. 1.

372 Siehe dazu und zu den weiteren Zuständigkeiten Anhang III zur EuGVVO. Vgl. dazu auch *Schlosser*, EU-ZPR, Art. 43 EuGVVO Rn. 11.

373 Der Rechtsbehelf ist die Beschwerde (§ 11 AVAG) und nicht der Einspruch, weil er keinen Devolutiveffekt hat; dies gilt selbst dann, wenn der Schuldner, der bisher noch nicht angehört wurde, den Rechtbehelf einlegt (*Schlosser*, EU-ZPR, Art. 43 EuGVVO Rn. 1).

374 EuGH, Urteil vom 21.4. 93, Rs. C-172/91 – "*Sonntag/Weidmann*"; vgl. Prütting/Gehrlein – *Schinkels*, ZPO, Art. 44 EuGVO Rn. 1.

EuGVVO einen Monat ab Zustellung der Vollstreckbarerklärung. Diese Frist gilt für den Fall, dass der Schuldner seinen Wohnsitz in dem Mitgliedsstaat hat, in dem die Vollstreckbarerklärung erlassen worden ist, in dem also die Vollstreckung durchgeführt werden soll. Für die Zustellung sind diesbezüglich die Vorschriften dieses Mitgliedsstaates anzuwenden.[375] Die Frist beträgt zwei Monate, wenn der Schuldner seinen Wohnsitz außerhalb des Mitgliedsstaates hat, in dem die Vollstreckbarerklärung ergangen ist. Fristbeginn hierfür ist der Tag, an dem die Vollstreckbarerklärung dem Schuldner entweder in Person oder in seiner Wohnung zugestellt worden ist. Eine anderweitige Kenntniserlangung des Schuldners von der Vollstreckbarerklärung ist nicht ausreichend. Ebenso setzen wohl auch eine öffentliche Zustellung oder die *remise au parquet* die Frist nicht in Gang. Eine Fristverlängerung wegen weiter Entfernung ist nicht möglich.[376]

Die Einwendungen des Schuldners in diesem Verfahren werden in Art. 43 EuGVVO nicht dargestellt. Gemäß Art. 45 Abs. 1 S. 1 EuGVVO dürfen aber nur die Anerkennungsversagungsgründe der Art. 34 f. EuGVVO herangezogen werden.[377] Die Beschwerde ist demnach begründet, wenn entweder die formellen Voraussetzungen der Vollstreckbarerklärung nicht eingehalten wurden oder Versagungsgründe nach Art. 34 f. EuGVVO einschlägig sind.[378]

3.2.7.3.3 Rechtsbehelf nach Anhang IV gemäß Art. 44

Nach Art. 44 EuGVVO ist gegen eine Entscheidung, die über einen Rechtbehelf i.S.d. Art. 43 EuGVVO ergangen ist, ein Rechtsbehelf nach Anhang IV statthaft. Dies ist in Deutschland die Rechtsbeschwerde. Im Vereinigten Königreich ist dies nach Anhang IV ein einziger auf Rechtsfragen beschränkter Rechtsbehelf, über den der *Court of Appeal* oder auf Sprungrechtsmittel der *Supreme Court*

375 Gebauer/Wiedmann – *Gebauer*, Zivilrecht unter europäischem Einfluss, Kap. 26 Rn. 214; Prütting/Gerlein – *Schinkels*, ZPO, Art. 43 EuGVO Rn. 2.

376 Vgl. insgesamt Rauscher – *Mankowski*, EuZPR, Art. 43 Brüssel I-VO Rn. 16; Prütting/Gehrlein – *Schinkels*, ZPO, Art. 43 EuGVO Rn. 2.

377 vgl. hierzu auch *Schlosser*, EU-ZPR, Art. 43 EuGVVO Rn. 12 f.

378 Prütting/Gehrlein – *Schinkels*, ZPO, Art. 43 EuGVO Rn. 3.

entscheidet.[379] In Frankreich ist der nach Art. 44 EuGVVO statthafte Rechtsbehelf die Kassationsbeschwerde.[380]

3.2.8 Ausblick / Die Reform der EuGVVO

Eine neue EuGVVO ist bereits in Kraft getreten. Diese ist aber bis auf weiteres nicht anwendbar. Grundsätzlich erst ab dem Jahr 2015 kann die neue EuGVVO angewendet werden.[381] Die bisherigen Defizite und die Neuerungen sollen nun im Überblick dargestellt werden.

3.2.8.1 Defizite der bisherigen EuGVVO

Die Defizite der bisherigen EuGVVO sind im Wesentlichen folgende:

Das Exequaturverfahren, also das Verfahren der Anerkennung und Vollstreckung von gerichtlichen Entscheidungen in einem anderen Mitgliedsstaat

---

379 Siehe dazu section 6 of the Civil Jurisdiction and Judgements Act 1982, welcher lautet:
"Appeals under Article 37, second paragraph and Article 41.
(1)The single further appeal on a point of law referred to [in the 1968 Convention and the Lugano Convention] in Article 37, second paragraph and Article 41 in relation to the recognition or enforcement of a judgment other than a maintenance order lies—
(a)in England and Wales or Northern Ireland, to the Court of Appeal or to the House of Lords in accordance with Part II of the Administration of Justice Act 1969 (appeals direct from the High Court to the House of Lords);
(b)in Scotland, to the Inner House of the Court of Session.
(2)Paragraph (a) of subsection (1) has effect notwithstanding section 15(2) of the Administration of Justice Act 1969 (exclusion of direct appeal to the House of Lords in cases where no appeal to that House lies from a decision of the Court of Appeal).
(3)The single further appeal on a point of law referred to [in each of those Conventions] in Article 37, second paragraph and Article 41 in relation to the recognition or enforcement of a maintenance order lies—
(a)in England and Wales, to the High Court by way of case stated in accordance with section 111 of the Magistrates' Courts Act 1980;
(b)in Scotland, to the Inner House of the Court of Session;
(c)in Northern Ireland, to the Court of Appeal."
vgl. dazu: MünchKommZPO – *Gottwald*, Band 3, Art. 44 EuGVO Rn. 1 ff.

380 Siehe dazu und zu den weiteren Beschwerdearten der einzelnen Mitgliedsstaaten Anhang IV zur EuGVVO.

381 Siehe dazu Kap. 3.2.1.

behindert den freien Verkehr von Entscheidungen. Es entsteht ein erheblicher unnötiger Geld- und Zeitaufwand.[382]

Kommt der Schuldner nicht aus einem Mitgliedsstaat, sondern aus einem Drittstaat, gilt die bisherige EuGVVO mit wenigen Ausnahmen nicht. Da sodann nationales Recht zur Anwendung gelangt und dieses in den Mitgliedsstaaten unterschiedlich ausgestaltet ist, führt dies dazu, dass für in der EU niedergelassene Unternehmen bei Geschäften mit Partnern aus Drittländern nicht generell derselbe gerichtliche Rechtsschutz besteht.[383]

Ein weiterer Mangel besteht bei der Wirksamkeit von Gerichtsstandsvereinbarungen. nach der bisherigen EuGVVO ist es böswilligen Streitparteien möglich, ein Verfahren hinauszuzögern, wenn die Partei ein nicht vereinbartes, unzuständiges Gericht anruft. Dies schadet der Rechtssicherheit und bringt unnötigen Geld- und Zeitaufwand mit sich.[384]

Als letzter wesentlicher Mangel der bisherigen EuGVVO wird die Tatsache bezeichnet, dass die Schiedsgerichtsbarkeit nicht in den Anwendungsbereich fällt, weshalb die Schiedsgerichtsbarkeit und die gerichtliche Streitbeilegung besser verzahnt werden sollen. Ansonsten besteht die Gefahr der Möglichkeit eine Schiedsvereinbarung zu unterlaufen, was wiederum Anreize für missbräuchliche Prozesstaktiken schafft.[385]

3.2.8.2 Neuerungen in der künftigen EuGVVO

Die aufgezeigten Mängel sollten hauptsächlich durch folgende Maßnahmen verhindert werden:

Die wohl wichtigste Neuerung in der zukünftigen EuGVVO stellt die Abschaffung eines Zwischenverfahrens für die Anerkennung und Vollstreckung von gerichtlichen Entscheidungen dar. Das Exequaturverfahren entfällt. Es ist

382 Vorschlag der Kommission für eine Verordnung des Europäischen Parlaments und des Rates über die gerichtliche Zuständigkeit und die Anerkennung und Vollstreckung von Entscheidungen in Zivil- und Handelssachen vom 14.12.2010, KOM(2010) 748 endgültig, 2010/0383 (COD), dort Begründung S. 3, abzurufen unter: http://eurlex.europa.eu/LexUriServ/LexUriServ.do?uri=COM:2010:0748: FIN: DE:PDF.

383 Vorschlag der Kommission vom 14.12.2010, KOM(2010) 748 endgültig, 2010/0383 (COD), S. 3.

384 Vorschlag der Kommission vom 14.12.2010, KOM(2010) 748 endgültig, 2010/0383 (COD), S. 4.

385 Vorschlag der Kommission vom 14.12.2010, KOM(2010) 748 endgültig, 2010/0383 (COD), S. 4.

keine Vollstreckbarerklärung ausländischer Entscheidungen mehr notwendig.[386] Werden bestimmte Formalia eingehalten, so sind zwingend ausländische, in den Anwendungsbereich der Verordnung fallende Entscheidungen von jedem zuständigen Vollstreckungsorgan zu vollstrecken.[387]

Zur Verbesserung der Effizienz und Vermeidung der genannten Mängel der alten EuGVVO sollten die Zuständigkeitsvorschriften auch auf Streitigkeiten ausgeweitet werden, in denen der Beklagte nicht aus einem Mitgliedsstaat der EU kommt;[388] der Vorschlag der Kommission zur Änderung der EuGVVO[389] konnte sich diesbezüglich nicht durchsetzen, weshalb keine einheitliche Regelung der Zuständigkeit für Streitigkeiten, bei denen der Beklagte aus einem Drittstaat kommt, eingeführt worden ist.

Ferner sollte die Wirksamkeit von Gerichtsstandsvereinbarungen verbessert werden, insbesondere dadurch, dass das vereinbarte Gericht die Möglichkeit hat sich für zuständig zu erklären, ohne dass es darauf ankäme, ob es zuerst oder später angerufen wurde.[390] Für dieses Ziel ist der derzeit geltende Absatz 3 des Art. 23 EuGVVO entfallen, der folgende Möglichkeit beinhaltet:

> *„(3) Wenn eine solche Vereinbarung von Parteien geschlossen wurde, die beide ihren Wohnsitz nicht im Hoheitsgebiet eines Mitgliedsstaats haben, so können die Gerichte der anderen Mitgliedsstaaten nicht entscheiden, es sei denn, das vereinbarte Gericht oder die vereinbarten Gerichte haben sich rechtskräftig für unzuständig erklärt."*[391]

Zusätzlich ist in Art. 31 Abs. 2 EuGVVO n.F. neu festgelegt:

> *„Wird ein Gericht eines Mitgliedsstaats angerufen, das gemäß einer Vereinbarung nach Art. 25 ausschließlich zuständig ist, so setzt das Gericht des anderen Mitgliedsstaats unbeschadet des Art. 26 das Verfahren so lange aus, bis das auf der Grundlage der Vereinbarung angerufene Gericht erklärt hat, dass es gemäß der Vereinbarung nicht zuständig ist."*

Außerdem sollte die bessere Verzahnung von Schiedsgerichtsbarkeit und gerichtlicher Streitbeilegung durch die Einführung einer neuen Vorschrift

386 Siehe Art. 39 EuGVVO n.F.

387 Vorschlag der Kommission vom 14.12.2010, KOM(2010) 748 endgültig, 2010/0383 (COD), S. 6–8.

388 Vorschlag der Kommission vom 14.12.2010, KOM(2010) 748 endgültig, 2010/0383 (COD), S. 6 und 8 f.

389 siehe oben Kap. 3.2.8.1.

390 Vorschlag der Kommission vom 14.12.2010, KOM(2010) 748 endgültig, 2010/0383 (COD), S. 9 f.

391 Art. 23 Abs. 3 EuGVVO a.F.

erreicht werden, dass das in einem Rechtsstreit angerufene Gericht verpflichtet ist, das Verfahren auszusetzen, wenn seine Zuständigkeit infolge einer Schiedsgerichtsvereinbarung bestritten wird und ein Schiedsgericht mit der Sachen betraut oder in dem Mitgliedsstaat des Schiedsverfahrens ein Gerichtsverfahren im Zusammenhang mit dem Schiedsspruch eingeleitet wurde.[392] Aber auch diese Regelung fand keinen Zugang zur neuen EuGVVO.

3.3 Vergleich zum UNCITRAL-Modellgesetz

3.3.1 Übersicht

Das UNCITRAL Modell Law on Cross-Border Insolvency stellt ein Muster dar, das Staaten in ihr jeweiliges Recht übernehmen können, um ihr eigenes autonomes internationales Insolvenzrecht zu schaffen oder zu modernisieren. Gleichzeitig werden dadurch Mindeststandards der transnationalen Zusammenarbeit geschaffen, die die Vereinfachung des internationalen Insolvenzrechts fördern.[393] Allerdings will das Modellgesetz die einzelnen Besonderheiten der Länder nicht verdrängen, vielmehr sucht es Lösungen für die spezifischen Probleme der einzelnen Staaten.[394] Das Modellgesetz ist nach der Meinung der Verfasser besser geeignet als eine Konvention oder ein weltweites Übereinkommen, wobei es zudem flexibler ist.[395]

---

392 So noch der Vorschlag der Kommission vom 14.12.2010, KOM(2010) 748 endgültig, 2010/0383 (COD), S. 10.

393 *Westpfahl/Goetker/Wilkens*, Grenzüberschreitende Insolvenzen, Rn. 1478 ff.

394 Das Ziel des Modellgesetzes ist folgendes: "*The Model Law is designed to assist States to equip their insolvency laws with a modern legal framework to more effectively address cross-border insolvency proceedings concerning debtors experiencing severe financial distress or insolvency. It focuses on authorizing and encouraging cooperation and coordination between jurisdictions, rather than attempting the unification of substantive insolvency law, and respects the differences among national procedural laws. For the purposes of the Model Law, a cross-border insolvency is one where the insolvent debtor has assets in more than one State or where some of the creditors of the debtor are not from the State where the insolvency proceeding is taking place.*" (United Nations Commission on International Trade Law (UNCITRAL), abzurufen unter: http://www.uncitral.org/uncitral/en/uncitral_texts/insolvency/ 1997Model.html).

395 *Markus*, Der Schweizer Treuhänder 1997, 295, 295; *von Boehmer*, (Deutsches) Internationales Insolvenzrecht, S. 31.

3.3.2 Entwicklung

Die *United Nations Commission on International Trade Law* (UNCITRAL) wurde im Jahr 1966 ins Leben gerufen. Ziel war es, die Unterschiede der einzelnen Staaten hinsichtlich des Handelsrechts zu verringern.[396] In Bezug auf das Insolvenzrecht wurde durch die UNCITRAL 1997 ein Modellgesetz entworfen. Am 30. Mai 1997 wurden die Modellbestimmungen auf der 30. Jahresversammlung der UNCITRAL nach Überarbeitung und Vervollständigung verabschiedet. Am 15.12.1997 wurden die Bestimmungen schließlich durch die UN-Vollversammlung gebilligt.[397] Die Modellbestimmungen wurden mittlerweile von vielen Staaten übernommen wurde. Unter anderem haben dies im Jahr 2000 Großbritannien und Nord Irland und im Jahr 2005 die USA getan.[398]

Allgemeine Vorschriften, insbesondere zum Anwendungsbereich und zur Zuständigkeit, sind in den Art. 1 bis 8 des Modellgesetzes geregelt. Der 2. Teil beinhaltet den Zugang von Repräsentanten eines ausländischen Insolvenzverfahrens zu den Gerichten des Staates, der das Gesetz angenommen hat. Die Anerkennung eines ausländischen Verfahrens und deren Rechtsfolgen werden in den Art. 15–24 des Modellgesetzes normiert. In den Teilen 4 und 5 werden noch die Kooperation zwischen den Gerichten und den mit der Abwicklung des Verfahrens betrauten Personen und Institutionen dargestellt, ferner die Koordination von Parallelverfahren.[399]

Im Vergleich zur EuInsVO liegen die Modellbestimmungen in der Regelungsweite und Intensität deutlich hinter dieser zurück. Während die Modellgesetze nur ein Versuch zur Angleichung der internationalen Insolvenzvorschriften sind, beinhaltet die Verordnung ihrer Natur nach bestimmte Vorschriften zum Verfahren, die zwingend zu befolgen sind. Den Vorschriften gemeinsam ist, dass beide die Unterscheidung zwischen *foreign main proceeding* und *foreign non-main proceeding* treffen. Ebenso gemeinsam ist ihnen, dass zur Bestimmung des Hauptverfahrens und des Territorialverfahrens auf das *center of main interest* abgestellt wird; so wird beispielsweise in den Modellbestimmungen ebenso

396 *Wessels*, Cross-Border Insolvency Law, S. 4.

397 *Wimmer*, ZIP 1997, 2220, 2220; *von Boehmer*, (Deutsches) Internationales Insolvenzrecht, S. 31; *Wessels*, Cross-Border Insolvency Law, S. 4 f.; Vgl. dazu auch *Vallens*, Rec. Dalloz 1998, 157, 157 ff.

398 Neben den USA und Großbritannien haben ein ganze Reihe von Staaten dieses Modellgesetz übernommen: Japan, Griechenland, Canada, Australien. Eine Übersicht und Aufzählung ist abzurufen unter: http://www.uncitral.org/uncitral/en/uncitral_texts/insolvency/1997Model_status.html.

399 *Westpfahl/Goetker/Wilkens*, Grenzüberschreitende Insolvenzen, Rn. 1482.

bei juristischen Personen auf den Sitz des Unternehmens zur Bestimmung des COMI abgestellt.[400] Der großen Vorteil, den die EuInsVO mit sich bringt, kann durch die Modellbestimmungen nicht erlangt werden: Eine automatische Anerkennung existiert in den Modellgesetzen nicht. In diesen ist ein formales Anerkennungsverfahren vorgesehen.[401]

Die in den Modellgesetzen normierten Regelungen zur Zusammenarbeit der Gerichte[402] über die jeweiligen Landesgrenzen hinaus sind in der EuInsVO derzeit nicht vorhanden. Allerdings sind hinsichtlich der Parallelverfahren wieder Ähnlichkeiten zu finden, wie die Einräumung des Vorrangs des Hauptverfahrens gegenüber dem Territorialverfahren.[403]

3.3.3 Anwendungsbereich

Art. 1 Abs. 1 der Modellbestimmungen regelt den Anwendungsbereich folgendermaßen:

„1. Dieses Gesetz findet Anwendung,

a) wenn ein ausländisches Gericht oder ein ausländischer Verwalter im Zusammenhang mit einem ausländischen Verfahren in diesem Staat um Unterstützung nachsucht; oder

b) wenn in einem ausländischen Staat im Zusammenhang mit einem Verfahren nach [Angabe der insolvenzrechtlichen Vorschiften des Erlassstaates] um Unterstützung nachgesucht wird; oder

c) wenn ein ausländisches und ein Verfahren nach [Angabe der insolvenzrechtlichen Vorschriften des Erlassstaates] gegen denselben Schuldner gleichzeitig anhängig sind; oder

d) wenn Gläubiger oder andere interessierte Personen in einem ausländischen Staat ein Interesse daran haben, einen Antrag auf Eröffnung eines Verfahrens nach [Angabe der insolvenzrechtlichen Vorschriften des Erlassstaates] oder auf Beteiligung an einem solchen zu stellen.

2. Dieses Gesetz findet keine Anwendung auf Verfahren betreffend [Benennung derjenigen Körperschaften, beispielsweise Banken und Versicherungen, die in diesem Staat möglicherweise besonderenInsolvenzregeln unterliegen und die dieser Staat von diesem Gesetz ausschließen möchte].“[404]

400 *Westpfahl/Goetker/Wilkens*, Grenzüberschreitende Insolvenzen, Rn. 1483 f.

401 vgl. Art. 21 Abs. 2 und 22 Abs. 1 der Modellgesetze; *Westpfahl/Goetker/Wilkens*, Grenzüberschreitende Insolvenzen, Rn. 1485; Pannen – *Hollander/Graham*, EuInsVO, Teil 4 UNCITRAL, Rn. 170.

402 siehe dazu *Wimmer*, ZIP 1997, 2220, 2224.

403 *Wimmer*, ZIP 1997, 2220, 2224; *Westpfahl/Goetker/Wilkens*, Grenzüberschreitende Insolvenzen, Rn. 1486.

404 Deutscher Text abgedruckt unter: FKInsO-*Wenner/Schuster*, Anhang 3 nach § 358.

Der sachliche Anwendungsbereich ist also eröffnet, wenn entweder ein ausländischer Verwalter oder ein ausländisches Gericht in Verbindung mit einem ausländischen Verfahren in dem Staat um Unterstützung nachsucht, der die Modellgesetze übernommen hat, oder der Modellgesetzstaat in einem ausländischen Staat Unterstützung verlangt. Ferner ist der Anwendungsbereich eröffnet, wenn Insolvenzverfahren parallel im In- und Ausland gegen denselben Schuldner stattfinden und wenn Gläubiger oder andere Personen im Ausland ein Interesse daran haben, ein Verfahren in Gang zu setzen oder sich an einem solchen zu beteiligen. Das Modellgesetz erfasst sämtliche Verfahrensarten, wobei es keine Rolle spielt, ob sie auf Liquidation, Vergleich oder Sanierung gerichtet sind.[405] Der Begriff des Insolvenzverwalters ist weit gefasst. Er ist definiert in Art. 2 lit. d) des Modellgesetzes und erfasst auch den vorläufigen Insolvenzverwalter.[406]

Der persönliche Anwendungsbereich ist eröffnet, wenn eine juristische oder natürliche Person insolvent wird;[407] auch Verbraucherinsolvenzverfahren sind nicht ausgeschlossen.[408]

Eine Einschränkung des Anwendungsbereichs ist in Art. 1 Abs. 2 des Modellgesetzes normiert. Wie in der EuInsVO geschehen[409] können besondere Insolvenzverfahren für einzelne Gewerbe- und Industriesparten aus dem Anwendungsbereich bei der Umsetzung der Modellgesetze in innerstaatliches Recht ausgenommen werden, wie beispielsweise Insolvenzverfahren über Banken oder Versicherungen.[410]

Der Vorrang völkerrechtlicher Verträge und Abkommen wird in Art. 3 des Modellgesetzes geregelt, da nach der Übernahme der Modellbestimmungen kein supranationales Recht entsteht, sondern lediglich nationales.[411] Die Modellbestimmungen sind weltweit auf Insolvenzverfahren anzuwenden und gerade nicht – im Gegensatz zur EuInsVO – auf einen bestimmten Wirtschaftsraum beschränkt.[412]

---

405 *Benning/Wehling*, EuZW 1997, 618, 619.

406 *Benning/Wehling*, EuZW 1997, 618, 619 f.; *Kolmann*, Kooperationsmodelle, S. 421.

407 D-K/D/Ch – *Duursma*, EuInsVO, Parallelentwicklungen, Rn. 15.

408 *Kolmann*, Kooperationsmodelle, S. 421; *Westpfahl/Goetker/Wilkens*, Grenzüberschreitende Insolvenzen, Rn. 1491.

409 Siehe dort die entsprechende Bereichsausnahme für Versicherungsunternehmen und Kreditinstituten, Art. 1 Abs. 2 EuInsVO.

410 Siehe dazu auch *Westpfahl/Goetker/Wilkens*, Grenzüberschreitende Insolvenzen, Rn. 1492 ff.; *Kolmann*, Kooperationsmodelle, S. 421.

411 *Westpfahl/Goetker/Wilkens*, Grenzüberschreitende Insolvenzen, Rn. 1494 m.w.N.

412 *Kolmann*, Kooperationsmodelle, S. 422.

Nach Art. 3 des Modelgesetzes sind die Bestimmungen allerdings subsidiär zu anderen internationalen Verpflichtungen des jeweiligen Staates, der die Regelungen übernommen hat.[413] Auch ein *ordre-public*-Vorbehalt ist in dem Modellgesetz vorgesehen.[414]

3.3.4 Zuständigkeit

Das UNCITRAL-Modellgesetz enthält keine Aussage darüber, welches Gericht wann für die Eröffnung eines Verfahrens zuständig sein soll.

In Art. 2 lit. b), c) des Modellgesetzes wird unterschieden zwischen ausländischem Hauptverfahren (*foreign main proceeding*) und ausländischem Nicht-Hauptverfahren, Territorialverfahren (*foreign non-main proceeding*). Nach der jeweiligen Definition der Verfahren richtet sich dann indirekt die Zuständigkeit des Staates für die Eröffnung. So ist nach der Definition des Art. 2 b) des Modellgesetzes ein ausländisches Hauptverfahren in dem Staat zu eröffnen, in dem sich der Schwerpunkt der hauptsächlichen Interessen befindet.[415]

3.3.5 Anerkennung

Die Anerkennung von ausländischen Insolvenzverfahren nach der EuInsVO und nach dem UNCITRAL-Modellgesetz weist fundamentale Unterschiede auf. Nach dem Modellgesetz stellt die Anerkennung lediglich einen Akt grundsätzlicher Kooperationsbereitschaft des Modellstaates dar; sie ist „*das Tor, das der ausländische Insolvenzverwalter durchschreiten muss, um im Inland eine Unterstützung bei der Abwicklung seines Insolvenzverfahrens zu erlangen*“[416]. Der Hauptunterschied liegt darin, dass keine automatische Anerkennung im Modellgesetz vorgesehen ist, sondern das Verfahren nur im Rahmen eines effizient ausgestaltetem förmlichen Verfahren, das der Verwalter durch einen Antrag einleiten muss, anerkannt werden kann, wenn bestimmte Voraussetzungen erfüllt sind.[417]

---

413 *Kolmann*, Kooperationsmodelle, S. 422.

414 Vergleiche allgemein zum *ordre-public*-Vorbehalt das oben bereits Ausgeführte und im speziellen zum *ordre-public*-Vorbehalt in den Modellgesetzen: *Wimmer*, ZIP 1997, 2220, 2221; *von Boehmer*, (Deutsches) Internationales Insolvenzrecht, S. 103 f.; *Westpfahl/Goetker/Wilkens*, Grenzüberschreitende Insolvenzen, Rn. 1495.

415 *von Boehmer*, (Deutsches) Internationales Insolvenzrecht, S. 47; Siehe dazu Kap. 3.3.5.1.

416 *Wimmer*, ZIP 1997, 2220, 2222; *Kolmann*, Kooperationsmodelle, S. 422 f.

417 *Kolmann*, Kooperationsmodelle, S. 423.

Das Modellgesetz differenziert zwischen dem Anerkennungsverfahren und den Wirkungen der Anerkennung. Das Anerkennungsverfahren ist in Art. 15 bis 18 geregelt, die Rechtsfolgen („*effects*“) richten sich nach Art. 20 bis 24 des Modellgesetzes. Die Anerkennungsfähigkeit hingegen wird vornehmlich in Art. 2 und 17 des Modellgesetzes beschrieben.

3.3.5.1 Anerkennungsfähigkeit

Damit ein Verfahren nach den UNCITRAL-Modellbestimmungen anerkannt werden kann, muss es sich um ein „*foreign proceeding*“, ein ausländisches Verfahren, i.S.d. Art. 2 lit. a) handeln. Diese Vorschrift lautet:

> „ *Im Sinne dieses Gesetzes*
>
> *a) bedeutet „ausländisches Verfahren“ ein in einem ausländischen Staat auf der Grundlage insolvenzrechtlicher Vorschirften stattfindendes kollektives Gerichts- oder Verwaltungsverfahren, einschließlich vorläufiger Insolvenzverfahren, bei dem das Vermögen und die Geschäfte des Schuldners zum Zweck der Reorganisation oder Liquidation der Kontrolle oder Überwachung durch ein ausländisches Gericht unterworfen werden;*”[418]

Nach Art. 2 und Art. 17 Abs. 2 des Modellgesetzes kann ein derartiges ausländisches Insolvenzverfahren nur anerkannt werden, wenn es sich entweder um ein Hauptverfahren (Art. 2 lit b) oder ein sonstiges Territorialverfahren (Art. 2 lit c) handelt, da das Modellgesetz andere Verfahren nicht kennt.[419]

Gegenstand einer Anerkennung können also nur kollektive gerichtliche oder Verwaltungsverfahren sein, sowie vorläufige Verfahren („*interim proceeding*“). Diese müssen in einem ausländischen Staat durchgeführt worden sein. Die Verfahren müssen weiterhin der Anwendung von Gesetzen mit insolvenzrechtlichem Bezug unterliegen. Die Geschäfte und Vermögenswerte des Schuldners müssen in diesen Verfahren der Regelung und Überwachung durch ein ausländisches Gericht zum Zwecke der Reorganisation oder Liquidation unterworfen werden.[420]

Das Hauptverfahren soll nach der gesetzlichen Definition an dem Ort stattfinden, an dem sich der Schwerpunkt der hauptsächlichen Interessen des Schuldners befindet. Damit ist die Zuständigkeit für das Universalverfahren ebenso zu beurteilen wie in der EuInsVO, sodass sich diesbezüglich kein

---

418 Deutscher Text abgedruckt unter: FKInsO-*Wenner/Schuster*, Anhang 3 nach § 358.

419 *von Boehmer*, (Deutsches) Internationales Insolvenzrecht, S. 101 f.; *Westpfahl/Goetker/Wilkens*, Grenzüberschreitende Insolvenzen, Rn. 1510.

420 Vgl. dazu auch *von Boehmer*, (Deutsches) Internationales Insolvenzrecht, S. 92.

Unterschied ergibt; der Ort des COMI in der EuInsVO ist mit der Definition nach dem Modellgesetz inhaltsgleich. Somit ist für die Bestimmung des COMI bei den Modellgesetzen auch die Entscheidung des EuGH in Sachen „*Eurofood*“[421] relevant.[422]

Ebenso existiert in den Modellbestimmungen eine widerlegbare Vermutung für das COMI bei Gesellschaften. Es wird vermutet, dass der satzungsmäßige Sitz der Gesellschaft auch der Ort des COMI ist. Bei natürlichen Personen gibt es in den Modellbestimmungen ebenfalls eine Vermutung – anders als in der EuInsVO – am Ort des gewöhnlichen Aufenthalts.[423]

Das Nicht-Hauptverfahren (Territorialverfahren) kann dort eröffnet werden, wo der Schuldner eine Niederlassung hat, wobei der Niederlassungsbegriff des Modellgesetzes wiederum dem der EuInsVO bis auf wenige Einzelheiten entspricht.[424] Allerdings ist für die Eröffnung eines weiteren inländischen Verfahrens nach der Anerkennung eines ausländischen Hauptverfahrens gem. Art. 28 der Modellbestimmungen wiederum keine Niederlassung erforderlich, sondern lediglich ein Vermögensgegenstand im Inland ausreichend. Dies steht in gewissem Wertungswiderspruch zueinander.[425]

Abschließend kann zusammenfassend gesagt werden: Liegt das COMI in dem Staat, der das Hauptverfahren eröffnet hat, ist das Verfahren anerkennungsfähig; ebenso ist ein Territorialverfahren anzuerkennen, wenn sich in dem Eröffnungsstaat eine Niederlassung des Schuldners befindet. Wenn der satzungsmäßige Sitz nicht dem COMI entspricht und keine Niederlassung sich in dem Staat befindet, so kann u.U. das entsprechende Verfahren weder als Haupt- noch als Territorialverfahren anerkannt werden, obwohl der satzungmäßige Sitz tatsächlich in diesem Staat liegt, da der satzungsmäßige Sitz allein nicht einer Niederlassung i.S.d. Modellgesetzes entspricht.[426]

---

421 EuGH, Urteil vom 2. 5. 2006, Rs. C-341/04 – „*Eurofood*“.

422 *Westpfahl/Goetker/Wilkens*, Grenzüberschreitende Insolvenzen, Rn. 1513; *von Boehmer*, (Deutsches) Internationales Insolvenzrecht, S. 47 f.; vgl. dazu weitergehend die Aufsätze zur Rechtsprechung zum COMI: *Vogl*, EWiR 2006, 141, 141 f.; *Herweg/Tschauner*, EWiR 2006, 169, 169 f.; *Penzlin*, EWiR 2006, 207, 207 f.

423 vgl. hierzu insgesamt Art. 16 (3) des Modelgesetzes; *Westpfahl/Goetker/Wilkens*, Grenzüberschreitende Insolvenzen, Rn. 1511 m.w.N.

424 *von Boehmer*, (Deutsches) Internationales Insolvenzrecht, S. 47 f.; Vgl. diesbezüglich zum Chapter 15-Verfahren in den USA: *Paulus*, NZI 2005, 439, 440.

425 *Wimmer*, ZIP 1997, 2220, 2222; *von Boehmer*, (Deutsches) Internationales Insolvenzrecht, S. 191 f.; *Westpfahl/Goetker/Wilkens*, Grenzüberschreitende Insolvenzen, Rn. 1515; D-K/D/Ch – *Duursma*, Parallelentwicklungen, Rn. 28.

426 *Westpfahl/Goetker/Wilkens*, Grenzüberschreitende Insolvenzen, Rn. 1516 m.w.N.

Liegt ein Verfahren i.S.d. Art. 2 der Modellbestimmungen vor, so ist weitere Voraussetzung für die Anerkennung nach Art. 17 Abs. 1, dass der *ordre-public*-Vorbehalt des Anerkennungsstaates (Art. 6) eingehalten wurde.[427]

3.3.5.2 Anerkennungsverfahren

Wie bereits angesprochen, findet nach dem Modellgesetz keine automatische Anerkennung des ausländischen Insolvenzverfahrens statt. Dieses Konzept der EuInsVO ist den UNCITRAL-Modellbestimmumgen fremd. Vielmehr ist ein Anerkennungsverfahren notwendig.

Liegen die Voraussetzungen für die Anerkennung eines ausländischen Verfahrens vor, so ist der ausländische Insolvenzverwalter i.S.d. Art. 2 lit. d der Modellbestimmungen, der auch ein vorläufiger Insolvenzverwalter sein kann, antragsberechtigt. Der Verwalter muss bei dem nach Art. 4 der Modellbestimmungen für die Entscheidung über die Anerkennung zuständigen Gericht einen ordnungsgemäßen Antrag stellen. Art. 17 der Modellbestimmungen verlangt, dass die notwendigen Unterlagen nach Art. 15 vorgelegt werden. Dazu gehört insbesondere der übersetzte Eröffnungsbeschluss des ausländischen Gerichts. Nach Art. 15 Abs. 2 lit. c ist es allerdings nicht zwingend notwendig, dass ein Eröffnungsbeschluss oder eine Ernennungsurkunde des Insolvenzverwalters vorgelegt wird, denn das über die Anerkennung entscheidende Gericht kann auch andere Dokumente an Stelle dessen nehmen, um sich von der Eröffnung des ausländischen Verfahrens und der Einsetzung des Verwalters zu überzeugen. Damit soll insbesondere verhindert werden, dass die Anerkennung der Verfahren in den Ländern ausschließlich aufgrund (abweichender) technischer Ausgestaltung scheitert.[428]

Das Verfahren kann ferner mit Hilfe des Art. 16 (1) der Modellbestimmungen beschleunigt werden, indem dem Gericht, das über die Anerkennung zu entscheiden hat, die Möglichkeit eingeräumt wird, auf der Grundlage des Eröffnungsbeschlusses das Vorliegen eines ausländischen Insolvenzverfahrens, die Stellung des Antragstellers sowie die Echtheit der vorgelegten Dokumente zu vermuten; allerdings kann das Gericht nachträglich die Anerkennung versagen, wenn die Voraussetzungen tatsächlich nicht vorlagen oder wieder weggefallen sind.[429]

427 Vgl. dazu *Westpfahl/Goetker/Wilkens*, Grenzüberschreitende Insolvenzen, Rn. 1510.

428 Siehe dazu insgesamt auch Leitfaden Nr. 116 zu den Modellgesetzen; *von Boehmer*, (Deutsches) Internationales Insolvenzrecht, S. 100 f.

429 *Westpfahl/Goetker/Wilkens*, Grenzüberschreitende Insolvenzen, Rn. 1508.

3.3.5.3 Rechtsfolgen der Anerkennung

Auch im Rahmen der Wirkungen der Anerkennung sind die Unterschiede zwischen den UNCITRAL-Modellbestimmungen und der EuInsVO offensichtlich: Nach der EuInsVO erstrecken sich die Wirkungen des ausländischen Verfahrens auf das Inland, wohingegen das ausländische Verfahren nach den Modellbestimmungen nur eingeschränkte Wirkungen auf das Inland hat. Nach Art. 21 der Modellbestimmungen ist die Anerkennung lediglich Voraussetzung, um Rechtsschutz im Inland zu erhalten. Die Anerkennung ist nur eine Art Vorbedingung, damit der ausländische Verwalter bestimmte Rechte geltend machen kann.[430] So werden Individualklagen oder -verfahren ausgesetzt, soweit sie die Vermögenswerte, Rechte, Verbindlichkeiten oder Verpflichtungen betreffen, sowie das Verfügungsrecht des Schuldners ausgesetzt und die Vollstreckung in das Vermögen des Schuldners eingestellt („*automatic stay*").[431]

Ist das ausländische Verfahren nicht als Haupt- sondern als Territorialverfahren anerkannt worden, so gelten weitgehend diesselben Grundsätze, allerdings steht die Entscheidung des Gerichts über den „*automatic stay*" sowohl hinsichtlich des „ob" als auch des „wie" im Ermessen des Gerichts.[432]

Schließlich normieren die Modelbestimmungen für den Insolvenzverwalter weitere Rechte in Art. 11, 12, 23 und 24. Nach Anerkennung des ausländischen Verfahrens kann der Verwalter am inländischen Verfahren teilnehmen; er kann sogar die Eröffnung eines inländischen Verfahrens beantragen. Der Verwalter kann ferner nach Art. 23 Anfechtungsprozesse führen und nach Art. 24 jedem Verfahren beitreten, in dem der Schuldner Partei ist, soweit die weiteren prozessualen Voraussetzungen des Modellgesetzstaates erfüllt sind.[433]

---

430 Vergleiche dazu bereits oben Kap. 3.3.5; *Wimmer*, ZIP 1997, 2220, 2222.

431 Siehe dazu Art. 20 Abs. 1 lit a, b, c des Modellgesetzes; vgl. *von Boehmer*, (Deutsches) Internationales Insolvenzrecht, S. 92 f.; *Westpfahl/Goetker/Wilkens*, Grenzüberschreitende Insolvenzen, Rn. 1520.

432 *Westpfahl/Goetker/Wilkens*, Grenzüberscheitende Insolvenzen, Rn. 1521.

433 *Westpfahl/Goetker/Wilkens*, Grenzüberscheitende Insolvenzen, Rn. 1524 ff.

3.3.6 Vollstreckung

Eine Vollstreckbarkeit von Entscheidungen, wie sie beispielsweise Art. 25 EuInsVO vorsieht, existiert in den Modellbestimmungen nicht. Wie gerade beschrieben, erstrecken sich die Wirkungen der Anerkennung eines ausländischen Verfahrens grundsätzlich nicht auf das Inland. Vielmehr wird dem (vorläufigen) Insolvenzverwalter im Inland lediglich die Möglichkeit der Inanspruchnahme von Rechtschutz eingeräumt.[434]

434 Siehe dazu Kap. 3.3.5.3; vgl. *von Boehmer*, (Deutsches) Internationales Insolvenzrecht, S. 121.

4. Die Folgeentscheidungen des Art. 25 EuInsVO

Nachdem nun die Systeme der EuInsVO und der EuGVVO, insbesondere für das Hauptverfahren, dargestellt wurden, gilt es nun darzustellen, wie sich Zuständigkeit, Anerkennung und Vollstreckung hinsichtlich der Verfahren verhalten, die keine Hauptverfahren sind, sondern das Hauptverfahren nur begleiten. Desweiteren ist zu untersuchen, welche Verfahren überhaupt unter den Begriff „Folgeentscheidungen" fallen.

Diese Nebenverfahren und -entscheidungen werden in Art. 25 EuInsVO genannt. Art. 25 EuInsVO unterscheidet zwischen Entscheidungen, die zur Durchführung und Beendigung eines Insolvenzverfahrens ergangen sind (Art. 25 Abs. 1 UAbs. 1 Satz 1 Alt. 1), bestätigten Vergleichen (Art. 25 Abs. 1 UAbs. 1 Satz 1 Alt. 2), Entscheidungen über Sicherungsmaßnahmen (Art. 25 Abs. 1 UAbs. 3) und Entscheidungen, die unmittelbar aufgrund des Insolvenzverfahrens ergehen und in einem engen Zusammenhang mit diesem stehen (Art. 25 Abs. 1 UAbs. 2).

Im Folgenden sollen nun die Begriffe der einzelnen Verfahren und Entscheidungen erläutert und einzelne betroffene Entscheidungen und Verfahren benannt werden.

4.1 Entscheidungen zur Durchführung und Beendigung des Verfahrens sowie gerichtlich bestätigte Vergleiche

4.1.1 Begriffe

4.1.1.1 Entscheidungen zur Durchführung und Beendigung des Verfahrens

Die Entscheidungen zur Durchführung und Beendigung eines Verfahrens gem. Art. 25 Abs. 1 UAbs. 1 Satz 1 Alt. 1 EuInsVO stellen zusammen mit den gerichtlich bestätigten Vergleichen alle Entscheidungen dar, die die Gesamtheit der Gläubiger und die Abwicklung des Verfahrens unmittelbar betreffen.[435]

Allerdings fallen darunter nicht alle Entscheidungen des Insolvenzgerichts, was bei unbefangenem Lesen des Art. 25 EuInsVO so verstanden werden könnte.[436] Hierbei wird deutlich, dass maßgeblich ist, wie die *vis attractiva concursus*

435 MünchKommBGB – *Kindler*, Band 11, Art. 25 EuInsVO Rn. 9.

436 *Trunk*, Internationales Insolvenzrecht, S. 419.

in den einzelnen Mitgliedsstaaten ausgeprägt ist, nämlich je stärker, desto größer der Umfang der Entscheidungen, die unter diese Begriffe zu subsumieren sind. Dies kann zu einem Ungleichgewicht im Anwendungsbereich und zu Unsicherheit bei Rechtsanwendung führen.[437]

Auch hinsichtlich der Abgrenzung zu Art. 25 Abs. 1 UAbs. 2 EuInsVO wird deutlich, dass der Begriff der Entscheidungen zur Durchführung und Beendigung eines Verfahrens eher restriktiv und eng auszulegen ist.

4.1.1.2 Gerichtlich bestätigte Vergleiche

Gerichtlich bestätigte Vergleiche sind alle Rechtsinstitute, durch die die Rechtsbeziehungen des Schuldners zu den Gläubigern modifiziert werden.[438] Eine Bestätigung des Eröffnungsgerichts ist notwendig.[439] Ein Beschluss der Gläubiger ist allerdings nicht erforderlich, sodass es ausreicht, wenn das Gericht ohne Beteiligung der Gläubiger den Beschluss anordnet. Dies ist beispielsweise im französischen Recht der Fall.[440]

4.1.2 Betroffene Entscheidungen

4.1.2.1 Entscheidung zur Eröffnung des Verfahrens

Die Ansicht, dass unter den Begriff der Entscheidung zur Eröffnung des Verfahrens nur verfahrensbezogene Kernentscheidungen zu subsumieren sind, kann zu Schwierigkeiten hinsichtlich der Anwendbarkeit der Vollstreckungsvorschriften nach Art. 25 Abs. 1 führen. Eine Entscheidung zur Eröffnung stellt nämlich weder eine Entscheidung zur Durchführung noch zur Beendigung eines Insolvenzverfahrens dar. Die Eröffnungsentscheidung kann aber auch vollstreckbare Inhalte haben; sie kann insbesondere bei einer Eröffnung in Deutschland gemäß § 148 Abs. 2 Satz 1 InsO einen Herausgabetitel für Gegenstände im Gewahrsam des Schuldners darstellen. Art. 16 EuInsVO regelt hingegen nur die Anerkennung der Eröffnungsentscheidung, nicht aber die Vollstreckbarerklärung. Aber auch als Verfahren, das unmittelbar aufgrund des Insolvenzverfahren ergeht und mit diesem in engem Zusammenhang steht, kann die Eröffnungsentscheidung nicht bezeichnet werden, da die Eröffnungsentscheidung kein selbständiges insolvenzrechtliches Einzelverfahren darstellt, sodass es so aussieht, als könnte

---

437 *Ambach*, Art. 25 EuInsVO, S. 100.

438 MünchKommBGB – *Kindler*, Band 11, Art. 25 EuInsVO Rn. 12.

439 HambKomm – *Undritz* Art. 25 EuInsVO Rn. 3.

440 MünchKommInsO – *Reinhart*, Band 3, Art. 25 EuInsVO Rn. 8 m.w.N.

die Eröffnungsentscheidung mit vollstreckbarem Inhalt nicht vollstreckt werden.[441]

Zur Lösung des gerade aufgezeigten Problems wird einerseits die Auffassung der Trennung der Wirkung der Eröffnungsentscheidung als Herausgabetitel von den übrigen Wirkungen der Eröffnungsentscheidung vertreten. Die Wirkung der Eröffnungsentscheidung als Herausgabetitel wäre somit allein eine Entscheidung zur Durchführung des Verfahrens i.S.d. Art. 25 Abs. 1 UAbs. 1 EuInsVO.[442]

Andererseits wird die Auffassung vertreten, dass die Eröffnungsentscheidung mit vollstreckbarem Inhalt sowohl eine Eröffnungsentscheidung i.S.d. Art. 16 EuInsVO ist als auch zugleich eine Entscheidung i.S.d Art. 25 Abs. 1 UAbs. 1 Satz 1 EuInsVO ist, die dann nach Art. 25 Abs. 1 UAbs. 1 Satz 2 EuInsVO i.V.m. Art. 38 ff. EuGVVO zu vollstrecken wäre.[443] Argumentativ spricht für letztere Ansicht, dass eine Eröffnungsentscheidung nicht hinsichtlich ihrer Gestaltungswirkungen teilbar ist.[444] *Rossbach*[445] ist der Auffassung, dass die Aufzählung der Verfahrenstypen keine abschließende Funktion hat. Nach dem Sinn und Zweck des Art. 25 Abs. 1 UAbs. 1 Satz 2 EuInsVO soll für alle originär verfahrensbezogenen Entscheidungen eine Lösung für die Vollstreckung gefunden werden. Es ist kein Grund dafür ersichtlich, dass die Wirkungen der Eröffnungsentscheidung als Herausgabetitel aus diesem Zusammenhang ausgenommen werden sollten.[446]

4.1.2.2 Entscheidungen zur Durchführung des Verfahrens

Entscheidungen eines Gerichts zur Durchführung eines Insolvenzverfahrens, dessen Eröffnungsentscheidung nach Art. 16 anerkannt wird, sind diejenigen Entscheidungen, *„die im laufenden Insolvenzverfahren getroffen werden, um eine Verfahrenshandlung vorzunehmen, einen Verfahrensabschnitt zu gestalten oder einen Verfahrensfortschritt zu erzielen"*.[447] Im Einzelnen werden diese Entscheidungen durch die *lex fori concursus* des jeweiligen Mitgliedsstaates bestimmt, denn nach Art. 4 Abs. 2 Satz 1 EuInsVO regelt das Recht des Staates der

441 *Ambach*, Art. 25 EuInsVO, S. 101; *Trunk*, Regelungsschwerpunkte, in: Stoll, Vorschläge und Gutachten, S. 246.
442 *Ambach*, Art. 25 EuInsVO, S. 101.
443 *Rossbach*, Europäische Insolvenzverwalter, S. 229.
444 *Ambach*, Art. 25 EuInsVO, S. 101 f.
445 *Rossbach*, Europäische Insolvenzverwalter, S. 229.
446 So auch *Ambach*, Art. 25 EuInsVO, S. 102.
447 Kübler/Prütting/Bork – *Kemper*, InsO, Art. 25 EuInsVO Rn. 4.

Verfahrenseröffnung, unter welchen Voraussetzungen das Insolvenzverfahren eröffnet wird und wie es durchzuführen und zu beenden ist.[448]

Die Begriff „Entscheidung“ und „Gericht“ sind autonom und weit auszulegen. Der Begriff „Gericht“ ist zudem funktional zu verstehen.[449]

Konkret fällt beispielsweise unter diesen Begriff der Entscheidung zur Durchführung des Verfahrens: Die Festsetzung von Zwangsgeld gegen den Insolvenzverwalter (§ 58 Abs. 2 Satz 1 InsO), die Festsetzung der Vergütung des Insolvenzverwalters (§ 64 Abs. 1 InsO), die Einsetzung eines Gläubigerausschusses durch das Gericht (§ 67 Abs. 1 InsO), die Entlassung eines Mitglieds des Gläubigerausschusses (§ 70 Satz 1 InsO), die Einberufung der Gläubigerversammlung (§ 74 Abs. 1 Satz 1 InsO), die Aufhebung eines Beschlusses der Gläubigerversammlung (§ 78 Abs. 1 InsO), die Anordnung zur Durchsetzung der Pflichten des Schuldners (§ 98 InsO), die Anordnung einer Postsperre (§ 99 Abs. 1 InsO), die Zustimmung zur Durchführung einer Betriebsänderung (§ 122 Abs. 2 Satz 1 InsO), die vorläufige Untersagung von besonders bedeutsamen Rechtshandlungen (§ 161 Satz 2 InsO), Entscheidungen über die Einwendungen eines Gläubigers gegen das Verteilungs- oder Schlussverzeichnis (§ 194 bzw. § 197 Abs. 3 InsO) und die Anordnung einer Nachtragsverteilung (§ 203 Abs. 1 InsO).[450]

Außerdem sind unter den Begriff der Entscheidung die Bestellung eines Insolvenzverwalters (§ 56 Abs. 1 InsO) und dessen Entlassung (§ 59 Abs. 1 InsO), sowie die Anordnung bestimmter Verfügungsbeschränkungen gegenüber dem Schuldner zu subsumieren.[451] Auch Aufsichtsmaßnahmen über Insolvenzorgane und Untersuchungsanordnungen des Insolvenzgerichts sind Entscheidungen in diesem Sinne; ebenso gehören die Rechtsmittelentscheidungen aufgrund sofortiger Beschwerden gegen Entscheidungen des Insolvenzgerichts gegen diese Maßnahmen zu den Entscheidungen i.S.d. Art. 25 Abs. 1 UAbs. 1 EuInsVO.[452]

---

448 Vgl. *Ambach*, Art. 25 EuInsVO, S. 100.

449 MünchKommInsO – *Reinhart*, Band 3, Art. 25 EuInsVO Rn. 6, 7; Pannen – *Riedemann*, EuInsVO, Art. 25 Rn. 8.

450 Vgl. insgesamt *Ambach*, Art. 25 EuInsVO, S. 102.

451 Pannen – *Riedemann*, EuInsVO, Art. 25 Rn. 10; allgemein zu Entscheidungen, die neben der Eröffnungsentscheidung ergehen: *Homann*, KTS 2000, 343, 345.

452 *Ambach*, Art. 25 EuInsVO, S. 102.

4.1.2.3 *Entscheidungen zur Beendigung des Verfahrens*

Entscheidungen zur Beendigung des Verfahrens sind „*solche, die das Verfahren insgesamt oder einzelne Verfahrensteile förmlich abschließen*“.[453]

Dazu gehören in Deutschland insbesondere die Aufhebung des Insolvenzverfahrens gemäß § 200 InsO sowie die Einstellung des Verfahrens mangels Masse gemäß § 207, wegen Wegfall des Eröffnungsgrundes gemäß § 212 InsO oder mit Zustimmung der Gläubiger gemäß § 213 InsO.[454] Aber auch die Aufhebung des Verfahrens nach Bestätigung eines Insolvenzplanes gemäß § 258 Abs. 1 i.V.m. § 248 Abs. 1 InsO sowie nach Anzeige der Masseunzulänglichkeit gemäß § 211 Abs. 1 InsO sind derartige Entscheidungen.[455]

Ambach[456] und *Kolmann*[457] vertreten richtigerweise die Ansicht, dass der sachliche Anwendungsbereich bereits durch ein insolvenzrechtliches Vorverfahren eröffnet ist und somit auch die Beendigung des Insolvenzverfahrens durch den Eröffnungsabweisungsbeschluss mangels Masse (§ 26 InsO) unter diese Entscheidungen zu subsumieren ist, da schon in Art. 25 Abs. 1 UAbs. 3 von Sicherungsmaßnahmen die Rede ist, also der Anwendungsbereich auch diese Maßnahmen umfassen muss. Die Gegenansicht von *Duursma-Kepplinger*[458] und *Balz*[459] sieht den sachlichen Anwendungsbereich für insolvenzrechtliche Vorverfahren nicht eröffnet, wiederum aber teilweise aber einschränkend hinsichtlich der Sicherungsmaßnahmen.

Schließlich sind auch die Anordnung oder Ankündigung eines Gerichts auf Restschuldbefreiung darunter zu fassen, da nach § 289 Abs. 2 Satz 2 InsO das Verfahren gegen den Insolvenzschuldner automatisch aufgehoben wird.[460]

---

453 Kübler/Prütting/Bork – *Kemper*, InsO, Art. 25 EuInsVO Rn. 5.

454 Pannen – *Riedemann*, EuInsVO, Art. 25 Rn. 10; Nerlich/Römermann – *Nerlich*, InsO, Art. 25 VO (EG) Nr. 1346/2000 Rn. 10.

455 *Ambach*, Art. 25 EuInsVO, S. 103 m.w.N.

456 *Ambach*, Art. 25 EuInsVO, S. 104 m.w.N.

457 *Kolmann*, Kooperationsmodelle, S. 271.

458 D-K/D/Ch – *Duursma-Kepplinger*, EuInsVO, Art. 1 Rn. 1 und Art. 3 Rn. 49.

459 *Balz*, ZIP 1996, 948, 948; dabei wird aber teilweise zu Recht eine differenzierte Betrachtung angestellt.

460 MünchKommInsO – *Reinhart*, Band 3, Art. 25 EuInsVO Rn. 5; *Ambach*, Art. 25 EuInsVO, S. 103; vgl. dazu auch BGH, Beschluss vom 18. September 2001, Az. IX ZB 51/00; *Ehricke*, IPRax 2002, 505, 505 ff.; *Wimmer*, NJW 2002, 2427, 2429; dazu auch schon: *Wunderer*, WM 1998, 793, 796.

4.1.2.4 *Gerichtlich bestätigte Vergleiche*

Zu den gerichtlich bestätigten Vergleichen zählt praktisch jede einvernehmliche Beendigungsmöglichkeit nach der jeweiligen *lex fori concursus.*[461] So gehört insbesondere der Insolvenzplan nach § 207 f. InsO zu diesen Vergleichen.[462] Ferner ist der gerichtlich bestätigte Schuldenbereinigungsplan nach § 308 Abs. 1 InsO ein Vergleich in diesem Sinne. Dieser Plan wird zwar vor einem vereinfachten Insolvenzverfahren aufgestellt und bezieht nicht zwingend alle Gläubiger mit ein, allerdings unterliegen grundsätzlich auch die genannten Verfahren der EuInsVO,[463] sodass trotz des Charakters eines Gesamtverfahrens ein Vergleich i.S.d. Art. 25 Abs. 1 UAbs. 1 S. 1 EuInsVO vorliegt.[464]

Nicht unter diesen Begriff fällt ein ohne Gerichtsbeschluss wirksames *company voluntary arrangement* nach englischem Recht, da dieses nicht gerichtlich bestätigt i.S.d. Art. 25 EuInsVO ist.[465]

4.2 Entscheidungen über Sicherungsmaßnahmen

4.2.1 Begriff

Art. 25 Abs. 1 EuInsVO umfasst gemäß UAbs. 3 auch Entscheidungen über Sicherungsmaßnahmen, die nach dem Antrag auf Eröffnung des Verfahrens getroffen wurden. Notwendig ist, dass diese Sicherungsmaßnahmen einen insolvenzrechtlichen Bezug haben und im Hinblick auf eine Verfahrenseröffnung getroffen werden. Die Maßnahmen sind als Sicherungsmaßnahmen meist solche, die vor der Eröffnung des Verfahrens durch ein Gericht i.S.d. Art. 2 lit. h EuInsVO angeordnet werden.[466] Ob die jeweilige Maßnahme unter diesen Begriff fällt, beurteilt sich nach dem Recht des States der Verfahrenseröffnung.[467]

Insolvenzrechtlicher Bezug besteht, wenn die Entscheidung die Wirksamkeit des Insolvenzverfahrens sicherstellt und den Grundsatz der gleichmäßigen

461 *Leible/Staudinger*, KTS 2000, 533, 565 f.; auch *Balz*, ZIP 1996, 948, 952; Pannen – *Riedemann*, EuInsVO Art. 25 Rn. 11; Kübler/Prütting/Bork – *Kemper*, InsO, Art. 25 EuInsVO Rn. 5.

462 *Leible/Staudinger*, KTS 2000, 533, 565 f.

463 siehe dazu Kap. 3.1.4.1.1 und Gottwald – *Gottwald/Kolmann*, Handbuch, § 130 Rn. 7.

464 *Ambach*, Art. 25 EuInsVO, S. 105.

465 HambKomm – *Undritz*, Art. 25 EuInsVO Rn. 11.

466 Vgl. dazu insgesamt *Häsemeyer*, Insolvenzrecht, Rn. 7.34; MünchKommBGB – *Kindler*, Band 11, Art. 25 EuInsVO Rn. 20.

467 Kübler/Prütting/Bork – *Kemper*, InsO, Art. 25 EuInsVO Rn. 14.

Gläubigerbefriedigung fördert. Das ist dann nicht der Fall, wenn sie lediglich einzelnen Gläubigern dient, um deren Zwangsvollstreckung zu erleichtern.[468]

Das „Ob" der Zulässigkeit einer Sicherungsmaßnahme bestimmt sich nach dem jeweiligen Recht des Staates, der das Insolvenzverfahren eröffnet hat. Daher können unterschiedliche Sicherungsmaßnahmen vorliegen.[469]

4.2.2 Betroffene Entscheidungen

Als Maßnahmen kommen nach der deutschen InsO sowohl solche gegen das Vermögen als auch gegen die Person des Schuldners in Betracht. Da die Sicherungsmaßnahmen gegen die Person selbst ultima ratio sind (§ 21 Abs. 3 Satz 1 InsO),[470] sind Maßnahmen gegen das Vermögen des Schuldners die Regel.[471]

Als gegen das Vermögen des Schuldners gerichtete Maßnahmen können beispielshalber aufgeführt werden die Anordnung von vorläufigen Verfügungsverboten oder Zustimmungsvorbehalten nach § 21 Abs. 2 Nr. 2, § 24 Abs. 1, 81, 82 InsO, §§ 135, 136 BGB und die vorläufige Untersagung von Zwangsvollstreckungsmaßnahmen sowie die Einstellung laufender Zwangsvollstreckungsmaßnahmen nach § 21 Abs. 2 Nr. 3 InsO.[472]

Schwieriger gestaltet sich die Situation bei der Bestellung eines vorläufigen Insolvenzverwalters. Der EuGH hat in der Sache „*Eurofood*"[473] entschieden, dass die Bestellung eines starken oder schwachen vorläufigen Insolvenzverwalters eine faktische Eröffnung des Insolvenzverfahrens darstellt. Dies bringt gewisse Schwierigkeiten bei der Bestimmung mit sich, was Anerkennungsgegenstand ist und nach welcher Vorschrift nun die Sicherungsmaßnahme der Bestellung eines vorläufigen Insolvenzverwalters anerkannt werden soll. [474] Stellt die Bestellung eines vorläufigen Insolvenzverwalters oder eine sonstige Sicherungsmaßnahmen, wie beispielsweise die oft damit einhergehende Anordnung eines allgemeinen Verfügungsverbots, die Eröffnungsentscheidung dar, so würde sich – nach

468 *Ambach*, Art. 25 EuInsVO, S. 176.

469 HambKomm – *Undritz*, Art. 25 EuInsVO, Rn. 8.

470 *Häsemeyer*, Insolvenzrecht, Rn. 7.35.

471 *Ambach*, Art. 25 EuInsVO, S. 176 f.; *Häsemeyer*, Insolvenzrecht, Rn. 7.36.

472 siehe dazu auch: *Häsemeyer*, Insolvenzrecht, Rn. 7.36 ff.; *Ambach*, Art. 25 EuInsVO, S. 177 m.w.N.

473 EuGH, Urteil vom 2. 5. 2006, Rs. C-341/04 – „*Eurofood*".

474 *Ambach*, Art. 25 EuInsVO, S. 177.

einer Ansicht[475] – die Anerkennung nach Art. 16 EuInsVO beurteilen und die Vorschrift des Art. 25 Abs. 1 UAbs. 3 EuInsVO leer laufen.[476]

Die Entscheidung des EuGH in dieser Sache beruht auf dem Gedanken der praktischen Wirksamkeit („*effet utile*“). Diese Entscheidung ist deshalb so zu verstehen, dass die Bestellung eines vorläufigen Insolvenverwalters sich zwar als eine Entscheidung zur Eröffnung darstellt und den Willen zur Eröffnung nach außen kundtut, nicht aber so, dass damit auch die Sicherungsmaßnahmen ihre Anerkennungsgrundlage in Art. 16 EuInsVO haben; es verbleibt bei der Regelung des Art. 25 Abs. 1 UAbs. 3 EuInsVO.[477] Außerdem beinhaltet die Eröffnungsentscheidung über ein Vermögen eine deutlich stärkere und umfassender gestaltende Wirkung als eine vorläufige Sicherungsmaßnahme; bei ihr findet vielmehr noch eine Prüfung der Vermögenssituation des Schuldners statt. Diese Entscheidungen sind deshalb trotz der Entscheidung des EuGH in der Sache „*Eurofood*“ hinsichtlich der Bestimmung der Anerkennungsgrundlage nicht einander gleichzusetzen.[478]

Ein Leerlaufen würde – selbst wenn man sich der Meinung von *Paulus*[479] anschließen würde – nicht stattfinden, da die Entscheidung des EuGH sich auf die Bestellung eines vorläufigen Insolvenzverwalters bezog, sonstige nicht mit der Bestellung verbundene Sicherungsmaßnahmen wären davon nicht betroffen. Diese würden sich jedenfalls nach Art. 25 Abs. 1 UAbs. 3 EuInsVO richten.

4.3 Zuständigkeit für Entscheidungen nach Art. 25 Abs. 1 UAbs. 1 und 3 EuInsVO

Die internationale Zuständigkeit für die Entscheidungen, die die Verfahrensdurchführung und – beendigung und gerichtlich bestätigte Vergleiche betreffen, war sehr umstritten [480]. Teilweise wurde diesbezüglich auf Art. 25 Abs. 1 UAbs. 1 Satz 1 EuInsVO selbst abgestellt (*compétence directe*), sodass der Vorschrift selbst die internationale Entscheidungszuständigkeit zu entnehmen war. Teilweise

475 *Paulus*, NZG 2006, 609, 613; *Ambach*, Art. 25 EuInsVO, S. 179.

476 Vgl. zum Ganzen: *Ambach*, Art. 25 EuInsVO, S. 177 ff. m.w.N.

477 *Brinkmann*, IPRax 2007, 235, 238.

478 Vgl. dazu insgesamt: *Ambach*, Art. 25 EuInsVO, S. 178 f.; *Brinkmann*, IPRax 2007, 235, 235 ff.; *Kammel*, NZI 2006, 334, 337; vgl. allgemein dazu: *Freitag/Leible*, RIW 2006, 641, 645 f.

479 *Paulus*, NZG 2006, 609, 613.

480 Zu den einzelenen Streitpunkten, welche insbesondere hinsichlich der Annexentscheidungen i.S.d. Art. 25 Abs. 1 UAbs. 2 EuInsVO besteht, wird auf Kapitel 6 verwiesen.

wurde vertreten, die internationale Zuständigkeit folge der Zuständigkeit für das Hauptverfahren aus Art. 3 EuInsVO (wiederum teilweise analog oder direkt), teilweise wurde angenommen, die Zuständigkeit folge der EuGVVO und teilweise wurde sogar vertreten, die Zuständigkeit folge den mitgliedsstaatlichen Rechtsordnungen.[481] Nach der Rechtsprechung des EuGH in Sachen „*Deko Marty*" ist Art. 3 EuInsVO dahingehend auszulegen, „*dass er dem Mitgliedsstaat, in dessen Gebiet das Insolvenzverfahren eröffnet worden ist, für Klagen, die unmittelbar aus diesem Verfahren hervorgehen und in engem Zusammenhang damit stehen, auch eine internationale Zuständigkeit zuweist.*"[482] Damit wurde ein lange strittiges Problem im Jahr 2009 weitgehend gelöst.[483]

Auch die Zuständigkeit für die Anordnung vorläufiger Sicherungsmaßnahmen liegt bei dem Gericht, das das Verfahren eröffnen würde. Zwar enthält Art. 25 Abs. 1 UAbs. 3 EuInsVO keine Regelung über die Zuständigkeit für vorläufige Sicherungsmaßnahmen, dennoch ist nach dem Sinn und Zweck der vorläufigen Sicherungsmaßnahmen das Eröffnungsgericht nach Art. 3 EuInsVO zuständig. Dabei spielt es keine Rolle in welchem Mitgliedsstaat sich die Vermögenswerte des Schuldners oder der Gläubiger befinden.[484]

4.4 Anerkennung der Entscheidungen nach Art. 25 Abs. 1 UAbs. 1 und 3 EuInsVO

Die Anerkennung[485] von Entscheidungen nach Art. 25 Abs. 1 UAbs. 1 und 3 EuInsVO erfolgt unstrittig nach Art. 25 Abs. 1 UAbs. 1 Satz 1 EuInsVO. Dort ist ausdrücklich die Anerkennung dieser Entscheidungen beschrieben. Die Anerkennung der Folgeentscheidungen nach Art. 25 Abs. 1 erfolgt wie bei Art. 16 EuInsVO hinsichtlich der Eröffnungsentscheidung ohne vorheriges Verfahren automatisch.

Auch die Anerkennung für Sicherungsmaßnahmen findet gemäß Art. 25 Abs. 1 UAbs. 3 EuInsVO gemäß UAbs. 1 statt. Die Voraussetzungen für eine Anerkennung sind, dass ein Antrag auf Eröffnung des Insolvenzverfahrens gestellt wird, das Gericht sich für zuständig hält, keine Einschränkung des Art. 25 Abs. 3

---

481 MünchKommBGB – *Kindler*, Band 11, Art. 25 Rn. 14; Pannen – *Riedemann*, EuInsVO, Art. 25 Rn. 5 für die direkte Anwendung des Art. 3 EuInsVO hinsichtlich aller in Art. 25 Abs. 1 EuInsVO genannter Entscheidungen ausgenommen der Annexentscheidungen.

482 EuGH, Urteil vom 12.02.2009, Rs. C-339/07, juris-Rn. 21.

483 Siehe dazu weitergehend Kap. 6.4.2.2.

484 Pannen – *Riedemann*, Art. 25 EuInsVO, Rn. 29 f.

485 Siehe dazu weitergehend Kap. 7.

EuInsVO vorliegt und dass kein Verstoß gegen den ordre-public (Art. 26 EuIns-VO) des Anerkennungsstaates vorliegt.[486]

4.5 Vollstreckung der Entscheidungen nach Art. 25 Abs. 1 UAbs. 1 und 3 EuInsVO

Die Vollstreckung[487] derartiger Entscheidungen erfolgt gemäß Art. 25 Abs. 1 UAbs. 1 Satz 2 EuInsVO nach der EuGVVO (wegen Art. 68 Abs. 2 EuGVVO hinsichtlich der Verweise auf das EuGVÜ).

4.6 Annexverfahren nach Art. 25 Abs. 1 UAbs. 2 EuInsVO

Neben den sonstigen Verfahren und Entscheidungen, die nicht unter einen Verfahrenstypus des Art. 25 Abs. 1 EuInsVO subsumiert werden können und für die Art. 25 Abs. 2 EuInsVO die Anwendung der EuGVVO vorbehaltlich ihrer Anwendbarkeit festlegt, hat Art. 25 Abs. 1 UAbs. 2 EuInsVO die sog. Annexverfahren (Insolvenzanhangprozesse) zum Gegenstand. Dies sind nach dem Wortlaut des Art. 25 Abs. 1 UAbs. 2 EuInsVO Verfahren und Entscheidungen, die unmittelbar aufgrund des Insolvenzverfahrens ergehen und in engem Zusammenhang damit stehen. Diese Verfahrenstypen liegen an der Schnittstelle zwischen der EuInsVO und der EuGVVO.[488]

Aus diesem Grund existieren eine Reihe von Streitigkeiten auf diesem Gebiet, insbesondere hinsichtlich der Qualifizierung der Annexverfahren und die internationale Zuständigkeit für Annexverfahren.

Was nun eigentlich ein Annexverfahren ist, wie umfassend der Begriff zu verstehen ist, wird nach jedem Recht eines Mitgliedsstaates anders beurteilt. Wie bereits angesprochen, ist die *vis attractiva concursus* in jedem Mitgliedsstaat anders ausgeprägt, sodass in manchen Staaten ein Verfahren als Annexverfahren, also ein Verfahren, das in Zusammenhang mit einem Insolvenzverfahren ergeht, qualifiziert wird, in anderen wiederum nicht. Dies bringt Unsicherheit bei der Rechtsanwendung im europäischen Recht. Die Rechtsprechung des EuGH auf diesem Gebiet ist, bis auf wenige Ausnahmen,[489] noch sehr lückenhaft, sodass

---

486 MünchKommBGB – *Kindler*, Band 11, Art. 25 EuInsVO Rn. 24.

487 Siehe dazu weitergehend Kap. 8.

488 MünchKommBGB – *Kindler*, Band 11, Art. 25 EuInsVO Rn. 16.

489 Vergleiche dazu beispielsweise die Entscheidung des EuGH in Sachen "*Deko Marty*" (Urteil vom 12.02.2009, Rs. C-339/07), in der die Qualifikation der Anfechtungsverfahren als Annexverfahren festgehalten wird.

ein großer Teil der Qualifizierung einer Entscheidung oder eines Verfahrens als Annexverfahren noch umstritten ist.

Anders verhält es sich mittlerweile in Bezug auf die Zuständigkeit; seit dem Urteil in Sachen „*Deko Marty*"[490] ist geklärt, dass sich die Zuständigkeit für Annexverfahren nach Art. 3 EuInsVO richtet.

Da die Zuständigkeit in Art. 25 EuInsVO nicht ausdrücklich geregelt ist, war es lange Zeit sehr strittig, nach welchen Vorschriften ein Gericht für Entscheidungen, die zur Durchführung und Beendigung eines Insolvenzverfahrens ergangen sind, zuständig ist. Dabei wurden insbesondere folgende Möglichkeiten diskutiert: Die internationale Zuständigkeit ergibt sich aus Art. 25 EuInsVO selbst (ungeschriebene Zuständigkeitsregel), die Zuständigkeit ergibt sich aus Art. 3 EuInsVO (direkt oder analog), die Zuständigkeit richtet sich nach der EuGVVO (direkt oder analog) oder die Zuständigkeit wird durch die Vorschriften der jeweiligen Mitgliedsstaaten festgelegt.

Die Problematiken der Qualifikation, die internationale Zuständigkeit sowie die Anerkennung und Vollstreckung von Annexverfahren sollen nun im Folgenden näher dargestellt werden. Anschließend soll an konkreten Beispielen der aktuelle Sachstand ausgewählter Annexverfahren, rechtsvergleichend mit England und Frankreich, beschrieben werden.

490 EuGH, Urteil vom 12.02.2009, Rs. C-339/07.

5. Qualifikation von Annexentscheidungen

5.1 Grundsatz

Art. 25 Abs. 1 UAbs. 2 EuInsVO lautet:

> *„UAbs. 1 gilt auch für Entscheidungen, die unmittelbar aufgrund des Insolvenzverfahrens ergehen und in engem Zusammenhang damit stehen, auch wenn diese Entscheidungen von einem anderen Gericht getroffen werden."*

Damit ist die Anerkennung und die Vollstreckung der Annexverfahren in Art. 25 Abs. 1 UAbs. 2 EuInsVO normiert. Nicht geklärt sind allerdings die Fragen nach der Qualifikation und der internationalen Zuständigkeit für derartige Verfahren. In diesem Zusammenhang ist Art. 1 Abs. 2 und dort insbesondere Nr. 2 EuGVVO zu beachten, der den Anwendungsbereich der EuGVVO regelt. Dieser lautet:

> *(2) Sie ist nicht anzuwenden auf:*
> *(...)*
> *b) Konkurse, Vergleiche und ähnliche Verfahren (...)*

Dies macht deutlich, dass die EuInsVO und die EuGVVO ein in sich geschlossenes System darstellen sollen. Art. 25 EuInsVO soll all diejenigen Einzelverfahren insolvenzrechtlicher Art erfassen, die aus dem Anwendungsbereich der EuGVVO ausgeschlossen sind.[491] Dies zeigt auch die Vorschrift des Art. 25 Abs. 2 EuInsVO, wonach alle sonstigen Verfahren, die nicht unter Abs. 1 zu subsumieren sind, der EuGVVO unterliegen, soweit diese anwendbar ist.

Annexverfahren sind zwischen den beiden Verfahrenstypen der EuInsVO und der EuGVVO anzusiedeln und stellen bezüglich ihrer Qualifikation eine Gratwanderung dar. Das Qualifikationskriterium nach der EuInsVO ist, dass die Entscheidung bzw. das Verfahren in unmittelbarem Zusammenhang mit dem Insolvenzverfahren steht und aufgrund des Insolvenzverfahrens ergeht. Diese Aussage beschreibt nur allgemein und ungenau die Verfahren, die als derartige Verfahren zu qualifizieren sind. Eine genaue Bestimmung ist anhand dieser Kriterien nicht möglich und erfordert deshalb eine Auslegung.

---

491 Dies bejahend, aber mit einer kleinen Einschränkung, welche durch das Urteil des EuGH in Sachen "*German Graphics*" (Urteil vom 10.9.2009, Rs. C-292/08) entstanden ist: MünchKommBGB – *Kindler*, Band 11, Art. 25 EuInsVO Rn. 26.

Der Begriff der „Annexverfahren“ ist grundsätzlich autonom auszulegen.[492] Für die Auslegung des Begriffs ist in erster Linie das zum EuGVÜ ergangene Urteil in der Sache „*Gourdain/Nadler*“[493] zu beachten. Die Grundsätze aus dem Urteil sind aber nicht unbedingt auf die Zeit nach Erlass der EuInsVO übertragbar.[494] Deshalb sind daneben auch die allgemeinen Grundsätze zur rechtlichen Auslegung relevant. Diese sind hier insbesondere der Wortlaut des Art. 25 Abs. 1 UAbs. 2 EuInsVO, der Kontext des Art. 25 Abs. 1 UAbs. 2 EuInsVO in der EuInsVO sowie der geschichtliche Hintergrund und der Sinn und Zweck der Vorschrift. Daneben sind aber auch allgemeine Rechtsgrundsätze des Europarechts, die allen Mitgliedsstaaten gemein sind, zu beachten. Außerdem nimmt der Grundsatz der praktischen Wirksamkeit („*effet utile*“) im Europarecht eine wichtige Position bei der Auslegung von Begriffen ein.[495]

5.2 Auslegung nach dem Wortlaut

Die Auslegung nach dem Wortlaut ist die vorrangige Auslegungsmethode, die zur Bestimmung eines nicht näher definierten Begriff, da sie den unmittelbaren Willen des Verordnungsgebers darstellt. Hierbei sind zwei Begriffe zu unterscheiden: Unmittelbar aufgrund eines Insolvenzverfahren ergangen und in engem Zusammenhang mit einem Insolvenzverfahren stehend.

Beide Begriffe drücken aus, dass es nicht ausreicht, wenn nur ein irgendwie gearteter Insolvenzbezug besteht.[496] Allerdings ist der Begriff dem Wortlaut nach auch nicht extrem eng gefasst. Vielmehr könnten dem Wortlaut nach alle Insolvenzsachen, die von einem Insolvenzgericht entschieden wurden, unter diesen Begriff subsumiert werden.[497]

Diese Weitläufigkeit und Ungenauigkeit des Begriffs liegt aber nicht daran, dass aufgrund der unterschiedlichen Übersetzungsmöglichkeiten oder Sprachunterschiede in den Mitgliedsstaaten eine allgemeine Formulierung gewollt war; denn nicht immer beschreibt der eine Begriff in einem Mitgliedsstaat genau denselben

492 MünchKommBGB – *Kindler*, Band 11, Art. 25 EuInsVO Rn. 16; D-K/D/Ch – *Duursma-Kepplinger*, EuInsVO, Art. 25 Rn. 53.

493 EuGH, Urteil vom 22.2.1979, Rs. 133/78.

494 *Willemer*, Vis attractiva concursus, S. 117 f.; vgl. dazu die Ausführungen im Folgenden.

495 *Haas*, NZG 1999, 1148, 1149; *Ambach*, Art. 25 EuInsVO, S. 107; *Martiny*, RabelsZ 45 (1981), 427, 437 (zum EuGVÜ, was aber als allgemeiner Grundsatz auch für die Auslegung der EuInsVO gilt).

496 *Trunk*, Internationales Insolvenzrecht, S. 7; MünchKommBGB – *Kindler*, Band 11, Art. 25 EuInsVO Rn. 15.

497 *Ambach*, Art. 25 EuInsVO, S. 107 m.w.N.

in einem anderen Mitgliedsstaat. Ein exaktes Synonym ist oft nicht vorhanden. Dementsprechend ist nicht nur die deutschsprachige Fassung ungenau, vielmehr ist auch in anderen Ländern ist diese Ungenauigkeit und Weitläufigkeit vorhanden.[498] So werden Annexverfahren in England wie folgt beschrieben:

> *„The first subparagraph shall also apply to judgements deriving directly from the insolvency proceedings and which are closely linked with them, even if they were handed down by another court."*[499]

In Frankreich werden Annexverfahren folgendermaßen beschrieben:

> *„Le premier alinéa s'applique également aux décisions qui dérivent directement de la procédure d'insolvabilité et qui s'y insèrent étroitement, même si elles sont rendues par une autre juridiction."*[500]

So zeigt sich immer die gleiche weite Formulierung.

Würde man nun alle Entscheidungen, die von einem Insolvenzgericht getroffen werden, unter diesen Begriff fassen, so wäre dies sicherlich zu weit. Denn dies würde dazu führen, dass der Begriff nicht autonom, sondern nach dem Umfang der *vis attractiva concursus* des jeweiligen Mitgliedsstaates ausgelegt werden würde. Je nachdem, wie stark die *vis attractiva concursus* in diesem Staat ausgeprägt ist, desto umfassender würde der Begriff auszulegen sein. Dies kann aber nicht gewollt sein, da weder der Grundsatz der Rechtssicherheit bei der Anwendung der Verordnung noch der Grundsatz des *„effet utile"* damit vereinbar wären.[501]

Nach *M. Stürner*[502], *Haubold*[503] und *Lüke*[504] ist die Formulierung so zu verstehen, dass solche Verfahren, die nicht unmittelbar ihren Rechtsgrund im Insolvenzverfahren selbst finden, von der Verordnung auszunehmen sind; dies sind diejenigen, die mit dem gleichen Klageziel auch ohne Verfahrenseröffnung entstehen könnten und die nicht unmittelbar der Verwirklichung des Verfahrens dienen.

---

498 *Ambach*, Art. 25 EuInsVO, S. 108.

499 Artikel 25 Abs. 1 UAbs. 2 der *„Council Regulation (EG) No 1346/2000 of 29 May 2000 on insolvency proceedings"*.

500 Artikel 25 Abs. 1UAbs. 2 der *„Règlement (CE) N° 1346/2000 du Conseil du 29 mai 2000 relatif aux procédure d'insolvabilité"*.

501 *Ambach*, Art. 25 EuInsVO, S. 107.

502 *M. Stürner*, IPRax 2005, 416, 419.

503 *Haubold*, IPRax 2002, 157, 162 f.

504 *Lüke*, in: Festschrift Schütze 1999, S. 483.

Der *Erläuternde Bericht*[505] zu dem Übereinkommen über Insolvenzverfahren vom 23.11.1995 führt aus, dass die Voraussetzungen für eine Qualifikation als Annexentscheidung nur dann vorliegen, wenn die Klage während des Insolvenzverfahrens oder in direkter Beziehung zu diesem erhoben wird.

Aber auch dieses Auslegungskriterium zum Übereinkommen hilft alleine nicht weiter, da auch Klagen, die während eines Insolvenzverfahrens erhoben werden, durchaus keinen insolvenzrechtlichen Bezug haben und somit auch nicht als in engem Zusammenhang stehend bezeichnet werden können.

5.3 Auslegung nach dem Kontext

Ist die Auslegung nach dem Wortlaut der Norm allein wenig erfolgversprechend, ist sodann eine Auslegung nach dem Kontext vorzunehmen. So könnten die Begriffe „enger Zusammenhang" und „unmittelbar aufgrund eines Insolvenzverfahrens ergehen" näher durch die EuInsVO selbst bestimmt werden.

5.3.1.1 Rückschluss aus Art. 25, 16 und 17 EuInsVO

Art. 16 EuInsVO normiert die Anerkennung des Hauptverfahrens. Art. 17 EuInsVO beinhaltet die Wirkung der Anerkennung. Da die Anerkennung des Hauptverfahrens somit geregelt ist, kann die Anerkennung der Eröffnungsentscheidung nicht mehr Gegenstand des Art. 25 EuInsVO sein. Art. 25 Abs. 1 UAbs. 1 EuInsVO wiederum bestimmt die Anerkennung von Entscheidungen, die die Durchführung und Beendigung des Insolvenzverfahrens betreffen. Damit können weder Entscheidungen zur Eröffnung noch zur Durchführung und Beendigung des Insolvenzverfahrens unter Art. 25 Abs. 1 UAbs. 2 EuInsVO fallen. [506]

5.3.1.2 Rückschluss aus Art. 4 EuInsVO

Art. 4 Abs. 1 EuInsVO bestimmt, dass grundsätzlich das Recht des Mitgliedsstaates anzuwenden ist, der das Verfahren eröffnet hat. In Abs. 2 ist normiert, dass das Recht des Eröffnungsstaates festlegt, unter welchen Vorausetzungen das Insolvenzverfahren eröffnet wird, wie es durchzuführen und zu beenden ist. Anschließend sind in diesem Absatz eine Reihe von Materien aufgezählt, die als insolvenzrechtlich angesehen und dem Recht des Staates der Verfahrenseröffnung

505 *Virgos/Schmit*, Erläuternder Bericht, in: Stoll, Vorschläge und Gutachten, Rn. 196.

506 vgl. dazu *Virgos/Schmit*, Erläuternder Bericht, in Stoll: Vorschläge und Gutachten, Rn. 194.

unterworfen werden könnten.[507] Daraus könnte man folgern, dass diese dort aufgezählten Verfahren für diejenigen Verfahren stehen könnten, die in engem Zusammenhang mit dem Insolvenzverfahren stehen und unmittelbar aufgrund des Insolvenzverfahrens ergehen.[508]

Dagegen spricht, dass die Vorschrift des Art. 4 Abs. 2 Satz 2 EuInsVO nicht abschließend („insbesondere") die Regelungsbereiche und die darauf zielenden Verfahren und Entscheidungen aufzählt. Eine klare Abgrenzung zwischen den Verfahrenstypen ist nicht möglich.[509] Diese Aufzählung kann lediglich zur Orientierung dienen, um mittels eines Rückschlusses von diesen Regelungsgebieten die Verfahren bestimmen zu können, die als Annexverfahren zu qualifizieren sind.[510]

Aber auch der Kontext dieser Vorschrift spricht gegen eine derartige Folgerung. Art. 4 Abs. 2 Satz 2 EuInsVO soll insbesondere die Verfahren und Entscheidungen beispielhaft aufzählen, die durch das Recht des Mitgliedsstaates nach Art. 4 Abs. 1 EuInsVO geregelt werden sollen.[511] Nicht zwingend ist es deshalb, dass damit auch die Verfahren und Entscheidungen gemeint sein sollen, die unter Art. 25 EuInsVO fallen.

Deshalb fallen die einzelnen Regelungsbereiche des Art. 4 Abs. 2 EuInsVO zwar wahrscheinlich teilweise unter den Begriff „enger Zusammenhang" und „aufgrund des Insolvenzverfahrens unmittelbar ergehen", zwingend und abschließend ist dies allerdings nicht. [512] Dies ist auch daran zu erkennen, das bestimmte, bedeutende Bereiche und Entscheidungen wie Klagen gegen den oder des Insolvenzverwalters nicht erwähnt werden.[513] Zudem führen viele Punkte des Art. 4 Abs. 2 EuInsVO bereits nicht zu „Entscheidungen".

5.3.1.3 Rückschluss aus Art. 18 Abs. 2 EuInsVO

Art. 18 Abs. 2 EuInsVO bestimmt, dass der Insolvenzverwalter in jedem anderen Mitgliedsstaat gerichtlich und außergerichtlich geltend machen kann, dass

507 *Balz,* ZIP 1996, 948, 950; *Habscheid,* ZIP 1999, 1113, 1114; Rauscher - *Mankowski,* EuZPR, Art. 1 Brüssel I-VO Rn. 18a; *Mankowski/Willemer,* NZI 2006, 648, 651; *Willemer,* Vis attractiva concurus, S. 145.

508 siehe dazu *Ambach,* Art. 25 EuInsVO, S. 109 f.

509 *Ambach,* Art. 25 EuInsVO, S. 110.

510 Rauscher - *Mankowski,* Art. 1 Brüssel I-VO Rn. 18a; *Ambach,* Art. 25 EuInsVO, S. 111.

511 *Ambach,* Art. 25 EuInsVO, S. 110; *Herchen,* das Übereinkommen, S. 224.

512 *Habscheid,* ZIP 1999, 1113, 1114; *Ambach,* Art. 25 EuInsVO, S. 111.

513 *Habscheid,* ZIP 1999, 1113, 1114, der zu Recht fragt: "Was ist mit Klagen des Verwalters?".

ein beweglicher Gegenstand nach der Eröffnung des Verfahrens aus dem Gebiet des Staates der Verfahrenseröffnung in das Gebiet eines anderen Mitgliedsstaates verbracht worden ist. Nach Abs. 2 Satz 2 kann der Insolvenzverwalter auch eine den Interessen der Gläubiger dienende Anfechtungsklage erheben. Daraus könnte man folgern, dass derartige Klagen auf Herausgabe sowie Anfechtungklagen als Annexverfahren zu qualifizieren sind.

Allerdings spricht Absatz 2 von einem Insolvenzverwalter, der durch ein nach Art. 3 Abs. 2 EuInsVO zuständiges Gericht bestellt worden ist. Art. 3 Abs. 2 EuInsVO regelt aber nicht die Zuständigkeit für das Hauptverfahren (Abs. 1), sondern die Zuständigkeit für ein auf das Gebiet eines Mitgliedsstaates beschränktes Sekundärinsolvenzverfahren, in welchem der Insolvenzschuldner eine Niederlassung hat.

Dies bedeutet, dass – entgegen einer Ansicht[514] – nicht die Befugnisse des Insolvenzverwalters des Hauptinsolvenzverfahrens gemeint sind, sondern lediglich die des Partikularinsolvenzverwalters, dessen Rechte aufgrund der Beschränkung des Verfahrens auf das Gebiet des einen Mitgliedsstaates, auf dieses beschränkt sind.[515] Für diesen Verwalter ist es notwendig zu regeln, dass er Klagen auf Herausgabe eines Gegenstandes und Anfechtungsklagen in einem anderen Mitgliedsstaat erheben darf. Der Verwalter des Hauptinsolvenzverfahrens ist aufgrund der Universalität in jedem Fall befugt, derartige Klagen zu erheben.[516]

Ein Rückschluss aus dieser Norm erscheint deshalb zweifelhaft, da in dieser Norm lediglich die Rechte des Verwalters eines Territorialverfahrens normiert werden.

5.3.1.4 Rückschluss aus Art. 1 Abs. 1 EuInsVO

Die letzte Möglichkeit aus dem Kontext der EuInsVO einen Rückschluss zu ziehen, ist in Art. 1 Abs. 1 EuInsVO zu sehen. Dieser regelt den Anwendungsbereich der EuInsVO und besagt, dass die Verordnung für Gesamtverfahren gilt, welche die Insolvenz des Schuldners voraussetzen und den vollständigen oder teilweisen Vermögensbeschlag gegen den Schuldner sowie die Bestellung eines Verwalters zur Folge haben.

---

514 *Paulus*, NZI 2001, 505, 512.

515 *Ambach*, Art. 25 EuInsVO, S. 111.

516 Vergleiche zum Ganzen: *Lorenz*, Annexverfahren, S. 80; *Ambach*, Art. 25 EuInsVO, S. 111 f.; *Kolmann*, Kooperationsmodelle, S. 340; *Willemer*, Vis attractiva concursus, S. 94.

In dieser Vorschrift sollen die Kriterien zur Bestimmungen eines Annexverfahrens enthalten sein, nämlich die Insolvenz des Schuldners als Voraussetzung des Einzelverfahrens, der Vermögensbeschlag gegen den Schuldner, die – des Verwalters am Verfahren und die Verfolgung des mitgliedsstaatlichen Insolvenzzwecks durch das Einzelverfahren.[517] Aus diesen Kriterien folgert *Schwarz*[518], dass keine Unmittelbarkeit und kein enger Zusammenhang vorliegen können, wenn jedenfalls keines dieser Kriterien vorhanden sind.

Die Bestimmung der Kriterien für die Qualifikation eines Annexverfahrens anhand der oben genannten Kriterien erscheint durchaus richtig und konsequent nachvollziehbar. Die Kriterien werden durch Art. 1 EuInsVO aufgestellt, welcher den Anwendungsbereich der EuInsVO klärt. Die Annexverfahren aus Art. 25 Abs. 1 UAbs. 1 EuInsVO sollen sicherlichlich dem Anwendungsbereich unterfallen, da deren Anerkennung anderenfalls nicht in der EuInsVO geregelt wäre.

Problematisch kann sein, dass die Kriterien des Anwendungsbereichs einen deutlich größeren Umfang haben könnten als die Kriterien zur Qualifikation als Annexverfahren. Der Begriff „unmittelbar aufgrund eines Insolvenzverfahrens ergehen" ließe sich eventuell noch mit diesen Kriterien vereinbaren, da auch nach diesen Kriterien die Insolvenz des Schuldners vorausgesetzt wird, der Begriff „enger Zusammenhang" aber wahrscheinlich nicht mehr, da die Kriterien bei praktisch fast jedem Verfahren in Zusammenhang mit einem Insolvenzverfahren erfüllt wären. Aber auch eine umgekehrte Konstellation ist denkbar. Den Begriffen „eng" und „unmittelbar" in Art. 25 Abs. 1 UAbs. 2 EuInsVO wäre somit nicht genüge getan, würde man sich mit den einfachen Bestimmungen zum Anwendungsbereich zufrieden geben. Der Verordnungsgeber hätte dies nicht deutlich zum Ausdruck gebracht, wenn er nicht die besondere Bedeutung dieser Begriffe hervorheben wollte.[519]

5.4 Historische Auslegung

Da Rückschlüsse aus dem Wortlaut der Vorschriften der EuInsVO und aus dem Textzusammenhang keine wirklichen Fortschritte zur Abgrenzung des Begriffs des insolvenzrechtlichen Annexverfahrens bringen, muss auf die Entstehungsgeschichte der EuInsVO geblickt werden. In Betracht kommen dafür die Entwürfe

517 MünchKommBGB – *Kindler*, Band 11, Art. 25 EuInsVO Rn. 15.

518 *Schwarz*, NZI 2002, 290, 293.

519 siehe dazu *Ambach*, Art. 25 EuInsVO, S. 112 f.

für ein Konkursübereinkommen der Europäischen – von 1980[520] und 1984[521] sowie das Europäische Insolvenzübereinkommen, welches allerdings nie in Kraft gertreten ist. Daneben sind auch die dazugehörigen Gutachten und Berichte, die Rechtsprechung des EuGH und der nationalen Gerichte sowie Verträge zwischen den Mitgliedsstaaten relevant.[522]

Die Entwürfe scheiterten. Dies lag auch an den unterschiedlichen Vorstellungen der Staaten, insbesondere zwischen Deutschland und den romanischen Mitgliedsstaaten, hinsichtlich des Umfangs der *vis attractiva concursus*. Während nämlich diese in den romanischen Staaten wie beispielsweise Frankreich deutlich ausgeprägter ist, ist in Deutschland eher ein geringerer Umfang der Zuständigkeit des Insolvenzgerichts vorzufinden. [523]

Der Vergleich mit den nicht in Kraft getretenen Entwürfen hinkt aber, weil diese Entwürfe gerade wegen dieser unterschiedlichen Vorstellung nicht in Kraft getreten und deshalb nicht zu europäischem Gemeinschaftsrecht geworden sind.[524]

Ein Rückschluss aus dem Scheitern der Entwürfe kann aber für eine Auslegung der EuInsVO nicht derart gezogen werden, dass von keiner umfassenden *vis attractiva concursus* auszugehen ist.[525] Vielmehr war es damals wegen zu unterschiedlicher Vorstellungen in den Mitgliedsstaaten nicht möglich, übereinzukommen. Für einen gemeinsamen Willen, keine *vis attractiva concursus* auf europäischer Ebene einführen zu wollen, spricht genauso wenig, wie für einen gemeinsamen Willen, eine solche einführen zu wollen.

520 Entwurf eines Überinkommens über den Konkurs, Vergleiche und ähnliche Verfahren, EG-Dok. III/D/72/80-DE (von 1980), abgedruckt in: Kegel, Gerhard / Thieme, Jürgen, Vorschläge und Gutachten zum Entwurf einesEG-Konkursübereinkommens, S. 45 ff.

521 Entwurf eines Übereinkommens der Mitgliedsstaaten der Europäischen Gemeinschaften über den Konkurs, Vergleiche und ähnliche Verfahren, Text der ad-hoc-Gruppe beim Rat der EG nach zweiter Lesung (1984), abgedruckt in: Kegel, Gerhard / Thieme, Jürgen, Vorschläge und Gutachten zum Entwurf eines EG-Konkursübereinkommens, S. 417 ff.

522 *Willemer*, Vis attractiva concursus, S. 123 m.w.N.; *Ambach*, Art. 25 EuInsVO, S. 113.

523 *Ambach*, Art. 25 EuInsVO, S. 115.

524 *Willemer*, Vis attractiva concursus, S. 123.

525 So aber *Willemer*, Vis attractiva concursus, S. 124.

5.5 Auslegung nach dem Urteil „Gourdain/Nadler“

Die Rechtsprechung des EuGH in Sachen „*Gourdain/Nadler*“ [526] aus dem Jahr 1979 spricht die Qualifikation von Annexverfahren deutlich an und versucht eine Defintion zur Abgrenzung von anderen Verfahren. Diese Entscheidung betrifft die Auslegung der Ausnahme vom Anwendungsbereich des EuGVÜ nach Art. 1 Abs. 2 lit. b des EuGVÜ (heute EuGVVO) und damit die gleichzeitige Abgrenzung der „Konkurse, Vergleiche und ähnlichen Verfahren“ von den zivilrechtlichen Verfahren, die in den Anwendungsbereich des EuGVÜ/der EuGVVO fallen. Der EuGH äußerte sich in seinem Urteil dazu folgendermaßen:

> *„Entscheidungen, die sich auf ein Insolvenzverfahren beziehen, sind nur dann von der Anwendung des Übereinkommens ausgeschlossen, wenn sie unmittelbar aus diesem Verfahren hervorgehen und sich eng innerhalb des Rahmens eines Konkurs- oder Vergleichsverfahrens in dem vorgenannten Sinne halten.“*[527]

Diese Feststellung des EuGH wird in der Folgezeit weitgehend von nationalen Gerichten übernommen. Welche Auswirkungen diese Aussage auf die Abgrenzung der Anwendungsbereiche der EuGVVO und der deutlich später erlassenen EuInsVO hat, wird nachfolgend dargestellt.

5.5.1 Tatbestand und Verfahrenskontext

Zum Sachverhalt[528] des Urteils ist im Überblick Folgendes auszuführen: Der Beklagte *Franz Nadler* war Geschäftsführer der deutschen *Fromme Förderanlagen GmbH*. Diese Gesellschaft gründete 1968 eine Filiale in Frankreich in der Rechtsform einer Gesellschaft mit beschränkter Haftung unter dem Namen „*Fromme France Manutention*“. An dieser Tochtergesellschaft besaß die Muttergesellschaft 2490 von 2500 Anteilen.

Die französische Tochtergesellschaft geriet in Zahlungsschwierigkeiten, nachdem die Muttergesellschaft in Konkurs ging. Mit in der Berufung bestätigtem Urteil vom 7. März 1974 wurde der Konkurs über das Vermögen der Tochtergesellschaft eröffnet. *Henri Gourdain* wurde in diesem Verfahren als Verwalter eingesetzt. *Franz Nadler* wurde in dem Urteil als faktischer Geschäftsführer

526 EuGH, Urteil vom 22.2.1979, Rs. 133/78; Siehe dazu auch *Kaye*, Civil Jurisdiction, S. 137 ff.

527 EuGH, Urteil vom 22.2.1979, Rs. 133/78, in den Entscheidungsgründen Rn. 4.

528 Siehe zu folgendem Sachverhalt: EuGH, Urteil vom 22.2.1979, Rs. 133/78, dort Tatbestand – Sachverhalt und Verfahren.

bezeichnet, wobei ihm das Recht aberkannt wurde, Handelsfirmen zu leiten, zu führen, zu verwalten oder zu kontrollieren.

Der *Cour d'Appel* Paris verurteilte *Nadler* zur Zahlung der Gesellschaftsschulden der *Fromme France Manutention* in Höhe von 743.563,14 FF gemäß Artikel 99 des Gesetzes Nr. 67–563 vom 13. Juli 1967 „*sur le règlement judiciaire, la liquidation des biens, la faillite personnelle et les banqueroutes*", der späteren „*action en comblement du passif*"[529]. Eine solche Haftung war dem deutschen Recht unbekannt. Die Geschäftsleiter konnten sich nur dadurch von der Haftung befreien, wenn sie nachweisen konnten, dass sie mit der erforderlichen Sorgfalt gehandelt hatten.[530]

Gourdain wollte das Urteil vollstrecken und beantragte deshalb gemäß EuGVÜ das Urteil des *Cour d'Appel Paris* für die Bundesrepublik Deutschland mit der Vollstreckungsklausel zu versehen, was ihm auch mit der Verfügung des Landgerichts Limburg vom 22.4.1977 unter bestimmten Vorbehalten gelang. Allerdings hob das OLG Frankfurt am 7.9.1977 diese Verfügung auf. Dies begründete das OLG damit, dass die auf Art. 99 des französischen Gesetzes vom 13.7.1967 gestützte persönliche Verurteilung des faktischen Leiters einer in Konkurs gefallenen Gesellschaft des Handelsrechts sei nicht in einer Zivil- und Handelssache ergangen, sondern müsse nach übergreifenden Gesichtspunkten als zum Konkurs gehörig angesehen werden.

Gourdain sah das Verfahren nicht als Annex zu dem Konkursverfahren, sondern als einen besonderen zivilrechtlichen Haftungstatbestand, der in einem Zivilrechtsstreit vom Konkursverwalter verfolgt werden müsse.

Nachdem die Sache beim deutschen BGH durch eine Rechtsbeschwerde seitens *Gourdain* rechthängig wurde, wurde die Sache dem EuGH mit Beschluss vom 2.5.1978 zur Vorabentscheidung mit folgender Frage vorgelegt:

> *„Ist ein von französischen Zivilgerichten aufgrund von Artikel 99 des französischen Gesetzes Nr. 67–563 vom 13. Juli 1967 erlassenes Urteil auf Zahlung zur Konkursmasse gegen den faktischen Leiter einer juristischen Person als in einem Konkurs oder konkursähnlichem Verfahren ergangen anzusehen (Art. 1 Abs. 2 Nr. 2 des Übereinkommens), oder handelt es sich bei einem solchen Urteil um eine Entscheidung in einer Zivil- und Handelssache (Art. 1 Abs. 1 des Übereinkommens)?"* [531]

529 Vgl. dazu Kap. 10.1.3.1.

530 *Ambach*, Art. 25 EuInsVO, S. 119; *Willemer*, Vis attractiva concursus, S. 119.

531 EuGH, Urteil vom 22.2.1979, Rs. 133/78 – "*Gourdain Nadler*".

5.5.2 Schlussanträge und Entscheidungsgründe

Die Vorlagefrage beantwortete der EuGH in der Weise, dass er das streitgegenständliche Verfahren als insolvenzrechtlich qualifizierte, da es in engem Zusammenhang mit dem Insolvenzverfahren stand und unmittelbar aufgrund dessen ergangen ist. Die Entscheidung des EuGH, diesen Begriff sehr umfassend und wenig konkret zu formulieren, war darin begründet, dass ein Entwurf für ein Europäisches Insolvenzübereinkommen zu dieser Zeit vorlag und das Gericht diesem Übereinkommen nicht inhaltlich vorgreifen wollte und somit dessen Reichweite einzuschränken;[532] der Entwurf enthielt nach dem derzeitigen Stand der Arbeiten tatsächlich eigene Zuständigkeitstatbestände für solche Verfahren.[533]

Schon die Schlussanträge des Generalanwalts *Reischl* machten deutlich, dass die erste Feststellung, die zu treffen sei, die autonome Auslegung des Begriffs ist:

> *„Wenn es in Artikel 1 Absatz 2 Nr. 2 des Zuständigkeits- und Vollstreckungsübereinkommens heißt, es sei nicht auf Konkurse, Vergleiche und ähnliche Verfahren anzuwenden, so bedeutet dies sicher nicht eine Verweisung auf die Qualifizierung des nationalen Rechts etwa des Urteilsstaates. Wir haben es vielmehr mit einem gemeinschaftsrechtlichen Begriff zu tun, der autonom auszulegen ist, und zwar unter Berücksichtigung von Ziel und Systematik des Übereinkommens sowie der allgemeinen Rechtsgrundsätze, die sich in diesem Bereich in den Mitgliedsstaaten finden lassen.“*[534]

So dann stellte *Reischl* zur Bestimmung des Begriffs „Konkurse, Vergleiche und ähnliche Verfahren“ Folgendes fest:

> *„Für Einzelverfahren kommt es also darauf an, ob ein sehr enger sachlicher Zusammenhang mit einem Konkursverfahren besteht, so dass dessen Regeln und Eigenheiten gleichsam charakterbestimmend sind. (...)*
>
> *Entsprechendes muß aber ebenfalls angenommen werden in Bezug auf Ansprüche, die zwar auch nach allgemeinem Recht bestehen, die aber durch das Konkursrecht eine so entscheidende Modifizierung erfahren, das sich die Feststellung aufdrängt, ihr Gesamtgepräge werde durch das Konkursrecht bestimmt.“*[535]

Die teils sogar wörtliche Übereinstimmung der Entscheidungsgründe mit den Schlussanträgen zeigt, dass der EuGH grundsätzlich der Meinung des

---

532 *Lüke*, FS Schütze, S. 472; *Oberhammer*, ZInsO 2004, 761, 764.

533 *Oberhammer*, ZInsO 2004, 761, 764.

534 Schlussanträge des Generalanwalts Gerhard *Reischl* vom 7.2.1979 zum Urteil des EuGH vom 22.2.1979, Rs. 133/78.

535 Schlussanträge des Generalanwalts Gerhard *Reischl* vom 7.2.1979 zum Urteil des EuGH vom 22.2.1979, Rs. 133/78.

Generalanwalts gefolgt ist.[536] Der enge Zuammenhang zwischen dem Einzelverfahren und dem Insolvenzverfahren liegt nach dem EuGH vor allem dann vor, wenn der Anspruch seine Rechtsgrundlage im Konkursrecht hat.[537]

Aus der Entscheidung des EuGH in der Sache „*Gourdain/Nadler*" konnten drei allgemeine Kriterien zur Qualifikation von Annexverfahren abgeleitet werden. Diese sind: a) die ausschließliche Zuständigkeit des Insolvenzgerichts, b) die Aktivlegitimation des Konkursverwalters zur Geltendmachung des Anspruchs und c) das Zugutekommen des Erlöses der Klage an die Gläubigergesamtheit.[538]

Neben diesen allgemeinen Kriterien werden in der Entscheidungen noch weitere Kriterien genannt, die speziell diese Art von Verfahren (Geschäftsführerhaftung in der *action en comblement du passif*) betreffen. Diese sind die Anknüpfung der Verjährung an die Feststellung zur Konkurstabelle, die Beweislastumkehr sowohl für das Fehlverhalten des Geschäftsführers als auch für die Kausalität im Gegensatz zur normalen zivilrechtlichen Geschäftsführerhaftung und die Möglichkeit, dass auch ohne Vorliegen der sonstigen Voraussetzungen über das Vermögen des Geschäftsführers ein Insolvenzverfahren eröffnet werden kann, wenn er seine Haftungsverpflichtung nicht erfüllen kann, aber auch der Nutzen der Gesamtheit der Gläubiger von der Haftungsklage.[539]

5.5.3 Stellungnahme

Die Entscheidung „*Gourdain/Nadler*" brachte – trotz der späteren Übernahme der Abgrenzungsformel in die EuInsVO – keine wirklich entscheidenden Fortschritte bei der Qualifikation der Annexverfahren mit sich. Zwar waren in der Entscheidung Kriterien zur Qualifikation der Verfahren enthalten, doch sind diese leider nicht alle verallgemeinerungsfähig und letztlich dem nationalen französischen Recht entnommen.

5.5.3.1 Tatsächlich keine autonome Auslegung

Der EuGH wurde zu Recht in mancher Hinsicht in der Literatur kritisiert. Zum einen stellt der EuGH in seiner Entscheidung fest, dass die autonome Auslegung das oberste Gebot sei, um möglichst weitgehend Gleichheit und Einheitlichkeit der sich für die Vertragsstaaten und die betroffenen Personen aus dem

536 *Lüke*, FS Schütze, S. 473; *Ambach*, Art. 25 EuInsVO, S. 120.

537 *Ambach*, Art. 25 EuInsVO, S. 120 m.w.N.

538 *Haubold*, IPRax 2002, 157, 158; Pannen - *Riedemann*, Art. 25 EuInsVO Rn. 19.

539 *Haubold*, IPRax 2002, 157, 158; *Ambach*, Art. 25 EuInsVO, S. 120 f.

Übereinkommen ergebenden Rechte und Pflichten zu wahren.[540] Andererseits begründet er in seiner Entscheidung die Qualifikation als insolvenzrechtliches Annexverfahren mit den Besonderheiten eines sehr speziellen Anspruchs, nämlich der französischen Klage *action en comblement du passif*, also mit nationalem Recht.[541]

5.5.3.2 *Keine Verallgemeinerungsfähigkeit*

Dass die Auslegung tatsächlich nicht autonom europarechtlich war, bringt weitere Probleme mit sich, da die Entscheidung nicht verallgemeinerungsfähig ist.[542] Vielmehr sind nur einzelne Kriterien geeignet, um sie auf andere Verfahren anwenden zu können. Die anderen Kriterien sind zu speziell auf das zu entscheidende Verfahren zugeschnitten.[543] Dies bringt nur einen begrenzten Fortschritt hinsichtlich der Qualifikation der Annexverfahren mit sich. Der Rechtssicherheit und erleichterten Rechtsanwendung dient dies nur in geringem Umfang.

5.5.3.3 *Weite Auslegung des Begriffs*

In der Annahme, der EuGH habe bei seiner Entscheidung einem Entwurf zu einem europarechtlichen Insolvenzübereinkommen nicht vorgreifen wollen,[544] hat er diese Kriterien mit Absicht sehr weitläufig und wenig konkret zu gestaltet mit der Folge, dass diese Entscheidung auch inhaltlich keine wesentliche Fortschritte hinsichtlich der Bestimmung der zur Qualifikation erforderlichen Kriterien bringt. Teilweise wird die Auslegung des Begriffs als extrem weit[545] angesehen.[546] Eine exakte Grenze des Ausnahmetatbestandes wurde nicht gezogen.[547] Die vorherige Auslese der in Frage kommenden Verfahren in den einzelnen Mitgliedsstaaten scheint aber aufgrund der Vielzahl der in Frage kommenden Ansprüche einzelfallbezogen kaum möglich.[548]

---

540 EuGH, Urteil vom 22.2.1979, Rs. 133/78 – Slg. 1979, 133 in den Entscheidungsgründen Rn. 3.

541 EuGH, Urteil vom 22.2.1979, Rs. 133/78 – Slg. 1979, 133 in den Entscheidungsgründen Rn. 5 ff.; *Lüke,* ZZP 111 (1998), 275, 294.

542 *Lüke,* ZZP 111 (1998), 275, 294.

543 *Willemer,* Vis attractiva concursus, S. 119; *Lüke,* ZZP 111 (1998), 275, 294.

544 siehe dazu auch *Lüke,* ZZP 111(1998), 275, 293.

545 *Balz,* ZIP 1996, 948, 952; *Fritz/Bähr,* DZWIR 2001, 221, 225.

546 *Ambach,* EuInsVO, S. 122; *Willemer,* Vis attractiva concursus, S. 119.

547 *Lüke,* ZZP 111 (1998), 275, 293; vgl. dazu auch: *Schollmeyer,* Gegenseitige Verträge, S. 104.

548 *Lorenz,* Annexverfahren, S. 77.

5.5.3.4 *Unzureichende inhaltliche Begründung*

Aber auch die inhaltliche Begründung des EuGH vermag nur wenig zu überzeugen. Die Kriterien, die der EuGH in seiner Entscheidung vorbrachte, sind für eine konkrete Abgrenzung der Verfahren unzureichend, weil sie all diesen Ansprüchen, die im Rahmen eines Insolvenzverfahrens geltend gemacht werden, immanent sind; in der Literatur sind deshalb insbesondere die Kriterien der Geltendmachung durch den Insolvenzverwalter und die Vergrößerung des Schuldnervermögens kritisiert worden. [549] Diese Kriterien können zwar zur Qualifikationsbegründung unterstützend herangezogen werden, für eine überzeugende Argumentation reichen sie allein aber nicht aus.

Das Kriterium zur Qualifikation, dass das Insolvenzgericht für diese Klagen nach nationalem Recht zuständig ist, lässt sich nicht einfach mit der europaautonomen Auslegung vereinbaren, da es zur Qualifikation als insolvenzrechtliche Entscheidung grundsätzlich nicht darauf ankommen kann, in welchem systematischen Zusammenhang die Klage geregelt ist. So ist die Stellung im Insolvenzgesetz grundsätzlich nicht geeignet, die Qualifikation als insolvenzrechtlich zu begründen.[550] Dies kann nur von indizieller Bedeutung sein.

Auch dass der EuGH in seiner Entscheidung offen lässt, ob eher materielle Kriterien oder verfahrensrechtliche Kriterien zur Qualifikation entscheidend seien, fördert eine Grenzziehung nicht. In seinem Urteil vermengt der EuGH vielmehr Kriterien aus dem materiell-rechtlichen und aus dem prozessrechtlichen Bereich.[551]

Dennoch stellen die genannten Kriterien erste Anhaltspunkte dar, an denen man sich zu dieser Zeit, orientieren konnte. Der EuGH legte einen Grundstein für spätere Entscheidungen zur Qualifizierung der Annexverfahren und wagte einen ersten Schritt. Zu mehr als einer Orientierung diente die Entscheidung zur damaligen Zeit allerdings leider nicht.

5.5.4 Folgeentscheidungen der nationalen Gerichte

Trotz mangelnder Verallgemeinerungsfähigkeit der auf Grundlage der französischen *action en comblement du passif* entwickelten Kriterien, wurden diese von

549 *Willemer*, Vis attractiva concursus, S. 119; *Haas*, NZG 1999, 1148, 1151 f.; *Ebenroth/Kieser*, KTS 1988, 19, 42; Kritisch zu einer Entscheidung des BGH, welche sich an die Kriterien des EuGH anlehnt: *Taupitz*, ZZP 105 (1992), 212, 220.

550 *Ebenroth/Kieser*, KTS 1988, 19, 42; Siehe dazu auch zur Einordung durch den deutschen Gesetzgeber unter Kap. 10.1.1.1.2.3.3.

551 *Trunk*, Internationales Insolvenzrecht, S. 115; *Ambach*, Art. 25 EuInsVO, S. 123.

den nationalen Gerichten ohne weitere Begründung auf verschiedene Einzelverfahren angewandt.[552] Dabei ließen sie meist die autonome Auslegung – wie der EuGH selbst in seiner Entscheidung – außen vor und entschieden einzelfallbezogen; im Übrigen legten sie ihren Entscheidungen die Übereinkommensentwürfe zugrunde.[553]

So wurden bisher[554] überwiegend als insolvenzrechtlich angesehen: Streitigkeiten zwischen Insolvenzverwalter und Schuldner über die Zugehörigkeit eines Gegenstandes zur Masse und Anfechtungsklagen des Insolvenzverwalters[555]; nicht insolvenzrechtlich wurden weitgehend Ansprüche des Schuldners gegenüber Dritten aus Geschäften vor der Insolvenzeröffnung behandelt, auch wenn sie nach Eröffnung des Insolvenzverfahrens vom Insolvenzverwalter geltend gemacht werden.[556]

Nicht eindeutig einem der Verfahrenstypen konnten bisher folgende Entscheidungen zugeordnet werden:[557] Haftungsklagen gegen den Insolvenzverwalter wegen Gemeinschaftsschäden aufgrund der Pflichtverletzung[558], Verfahren über die Erfüllung schwebender Rechtsgeschäfte des Schuldners durch den Insolvenzverwalter[559], Streitigkeiten über die Feststellung zur Tabelle[560], Aktivprozesse des Insolvenzverwalters wegen Gesellschafter- oder Geschäftsführerhaftung, deren

552 *Haubold*, IPRax 2002, 157, 157; *Lorenz*, Annexverfahren, S. 62.

553 *Ambach*, Art. 25 EuInsVO, 126 f.; *Willemer*, Vis attractiva concursus, S. 120 f.

554 Siehe dazu insgesamt: *Haubold*, IPRax 2002, 157, 158 m.w.N.; *Ambach*, Art. 25 EuInsVO, S. 127 m.w.N.

555 Siehe dazu im Einzelnen: BGH, Urteil vom 11. Januar 1990, Az.IX ZR 27/89; siehe dazu auch: *Haubold*, IPRax 2002, 157, 158; *Haas*, NZG 1999, 1148, 1152; *von Campe*, Insolvenzanfechtung, S. 349 f.; Zöller – *Geimer*, ZPO, Anh. I Art. 1 EuGVVO Rn. 37; Wieczorek/Schütze – *Hausmann*, ZPO, § 40 ZPO Anh. I Art. 1 Rn. 34.

556 Siehe dazu im Einzelnen: OLG Koblenz, Vorlagebeschluss vom 01.06.1989, AZ: 6 U 1946/87 = ZIP 1327, 1329; *Haubold*, IPRax 2002, 157, 158; Wieczorek/Schütze – *Hausmann*, § 40 ZPO Anh I Art. 1 Rn. 35.

557 Vergleiche zu den Streitigkeiten insgesamt: *Haubold*, IPRax 2002, 157, 158 f. m.w.N.; *Ambach*, Art. 25 EuInsVO, S. 127 f. m.w.N.; Zur Qualifikation einzelner Streitigkeiten heute siehe Kapitel 10.

558 Siehe dazu im Einzelnen: *Kropholler*, EuZPR Art. 1 EuGVO Rn. 37; *Nagel/Gottwald*, IZPR, § 3 Rn. 27.

559 Siehe dazu im Einzelnen: OLG Zweibrücken, Beschluss vom 30.06.1992, Az: 3 W 13/92; *Kropholler/von Hein*, EuZPR, Art. 1 EuGVO Rn. 37.

560 Siehe dazu im Einzelnen: *Haubold*, IPRax 2002, 157, 159 m.w.N.; *Jahr*, Vis attractiva concursus, in: Kegel/Thieme, Vorschläge und Gutachten, S. 316: *Mankowski*, ZIP 1994, 1577, 1581; *Kropholler/von Hein*, EuZPR Art. 1 EuGVO Rn. 37.

Tatbestand die Eröffnung des Verfahrens voraussetzt[561], Streitigkeiten aufgrund der durch Verträge des Insolvenzverwalters begründeten Ansprüche gegen die Masse[562] und Klagen des Insolvenzverwalters aus nach der Insolvenzeröffnung getätigten Geschäften des Schuldners[563].

5.5.5 Übernahme der Grundsätze in die Europäische Insolvenzverordnung und Folgeentwicklung

Die zentrale Ausage[564] des EuGH in der Sache „*Gourdain/Nadler*“[565] wurde – wie bereits ausgeführt – wörtlich in Art. 25 Abs. UAbs. 1 EuInsVO aufgenommen. Damit sollten die vom EuGH entwickelten Kriterien zur Abgrenzung offensichtlich übernommen werden.[566]

Fraglich ist allerdings, ob diese Kriterien heute (noch) geeignet sind, eine Abgrenzung vorzunehmen. Die Weitläufigkeit der Abgrenzungsformel kann eventuell nicht mehr aufrechterhalten werden, weil diese Entscheidung dem seinerzeitigen Entwurf eines EG-Konkursübereinkommens geschuldet war, nämlich um diesem nicht vorzugreifen.[567] So könnten heute eventuell ganz andere, wesentlich restriktiver auszulegende Kriterien zur Bestimmung der Qualifikation von Annexverfahren heranzuziehen sein.

Danach können die Kriterien aus dem Urteil „*Gourdain/Nadler*“ – soweit sie überhaupt verallgemeinerungsfähig sind – nur noch begrenzt zur Auslegung des Begriffs verwendet werden. Vielmehr ist bei der Auslegung des Begriffs die Tatsache der Existenz der EuInsVO und der EuGVVO und deren lückenloses Ineinandergreifen zu berücksichtigen; es ist deshalb nach dem Sinn und Zweck der EuInsVO zu fragen.

---

561 Siehe dazu im Einzelnen: OLG Hamm, Beschluss vom 26.02.1993, Az: 20 W 3/93; *Haas*, NZG 1999, 1148, 1152; *Schücking*, ZIP 1994, 1156, 1159; OLG Koblenz, Urteil vom 11.01.2001, Az. 6 U 1199/98, OLG Jena, Urteil vom 05.08.1998, Az. 4 U 1774/07; *Mankowski*, NZI 1999, 56, 56 f.; *Nagel/Gottwald*, IZPR, § 3 Rn. 27.

562 Siehe dazu im Einzelnen: *Haubold*, IPRax 2002, 157, 159; Zöller – *Geimer*, ZPO, Anh. I Art. 1 EuGVVO Rn. 39; *Kropholler/von Hein*, EuZPR Art. 1 EuGVO Rn. 37; *Nagel/Gottwald*, IZPR, § 3 Rn. 27.

563 Siehe dazu im Einzelnen: *Haubold*, IPRax 2002, 157, 159; OLG Frankfurt am Main, Beschluss vom 05.11.1998, Az: 20 W 217/97.

564 Siehe dazu Kap. 5.5.

565 EuGH, Urteil vom 22.2.1979, Rs. 133/78.

566 *Willemer*, Vis attractiva concursus, S. 121; *Lorenz*, Annexverfahren, S. 62.

567 Siehe Kap. 5.5.2.

5.6 Teleologische Auslegung

Als letzte Auslegungsmöglichkeit kommt noch die Auslegung nach dem „*Telos*" der Vorschrift in Betracht. Die Vorschrift ist sowohl nach dem Regelungsziel als auch nach ihrem Sinn und Zweck zu untersuchen. Dafür bieten die Erwägungsgründe zur EuInsVO geeignete Anhaltspunkte. Relevant sind insbesondere die Erwägungsgründe 2, 4, 6, 8, 23 der EuInsVO.[568] In Erwägungsgrund 2 wird das reibungslose Funktionieren des Binnenmarktes als Erfordernis für effiziente und wirksame grenzüberschreitende Insolvenzverfahren genannt. In diesem Interesse muss gemäß Erwägungsgrund 4 verhindert werden, dass es für die Parteien vorteilhafter ist, Vermögensgegenstände oder Rechtsstreitigkeiten von einem Mitgliedsstaat in einem anderen zu verlagern, um auf diese Weise eine verbesserte Rechtsstellung zu erhalten (sog. „*forum shopping*"). In Erwägungsgrund 6 ist der Verhältnismäßigkeitsgrundsatz hinsichtlich der Vorschriften festgelegt, *„(...)die die Zuständigkeit für die Eröffnung von Insolvenzverfahren und Entscheidungen regeln, die unmittelbar aufgrund des Insolvenverfahrens ergehen und in engem Zusammenhang damit stehen(...)"*[569]. Nach Erwägungsgrund 8 ist es notwendig und angemessen, die Bestimmungen über den Gerichtsstand, die Anerkennung und das anwendbare Recht in diesem Bereich in einem gemeinschaftlichem Rechtsakt zu bündeln, der in den Mitgliedsstaaten verbindlich ist und unmittelbar gilt, um ein wirksames Insolvenzverfahren zu gewährleisten. Erwägungsgrund 23 besagt, dass die Verordnung einheitliche Kollisionsnormen formulieren sollte, die die Vorschriften des Internationalen Privatrechts der einzelnen Staaten ersetzen sollen. Es soll das Recht des Eröffnungsstaates gelten, soweit nichts anderes geregelt ist. Für Hauptinsolvenzverfahren und Partikularverfahren sollen dieselben Kollisionsvorschriften gelten. Weiter wird festgelegt: *„(...)Die lex concursus regelt alle verfahrensrechtlichen wie materiellen Wirkungen des Insolvenzverfahrens auf die davon betroffenen Personen und Rechtsverhältnisse; nach ihr bestimmen sich alle Voraussetzungen für die Eröffnung, Abwicklung und Beendigung des Insolvenzverfahrens."* [570]

Danach wird deutlich, dass nur solche Verfahren als Annexverfahren zu qualifizieren sind, die der Effizienz und Wirksamkeit des Verfahrens förderlich sind.[571]

---

568 *Willemer*, Vis attractiva concursus, S. 124 f.; Zur Heranziehung der Zielsetzungen der EuInsVO: *Vallens*, Recueil Dalloz 2004, 1796, 1799.

569 Erwägungsgrund 6 zur EuInsVO.

570 Erwägungsgrund 23 zur EuInsVO.

571 So auch in der Entscheidung des EuGH „*Deko Marty*" (EuGH, Urteil vom 12.2.2009, Rs. C-339/07).

Auch ist bei der Qualifikation zu Annexverfahren zu beachten, dass *forum shopping* nicht ermöglicht werden soll. Der Verhältnismäßigkeitsgrundsatz in Erwägungsgrund 6 zum Anwendungsbereich der EuInsVO macht auch deutlich, dass bei der Qualifikation der Annexverfahren verhältnismäßig vorgegangen werden soll und nur die Verfahren als Annexverfahren zu qualifizieren und damit Art. 25 EuInsVO zu unterwerfen sind, die auch tatsächlich in einem engen Zusammenhang mit dem Verfahren stehen und unmittelbar aufgrund dessen ergehen; dies bedeutet grundsätzlich eine enge, restriktive Auslegung des Begriffs.[572] Nach Erwägungsgrund 23 soll die Einheitlichkeit des Insolvenzverfahrens Ziel der Verordnung sein. Dies lässt Rückschlüsse auf die Qualifikation von Annexverfahren zu, da somit keine Abgrenzung von materiellem und formellem Recht stattfinden soll, sondern vielmehr auch die Verfahren erfasst werden sollen, die diesbezüglich unterschiedlich zu beurteilen wären.[573]

Im Ergebnis dienen die Erwägungsgründe durchaus dazu, die Auslegung des Begriffs einzuschränken, eine genaue Bestimmung der Verfahrenstypen ist allerdings nicht möglich.

5.7 Zusammenfassung und Ergebnis

Letztendlich ist festzustellen, dass eine Auslegung des Art. 25 Abs. 1 UAbs. 2 EuInsVO nach Wortlaut, Kontext, Historie und Ziel der Vorschrift nur eine beschränkte Aussage zur Qualifikation von Verfahren machen kann, die in engem Zusammenhang mit dem Insolvenzverfahren stehen und unmittelbar aufgrund des Insolvenzverfahrens ergehen. Die Erwägungsgründe zur EuInsVO allerdings bieten gewisse Anhaltspunkte zur Auslegung. Genau damit argumentiert der EuGH auch in den in den letzten Jahren ergangenen Entscheidungen.

Die Urteile des EuGH in Sachen „*Deko Marty*" und „*German Graphics*" beschreiben die Argumentationsbandbreite, in der sich die Qualifikation der Annexverfahren zu bewegen hat. Die praktische Wirksamkeit auf der einen Seite und der „enge" Wortlaut machen deutlich, dass keine extrem weite, aber auch keine zu enge Auslegung vorzunehmen ist. Eine genaue Abgrenzung allerdings ist nur anhand der einzelnen Verfahren möglich.[574]

---

572 So auch der EuGH in Sachen „*German Graphics*" (EuGH, Urteil vom 10.9.2009, Rs. C-292/08).

573 Vgl. dazu insgesamt *Willemer*, Vis attractiva concursus, S. 125 m.w.N.

574 Siehe Kapitel 10.

6. Internationale Zuständigkeit für Annexverfahren

6.1 Überblick

In der Entscheidung „*Deko Marty*“[575] führt der EuGH aus:

> „*In Anbetracht dieser Absicht des Gesetzgebers* [Anmerkung des Verfassers: Ziele des 6. Erwägungsgrundes] *und der praktischen Wirksamkeit der genannten Verordnung* [Anmerkung des Verfassers: EuInsVO] *ist ihr Art. 3 Abs. 1 dahin auszulegen, dass er dem Mitgliedsstaat, in dessen Gebiet das Insolvenzverfahren eröffnet worden ist, für Klagen, die unmittelbar aus diesem Verfahren hervorgehen und in engem Zusammenhang damit stehen, auch eine internationale Zuständigkeit zuweist.*“ [576]

Damit macht der EuGH klar, dass Art. 3 EuInsVO auch auf Annexverfahren anzuwenden ist. Die Anwendung des Artikels 3 EuInsVO auf Annexverfahren ist inhaltlich und systematisch richtig. Den bisherigen Ansichten, die Gegenteiliges vertreten, ist nicht mehr zu folgen. Um allerdings die Richtigkeit der Entscheidung bewerten zu können, sind die verschiedenen Ansichten gegenüber zu stellen und abzuwägen.

Aus Art. 25 Abs. 1 UAbs. 1 Satz 1 EuInsVO kann die Zuständigkeit für Durchführungs- und Beendigungsentscheidungen indirekt hergeleitet werden, da der Verweis auf Art. 16 EuInsVO eine Zuständigkeitszuweisung zu dem Insolvenzgericht vornimmt, das das Verfahren eröffnet hat (Art. 3 EuInsVO). Bei Sicherungsmaßnahmen nach Art. 25 Abs. 1 UAbs. 3 EuInsVO ist ebenfalls durch das Wort „Antrag“ indirekt auf Art. 3 EuInsVO verwiesen. Hingegen ist in Art. 25 Abs. UAbs. 2 keine derartige Andeutung erkennbar. Der Wille des Verordnungsgebers wird dort nicht wie bei den anderen Entscheidungen deutlich.[577]

Deshalb sind mehrere Ansichten darüber entstanden, nach welchen Vorschriften sich die internationale Zuständigkeit für Annexstreitigkeiten richten soll. Es werden die nationalen mitgliedsstaatlichen Regelungen, die EuGVVO und die EuInsVO für eine Zuständigkeitsbestimmung bemüht. Diese Ansichten werden wiederum unterschiedlich hergeleitet.

---

575 EuGH, Urteil vom 12.2.2009, Rs. C-339/07.

576 EuGH, Urteil vom 12.2.2009, Rs. C-339/07, juris-Rn. 21.

577 *Ambach*, Art. 25 EuInsVO, 198 f.

6.2 Die Zuständigkeit für Annexverfahren nach nationalem Recht

6.2.1 Grundaussage

Nach einer bedeutenden Ansicht[578] ist die fehlende Zuständigkeitsregelung in der EuInsVO derart zu deuten, dass die internationale Zuständigkeit nach den nationalen Regelungen zu bestimmen ist, da insolvenzrechtliche Annexverfahren auch aus dem Anwendungsbereich der EuGVVO gemäß Art. 1 Abs. 2 lit. b EuGVVO fallen. Somit wären die Vorschriften zur Zuständigkeit desjenigen Staates anzuwenden, dessen Gericht angerufen wird.[579] Es bestehe eine bewusste Regelungslücke zur Zuständigkeit, sodass die nationalen Vorschriften anzuwenden seien. Eine Vereinheitlichung der Zuständigkeit findet nach dieser Ansicht nicht statt. Vielmehr kann überall dort, wo eine Klage anhängig gemacht werden kann, auch eine derartige Annexentscheidung ergehen. Für die Anerkennung und Vollstreckung allerdings finde weiterhin die Vorschrift des Art. 25 EuInsVO Anwendung.[580] Nach *Herchen*[581] ergebe sich die Anwendbarkeit von nationalen Zuständigkeitsregelungen auch aus dem letzten Absatz des Art. 25 Abs. 1 UAbs. 2 EuInsVO, da dieser besagt, dass auch andere Gerichte Annexentscheidungen treffen können.

6.2.2 Gründe, Kritik und Konsequenzen

6.2.2.1 Erläuternder Bericht

Der Erläuternde Bericht zum EuInsÜ zu diesem Thema enthält eine Passage, die diese Ansicht stärkt:

> *„(...)Die Anerkennung und Vollstreckung dieser Entscheidungen – unabhängig davon ob sie von dem Konkursgericht oder gemäß dem innerstaatlichen Recht von einem anderen Gericht erlassen wurden – richten sich immer nach dem Insolvenzübereinkommen.“*[582]

---

578 BGH, Urteil vom 27. Mai 2003, Az. IX ZR 203/02, mit Anmerkungen/Besprechungen von: *Haubold*, EuZW 2003, 703, 703 ff.; *Mankowski*, NZI 2003, 545, 546 f.; *Mörsdorf-Schulte*, IPRax 2004, 31, 31 ff.; siehe dazu auch: *Lorenz*, Annexverfahren, S. 74; *Willemer*, Vis attractiva consursus, S. 61.

579 D-K/D/C – *Duursma-Kepplinger*, EuInsVO, Art. 25 Rn. 23; vgl. dazu *Leible/Staudinger*, KTS 2000, 566 (Fn. 230); *Lüke*, ZZP 111 (1998), 291 ff.

580 *Ambach*, Art. 25 EuInsVO, S. 200.

581 *Herchen*, Das Übereinkommen, S. 230.

582 *Virgos/Schmit*, Erläuternder Bericht, in: Stoll, Vorschläge und Gutachten, Rn. 194.

Die Bemerkung, dass auch andere Gerichte gemäß dem innerstaatlichen Recht derartige Annexentscheidungen getroffen haben könnten, spricht wohl für die genannte Ansicht. Diese Wendung dürfte sich allerdings nicht auf die internationale, sondern vielmehr auf die sachliche/örtliche Zuständigkeit beziehen, die sich jedoch immer nach den mitgliedstaatlichen Vorschriften bestimmt, wenn die EuInsVO Anwendung findet. Eine eindeutige Regelung, dass die internationale Zuständigkeit für Annexstreitigkeiten zwingend nach mitgliedsstaatlichem Recht auszurichten wäre, besteht somit nicht.[583]

6.2.2.2 Unbekannte Gerichtsstände

Eine weiterer Grund, der gegen die Auslegung im oben genannten Sinne spricht, ist, dass durch die Bestimmung der internationalen Zuständigkeit nach den jeweiligen nationalen Rechtsordnungen Gerichtsstände geschaffen werden würden, die im Gemeinschaftsrecht gänzlich unbekannt sind.[584] Außerdem könnten Gerichtsstände wiederbelebt werden, die das Europäische Recht gerade eleminiert haben wollte.[585]

Dies würde zu großer Rechtsunsicherheit bei der Rechtsanwendung führen.[586] Denn im Falle der Anerkennung und Vollstreckung von Entscheidungen außerhalb der EU wird häufig auf das sog. Spiegelbildprinzip abgestellt; das bedeutet, dass bei der Überprüfung der ausländischen Entscheidung häufig auf das inländische Recht abgestellt wird. Der Anerkennungsstaat überträgt somit seine eigenen Regeln hinsichtlich der Zuständigkeitsbestimmung spiegelbildlich auf den Urteilsstaat.[587] Besteht dann ein solcher unbekannter Gerichtsstand, so wird diese Entscheidung nicht anerkannt werden, da die Zuständigkeiten nicht spiegelbildlich, also nicht übereinstimmend, sind.[588]

---

583 D-K/D/Ch – *Duursma-Kepplinger,* EuInsVO, Art. 25 Rn. 24; *Kolmann,* Kooperationsmodelle, S. 283 m.w.N.; *Leible/Staudinger,* KTS 2000, 533, 542; *Kemper,* ZIP 2001, 1609, 1612; *Huber,* ZZP 114 (2001), 133, 140; *Fritz/Bähr,* DZWIR 2001, 221, 224 f.

584 *Leipold,* FS Ishikawa, S. 226; D-K/D/Ch – *Duursma-Kepplinger,* EuInsVO, Art. 25 Rn. 27.

585 *Leipold,* FS Ishikawa, S. 226.

586 *Lorenz,* Annexverfahren, S. 102 f.; *Ambach,* Art. 25 EuInsVO, S. 207.

587 *Schack,* IZVR, Rn. 922.

588 *Ambach,* Art. 25 EuInsVO, S. 207; *Lorenz,* Annexverfahren, S. 100; *Schack,* IZVR, Rn. 922.

6.2.2.3 *forum shopping*

Die Möglichkeit sich den Gerichtstand praktisch aussuchen zu können, die Klage also dort zu erheben, wo ein diesbezüglicher Gerichtsstand nach nationalem Recht existiert, würde den Grundsätzen des Erwägungsgrundes 5, der Verhinderung des „*forum shopping*", widersprechen. Es würde demnach gerade ermöglichen, Vermögensgegenstände und Rechtsstreitigkeiten zum Vorteil für eine Partei von einem Mitgliedsstaat in einen anderen zu verlagern, um auf diese Weise eine verbesserte Rechtsstellung zu erhalten.[589]

6.2.2.4 *Der letzte Halbsatz des Art. 25 Abs. 1 UAbs. 2 EuInsVO*

Der letzte Halbsatz des Art. 25 Abs. 1 UAbs. 2 EuInsVO lautet: „(...), *auch wenn diese Entscheidungen von einem anderen Gericht getroffen werden.*" Daraus könnte geschlossen werden, dass nicht stets das Insolvenzgericht in den einzelnen Mitgliedsstaat über die Annexverfahren entscheiden muss; vielmehr, dass es möglich ist, dass von verschiedenen Gerichten eine derartige Entscheidung getroffen werden kann. Diese Schlussfolgerung zwingt aber nicht zu der Annahme, dass die internationale Zuständigkeit nach nationalen mitgliedschaftlichen Vorschriften zu bestimmen ist. Diese Ansicht gibt der Wortlaut des Art. 25 Abs. 1 UAbs. 2 letzter Halbsatz nicht her.[590]

Dazu stellte der EuGH in Sachen „*Deko Marty*"[591] fest:

> *„In diesem Zusammenhang bedeutet die Wendung „auch wenn diese Entscheidungen von einem anderen Gericht getroffen werden", die den letzten Satzteil von Art. 25 Abs. 1 Unterabs. 2 dieser Verordnung bildet, nicht, dass der Gemeinschaftsgesetzgeber eine Zuständigkeit der Gerichte des Staates, in dessen Gebiet das Insolvenzverfahren eröffnet worden ist, für die fragliche Art von Klagen hätte ausschließen wollen. Diese Wendung bedeutet insbesondere, dass es den Mitgliedsstaaten obliegt, das örtlich und sachlich zuständige Gericht zu bestimmen, das nicht zwangsläufig dasjenige der Eröffnung des Insolvenzverfahrens sein muss. Darüber hinaus bezieht sich diese Wendung auf die in Art. 16 der Verordnung Nr. 1346/2000 vorgesehene Anerkennung von Entscheidungen zur Eröffnung eines Insolvenzverfahrens."*

589 Vgl. Erwägungsgrund 4 zur EuInsVO.

590 Vgl. dazu insgesamt *Ambach*, Art. 25 EuInsVO, S. 203.

591 EuGH, Urteil vom 12.2.2009, Rs. C-339/07, juris-Rn. 27.

6.2.2.5 *Eng gefasster Wortlaut des Art. 3 EuInsVO*

Für die Ansicht, dass mitgliedschaftliche Regelungen die internationale Zuständigkeit bestimmen sollen, spricht der Wortlaut des Art. 3 EuInsVO in der Hinsicht, dass nur die Eröffnungszuständigkeit in dieser Vorschrift ausdrücklich geregelt ist, nicht hingegen sonstige Vorschriften. Da eine andere Zuständigkeitsregelung fehlt und der Anwendungsbereich der EuGVVO – wie bereits dargestellt[592] – nicht eröffnet ist, müsste auf die nationalen Vorschriften abgestellt werden.

Nur auf die Eröffnungsentscheidung in Art. 3 EuInsVO abzustellen, erscheint allerdings nicht ganz ausreichend. Vielmehr sind nach der indirekten Verweisung des Art. 25 Abs. 1 UAbs. 1 Satz 1 EuInsVO zumindest hierunter auch Verfahren zu subsumieren, die zur Durchführung und zur Beendigung erlassen worden sind.[593] Daher kann die Argumentation, dass von Art. 3 EuInsVO derartige Verfahren nicht umfasst seien, nicht ins Feld geführt werden.

6.2.2.6 *Anwendung der vis attractiva concursus*

Würde man die Zuständigkeitsbestimmung im nationalen Recht sehen, so würde im Falle der Zuständigkeit für die Eröffnung des Hauptverfahrens neben der Zuständigkeit für das Annexverfahren im selben Staat eine *vis attractiva concursus* des Staates zur Anwendung gelangen. In Ländern wie Frankreich oder England wäre der Umfang der *vis attractiva concursus* dafür verantwortlich, dass das Insolvenzgericht oder ein anderes dort gelegenes Gericht für sämtliche Rechtsstreitigkeiten zuständig wäre. Somit könnten die nationalen Vorschriften und deren Eigenheiten Bedeutung für die internationale Zuständigkeit haben.[594]

6.2.2.7 *Kompetenzkonflikte*

Würde man der Bestimmung der internationalen Zuständigkeit nationale Vorschriften zugrunde legen, so käme es aufgrund der unterschiedlichen Regelungen zur Zuständigkeit zu positiven und negativen Kompetenzkonflikten.[595] Aufgrund der Regelung der sofortigen und automatischen Anerkennung in

---

592 Siehe Kap. 6.2.1.

593 Vgl. dazu auch *Ambach*, Art. 25 EuInsVO, S. 205.

594 *Leipold*, FS Ishikawa, S. 226 m.w.N.; D-K/D/Ch – *Duursma-Kepplinger*, EuInsVO, Art. 25 Rn. 25.

595 *Stürner*, IPRax 2005, 416, 417; *Haubold*, IPRax 2002, 157, 160; D-K/D/Ch – *Duursma-Kepplinger*, EuInsVO, Art. 25 Rn. 23 ff.

Art. 25 Abs. 1 UAbs. 1 EuInsVO müsste jede Entscheidung, die in einem Mitgliedsstaat zu dieser Sache gefällt wurde, anerkannt werden. Problematisch dabei ist, dass es auch den nationalen Rechtsvorschriften obliegen würde, die Rechtshängigkeit eines Verfahrens und Rechtskraft einer Entscheidung zu bestimmen. Da diese wiederum unterschiedlich ausfallen können, kann es zu Parallelverfahren und jeweils unterschiedlichen Entscheidungen kommen, die dann sofort und automatisch anerkannt werden müssten.[596] Dies würde zu erheblicher Rechtsunsicherheit führen.

6.2.2.8 *Automatische Anerkennung*

Dem Grundprinzip der automatischen Anerkennung und dem Grundsatz des gemeinschaftlichen Vertrauens würde es nicht gerecht werden, wenn eine Nachprüfung der Zuständigkeit durch einen anderen Mitgliedsstaat zulässig wäre. Dazu ist aber erforderlich, dass die internationale Zuständigkeit gerade nicht durch nationale Vorschriften bestimmt wird, sondern vielmehr, dass die internationale Zuständigkeit durch eine gemeinschaftweit einheitliche, autonome Auslegung erfolgt. Eine Bestimmung der Zuständigkeit nach nationalen Vorschriften kann der Verordnungsgeber mithin nicht gewollt haben, da die automatische Anerkennung von Entscheidungen, deren Zuständigkeitbestimmung nach nationalen Vorschriften erfolgte, nicht das Ziel bei der Schaffung der EuInsVO gewesen sein kann.[597]

6.2.2.9 *Systematik der EuInsVO*

Im Übrigen führt die Zuständigkeitsbestimmung nach nationalen Vorschriften neben dem Problem der Kompetenzkonflikte auch zu einem Widerspruch zu dem in der Verordnung liegenden System der direkten Entscheidungszuständigkeit.[598]

Das Ziel der EuInsVO, die erleichterte (d.h. weitgehend kontrollfreie) Anerkennung und Vollstreckung von grenzüberschreitenden Insolvenzverfahren, wäre bei einer nicht einheitlichen Zuständigkeitsbestimmung nicht möglich; eine Nachprüfung der Zuständigkeit ist in der EuInsVO (und der EuGVVO)

---

596 *Lorenz*, Annexverfahren, S. 87; *Ambach*, Art. 25 EuInsVO, S. 210; *Stürner*, IPRax 2005, 416, 417.

597 *Leipold*, FS Ishikawa, S. 228 f.; D-K/D/Ch – *Duursma-Kepplinger*, EuInsVO, Art. 25 Rn. 28 f.

598 D-K/D/Ch – *Duursma-Kepplinger*, EuInsVO, Art. 25 Rn. 28.

verboten. Diese nicht einheitliche Zuständigkeitsbestimmung würde eine Neuerung in der international-zivilverfahrensrechtlichen Gesetzgebung darstellen.[599]

6.2.2.10 *Lückenlosigkeit zwischen EuInsVO und EuGVVO*

Nach dem bereits dargestellten Grundsatz, dass zwischen der EuInsVO und der EuGVVO keine Lücke entstehen soll,[600] sondern vielmehr, dass jedes Verfahren einer der beiden Verordnungen zugeordnet werden kann, sollte die Bestimmung der internationalen Zuständigkeit nicht nach den Vorschriften der Mitgliedsstaaten vorgenommen werden. Es ist offensichtlich nicht gewollt, dass für die Zuständigkeit zur Eröffnung des Insolvenzverfahrens die EuInsVO gilt und für alle Verfahren, die nicht mit dem Insolvenzverfahren in direktem Zusammenhang stehen, die EuGVVO und gleichzeitig für Verfahren, die dort dazwischen stehen, die also unmittelbar aufgrund des Insolvenzverfahrens ergehen und damit in engem Zusammenhang stehen, keine von beiden Vorschriften.[601]

6.2.2.11 *Historischer Werdegang*

Die nicht in Kraft getretenenen Entwürfe für ein europäisches Konkursübereinkommen beinhalteten noch den Grundsatz der *vis attractiva concursus*, wie er vor allem im romanischen Rechtskreis – anders als in Deutschland – vorhanden ist.[602] Die Einführung der *vis attractiva concursus* stand unter der Kritik der Mitgliedsstaaten. Bei den Entwürfen zum Europäischen Insolvenzübereinkommen konnte man sich diesbezüglich nicht einigen und führte die weitläufige Abgrenzungformel des EuGH in Sachen „*Gourdain/Nadler*"[603] in das Übereinkommen ein, um eine flexible Handhabung im Einzelfall zu sichern.[604] Daraus könnte geschlossen werden, dass eine *vis attractiva concursus* nicht mehr eingeführt werden sollte. Auch der *Erläuternde Bericht* spricht von einem derartigen Vorgehen.[605]

---

599 *Lorenz*, Annexverfahren, S. 97.

600 Der EuGH hat in seiner Entscheidung „*German Graphics*" (EuGH, Urteil vom 10.9.2009, Rs. C-292/08) diesen Grundsatz in Abrede gestellt, in dem er sich auf Art. 25 Abs. 2 EuInsVO a.E. berief; nach Ansicht von *Kindler* ist dies aber nur relevant, wenn schon keine Zivil- oder Handelssache vorliegt. (MünchKommBGB – *Kindler*, Band 11, Art. 25 EuInsVO Rn. 26).

601 *Haubold*, EuZW 2003, 703, 704; *Ambach*, Art. 25 EuInsVO, S. 208; *Willemer*, Vis attractiva concursus, S. 63.

602 Siehe dazu Kap. 3.1.1.1.

603 EuGH, Urteil vom 22.2.1979, Rs. 133/78.

604 *Ambach*, Art. 25 EuInsVO, S. 204; *Lorenz*, Annexverfahren, S. 77.

605 *Virgos/Schmit*, Erläuternder Bericht, in: Stoll, Vorschläge und Gutachten, Rn. 77.

Daraus kann man aber nicht folgern, dass es nach dem Scheitern bewusst zu keiner einheitlichen Regelung kommen sollte, sondern, dass die nationalen Rechtsvorschriften anwendbar bleiben sollten.[606] Denn die Tatsache einer nicht ausdrücklichen Regelung bedeutet nicht, dass etwas nicht indirekt geregelt ist. Erwägungsgrund 6 der EuInsVO deutet eine Regelung in der EuInsVO zu diesem Thema an. Es handelt sich hierbei also insoweit entweder um eine indirekte Regelung oder um eine unbewusste Nicht-Regelung. Eine bewusste Nicht-Regelung zu Gunsten der nationalen Vorschriften ist nach dem Erwägungsgrund 6 zur EuInsVO jedenfalls nicht beabsichtigt gewesen.

6.2.2.12 Die Regelung des Art. 18 Abs. 2 EuInsVO

Nach Art. 18 Abs. 2 EuInsVO kann der Partikularinsolvenzverwalter einzelne Befugnisse auch in einem anderen Mitgliedsstat als in dem der Eröffnung des Partikularverfahrens ausüben. Deshalb wird die Meinung vertreten, aus dieser Vorschrift ergebe sich der Beweis, dass die internationale Zuständigkeit für Annexverfahren durch die nationalen, mitgliedsschaftlichen Regelungen zu bestimmen ist.[607]

Diese Vorschrift ist – wie bereits oben dargestellt[608] – nur auf das Partikularinsolvenzverfahren beschränkt und ist auch nicht erweiterungfähig auf das Hauptinsolvenzverfahren. Aus ihr ergibt sich somit auch keine Auslegungsmöglichkeit für Annexverfahren, die zum Hauptverfahren gehören. Art. 18 Abs. 2 EuInsVO stellt insoweit eine Sondervorschrift dar. [609]

6.2.2.13 Gemeinschaftsfreundliche Auslegung

Im Europarecht gilt der Grundsatz der gemeinschaftsfreundlichen Auslegung. Dies ist ein allgemeiner Grundsatz, der bei jeder Art von Auslegung von Normen der EU zu befolgen ist. Hier würde eine Auslegung des Art. 25 Abs. 1 UAbs. 2 EuInsVO hinsichtlich der Zuständigkeit für Annexverfahren zugunsten nationaler Vorschriften diesem Grundsatz nicht gerecht. Vielmehr würde dies zu einer Aufsplitterung der Regeln der EuInsVO führen. Die Chance auf einen weiteren Schritt in Richtung Rechtsvereinheitlichung und damit Rechtsicherheit im Europarecht wäre vertan, würde man nationale Regeln zugrunde legen. Damit wäre der Grundsatz europarechtsfreundlicher Auslegung nicht gewahrt.[610]

606 *Ambach*, Art. 25 EuInsVO, S. 204.
607 *Lorenz*, Annexverfahren, S. 79.
608 Siehe dazu bereits Kap. 5.3.1.3.
609 *Ambach*, Art. 25 EuInsVO, S. 205.
610 *Ambach*, Art. 25 EuInsVO, S. 211 m.w.N.

6.2.3 Stellungnahme

Die Argumente gegen die Anwendung nationaler Vorschriften im Europarecht überwiegen deutlich. Grundsätzlich sollte im Europarecht versucht werden eine autonome gemeinschaftsfreundliche Auslegung vorzunehmen. „Einzeltaten" in den jeweiligen Mitgliedsstaaten werden dem nicht gerecht.

So lassen sich nur wenige überzeugende Argumente für die Anwendung nationaler Vorschriften finden, die nicht sofort widerlegt werden könnten. Dass sich um diese Ansicht ein bedeutender Kreis von Autoren und Gerichten versammelt haben, spricht dennoch nicht für eine solche Ansicht, sondern vielmehr für die Denkweise in den einzelnen Mitgliedsländern, möglichst geschickt nationales Recht anzuwenden.

Die Bestimmung der internationalen Zuständigkeit nach nationalen Vorschriften ist, insbesondere aus den Gründen der Systematik und Lückenlosigkeit der beiden Verordnungen, abzulehnen. Es sprechen aber vor allem auch die schädlichen Auswirkungen einer solchen Annahme gegen eine derartige Sicht. Dabei sind, insbesondere die Möglichkeit eines *forum shopping*, die Rechtsunsicherheit aufgrund neuer oder nicht gewollter Gerichtsstände und die aus dieser Annahme folgenden Kompetenzkonflikte zu nennen.

Damit ist dieser Ansicht nicht zu folgen, da sie einen nicht wünschenswerten Rückschritt im Europäischen Zivilverfahrensrecht darstellen würde. [611]

6.3 Die Zuständigkeit für Annexverfahren nach EuGVVO

Um zu einer Anwendung der EuGVVO zu gelangen gibt es zwei Wege. Eine Ansicht wendet nur die Zuständigkeitsnormen der EuGVVO an, eine andere will die volle Geltung der EuGVVO für Annexverfahren.

6.3.1 Grundaussage

Nach erstgenannter Ansicht sind die Gerichtsstände der EuGVVO im Rahmen des Art. 25 Abs. 1 UAbs. 2 EuInsVO analog anzuwenden.[612] Bei der Anerkennung und Vollstreckung bleibt es aber bei Art. 25 Abs. 1 UAbs. 2 EuInsVO, der diesbezüglich auf UAbs. 1 verweist.

611 *Rossbach*, Europäische Insolvenzverwalter, S. 220 f.

612 *Klöhn/Berner*, ZIP 2007, 1418, 1420; D-K/D/Ch – *Duursma-Kepplinger*, EuInsVO, Art. 25 Rn. 31ff.; *Ambach*, Art. 25 EuInsVO, S. 199; *Leible/Staudinger*, KTS 2000, 533, 566 Fn. 230; *Lüke*, ZZP 111 (1998), 275, 292; *Thole*, ZIP 2006, 1383, 1387.

Nach der anderen Ansicht ist die EuGVVO neben den Zuständigkeitsvorschriften auch direkt für die Anerkennung und Vollstreckung anzuwenden, da der Anerkennungs- und Vollstreckungsregelung des Art. 25 Abs. 1 UAbs. 2 EuInsVO keine korrespondierende Zuständigkeitsregelung gegenübersteht und diese somit unanwendbar ist.[613]

6.3.2 Gründe, Kritik und Konsequenzen

6.3.2.1 Keine Übernahme der vis attractiva concursus in die EuInsVO

Für eine (analoge) Anwendung der Zuständigkeitsvorschriften der EuGVVO zur Bestimmung der internationalen Zuständigkeit wird – wie oben bereits bei der Bestimmung der Zuständigkeit nach nationalen Vorschriften beschrieben[614] – die Begründung vorgebracht, dass versehentlich eine diesbezügliche Regelungslücke in der EuInsVO entstanden ist. Diese Lücke ist nun nach dieser Ansicht mit den Regelungen der EuGVVO im Rahmen des Art. 25 Abs. 1 UAbs. 2 EuInsVO analog zu füllen.[615]

Dagegen spricht allerdings die Aussage in Erwägungsgrund 6, wonach die Zuständigkeit für Annexverfahren (in irgendeiner Weise) normiert ist.

6.3.2.2 System der EuGVVO

Gegen eine alleinige Anwendung der Zuständigkeitsregelungen der EuGVVO spricht ferner die Systematik der EuGVVO.[616] Die Anerkennung und Vollstreckung gemäß der ersten Ansicht getrennt von den Zuständigkeitsvorschriften zu beurteilen, widerspricht der Systematik der EuGVVO, da im sachlichen Anwendungsbereich der EuGVVO immer sowohl die Zuständigkeit als auch die Anerkennnung und Vollstreckung geregelt wird.[617]

6.3.2.3 Lückenlosigkeit zwischen EuInsVO und EuGVVO

Die Abgrenzungsformel aus dem Urteil des EuGH in Sachen „*Gourdain/Nadler*" wurde – wie oben bereits dargestellt[618] – in die EuInsVO übernommen. Dadurch

613 D-K/D/Ch – *Duursma-Kepplinger*, EuInsVO, Art. 25 Rn. 34 f.; *Leipold*, FS Ishikawa, S. 231.

614 Siehe Kap. 6.2.1.

615 D-K/D/Ch – *Duursma-Kepplinger*, EuInsVO, Art. 25 Rn. 31f.

616 *Oberhammer*, ZInsO 2004, 761, 765.

617 *Oberhammer*, ZInsO 2004, 761, 765.

618 Siehe dazu Kap. 5.5.5.

sollte die Lückenlosigkeit zwischen der EuInsVO und der EuGVVO, die in ihrem Anwendungsbereich „Konkurse, Vergleiche und ähnliche Verfahren" ausschließt, grundsätzlich gewährleistet werden.[619] Deshalb erscheint es durchaus inkonsequent, diese Verfahren erst aus dem Anwendungsbereich der EuGVVO mittels Art. 1 Abs. 2 lit.b EuGVVO auszuschließen und danach für diese Verfahren die Anwendbarkeit der Zuständigkeitsvorschriften doch wieder zu bejahen.[620]

Dieses Argument der Inkonsequenz kann allerdings wieder entkräftet werden, da dieses Vorgehen auch hinsichtlich der Vollstreckung durchgeführt wird. Der Anwendungsbereich der EuGVVO wird zunächst für derartige Verfahren gesperrt, dann aber für die Vollstreckung in Art. 25 Abs. 1 UAbs. 2 i.V.m. UAbs. 2 Satz 2 EuInsVO die Anwendbarkeit der Regeln der EuGVVO bestimmt.

6.3.2.4 *Wortlaut des Art. 25 Abs. 1 UAbs. 2 EuInsVO*

Aber auch der Wortlaut der Vorschrift des Art. 25 Abs. 1 UAbs. 2 i.V.m. UAbs. 1 EuInsVO lässt Zweifel an der Zuständigkeitsregelung durch die EuGVVO aufkommen. Hätte der Verordnungsgeber gewollt, dass auch die Zuständigkeit durch die EuGVVO bestimmt werden soll, hätte er einen diesbezüglichen Verweis auf diese vorgenommen.[621] Vielmehr ist aus dem Nicht-Vorhandensein eines Verweises der Rückschluss zu ziehen, dass die Anwendung gerade nicht gewollt war.[622]

6.3.2.5 *Wertungswiderspruch bei Privilegierung*

Würde man die Zuständigkeitsvorschriften der EuGVVO auf Annexverfahren anwenden, würde dies einen Wertungswiderspruch bei der Privilegierung nach Art. 25 Abs. 1 UAbs. 2 EuInsVO hinsichtlich der Anerkennung und Vollstreckung darstellen. Die Verfahren würden nämlich vom Anerkennungs- und Vollstreckungsprivileg des Art. 25 Abs. 1 UAbs. 2 EuInsVO erfasst werden, welches nur die Anerkennungs- und Vollstreckungsverweigerungsgründe aus Art. 25 Abs. 3 und Art. 26 EuInsVO zur Anwendung bringt, nicht aber die weiteren Gründe der EuGVVO. Dies scheint durchaus gerechtfertigt, wenn man der Ansicht ist, dass mit dem Insolvenzgericht ein deutlich sachnäheres Gericht entschieden hat

---

619 *Virgos/Schmit*, Erläuternder Bericht, in: Stoll, Vorschläge und Gutachten, Rn. 77; *Ambach*, Art. 25 EuInsVO, S. 212; D-K/D/Ch – *Duursma-Kepplinger*, EuInsVO, Art. 25 Rn. 20.

620 *Ambach*, Art. 25 EuInsVO, S. 212.

621 *Willemer*, Vis attractiva concursus, S. 86.

622 *Ambach*, Art. 25 EuInsVO, S. 212; *Herchen*, Das Übereinkommen, S. 229.

und deshalb eine Nachprüfung nicht notwendig ist. Entgegen gehalten werden kann dieser Ansicht allerdings, dass es nicht zwingend ist, dass das Insolvenzgericht entscheiden wird. Entscheidet in einem derartigen Verfahren ein anderes Gericht als das Insolvenzgericht, so kann diese Argumentation jedenfalls nicht mehr ins Feld geführt werden.[623]

Dieser Wertungswiderspruch kann aber beseitigt werden, wenn man der zweitgenannten Ansicht folgt, wonach die gesamten EuGVVO auf Annexverfahren anzuwenden ist, so dass sich die Zuständigkeit, Anerkennung und Vollstreckung nach den Regeln der EuGVVO richtet.[624] Diese würde zu einer einheitlichen Bestimmung führen, wird sich aber nicht durchsetzen können, da sie der Abgrenzungsformel des EuGH in Sachen „*Gourdain/Nadler*" entgegensteht. Da diese Abgrenzungsformel – wie ausgeführt – fast wörtlich in die EuInsVO übernommen worden ist,[625] ist zu bezweifeln, dass sich eine derartige Ansicht, die sich entgegen dem Wortlaut der Abgrenzungsformel und Art. 25 Abs. 1 UAbs. 2 EuInsVO entscheidet, durchsetzen wird. Dies gilt auch, wenn man berücksichtigt, dass die Entscheidung des EuGH von dem zeitlich parallel enstehenden Entwurf zu einem EG-Insolvenzübereinkommen geprägt war,[626] welches eine ausdrückliche Regelung der internationalen Zuständigkeit für Annexverfahren enthielt und dem der EuGH nicht vorgreifen wollte.[627]

6.3.3 Stellungnahme

Damit sind im Ergebnis sowohl die Ansicht, die die Zuständigkeitsregeln der EuGVVO übernimmt als auch die Ansicht, die die volle Geltung der EuGVVO beansprucht, abzulehnen.

Beide Ansichten widersprechen klar dem Wortlaut des Art. 25 Abs. 1 EuInsVO. Nur die Vollstreckung der Annexentscheidungen soll nach der EuGVVO erfolgen. Eine sonstige Anwendung der EuGVVO ist schon nach Art. 1 Abs. 2 lit. b EuGVVO ausgeschlossen.

Dieses Ergebnis wird zudem durch die Systematik der EuGVVO. Auch ist nicht zu erwarten, dass der EuGH die 1979 entstandene Abgrenzungsformel aufgibt, die in den Wortlaut der EuInsVO übernommen wurde. Gerade im neueren

623 Vgl. insgesamt D-K/D/Ch – *Duursma-Kepplinger*, EuInsVO, Art. 25 Rn. 32.

624 D-K/D/Ch – *Duursma-Kepplinger*, EuInsVO, Art. 25 Rn. 34; vgl. zu dieser Ansicht auch *Leipold*, FS Ishikawa, S. 231 ff.

625 Siehe Kap. 5.5.5.

626 Vgl. dazu Kap. 5.5.2.

627 D-K/D/Ch – *Duursma-Kepplinger*, EuInsVO, Art. 25 Rn. 35.

Urteil zu Annexverfahren des EuGH in Sachen „*Deko Marty*“ [628] nimmt der EuGH Bezug auf diese Abgrenzungsformel.

6.4 Die Zuständigkeit für Annexverfahren nach der EuInsVO

Schließlich soll nach einer sehr bedeutenden Ansicht[629] die internationale Zuständigkeit für Annexverfahren nach Art. 3 EuInsVO bestimmt werden. Teilweise wird vertreten,[630] dass eine Analogie nicht notwendig ist, weil man bereits durch erweiternde Auslegung des Art. 3 EuInsVO zu der Auffassung gelangen kann, dass Insolvenzanhangprozesse wie die Eröffnungsentscheidung unter Art. 3 EuInsVO zu subsumieren sind.[631] Dieser Ansicht schloss sich wohl der EuGH in seinem Urteil „*Deko Marty*“ aus dem Jahr 2009 an.[632]

Vor diesem Urteil wendete die überwiegende Ansicht[633] allerdings Art. 3 EuInsVO analog an, da die Eröffnungsentscheidung nicht mit den Annexverfahren gleichzusetzen ist, was sich bereits aus der Existenz der Regelung des Art. 25

---

628 EuGH, Urteil v. 12.2.2009, Rs. C-339/07, juris-Rn. 19.

629 So zum Beispiel: Pannen – *Riedemann*, EuInsVO, Art. 25 Rn. 23; MünchKommBGB – *Kindler*, Band 11, Art. 3 EuInsVO Rn. 85; *Ambach*, Art. 25 EuInsVO, S. 242; D-K/D/Ch – *Duursma-Kepplinger*, EuInsVO, Art. 25 Rn. 48.

630 *Lorenz*, Annexverfahren, S. 116; *Ambach*, Art. 25 EuInsVO, S. 221; *Paulus*, EuInsVO, Art. 25 Rn. 21 f.

631 Kübler/Prütting – *Kemper*, Art. 3 EuInsVO Rn. 21; *Lorenz*, Annexverfahren, S. 116; *Ambach*, Art. 25 EuInsVO, S. 221.

632 EuGH, Urteil vom 12.2.2009, Rs. C-339/07; Der EuGH spricht von "Auslegung", nicht entsprechender oder analoger Anwendung, was für eine direkte und eben nicht für eine analoge Anwendung des Art. 3 EuInsVO spricht. So auch Paulus, der die Grundaussage des Urteils "*Deko Marty*" behandelt und sodann als Verfestigung dieser Ansicht und zusätzlichen Fingerzeig für die Zuständigkeitsverortung für weitere Annexverfahren in Art. 3 EuInsVO direkt unter anderem auf die Entscheidung des EuGH in Sachen "*German Graphics*" verweist (Paulus, Eropäische Insolvenzverordnung, Art. 25 Rn. 2a, 17 und 22 f.). Nach Ansicht von *Gottwald* hingegen (*Nagel/Gottwald*, IZPR, § 20 Rn. 63) wendet der EuGH in seinem Urteil Art. 3 Abs. 1 EuInsVO analog an. Letztendlich ist die Entscheidung aber rein dogmatischer Natur und spielt für die Anwendung keine weitere Rolle.

633 Sie beispielsweise *Leipold*, FS Ishikawa, S. 235; D-K/D/Ch – *Duursma-Kepplinger*, EuInsVO, Art. 25 Rn. 42; MünchKommBGB – *Kindler*, Band 11, Art. 3 EuInsVO Rn. 85; *Willemer*, Vis attractiva concursus, S. 101 f.; *Ambach*, Art. 25 EuInsVO, S. 201; *Stürner*, IPRax 2005, 416, 419; *Weller*, IPRax 2004, 412, 415; *Zeuner/Elsner*, DZWIR 2008, 1, 5 f.

EuInsVO ergibt.[634] Diese Ansicht, die nun im Folgenden dargestellt werden soll, führt schließlich zu einer „*europarechtlichen vis attractiva concursus*".[635]

6.4.1 Zuständigkeit nach Art. 3 Abs. 1 EuInsVO analog

6.4.1.1 Grundaussage

Diese bedeutende Meinung im Schrifttum legt dar, dass beide Ansichten, welche die nationalen Vorschriften oder die EuGVVO zur Bestimmung der internationalen Zuständigkeit für Annexverfahren anwenden, aus den bereits genannten Gründen nicht zutreffend sind, sondern vielmehr die Zuständigkeit analog Art. 3 EuInsVO zu bestimmen ist. Es liegen die Voraussetzungen für eine Analogie, nämlich eine Regelungslücke und Planwidrigkeit vor. Nach Erwägungsgrund 6 zur EuInsVO sollte nämlich die internationale Zuständigkeit für Verfahren, die in engem Zusammenhang mit dem Insolvenzhauptverfahren stehen und mit diesem unmittelbar ergehen, in der EuInsVO geregelt sein. Nach dieser Ansicht ist dies allerdings nicht geschehen. Einer erweiterten Auslegung des Art. 3 EuInsVO stehe insbesondere der klare Wortlaut der Vorschrift entgegen, weshalb eine Regelungslücke vorliegt, die nicht gewollt war, mithin planwidrig ist. Daher sei eine Analogie zugunsten einer *vis attractiva concursus* auf europarechtlicher Ebene gerechtfertigt und sogar geboten.[636]

6.4.1.2 Gründe, Kritik und Konsequenzen

Allgemein würde sich danach die Zuständigkeit auch für die Insolvenzanhangprozesse nach dem COMI des Schuldners richten. Ein Gericht ist also dann für das Annexverfahren zuständig, wenn in dessen Gebiet der Schuldner den Mittelpunkt seiner hauptsächlichen Interessen hat.[637]

Dies führt nun zu einer Zuständigkeitsbündelung und damit zu einer *europarechtlichen vis attractiva concursus*.[638] Strittig ist dabei aber, ob sich die *vis attractiva concursus* nur auf den Staat oder auch auf das Gericht bezieht.[639]

634 *Ambach*, Art. 25 EuInsVO, S. 221 f.

635 Pannen – *Riedemann*, EuInsVO, Art. 25 Rn. 24 m.w.N.

636 MünchKommBGB – *Kindler*, Band 11, Art. 3 EuInsVO Rn. 85; Pannen – *Riedemann*, EuInsVO, Art. 25 Rn. 24.

637 Vgl. dazu Kap. 3.1.5.

638 Pannen – *Riedemann*, EuInsVO, Art. 25 Rn. 24.

639 MünchKommBGB – *Kindler*, Band 11, Art. 3 EuInsVO Rn. 85 aE; *Ambach*, Art. 25 EuInsVO, S. 236.

Der Streit ist dahingehend zu entscheiden, dass zwar eine *vis attractiva concursus* besteht, diese sich aber nur auf den Staat bezieht, in dem das Verfahren eröffnet worden ist, da es den Mitgliedsstaaten überlassen bleiben soll, wie sie die örtliche und sachliche Zuständigkeit regeln. Somit ist nur die Bestimmung der internationalen Zuständigkeit betroffen, nicht hingegen die Bestimmung der sachlichen und örtlichen Zuständigkeit innerhalb des Mitgliedsstaates.[640] Die Nachteile einer nationalen *vis attractiva concursus* wie etwa Schwerfälligkeit der Entscheidungsfindung bei der Zuständigkeitsbündelung und Untergrabung der Sachkompetenz der Fachgerichte können im Europarecht nicht vorgebracht werden, da die *vis attractiva concursus* auf internationaler Ebene sich nur auf den Staat, nicht allerdings auf das Eröffnungsgericht selbst bezieht. Vielmehr soll im internationalen Recht die Einheit der Rechtsordnung garantiert werden.[641]

Legt man also zur Bestimmung der Zuständigkeit für Annexverfahren Art. 3 EuInsVO analog zugrunde, so kann dies folgende Vor- und Nachteile haben:

6.4.1.2.1 Praktikable Zuständigkeitsbündelung

Ein Vorteil einer *vis attractiva concursus* ist, dass die Zuständigkeit zumindest im Eröffnungsstaat liegt, wenn auch nicht zwingend an dem Gericht, das das Hauptverfahren eröffnet hat. Dies bringt Rechtssicherheit, so dass der ausländische Kläger grundsätzlich weiß, in welchem Staat er sein Begehren vortragen muss. Das *center of main interest* lässt sich auch nicht manipulieren.[642] Daher sorgt die Bestimmung an diesem Ort für einen vorhersehbaren und relativ klar definierten Gerichtsstand, der dem *forum shopping* nicht Tür und Tor öffnet.[643]

6.4.1.2.2 Einheitliche Entscheidungen

Außerdem entsteht Rechtssicherheit durch die grunsätzlich einheitliche Beurteilung der Fälle hinsichtlich des anzuwendenden materiellen Rechts, da die Entscheidungen auf der Grundlage eines einzigen Rechtssystems getroffen werden.[644] Eine einheitliche Beurteilung des Verfahrens durch Richter desselben Rechtssystems fördert auch die zielgerichtete und effiziente Abwicklung des

---

640 MünchKommBGB – *Kindler*, Band 11, Art. 3 EuInsVO Rn. 85 a.E.

641 *Ambach*, Art. 25 EuInsVO, S. 237.

642 *Lorenz*, Annexverfahren, S. 132; *Ambach*, Art. 25 EuInsVO, S. 227.

643 Siehe dazu Kap. 6.2.2.3.

644 *Willemer*, Vis attractiva concursus, S. 172; *Ambach*, Art. 25 EuInsVO, 230 f.; Allerings bestehen Ausnahmen in der EuInsVO hinsichtlich des Gleichlaufs von anzuwendendem Recht und Zuständigkeit (vgl. beispielsweise Art. 10 EuInsVO).

Verfahrens.[645] Ob das Verfahren dann tatsächlich nur durch das Insolvenzgericht allein entschieden wird, wird aber wiederum durch das Recht des Insolvenzstaates bestimmt.[646]

6.4.1.2.3 Kenntnis von den Umständen der Insolvenz am Ort des COMI

Es ist offensichtlich, dass in dem Mitgliedsstaat, an dem der Schuldner den Mittelpunkt seiner hauptsächlichen Interessen hat, auch die beste Kenntnis von den Umständen der Insolvenz besteht. Aufgrund der engen Verzahnung[647] der Annexverfahren mit dem Hauptinsolvenzverfahren macht es Sinn, auch die Sachkenntnis für Hauptinsolvenzverfahren für die Insolvenzanhangprozesse zu nutzen.[648]

Dasselbe gilt für die Beweismöglichkeiten in solchen Prozessen, da auch die Beweismittel sich im Wesentlichen am Ort des COMI befinden werden, was aufwendige Maßnahmen zur Beweiserhebung überwiegend obsolet machen, zumindest aber die Arbeit erleichtern würde.[649]

6.4.1.2.4 Kontext des Unterabsatzes 2 in Art. 25 Abs. 1 EuInsVO

Wie bereits dargestellt,[650] ist die Zuständigkeit für Sicherungsmaßnahmen nach Art. 25 Abs. 1 UAbs. 3 EuInsVO sinnvollerweise nur am Ort der Verfahrenseröffnung. Auch die Sicherungsmaßnahmen werden nach UAbs. 1 anerkannt und vollstreckt. Daraus könnte sich ein Argument ableiten, dass dies bei Annexverfahren ebenso gehandhabt werden sollte.[651]

Dasselbe gilt natürlich auch für Maßnahmen zur Durchführung und Beendigung des Insolvenzverfahrens in UAbs. 1, da die Verweisung auf Art. 16 EuInsVO indirekt eine Verweisung auf Art. 3 EuInsVO darstellt. Die Argumentation, dass dies somit auch für den UAbs. 2, also für die Annexverfahren, gelten soll, kann also nicht von der Hand gewiesen werden. Dies spricht dafür, dass diese Zuständigkeit bei Annexverfahren gerade auch gelten und nicht gerade in diesem Fall

---

645 *Lorenz*, Annexverfahren, S. 126 ff.; *Ambach*, Art. 25 EuInsVO, S. 231; *Aderhold*, Auslandskonkurs im Inland, S. 304; *Willemer*, Vis attractiva concursus, S. 158.

646 *Haubold*, IPRax 2002, 157, 163.

647 *Oberhammer*, ZInsO 2004, 761, 767.

648 *Haubold*, IPRax 2002, 157, 163; *Ambach*, Art. 25 EuInsVO, S. 225; *Lorenz*, Annexverfahren, S. 131; *Lüke*, ZZP 111 (1998), 275, 294; *Stürner*, IPRax 2005, 416, 418.

649 *Ambach*, Art. 25 EuInsVO, S. 225 f.; Vgl. auch: *Aderhold*, Auslandskonkurs im Inland, S. 304.

650 Siehe Kap. 4.3.

651 *Leipold*, FS Ishikawa, S. 235.

eine andere Zuständigkeitsregelung gefunden werden soll.[652] Die Anwendung des Art. 3 EuInsVO, ob analog oder direkt, ist somit aus dem Kontext ersichtlich.

6.4.1.2.5 Vergleich mit einem Gerichtsstand für unbewegliche Sachen

Vergleicht man die auschließliche Zuständigkeit des Insolvenzeröffnungsgerichts für Aktiv- und Passivprozesse mit denen des internationalen Zivilverfahrensrechts, so ergeben sich nur für Aktivprozesse Unterschiede, da im internationalen Zivilverfahrensrecht (wie auch im nationalen Zivilverfahrensrecht in Deutschland) das Prinzip gilt, dass an dem Ort zu klagen ist, an dem der Beklagte seinen Wohnsitz hat.[653] Dieses Prinzip soll dem Gedanken Rechnung tragen, dass das Interesse des Beklagten an einem möglichst nahe gelegenen Gerichtstand dem Interesse des Klägers überwiegt.

Von diesem Prinzip wird abgewichen, wenn der Insolvenzverwalter als Kläger an dem Ort der Verfahrenseröffnung gegen einen im Ausland wohnenden Beklagten klagen kann. Allerdings stellt dies keine unzumutbare Härte dar, wenn man bedenkt, dass es im internationalen Recht sehr viele verschiedene Gerichtsstände gibt, die sicherlich nicht alle transparent und vorhersehbar sind;[654] vielmehr würde es die Transparenz fördern, wenn, wie bereits dargelegt, nur ein Gerichtsstand existiert. Das Interesse des Beklagten, nicht reisen zu müssen, kann also das Interesse der Rechtssicherheit auf internationaler Ebene nicht überwinden.[655]

Dieser Gerichtsstand ist praktisch vergleichbar mit dem ausschließlichen Gerichtsstand einer unbeweglichen Sache. Denn auch in diesem Fall gilt, dass die Sachnähe und Vorhersehbarkeit des Gerichtsstands am Ort der Sache Vorrang genießt.[656] Sachnähe ergibt sich jedenfalls auch aus der Nähe zu den betreffenden, am jeweiligen Ort zu führenden, Registern.

6.4.1.2.6 Automatische Anerkennung

Die oben genannte[657] Problematik, dass Wertungswidersprüche entstehen würden, wenn die nationalen Vorschriften bzw. die Zuständigkeitsregelungen der EuGVVO angewendet werden würden, wäre bei der Anwendung des Art. 3 EuInsVO nicht

652 *Leipold*, FS Ishikawa, S. 235; *Willemer*, Vis attractiva concursus, S. 99; *Ambach*, Art. 25 EuInsVO, S. 234.

653 *Ambach*, Art. 25 EuInsVO, S. 228 f.

654 *Trunk*, Internationales Insolvenzrecht, S. 378.

655 Vgl. *Ambach*, Art. 25 EuInsVO, S. 229.

656 *Ambach*, Art. 25 EuInsVO, S. 230.

657 Siehe dazu insbesondere Kap. 6.3.2.5 und 6.2.2.9.

gegeben. Eine privilegierte Anerkennung wäre gerechtfertigt, da am Ort der Verfahrenseröffnung auch bei einer Entscheidung über ein in engem Zusammenhang stehendes Einzelverfahren besondere Sachkunde vorhanden ist.[658] Im *Erläuternden Bericht* wird die Privilegierung mit dem kollektiven Charakter des Verfahrens begründet, welcher zwar bei Annexverfahren nicht zwingend vorliegen muss; dennoch ergehen diese Entscheidungen in unmittelbarem Zusammenhang mit den Hauptverfahren, da sie an dem Charakter des Hauptverfahrens praktisch partizipieren.[659]

6.4.1.2.7 Verfahrenskoordination

Ein einheitlicher Gerichtsstand in dem Staat, der das Verfahren eröffnet hat, fördert die Möglichkeit des gegenseitigen Austausches von Informationen zwischen den Verfahrensbeteiligten des Hauptverfahrens und des Annexverfahrens. Es besteht eine bessere Möglichkeit der Koordination zwischen den Verfahren, die in engem Zusammenhang miteinander stehen. [660] Das verhindert die Verzögerung des Verfahrens aufgrund von Informationseinholungen über weite Strecken und Grenzen hinweg. Dies gilt auch im Zeitalter der elektronischen Kommunikation, da nicht alle Informationen elektronisch erfassbar sind.

6.4.1.2.8 Einfachere Vollstreckungsmöglichkeit

Es besteht für Gläubiger in einem Insolvenzverfahren, die beispielsweise nicht durch ein Vollstreckungsverbot gehindert sind, zu vollstrecken, die Möglichkeit in dem Land, in dem das Verfahren eröffnet wurde und in dem meist auch das Vermögen des Schuldners belegen sein wird, auf eine einfache Weise ohne ein Vollstreckbarerklärungsverfahren zu vollstrecken.[661]

6.4.1.2.9 Kein Entgegenstehen des Art. 25 Abs. 1 UAbs. 2 letzter Halbsatz EuInsVO

Außerdem steht der Annahme die Zuständigkeit nach Art. 3 EuInsVO zu bestimmen nicht der letzte Halbsatz des Art. 25 Abs. 1 UAbs. 2 EuInsVO entgegen.

---

658 D-K/D/Ch – *Duursma-Kepplinger*, EuInsVO, Art. 25 Rn. 32; *Willemer*, Vis attractiva concursus, S. 99.

659 *Willemer*, Vis attractiva concursus, S. 99; D-K/D/Ch – *Duursma-Kepplinger*, EuInsVO, Art. 25 Rn. 35; *Willemer*, Vis attractiva concursus, S. 99.

660 Vergleiche dazu auch auch Erwägungsgrund 3 zur EuInsVO; *Ambach*, Art. 25 EuInsVO, S. 226 m.w.N.; *Ringe*, ZInsO 2006, 700, 701.

661 *Ambach*, Art. 25 EuInsVO, S. 231.

Dies deshalb, da die Vorschrift klarstellen musste, dass alle Verfahren und Entscheidungen anderer Gerichte im Verfahrenseröffnungsstaat erfasst sind, weil nicht in jedem Mitgliedsstaat das Gericht der Verfahrenseröffnung für die Annexverfahren zuständig ist. Anderes Gericht i.S. dieses Halbsatzes ist ein anderes Gericht im Mitgliedsstaat der Verfahrenseröffnung als das Gericht, das das Verfahren eröffnet hat.[662]

Unter Art. 25 Abs. 1 UAbs. 2 fallen nämlich nur Entscheidungen, die in diesem Mitgliedsstaat ergangen sind, Entscheidungen aus anderen Staaten fallen nicht unter diese Vorschrift.[663] Dies ergibt eine Auslegung sowohl nach dem Wortlaut des Art. 25 Abs. 1 UAbs. 2 EuInsVO als auch der Systematik der EuInsVO.[664]

Diese Auslegung des letzten Halbsatzes wird ebenfalls durch die Ausführungen des *Erläuternden Berichts* deutlich, dass die Anerkennung und Vollstreckung dieser Entscheidungen – unabhängig davon, ob sie vom Konkursgericht oder gemäß dem innerstaatlichen Recht von einem anderen Gericht erlassen wurde – sich immer nach dem Insolvenzübereinkommen (entsprechend heute EuInsVO) richten.[665]

Dass der letzte Halbsatz des Art. 25 Abs. 1 UAbs. 2 EuInsVO der Anwendung des Art. 3 EuInsVO nicht entgegensteht, hat der EuGH im Urteil „*Deko Marty*" festgestellt.[666]

6.4.1.2.10 Zusammenspiel von EuInsVO und EuGVVO

Wäre die internationale Zuständigkeit an Art. 3 EuInsVO zu messen, so würde sich die gewünschte Lückenlosigkeit bei der Anwendung der EuInsVO und der EuGVVO weitgehend verwirklichen, da dann sowohl die Anerkennung und Vollstreckung sowie die Zuständigkeit klar zugeordnet werden können und damit ein gutes Zusammenspiel zwischen den Verordnungen gewährleistet wäre.[667]

---

662 *Lorenz*, Annexverfahren, S. 122; *Ambach*, Art. 25 EuInsVO, S. 234.

663 *Virgos/Schmit*, Erläuternder Bericht, in: Stoll, Vorschläge und Gutachten, Rn. 194 a.E; *Leipold*, FS Ishikawa, S. 237; *Haubold*, IPRax 2002, 157, 160.

664 Vergleiche dazu Erwägungsgrund 15 S. 2 zur EuInsVO; *Haubold*, IPRax 2002, 157, 160; *Lorenz*, Annexverfahren, S. 122 ff.; *Willemer*, Vis attractiva concursus, S. 100 f.

665 *Virgos/Schmit*, Erläuternder Bericht, in: Stoll, Vorschläge und Gutachten, Rn. 194.

666 EuGH, Urteil vom 12.2.2009, Rs. C-339/07, juris-Rn. 27.

667 *Lorenz*, Annexverfahren, S. 119; MünchKommBGB – *Kindler*, Band 11, Art. 3 EuInsVO Rn. 85; *Ambach*, Art. 25 EuInsVO, S. 236; D-K/D/Ch – *Duursma-Kepplinger*, EuInsVO, Art. 25 Rn. 41.

6.4.1.2.11 Zuständigkeitsbündelung ohne nationale vis attractiva concursus

Der bereits oben angesprochene Streit darüber,[668] ob die *vis attractiva concursus* nur hinsichtlich des Staates oder auch hinsichtlich des Gerichts gilt, wird wiederum relevant, wenn in einem Staat die örtliche und sachliche Zuständigkeit nicht durch eine *vis attractiva concursus* bestimmt wird. Wird in einem Staat die Zuständigkeit nicht an dem Ort der Verfahrenseröffnung gebündelt, so stellt sich die Frage, ob eine Regelung einer *vis attractiva concursus* im Europarecht überhaupt sinnvoll ist, wenn dann im Inland an verschiedenen Gerichten entschieden wird, sodass wiederum Wertungswidersprüche und uneinheitliche Entscheidungen entstehen könnten.[669]

Dem kann aber entgegengehalten werden, dass – wie bereits oben erwähnt[670] – die Einheit der Rechtsordnung das primäre Ziel ist. Dies ist vor allem die Einheitlichkeit bei der Anwendung der Prozessrechtsordnung. Sinn macht eine Zuständigkeitsbündelung also in jeden Fall;[671] dies gilt in besonderem Maße für die Staaten, die auch eine *vis attractiva concursus* im nationalen Recht hinsichtlich der sachlichen und örtlichen Zuständigkeit vorsehen, aber auch für die Staaten, die diese nicht besitzen, wie dies beispielsweise in Deutschland der Fall ist.[672]

Außerdem können bei der Zuständigkeitsbündelung durch Art. 3 EuInsVO analog Zuständigkeitslücken entstehen, falls das nach europrechtlichen Grundsätzen zuständige Land in seiner Rechtsordnung für eine bestimmte Streitigkeit keine örtliche und sachliche Zuständigkeit für derartige Fälle kennt.[673] Nach der Ansicht von *Lüke* spräche diese Gefahr von Zuständigkeitslücken wohl generell gegen die Anwendung von Art. 3 EuInsVO in diesem Zusammenhang.[674]

Aus diesem Grund verneint eine Ansicht die Möglichkeit einer Zuständigkeitsbündelung am Ort der Verfahrenseröffnung nach Art. 3 EuInsVO analog, da dies zu unzumutbaren Verhältnissen führen könnte, weil dem betroffenen Kläger dann jede Rechtsschutzmöglichkeit versagt bleiben würde.[675]

Gegen diese Ansicht kann aber wiederum folgendes vorgebracht werden: Das Europarecht gilt vorrangig gegenüber dem nationalen Recht. Diesem Grundsatz

---

668 Siehe dazu Kap. 2.2.2.

669 *Willemer*, Vis attractiva concursus, S. 95.

670 Siehe Kap. 6.4.1.2.2.

671 *Willemer*, Vis attractiva concursus, S. 95.

672 Siehe dazu Kap. 2.3.1.

673 Vgl. dazu BGH, Urteil vom 27.05.2003, Az. IX ZR 203/02; *Willemer*, Vis attractiva concursus, S. 95.

674 *Lüke*, ZZP 111 (1998), 275, 291 f.

675 *Willemer*, Vis attractiva concursus, S. 95 f.

ist auch Rechnung zu tragen. Es ist nicht hinnehmbar, dass eine Zuständigkeitslücke des nationalen Rechts zur Nicht-Anwendbarkeit einer europarechtlichen *vis attractiva concursus* führt. Vielmehr ist die europarechtliche *vis attractiva concursus* aufgrund vieler Vorteile gemeinschaftsweit festzulegen und nationale Rechtsordnungen sind in solch problematischen Fällen entsprechend auszulegen. Der betroffene Staat hat dann einen entsprechenden Gerichtsstand zu bestimmen.[676] Derartige Probleme bei der Bestimmung der internationalen Zuständigkeit für Annexverfahren sind aber deutlich geringer einzuschätzen als die bereits aufgezeigten Probleme bei der Anwendung anderer Vorschriften, die erst recht zu Zuständigkeitslücken führen würden.[677]

6.4.1.2.12 Keine Zuständigkeitsbündelung aufgrund Art. 18 Abs. 2 EuInsVO

Art. 18 Abs. 2 EuInsVO normiert bestimmte Rechte des Insolvenzverwalters eines Sekundärinsolvenzverfahrens, insbesondere hinsichtlich Herausgabeansprüchen und Anfechtungsklagen in anderen Mitgliedsstaaten; aus diesem Grund wird teilweise vertreten, dass eine *vis attractiva concursus* im Insolvenzeröffnungsstaat auch für Annexverfahren, jedenfalls aber für Herausgabeklagen und Anfechtungsklagen, nicht gewollt ist.[678] Hiergegen spricht aber, dass in Art. 18 Abs. 2 EuInsVO nur die Befugnisse eines Sekundärinsolvenzverwalters geregelt sind und diesbezüglich Art. 18 EuInsVO eine Sondernorm darstellt, die Sonderrechte für den Verwalter normiert und die nicht auf das Hauptverfahren übertragen werden kann.[679]

6.4.1.3 Stellungnahme

Mit einer Anwendung des Art. 3 EuInsVO analog ist grundsätzlich der richtige Weg eingeschlagen worden. Die Vorteile überwiegen deutlich gegenüber den

---

676 *Mankowski*, IPRax 2001, 33, 33 f.; *Willemer*, Vis attractiva concursus, S. 96 f.; vgl. dazu auch *Haubold*, EuZW 2003, 703, 704 der die Nachteile der Einführung einer vis attractiva concursus ebenfalls grundsätzlich nicht teilt, da die Einführung nicht zwingend zur Folge haben muss, dass eine umfassende, sehr weitreichende vis attractiva concursus eingeführt werden muss; vielmehr ist auf den Wortlaut der Norm zu achten, welcher einen engen Zusammenhang zum Insolvenzverfahren vorgibt.

677 Siehe dazu Kap. 6.2.2 und Kap. 6.3.2 und *Haubold*, IPRax 2002, 157, 160 Fn. 56; *Willemer*, Vis attractiva concursus, S. 96.

678 *Mörsdorf-Schulte*, IPRax 2004, 31, 36; *Willemer*, Vis attractiva concursus, S. 93 f.

679 Siehe dazu bereits Kap. 5.3.1.3. Vgl. zum Ganzen *Lorenz*, Annexverfahren, S. 78 ff.; *Willemer*, Vis attractiva concursus, S. 93 f.; *Mörsdorf-Schulte*, IPRax 2004, 31, 36.

Nachteilen. Die wenigen Nachteile, soweit sie denn tatsächlich erheblich sind, können meist überwunden werden.

Insbesondere die Probleme hinsichtlich der automatischen Anerkennung und bei der Zuständigkeitsbestimmung nach Art. 3 EuInsVO analog wären damit gelöst.

Erwägungsgrund 6 zur EuInsVO besagt, dass die internationale Zuständigkeit für Annexverfahren in der EuInsVO geregelt sein soll. Die analoge Anwendung des Art. 3 EuInsVO ist hier zwar zielführend, widerspricht allerdings der Aussage des 6. Erwägungsgrundes in der Hinsicht, dass eine analoge Anwendung keine tatsächliche Regelung darstellt. Vielmehr ist eine analoge Anwendung gerade dann erforderlich, wenn eine planwidrige Regelungslücke vorliegt. So widersprechen sich diese Ansicht und die Aussage des 6. Erwägungsgrundes zur EuInsVO.

Im Folgenden soll nun eine weitere Möglichkeit dargestellt werden, die Zuständigkeit für Annexverfahren zu bestimmen, ohne dass ein Widerspruch zu Erwägungsgrund 6 zur EuInsVO besteht.

6.4.2 Zuständigkeit nach Art. 25 Abs. 1 UAbs. 2 i.V.m. Art. 3 Abs. 1 EuInsVO

6.4.2.1 Grundaussage

Die Möglichkeit, die internationale Zuständigkeit für Annexverfahren zu bestimmen, ohne dass ein Widerspruch zu der Aussage des 6. Erwägungsgrundes zur EuInsVO besteht, liegt in der Annahme einer Zuständigkeitsregelung durch Art. 25 Abs. 1 UAbs. 2 EuInsVO selbst. Dieser verweist nämlich für Verfahren, die in engem Zusammenhang mit dem Hauptverfahren stehen und unmittelbar aufgrund dessen ergangen sind, auf Art. 25 Abs. 1 UAbs. 1 EuInsVO. Diese Verweisung ist nicht in irgendeiner Weise eingeschränkt; sie ist vielmehr umfassend. So kann diese Verweisung auch so verstanden werden, dass sie nicht nur für die Anerkennung nach Satz 1 und für die Vollstreckung in Satz 2 des Art. 25 Abs. 1 UAbs. 1 EuInsvO gelten soll, sondern auch für die in UAbs. 1 Satz 1 geregelte indirekte Verweisung auf die Zuständigkeit nach Art. 3 EuInsVO. Indem nämlich Art. 25 Abs. 1 UAbs. 1 Satz 1 auf Art. 16 hinsichtlich der Anerkennung verweist, verweist dieser Satz indirekt auch auf die Zuständigkeitsvorschrift des Art. 3 EuInsVO. Somit wäre Art. 3 direkt und nicht analog aufgrund zweimaliger Verweisung anzuwenden. Diese Ansicht würde die Vorteile der analogen Anwendung von Art. 3 EuInsVO, zu dessen Argumentation ebenso die doppelte Verweisungsbrücke herangezogen wird, und die systematische Übereinstimmung mit der Aussage des 6. Erwägungsgrundes vereinen. Im Übrigen deckt sich diese Ansicht mit der Entscheidung des EuGH aus dem Jahr 2009 in Sachen „*Deko Marty*".[680] Damit ist der Begriff der Zuständigkeit für die Eröffnung des Verfahrens erweiternd auszulegen und die Zuständigkeit für Annexverfahren auch darunter zu subsumieren.

6.4.2.2 *Urteil des EuGH in Sachen „Deko Marty"*

Wie oben bereits dargestellt,[681] wendet der EuGH[682] Art. 3 EuInsVO zur Bestimmung der Zuständigkeit für Annexverfahren an. Dies wird in Randnummer 21 des Urteils deutlich. Eine Einschränkung auf Anfechtungsverfahren, welche der Entscheidung zugrunde lagen, wurde nicht vorgenommen. Vielmehr hat der EuGH diese Aussage allgemein für alle Annexverfahren gemacht.

Ferner geht der EuGH nicht von einer analogen Anwendung des Art. 3 EuInsVO aus. In Randnummer 25 des Urteils ist dazu folgendes zu finden:

> *„Schließlich findet die Auslegung von Art. 3 Abs. 1 der Verordnung Nr. 1346/2000, wie in Randnr. 21 des vorliegenden Urteils aufgeführt, in Art. 25 Abs. 1 dieser Verordnung ihre Bestätigung. Denn Unterabs. 1 der letztgenannten Bestimmung verpflichtet zur Anerkennung der Entscheidungen zur Durchführung und Beendigung eines Insolvenzverfahrens, die von einem Gericht erlassen wurden, dessen Entscheidung zur Eröffnung des Verfahrens nach Art. 16 der genannten Verordnung anerkannt wird, d. h. von einem nach Art. 3 Abs. 1 dieser Verordnung zuständigen Gericht."*

In Randnummer 26 folgt sodann:

> *„Gemäß Unterabsatz 2 von Art. 25 Abs. 1 der Verordnung Nr. 1346/2000 gilt jedoch dessen Unterabs. 1 auch für Entscheidungen, die unmittelbar aufgrund des Insolvenzverfahrens ergehen und in engem Zusammenhang damit stehen. Diese Bestimmung räumt mit anderen Worten die Möglichkeit ein, dass die Gerichte eines Mitgliedsstaates, in dessen Gebiet ein Insolvenzverfahren gemäß Art. 3 Abs. 1 der Verordnung Nr. 1346/2000 eröffnet worden ist, auch über eine Klage von der Art der im Ausgangsverfahren in Rede stehenden befinden."*

Der EuGH spricht von Auslegung, nicht von analoger Anwendung. Er stellt stattdessen auf Art. 25 Abs. 1 ab und findet dort die Bestätigung dafür, dass für Annexverfahren auch Art. 3 anzuwenden ist. Dies spricht für eine direkte, d.h. nicht analoge Anwendung von Art. 3 EuInsVO wie in Kap. 6.4.2 beschrieben. Art. 3 EuInsVO ist demnach über die indirekte Verweisung in Art. 25 Abs. 1 UAbs. 1 S. 1 EuInsVO, welcher wiederum über die Verweisung von Art. 25 Abs. 1 UAbs. 2

680 EuGH, Urteil vom 12.2.2009, Rs. C-339/07.
681 Siehe oben im Überblick zu Kap. 6.4.
682 EuGH, Urteil vom 12.2.2009, Rs. C-339/07.

EuInsVO direkt anzuwenden ist, anzuwenden. Damit ist auch dem 6. Erwägungsgrund zur EuInsVO Genüge getan, da eine Regelung der Zuständigkeit für Annexverfahren tatsächlich in der EuInsVO enthalten ist.[683]

6.4.2.3 Stellungnahme

Mit der Anwendung des Art. 3 Abs. 1 EuInsVO über Art. 25 Abs. 1 UAbs. 1 S. 1 und Art. 25 Abs. 1 UAbs. 2 EuInsVO ist dem EuGH in seiner Entscheidung in Sachen „*Deko Marty*" vollends zuzustimmen. Die direkte, d.h. nicht analoge, Anwendung des Art. 3 EuInsVO verbindet die Vorteile der Anwendung des Art. 3 EuInsVO und die Lösung der systematischen Ungereimtheiten hinsichtlich des 6. Erwägungsgrundes. Das Urteil wird nämlich auch dem 6. Erwägungsgrund zur EuInsVO gerecht, weil eine tatsächliche Regelung der Zuständigkeit für Annexverfahren in der EuInsVO vorliegt.

6.5 Zusammenfassung und Entscheidung

Mit dem EuGH ist festzustellen, dass Art. 3 über Art. 25 Abs. 1 UAbs. 1 S. 1 und UAbs. 2 EuInsVO dic Zuständigkeit für Entscheidungen regelt, die unmittelbar aufgrund eines Insolvenzverfahrens ergehen und in engem Zusammenhang damit stehen. Anderen, insbesondere früher vertretenen, Meinungen ist nicht mehr zu folgen. Die Anwendung der EuGVVO oder nationaler Vorschriften würde erhebliche Nachteile mit sich bringen, sodass diesen Auffassungen nicht gefolgt werden könnte, selbst wenn der EuGH nicht Gelegenheit gehabt hätte, dieses Problem mit der Entscheidung in Sachen „*Deko Marty*" zu bereinigen.

Die Vorteile der Anwendung des Art. 3 EuInsVO liegen klar auf der Hand; nicht nur, dass den Zielen der Erwägungsgründe Geltung verschafft wird, sondern auch die Systematik und der Kontext sprechen für eine Anwendung des Art. 3 Abs. 1 EuInsVO. Aber auch die Vorteile der Zuständigkeitsbündelung im Staat der Verfahrenseröffnung, insbesondere hinsichtlich Informationsbeschaffung, Beschleunigung und Wissensweitergabe, werden durch eine *vis attractiva concursus* auf europäischer Ebene verwirklicht.

Ob die Anwendung analog oder direkt erfolgt, ist rein dogmatischer Natur. Die Vorteile würden in beiden Fällen zur Geltung kommen. Die Dogmatik spricht aber für die direkte, d.h. nicht analoge Anwendung des Art. 3 EuInsVO über die doppelte Verweisungsbrücke. Nur so kann der 6. Erwägungsgrund erklärt werden, der von einer tatsächlichen Regelung der internationalen

683 Siehe dazu insgesamt Kap. 6.4.1.

Zuständigkeit für Annexverfahren ausgeht. Somit ist die Entscheidung des EuGH inhaltlich und dogmatisch richtig.

Das Ergebnis der Anwendung des Art. 3 EuInsVO, also die Zuständigkeit für Annexverfahren bei den Gerichten zu sehen, die das Hauptverfahren eröffnet haben, entspricht auch dem Vorschlag der Kommission zur Änderung der EuInsVO.[684] Darin wird das Urteil des EuGH in Sachen „*Deko Marty*“[685] umgesetzt und zur Klarstellung ein neuer Art. 3a eingefügt, welcher eben die Zuständigkeit für Annexverfahren bei dem Gericht der Hauptverfahrenseröffnung vorsieht.[686] Damit zeichnet sich ein einheitlicher Weg zur Bestimmung der Zuständigkeit für Annexverfahren im europäischen Insolvenzrecht ab.

---

684 Vorschlag der Kommission COM(2012) 744 final, 2012/0360 (COD), C7-0413/12.

685 EuGH, Urteil vom 12.02.2009, Rs. C-339/07.

686 Vorschlag der Kommission COM(2012) 744 final, 2012/0360 (COD), C7-0413/12, Art. 3a des Entwurfs; siehe dazu weitergehend Kap. 9 Reformbestrebungen / Vorschlag der Kommisssion zur Änderung der EuInsVO.

7. Anerkennung der Annexentscheidungen

Die Anerkennung von Entscheidungen, die in engem Zusammenhang mit einem Insolvenzverfahren stehen und in unmittelbarem Zusammenhang dazu ergehen, ist in Art. 25 Abs. 1 UAbs. 2 EuInsVO selbst geregelt. Durch eine Verweisung auf Art. 25 Abs. 1 UAbs. 1 EuInsVO sind derartige Entscheidungen ohne weitere Förmlichkeiten anzuerkennen. Das bedeutet: Es findet kein Anerkennungsverfahren statt, welches als europarechtswidrig anzusehen wäre.[687] Die Anerkennung erfolgt vielmehr wie bei der Verfahrenseröffnungsentscheidung im Hauptverfahren ipso jure, automatisch.

Die Gerichte und Behörden stellen die Anerkennungsfähigkeit der jeweiligen Entscheidung wie bei der Eröffnungsentscheidung inzident fest. Diese Feststellung umfasst nur die Tatsache, ob eine anerkennungsfähige Eröffnungsentscheidung aus demselben Mitgliedsstaat, aus dem auch die Annexentscheidung kommt, existiert.[688]

Neben dem *ordre-public*-Vorbehalt des Art. 26 EuInsVO,[689] der auch als Anerkennungsverweigerungsgrund für Annexentscheidungen anzuwenden ist, ist speziell für diese Entscheidungen der Anerkennungsverweigerungsgrund des Art. 25 Abs. 3 EuInsVO zu berücksichtigen. Nach diesem muss eine Entscheidung, die eine Einschränkung der persönlichen Freiheit oder des Postgeheimnisses zur Folge hätte, nicht anerkannt werden.

Die Wirkung der Anerkennung ist dieselbe wie die der Eröffnungsentscheidung. Es gilt die Theorie der Wirkungserstreckung.[690] Schon nach dem *Erläuternden Bericht* gilt, dass die Entscheidungen in derselben Form und mit denselben Wirkungen anerkannt werden, wie dies für die Eröffnungsentscheidung gilt.[691]

687 MünchKommBGB - *Kindler*, Band 11, Art. 25 EuInsVO Rn. 3.

688 *Ambach*, Art. 25 EuInsVO, S. 245; Kübler/Prütting - *Kemper*, Art. 25 EuInsVO Rn. 8.

689 Siehe dazu Kap. 3.1.6.

690 *Brinkmann*, IPRax 2007, 235, 236; *Gottwald*, ZZP 103 (1990), 257, 261; *Ambach*, EuInsVO, S. 245; *Ehricke*, RabelsZ 62 (1998), 712, 737; *Homann*, KTS 2000, 343, 351 f.

691 *Virgos/Schmit*, Erläuternder Bericht, in: Stoll, Vorschläge und Gutachten, Rn. 191.

8. Vollstreckung der Annexentscheidungen

Auch im Rahmen der Vollstreckung ergeben sich keine weiteren größeren rechtlichen Schwierigkeiten wie sie bei der Qualifikation und der Bestimmung der internationalen Zuständigkeit vorhanden sind. Art. 25 Abs. 1 UAbs. 1 Satz 2 EuInsVO, auf den auch UAbs. 2 verweist, bestimmt, dass die Artikel 31 bis 51 (mit Ausnahme von Artikel 34 Abs. 2) des Brüsseler Übereinkommens über die gerichtliche Zuständigkeit und die Vollstreckung gerichtlicher Entscheidungen in Zivil- und Handelssachen für die Vollstreckung der Annexentscheidungen anzuwenden sind. Nach heutiger Rechtslage sind dies die Art. 38 bis 52 EuGVVO, die über Art. 68 Abs. 2 EuGVVO anzuwenden sind.

Eine „automatische Vollstreckbarkeit" gibt es allerdings nicht. Vielmehr ist eine Vollstreckbarerklärung (Exequatur) notwendig, die vom Gericht des Staates, in dem vollstreckt werden soll, ausgesprochen wird. Diese Notwendigkeit ergibt sich aus der Rechtsnatur der Vollstreckung. Sie ist die Ausübung hoheitlicher Gewalt, die natürlich nicht auf einem anderen Staatsgebiet ohne weiteres stattfinden kann.[692]

Das Verfahren wird durch Stellung eines Antrags auf Vollstreckbarerklärung beim Gericht des Belegenheitsortes[693] eingeleitet. Der zu vollstreckenden Entscheidung ist grundsätzlich eine Bescheinigung nach Anhang V der EuGVVO beizulegen.[694] Sind die Voraussetzungen für eine Vollstreckung erfüllt, wird eine Vollstreckungsklausel erteilt. Dabei spielt es keine Rolle, wenn Vollstreckungsvoraussetzungen nach dem Recht des Vollstreckungsstaates tatsächlich nicht gegeben sind.[695]

Die Vollstreckbarerklärung kann nur aus Gründen der EuInsVO, nicht hingegen aus den Gründen, die die EuGVVO vorgibt, verweigert werden. Die Verweisung auf das EuGVÜ (später EuGVVO) schließt gerade die Vorschriften aus, die die Versagungsgründe des EuGVÜ / der EuGVVO enthalten, sodass diesbezüglich

---

692 MünchKommBGB – *Kindler*, Band 11, Art. 25 EuInsVO Rn. 5.

693 HambKomm – *Undritz*, Art. 25 EuInsVO Rn. 13 m.w.N.

694 MünchKommBGB – *Kindler*, Band 11, Art. 25 EuInsVO Rn. 6.

695 HambKomm – *Undritz*, Art. 25 EuInsVO Rn. 12; MünchKommBGB – *Kindler*, Band 11, Art. 25 EuInsVO Rn. 6.

lediglich eine Rechtsfolgenverweisung vorliegt.[696] Damit sind nur Art. 25 Abs. 3 und Art. 26 EuInsVO als Verweigerungsgründe heranzuziehen.

Als Rechtsbehelf gegen die Vollstreckbarerklärung einer Entscheidung kommt lediglich die Rechtsbeschwerde nach Art. 45 EuGVVO in Betracht, wobei auch der diesbezügliche Prüfungsmaßstab nur Art. 25 Abs. 3 und Art. 26 EuInsVO umfasst.[697]

696 Str., so aber D-K/D/Ch – *Duursma-Kepplinger*, EuInsVO, Art. 25 Rn. 10; MünchKommBGB – *Kindler*, Band 11, Art. 25 EuInsVO Rn. 7.

697 MünchKommBGB – *Kindler*, Band 11, Art. 25 EuInsVO Rn. 8; Nerlich/Römermann – *Mincke*, InsO, Art. 25 Rn. 3 und 25.

9. Reformbestrebungen zur EuInsVO

9.1 Vorschlag der Kommission zur Änderung der EuInsVO

Die Europäische Kommission hat am 12.12.2012 einen Vorschlag für eine Verordnung des Europäischen Parlaments und des Rates zur Änderung der Verordnung (EG) Nr. 1246/ 2000 des Rates über Insolvenzverfahren vorgelegt.[698]

10 Jahre nach In-Kraft-Treten der EuInsVO war nach Ansicht der Kommission die EuInsVO zu überprüfen gewesen und eine Änderung für nötig befunden worden (vgl. Art. 46 EuInsVO).

9.1.1 Notwendigkeit einer Reform

Nach der Begründung zu dem Entwurf ist eine Reform notwendig, da bei der Anwendung der Verordnung Probleme aufgetreten sind. Die Verordnung berücksichtige nur unzureichend die Bemühungen der EU und der Mitgliedsstaaten zur Rettung von Unternehmen in Schwierigkeiten. Es ergaben sich insbesondere folgende Mängel:[699]

Die EuInsVO gilt weder für nationale Verfahren, die die Restrukturierung eines Unternehmens im Vorfeld der Insolvenz vorsehen (Vorinsolvenzverfahren), noch gilt sie für kombinierte (hybride) Verfahren, bei denen der Schuldner die Geschäfte führt (Eigenverwaltung). Vorinsolvenzverfahren und Verfahren der Eigenverwaltung, die nicht in Anhang A der EuInsVO erfasst sind, die aber in den Rechtsordnungen der Mitgliedsstaaten vermehrt Zugang finden, sind beispielsweise in Deutschland das Schutzschirmverfahren nach § 270 b InsO, in England der gesetzlich geregelte Zwangsvergleich (Restrukturierungsinstrument: *„schemes*

---

698 Vorschlag der Kommission COM(2012) 744 final, 2012/0360 (COD), C7-0413/12, abzurufen unter: http://www.europarl.europa.eu/meetdocs/2009_2014/documents/com/com_com(2012)0744_/com_ com(2012)0744_de.pdf; vgl. dazu auch Arbeitsunterlage der Kommissionsdienststellen vom 12.12.12, Zusammenfassung der Folgenabschätzung, Begleitunterlage zum Vorschlag zur Änderung der Verordnung (EG) Nr. 1346/2000 des Rates über Insolvenzverfahren, SWD(2012) 417 final; vgl. auch Bericht der Kommission vom 12.12.12 an das Europäische Parlament, den Rat und den Europäischen Wirtschafts- und Sozialausschuss über die Anwendung der Verordnung (EG) Nr. 1346/2000 des Rates vom 29.5.2000 über Insolvenzverfahren, COM(2012) 743 final.

699 Siehe zu den Mängeln: Vorschlag der Kommission COM(2012) 744 final, 2012/0360 (COD), C7-0413/12, S. 2 ff.

of arrangement"; Teil 26 des englischen Companies Act 2006) und in Frankreich das Verfahren des „*mandat ad hoc*" (gerichtlicher Ad-hoc-Bevollmächtigter; L 611-3 Code de Commerce), das Vergleichsverfahren (L 611-4 ff. Code de Commerce) und das *sauvegarde financière accélérée* (SFA; beschleunigtes Verfahren für Finanzrestrukturierungen).[700]

Desweiteren gibt es Probleme bei der Feststellung, welcher Mitgliedsstaat für die Eröffnung des Verfahrens zuständig sein soll. Schwierigkeiten sind insbesondere bei der Anwendung des Kriteriums des COMI vorhanden. Es wurde kritisiert, dass eine Verhinderung der missbräuchlichen Sitzverlegung nicht möglich ist.

Als weiteres Problem gilt, dass die Eröffnung eines Sekundärinsolvenzverfahrens die effiziente Verwaltung der Schuldnermasse behindern kann. Ist ein Sekundärinsolvenzverfahren in einem Mitgliedsstaat eröffnet worden, so hat der Verwalter des Hauptinsolvenzverfahrens in einem anderen Staat nicht länger die Kontrolle über das Vermögen, welches in jenem Staat der Sekundärinsolvenzeröffnung belegen ist. Dies erschwert den Verkauf eines noch aktiven Unternehmens als „*going concern*", also als Unternehmen, bei dem davon ausgegangen wird, dass es im nächsten Jahr nicht aufgelöst wird. Ebenso wird eine erfolgreiche Restrukturierung durch den Umstand verhindert, dass Sekundärinsolvenzverfahren immer Liquidationsverfahren sind.

Schließlich wird in der Begründung zum Vorschlag der Kommission als bedeutender Mangel der EuInsVO die fehlende Regelung der Gruppen- und Konzerninsolvenzen genannt. Bisher wird – wie bereits beschrieben[701] – für jedes Mitglied der Unternehmensgruppe eine einzelnes Insolvenzverfahren eröffnet. Dies schmälert die Aussichten auf eine erfolgreiche Restrukturierung der Gruppe insgesamt und führt oftmals zum Auseinanderbrechen der Unternehmensgruppe.

9.1.2 Überblick über die vorgeschlagenen Maßnahmen

Neben einer Änderung der Erwägungsgründe zur EuInsVO sollen insbesondere folgende Bereiche der EuInsVO zur Lösung der genannten Probleme geändert worden:

700 Bericht der Kommission an das Europäische Parlament, den Rat und den Europäischen Wirtschafts- und Sozialausschuss über die Anwendung der Verordnung (EG) Nr. 1346/2000 des Rates vom 29.5.2000 über Insolvenzverfahren, COM(2012) 743 final, S. 5.

701 Siehe Kap. 3.1.5.2.

9.1.2.1 *Anwendungsbereich*

Artikel 1 des Vorschlags (nach Überarbeitung durch den Rat der Europäischen Union) soll Folgendes regeln:

> ***Anwendungsbereich***
>
> *1. Diese Verordnung gilt für öffentliche Gesamtverfahren einschließlich Verfahren des vorläufigen Rechtsschutzes, die sich auf eine gesetzliche Regelung zur Insolvenz stützen und in denen zu Zwecken der Sanierung, Schuldenanpassung, Reorganisation oder Liquidation*
>
> *a) dem Schuldner die Verfügungsgewalt über sein Vermögen ganz oder teilweise entzogen und ein Insolvenzverwalter bestellt wird,*
>
> *b) die Insolvenzmasse der Kontrolle oder Aufsicht durch ein Gericht unterstellt wird oder*
>
> *c) eine vorübergehende Aussetzung eines Einzelvollstreckungsverfahrens von einem Gericht oder von Amts wegen angeordnet wird, um Verhandlungen zwischen dem Schuldner und seinen Gläubigern zu ermöglichen, sofern dieses Verfahren (i) geeignete Maßnahmen zum Schutz der Gesamtheit der Gläubiger vorsieht und (ii) vor einem der unter den Buchstaben a oder b genannten Verfahren erfolgt, wenn keine Einigung erzielt wird.*
>
> *Kann ein solches Verfahren in Situationen eröffnet werden, in denen eine Insolvenz nur möglicherweise eintreten könnte, muss der Zweck des Verfahrens die Vermeidung der Insolvenz des Schuldners oder der Einstellung seiner Geschäftstätigkeit sein.*
>
> *Die Verfahren, auf die in diesem Absatz Bezug genommen wird, sind in Anhang A aufgelistet.*
>
> *2. Diese Verordnung gilt nicht für die Verfahren nach Absatz 1 in Bezug auf Versicherungsunternehmen,*
>
> *a) Kreditinstitute,*
>
> *b) Wertpapierfirmen, soweit sie unter die geänderte Richtlinie 2001/24/EG fallen, und*
>
> *c) Organismen für gemeinsame Anlagen.*[702]

Der Anwendungsbereich soll gegenüber der bisher bestehenden Regelung deutlich erweitert werden. Der Anwendungsbereich ist auf Verfahren in Eigenverwaltung und Vorinsolvenzverfahren zu erstrecken, da diese – wie bereits erläutert[703] – vermehrt in den Rechtsordnung der Mitgliedsstaaten Eingang gefunden haben.

Auch sollen Entschuldungsverfahren und sonstige Insolvenzverfahren für natürliche Personen von dem neuen Art. 1 erfasst werden.[704]

702 Vgl. Entschließung des Rates der Europäischen Union vom 3.6.2014, Dossier 2012/0360 (COD), Dokument 10284/14 ADD.1.

703 Siehe Kap. 9.1.

704 Siehe zum Ganzen: Vorschlag der Kommission COM(2012) 744 final, 2012/0360 (COD), C7-0413/12, S. 5.

9.1.2.2 *Gerichtliche Zuständigkeit*

Die Zuständigkeitsregelung zur Eröffnung des Insolvenzhauptverfahrens soll geändert und präzisiert werden.[705] Für Annexverfahren soll eigens ein Art. 3a eingeführt werden, der die Zuständigkeit für Annexverfahren regeln soll, also für Verfahren, die unmittelbar aus dem Insolvenzverfahren hervorgehen und in engem Zusammenhang damit stehen.[706]

9.1.2.3 *Sekundärinsolvenzverfahren*

Nach dem Vorschlag der Kommission soll die Eröffnung eines Sekundärinsolvenzverfahrens abgelehnt werden können, wenn es zum Schutz der Gläubiger am Ort der Niederlassung nicht erforderlich ist. Ebenso ist es nicht mehr zwingend erforderlich, dass Sekundärinsolvenzverfahren Liquididationsverfahren sind. Außerdem soll die Zusammenarbeit der Gerichte, die mit dem Haupt- und dem Sekundärinsolvenzverfahren beschäftigt sind, verbessert werden. Dazu sollen umfangreiche Vorschriften zur Kooperation zwischen den einzelnen Beteiligten in die EuInsVO mit aufgenommen werden.[707]

9.1.2.4 *Publizität der Verfahren und Forderungsanmeldung*

Auch in formeller Hinsicht soll die Kommunikation zwischen den einzelnen beteiligten Gerichten verbessert werden.[708] Einschlägige Gerichtsentscheidungen sollen in grenzüberschreitenden Fällen in einem öffentlich zugänglichen, elektronischem Register bekanntgemacht werden. Außerdem sollen die nationalen Insolvenzregister vernetzt und ein Standardformular für die Anmeldung von Forderungen eingeführt werden.[709]

9.1.2.5 *Unternehmensgruppen / Konzerne*

Nicht vorgesehen ist im Rahmen von Unternehmensinsolvenzen, dass anstelle vieler Einzelverfahren nur ein Verfahren stattfindet. Allerdings soll die Koordinierung

---

705 Vorschlag der Kommission COM(2012) 744 final, 2012/0360 (COD), C7-0413/12, S. 5.

706 Vergleiche weitergehend Kapitel 9.3 und 9.4.

707 Vorschlag der Kommission COM(2012) 744 final, 2012/0360 (COD), C7-0413/12, S. 5.

708 Vgl. dazu auch *Nagel/Gottwald*, IZPR, § 20 Rn. 103.

709 Vorschlag der Kommission COM(2012) 744 final, 2012/0360 (COD), C7-0413/12, S. 6.

der Insolvenzverfahren, an denen Mitglieder derselben Unternehmensgruppe beteiligt sind, vorangetrieben werden. Nach dem Entwurf soll eine Verpflichtung der beteiligten Verwalter und Gerichte bestehen, zusammenzuarbeiten und miteinander zu kommunizieren. Der Verwalter soll ferner die Antragsbefugnis zur Aussetzung eines anderen Verfahrens erhalten. Ebenso erhält er das Recht, einen Sanierungsplan für die Mitglieder der Unternehmensgruppe vorzuschlagen, gegen die ein Insolvenzverfahren eröffnet wurde.[710]

9.1.3 Geplante Änderungen im Bereich der Zuständigkeit für Hauptverfahren

Im Rahmen der Zuständigkeit zur Eröffnung des Hauptverfahrens soll die Reform deutliche Verbesserungen bringen. Dazu wird Art. 3 der EuInsVO abgeändert. Art. 3 Abs. 1 und 3 EuInsVO sollen nach der Reform folgenden Wortlaut erhalten:

> „1. *Für die Eröffnung des Insolvenzverfahrens („Hauptinsolvenzverfahrens") sind die Gerichte des Mitgliedstaats zuständig, in dessen Gebiet der Schuldner den Mittelpunkt seiner hauptsächlichen Interessen hat. Als Mittelpunkt der hauptsächlichen Interessen gilt der Ort, an dem der Schuldner gewöhnlich der Verwaltung seiner Interessen nachgeht und der für Dritte feststellbar ist.*
> *Bei Gesellschaften und juristischen Personen wird bis zum Beweis des Gegenteils vermutet, dass der Mittelpunkt ihrer hauptsächlichen Interessen der Ort ihres satzungsmäßigen Sitzes ist.*
> *Bei einer natürlichen Person, die eine selbstständige oder freiberufliche Tätigkeit ausübt, gilt als Mittelpunkt ihrer hauptsächlichen Interessen ihre Hauptniederlassung; bei allen anderen natürlichen Personen gilt als Mittelpunkt ihrer hauptsächlichen Interessen der Ort ihres gewöhnlichen Aufenthalts.*
> 3. *Wird ein Insolvenzverfahren nach Absatz 1 eröffnet, so ist jedes zu einem späteren Zeitpunkt nach Absatz 2 eröffnete Insolvenzverfahren ein Sekundärinsolvenzverfahren. Für die Feststellung, ob der Schuldner eine Niederlassung im Gebiet eines anderen Mitgliedstaats hat, ist der Zeitpunkt maßgebend, zu dem das Hauptverfahren eröffnet wurde.*"[711]

Beibehalten werden soll der Ort des COMI als entscheidendes Kriterium bei der Bestimmung der Zuständigkeit zur Eröffnung des Hauptverfahrens. Wie bereits

710 Vorschlag der Kommission COM(2012) 744 final, 2012/0360 (COD), C7-0413/12, S. 6.

711 Vorschlag der Kommission COM(2012) 744 final, 2012/0360 (COD), C7-0413/12, S. 23.

dargestellt,[712] ist der Begriff des COMI für die (indirekte) Bestimmung der Zuständigkeit im Rahmen eines Verfahrens nach dem UNCITRAL-Modellgesetz ebenso entscheidend. Die Begründung zum Vorschlag der Kommission zur Änderung der EuInsVO geht davon aus, dass der Begriff des Mittelpunkts der hauptsächlichen Interessen der Entwicklung der internationalen Zuständigkeit folgt, da eben das UNCITRAL-Modellgesetz diesen als Regelanknüpfung verwendet.[713] Dies ist im deutschen Recht trotz etwas unterschiedlicher Formulierung ebenso der Fall.[714] Im Fall der Insolvenz einer natürlichen Person soll eine Defintion dieses Anknüpfungspunkts aufgenommen werden, um die Rechtsanwendung zu erleichtern. Ebenso soll ein neuer Erwägungsgrund 13a die Anwendung verbessern, indem er präzisiert, unter welchen Umständen die Vermutung des COMI widerlegt werden kann.[715] Dieser lautet:

> *„Bei Gesellschaften und juristischen Personen sollte die Vermutung gelten, dass der „Mittelpunkt ihrer hauptsächlichen Interessen" der Ort ihres satzungsmäßigen Sitzes ist. Diese Vermutung sollte widerlegt werden können, wenn sich die Hauptverwaltung der Gesellschaft in einem anderen Mitgliedstaat befindet als der Sitz und wenn eine Gesamtbetrachtung aller relevanten Faktoren die von Dritten überprüfbare Feststellung zulässt, dass sich der tatsächliche Mittelpunkt der Verwaltung und der Kontrolle der Gesellschaft sowie der Verwaltung ihrer Interessen in diesem anderen Mitgliedstaat befindet. Eine Widerlegung der Vermutung sollte hingegen nicht möglich sein, wenn sich die Verwaltungs- und Kontrollorgane einer Gesellschaft am Ort ihres Sitzes befinden und die Verwaltungsentscheidungen der Gesellschaft in für Dritte feststellbarer Weise an diesem Ort getroffen werden."*[716]

In der neuen EuInsVO soll außerdem das *„forum shopping"* weiter eingeschränkt werden. Zu diesem Zweck wird eine Vorschrift aufgenommen, nach der das Gericht, welches das Verfahren eröffnen will, seine Zuständigkeit von Amts wegen

712 Im Rahmen der UNCITRAL-Modellgesetze gibt es keine direkte Zuständigkeitsvorschrift. Nach der jeweiligen Definition der Verfahren gemäß Art. 2 der Modellgesetze richtet sich indirekt die Zuständigkeit des Staates für die Eröffnung. So ist nach der Definition des Art. 2 b) der Modellgesetze ein ausländisches Hauptverfahren dort zu eröffnen, wo sich der Schwerpunkt der hauptsächlichen Interessen befindet. Siehe dazu Kap 3.3.4.

713 Vorschlag der Kommission COM(2012) 744 final, 2012/0360 (COD), C7-0413/12, S. 7.

714 Siehe dazu § 3 InsO; hierbei wird auf den Mittelpunkt der selbständigen wirtschaftlichen Tätigkeit abgestellt, was aber kaum zu unterschiedlichen Ergebnissen führen dürfte. Siehe dazu weiters Kap. 3.1.5.1.

715 Vorschlag der Kommission COM(2012) 744 final, 2012/0360 (COD), C7-0413/12, S. 7; Siehe dazu auch die Entscheidung des EuGH in Sachen "*Interedil*" (Urteil des EuGH vom 20.10.2011, Rs. C-396-09).

716 Vorschlag der Kommission COM(2012) 744 final, 2012/0360 (COD), C7-0413/12, S. 17.

vor Eröffnung prüft und in der Eröffnungsentscheidung begründet. Außerdem sollen alle ausländischen Gläubiger informiert werden, damit sie die Möglichkeit haben, die Eröffnungsentscheidung anzufechten.[717] Dies soll ein neuer Art. 3b regeln, welcher folgenden Wortlaut hat:

> *„Artikel 3b*
> *Prüfung der Zuständigkeit und Recht auf eine gerichtliche Nachprüfung*
> 1. *Das mit einem Antrag auf Eröffnung eines Insolvenzverfahren befasste Gericht prüft von Amts wegen, ob es nach Artikel 3 zuständig ist. In der Entscheidung zur Eröffnung des Insolvenzverfahrens ist anzugeben, auf welche Gründe sich die Zuständigkeit des Gerichts stützt, insbesondere, ob die Zuständigkeit auf Artikel 3 Absatz 1 oder Absatz 2 gestützt ist.*
> 2. *Wird das Insolvenzverfahren ohne gerichtliche Entscheidung eröffnet, prüft der für dieses Verfahren bestellte Verwalter, ob der Mitgliedstaat, in dem das Verfahren anhängig ist, gemäß Artikel 3 zuständig ist. Ist dies der Fall, gibt der Verwalter an, auf welche Gründe sich die Zuständigkeit stützt, insbesondere, ob die Zuständigkeit auf Artikel 3 Absatz 1 oder Absatz 2 gestützt ist.*
> 3. *Gläubiger oder Parteien, die ihren gewöhnlichen Aufenthalt, Wohnsitz oder Sitz in einem anderen Mitgliedstaat als dem Staat der Verfahrenseröffnung haben, haben das Recht, gegen die Entscheidung zur Eröffnung des Hauptinsolvenzverfahrens einen Rechtsbehelf einzulegen. Das Gericht, das das Hauptinsolvenzverfahren eröffnet hat, oder der Verwalter setzt die betreffenden Gläubiger, sofern sie bekannt sind, so rechtzeitig von der Entscheidung in Kenntnis, dass sie gegen die Entscheidung einen Rechtsbehelf einlegen können.*“[718]

9.1.4 Geplante Änderungen im Bereich der Zuständigkeit für Annexverfahren

Noch umfangreichere Veränderungen werden durch die Reform für die Zuständigkeit für Annexverfahren eingeführt. Zwar wird Artikel 25 EuInsVO inhaltlich nicht verändert. Er wird nur an die neuen Begriffe bzw. neuen Verordnungen angepasst.[719] Allerdings sollen nun – angespasst an das Urteil des EuGH in Sachen „*Deko Marty*“[720] – im Text der Verordnung nach Art. 3 zur Zuständigkeit

717 Vorschlag der Kommission COM(2012) 744 final, 2012/0360 (COD), C7-0413/12, S. 7.

718 Vorschlag der Kommission COM(2012) 744 final, 2012/0360 (COD), C7-0413/12, S. 24.

719 Vorschlag der Kommission COM(2012) 744 final, 2012/0360 (COD), C7-0413/12, S. 28.

720 EuGH, Urteil vom 12.2.2009, Rs. C-339/07.

für Haupt- und Sekundärverfahren ein Art. 3a eingefügt werden, der folgenden Wortlaut hat:

> *„Artikel 3a*
> *Zuständigkeit für im Zusammenhang stehende Klagen*
> 1. *Die Gerichte des Mitgliedstaats, in dessen Gebiet das Insolvenzverfahren nach Artikel 3 eröffnet worden ist, sind zuständig für Klagen, die unmittelbar aus diesem Verfahren hervorgehen und in engem Zusammenhang damit stehen.*
> 2. *Steht eine Klage im Sinne des Absatzes 1 im Zusammenhang mit einer anderen zivil- oder handelsrechtlichen Klage gegen denselben Beklagten, kann der Verwalter beide Klagen vor ein Gericht des Mitgliedstaats bringen, in dem der Beklagte seinen Wohnsitz hat, wenn dieses Gericht nach der Verordnung (EG) Nr. 44/2001 zuständig ist.*
> 3. *Klagen stehen im Sinne dieses Artikels im Zusammenhang, wenn zwischen ihnen eine so enge Beziehung gegeben ist, dass eine gemeinsame Verhandlung und Entscheidung geboten erscheint, um zu vermeiden, dass in getrennten Verfahren widersprechende Entscheidungen ergehen.“*[721]

Die Defintion des Zusammenhang in Absatz 3 soll mit der neuen EuGVVO in Art. 30 Abs. 3[722] übereinstimmen.[723]

In diesem Rahmen soll auch ein neuer Erwägungsgrund Nr. 13b in die zukünftige EuInsVO eingearbeitet werden. Dieser lautet:

> *„Das mitgliedsstaatliche Gericht, das das Insolvenzverfahren eröffnet hat, sollte auch für Klagen zuständig sein, die sich direkt aus dem Insolvenzverfahren ableiten und in engem Zusammenhang damit stehen wie beispielsweise Insolvenzanfechtungsklagen. Steht eine solche Klage im Zusammenhang mit einer anderen zivil- oder handelsrechtlichen Klage, sollte der Verwalter beide Klagen vor die Gerichte am Sitz oder Wohnsitz des Beklagten bringen können, wenn er sich von einer Zusammenführung der Klagen an diesem Gerichtsstand einen Effizienzgewinn verspricht. Dies wäre beispielsweise dann der Fall, wenn der Verwalter eine insolvenzrechtliche Haftungsklage gegen einen Geschäftsführer mit einer gesellschaftsrechtlichen oder deliktsrechtlichen Klage verbinden will.“*[724]

---

721 Vorschlag der Kommission COM(2012) 744 final, 2012/0360 (COD), C7-0413/12, S. 23 f.

722 Art. 30 Abs. 3 EuGVVO n.F. lautet: *„(3) Verfahren stehen im Sinne dieses Artikels im Zusammenhang, wenn zwischen ihnen eine so enge Beziehung gegeben ist, dass eine gemeinsame Verhandlung und Entscheidung geboten erscheint, um zu vermeiden, dass in getrennten Verfahren widersprechende Entscheidungen ergehen könnten.“* Siehe zu den Neuerungen der EuGVVO Kap. 3.2.8.2.

723 *Nagel/Gottwald*, IZPR, § 20 Rn. 64.

724 Vorschlag der Kommission COM(2012) 744 final, 2012/0360 (COD), C7-0413/12, S. 17 f.

Nun ist erstmalig ein Vorschlag zur konkreten, direkten Zuständigkeitsregelung ohne die Notwendigkeit einer erweiternden Auslegung für die Eröffnung von Annexverfahren geschaffen worden. Gemäß der vertretenen Auffassung in dieser Arbeit für eine indirekte, über zwei Verweisungsbrücken geregelten Zuständigkeit in der aktuellen EuInsVO in Art. 25 Abs. 1 UAbs. 2 selbst, welche schließlich zu der direkten, d.h. nicht analogen Anwendung des Art. 3 EuInsVO führt,[725] soll eine direkte Regelung der Annexverfahren in einem evtl. zukünftigen Art. 3a EuInsVO normiert werden. Die Gerichte des Mitgliedsstaates, in welchem das Verfahren eröffnet wurde, sollen nun auch für Annexverfahren zuständig sein. Nach der Begründung der Kommission soll damit das Urteil in Sachen „*Deko Marty*“[726] berücksichtigt und kodifiziert werden, welches die Zuständigkeit für Annexverfahren nach dem derzeitigen Art. 3 EuInsVO bestimmt.[727]

Darüber hinaus gibt der Vorschlag dem Verwalter die Möglichkeit, eine in engem Zusammenhang mit einem Insolvenzverfahren stehende Klage, die auch in Zusammenhang mit einer anderen zivil- oder handelsrechtlichen Klage gegen denselben Beklagten steht, zusammen vor das Gericht am Wohnsitz des Beklagten zu bringen, wenn das Gericht auch nach der EuGVVO zuständig ist. Beispielhaft wird die Verbindung einer insolvenzrechtlichen Haftungsklage gegen den Geschäftsführer und einer auf Delikts- oder Gesellschaftsrecht gestützten Klage gegen dieselbe Person genannt. Diese könnte dann an demselben Gericht erhoben werden.[728]

Das bedeutet, dass es zukünftig im Fall des Bestehens eines Zusammenhangs zwischen einer beispielsweise gesellschaftsrechtlichen und einer insolvenzrechtlichen Klage möglich sein soll, zum einen die insolvenzrechtliche Klage bei den Gerichten am Ort des Insolvenzgerichts und die gesellschaftsrechtliche vor das örtlich zuständige Zivilgericht zu bringen. Zum anderen aber soll es auch unter bestimmten Voraussetzungen möglich sein, die insolvenzrechtliche Klage an die gesellschaftsrechtliche Klage zu „heften“ und beide zusammen vor dem Zivilgericht geltend zu machen.

Nicht möglich allerdings erscheint nach dem Vorschlag, die gesellschaftsrechtliche an die insolvenzrechtliche Klage zu „heften“ und beide vor den Gerichten am Ort des Insolvenzgerichts geltend zu machen.

---

725 So das Ergebnis dieser Arbeit; vergleiche Kap. 6.5.

726 EuGH, Urteil vom 12.2.2009, Rs. C-339/07.

727 Siehe dazu bereits Kap. 6.4.2.2.

728 Vorschlag der Kommission COM(2012) 744 final, 2012/0360 (COD), C7-0413/12, S. 7.

Eine Voraussetzung für die gemeinsame Geltendmachung vor dem nach der EuGVVO zuständigen Zivilgericht ist, dass zwischen den Klagen ein Zusammenhang besteht. In Art. 3a Abs. 3 des Vorschlags ist geregelt, dass *„der Zusammenhang im Sinne dieses Artikels besteht"*, wenn eine so enge Beziehung gegeben ist, dass eine gemeinsame Verhandlung und Entscheidung geboten erscheint, um zu vermeiden, dass in getrennten Verfahren widersprechende Entscheidungen ergehen. Dies gilt in jedem Fall für den Zusammenhang nach Abs. 2. Fraglich ist allerdings – und damit ist eine erste Schwierigkeit bzw. Ungereimtheit im Vorschlag der Kommission zu erkennen -, ob Absatz 3 nun auch für Absatz 1 gelten soll. Dafür spricht, dass Absatz 3 von „Zusammenhang im Sinne dieses Artikels" anstelle von „im Sinne des Absatz 2" spricht. Dagegen allerdings spricht, dass Absatz 2 von „Klagen" spricht und auch inhaltlich nicht richtig zu Absatz 1 passt, denn das Insolvenzhauptverfahren ist keine Klage und eine „gemeinsame" Entscheidung im Hauptverfahren beispielsweise mit einer Insolvenzanfechtungsklage wäre insbesondere bereits deshalb nicht möglich, da die Anfechtungsprozesse der abschließenden Entscheidung im Hauptverfahren vorausgehen.

Aus diesen Gründen spricht trotz Verwendung des Begriffs *„dieses Artikels"* mehr gegen die Anwendung des Absatz 2 auf Absatz 1. Dennoch kann der hinter der Regelung des Absatzes 2 stehende Zweck eventuell entsprechend bei der Qualifikation von Annexverfahren berücksichtigt werden. Ein Zusammenhang i.S.d. Absatzes 1 kann somit auch gegeben sein, wenn eine so enge Beziehung zwischen dem Haupt- und dem Annexverfahren besteht, dass im Rahmen des Hauptverfahrens von dem Insolvenzgericht darüber besser zu entscheiden wäre als von dem Zivilgericht, da sonst aufgrund beispielsweise mangelnder Informationen sich widersprechende bzw. für das Insolvenzverfahren nachteilige Entscheidungen ergehen würden.

9.2 Umsetzung der Maßnahmen in der neuen EuInsVO vom 20.5.2015

Die genannten Vorschläge der Kommission wurden schließlich in der Neufassung der EuInsVO vom 20.5.2015[729] mit Erweiterungen und Ergänzungen berücksichtigt.

Hinsichtlich der internationalen Zuständigkeit von Annexverfahren wurde in einem neuen Artikel 6 Folgendes normiert:

729 Vgl. hierzu insgesamt die Verordnung (EU) 2015/848 des Europäischen Parlaments und des Rates vom 20.Mai 2015 über Insolvenzverfahren (Neufassung), Abl. EU L 141/19.

„Zuständigkeit für Klagen, die unmittelbar aus dem Insolvenzverfahren hervorgehen und in engem Zusammenhang damit stehen

(1) Die Gerichte des Mitgliedstaats, in dessen Hoheitsgebiet das Insolvenzverfahren nach Artikel 3 eröffnet worden ist, sind zuständig für alle Klagen, die unmittelbar aus dem Insolvenzverfahren hervorgehen und in engem Zusammenhang damit stehen, wie beispielsweise Anfechtungsklagen.

(2) Steht eine Klage nach Absatz 1 im Zusammenhang mit einer anderen zivil- oder handelsrechtlichen Klage gegen denselben Beklagten, so kann der Verwalter beide Klagen bei den Gerichten in dem Mitgliedstaat, in dessen Hoheitsgebiet der Beklagte seinen Wohnsitz hat, oder — bei einer Klage gegen mehrere Beklagte — bei den Gerichten in dem Mitgliedstaat, in dessen Hoheitsgebiet einer der Beklagten seinen Wohnsitz hat, erheben, vorausgesetzt, die betreffenden Gerichte sind nach der Verordnung (EU) Nr. 1215/2012 zuständig.
Unterabsatz 1 gilt auch für den Schuldner in Eigenverwaltung, sofern der Schuldner in Eigenverwaltung nach nationalem Recht Klage für die Insolvenzmasse erheben kann.

(3) Klagen gelten für die Zwecke des Absatzes 2 als miteinander im Zusammenhang stehend, wenn zwischen ihnen eine so enge Beziehung gegeben ist, dass eine gemeinsame Verhandlung und Entscheidung zweckmäßig ist, um die Gefahr zu vermeiden, dass in getrennten Verfahren miteinander unvereinbare Entscheidungen ergehen.“[730]

Insofern wurde der Vorschlag der Kommission hinsichtlich der internationalen Zuständigkeit für Annexverfahren fast vollständig übernommen. So ergeben sich nur wenige Ergänzungen:

In Absatz 1 wurden Anfechtungsklagen als Beispiel für Annexverfahren aufgeführt.

Neben der Aktualisierung der EuGVVO wurde in Absatz 2 der Fall bedacht, dass mehrere Beklagte vorhanden sein können. Hier können nun Klagen bei den Gerichten des Mitgliedsstaates erhoben werden, in dessen Hoheitsgebiet einer der Beklagten seinen Wohnsitz hat. Schließlich wird Abs. 2 Uabs. 1 auch für den Schuldner in Eigenverwaltung für anwendbar erklärt, sofern der Schuldner in Eigenverwaltung nach nationalem Recht Klage für die Insolvenzmasse erheben kann.

In Absatz 3 ist zunächst gegenüber dem Entwurf klargestellt worden, dass Absatz 3 nur für den Zusammenhang i.S.d. Absatzes 2 gilt. Offen bleibt aber, ob die Voraussetzungen für die Annahme eines Zusammenhangs in Absatz 3 analog bei der Ermittlung des Zusammenhangs zwischen dem Hauptinsolvenzverfahren und Annexverfahren zu berücksichtigen sind. Aufgrund des beabsichtigten Zwecks erscheint dies jedenfalls möglich und wird auch durch Absatz 3 nicht ausgeschlossen.

730 Art. 6 EuInsVO n.F.

Ferner werden lediglich Begriffe ausgetauscht, ohne dass eine inhaltliche Änderung deutlich wird. So heißt es in Absatz 3, dass eine so enge Beziehung gegeben ist, dass eine gemeinsame Verhandlungen und Entscheidung „zweckmäßig ist" anstelle der Formulierung der Kommission „geboten erscheint". Zudem soll vermieden werden, dass in getrennten Verfahren miteinander „unvereinbare" Entscheidungen anstelle von sich „widersprechende" Entscheidungen ergehen.

Die neue EuInsVO gilt grundsätzlich gemäß Art. 92 EuInsVO n.F. ab dem 26.6.2017 mit Ausnahme der in Art. 92 EuInsVO n.F. aufgeführten Artikel.

9.3 Stellungnahme

Der Reform der EuInsVO ist grundsätzlich zu begrüßen. Wie festgestellt wurde, sind einige gravierende Mängel bei der Anwendung der EuInsVO aufgetreten, die zu Rechtsunsicherheit bei der Anwendung geführt haben.

Gerade auch im Rahmen der Zuständigkeitsbestimmung für das Hauptverfahren versuchte man konkreter zu werden und die Verortung zu erleichtern; allerdings ist insbesondere die Formulierung des neuen Erwägungsgrundes 30 *„...wenn eine Gesamtbetrachtung aller relevanten Faktoren die von Dritten überprüfbare Feststellung zulässt, dass sich der tatsächliche Mittelpunkt der Verwaltung und der Kontrolle der Gesellschaft sowie der Verwaltung ihrer Interessen in diesem anderen Mitgliedsstaat befindet"* wieder einer weiten Auslegung zugänglich. Immerhin kann daraus geschlossen werden, dass objektive Faktoren zur Feststellung notwendig sind, um die Verortung der Verwaltung, der Interessen und der Kontrollorgane zu bestimmen. Nicht geklärt ist aber die Frage der Verortung, wenn diese einzelnen Orte auf verschiedene Mitgliedsstaaten verteilt sind.

Zugestehen muss man in diesem Zusammenhang aber, dass eine konkretere Regelung wohl nur schwer möglich ist, da viele verschiedene Fallkonstellationen denkbar sind. Dies bleibt meist das allgemeine Manko einer Regelung auf europarechtlicher Ebene. Ob sich schließlich die Regelung in der Praxis bewährt, wird sich noch zeigen.

Jedenfalls nicht geklärt ist damit aber, trotz der beispielsweisen Aufnahme der Anfechtungsverfahren in Art. 6 EuInsVO n.F., welche weiteren Klagearten und Entscheidungstypen konkret unter den Begriff „Annexverfahren" fallen. Hilfreich wäre es gewesen, eine beispielhafte Auflistung verschiedener Verfahren aufzunehmen, an der sich der Anwender orientieren kann. Dazu hätte die Chance bestanden, in Art. 2 unter „Begriffsbestimmungen" einen Absatz mit beispielhaft aufgezählten Annexverfahren zu normieren und eine entsprechende Anwendung auf andere Verfahrenstypen, die diesen entsprechen würden, zu erlauben. Es hätten zudem konkrete Merkmale aufgelistet werden können, die die Annexverfahren näher beschreiben.

Leider beinhaltet auch die neue EuInsVO einen solchen Absatz nicht. Deshalb ist es auch weiterhin notwendig anhand von bisher ergangenen Entscheidungen und Tendenzen in der EU-Rechtsprechung im konkreten Einzelfall zu untersuchen, ob eine Entscheidung dem durchaus ungenauen Begriff des „engen Zusammenhang“ und des „unmittelbar aufgrund eines Insolvenzverfahrens ergehen“ – dies eventuell ergänzt durch den Gedanken des Art. 6 Abs. 3 der neuen EuInsVO – entspricht. Im folgenden soll dies anhand von Einzelfällen aus Deutschland, England und Frankreich geschehen.

10. Einzelne Entscheidungen und Verfahren

Im folgenden Kapitel sollen nun einzelne Ansprüche genauer untersucht werden, insbesondere hinsichtlich der strittigen Punkte ihrer Qualifikation und der internationalen Zuständigkeit für das Verfahren. Ebenso sollen Ansprüche in England und Frankreich näher beleuchtet werden. Dabei wird der Schwerpunkt auf gesellschaftliche Streitigkeiten gelegt. Im Rahmen der Qualifikation von Anfechtungsklagen wurde erst 2009 durch das Urteil des EuGH in Sachen „*Deko Marty*“[731] die Problematik zugunsten einer insolvenzrechtlichen Qualifikation entschieden, sodass diesbezüglich insbesondere noch die Entscheidungsfindung zu bewerten bleibt. Auch im Hinblick auf eventuell zukünftiges Recht soll der Vorschlag der Kommission und die damit verbundenen Absichten dargestellt werden.

10.1 Gesellschaftsrechtliche Streitigkeiten

Die Qualifikation von Ansprüchen, Entscheidungen und Verfahren im Rahmen des Gesellschaftsrechts ist in der Insolvenzpraxis sehr bedeutsam. Ist nicht nur eine natürliche Person Schuldner, sind gesellschaftsrechtliche Verflechtungen nicht selten. Hierbei ist zu untersuchen, ob sich Möglichkeiten ergeben, Ansprüche, beispielsweise aus Gesellschafter- oder Geschäftsführerhaftung, geltend zu machen. Das unterschiedliche Gesellschaftsrecht der einzelnen Mitgliedsstaaten der Europäischen Union macht es in diesem Zusammenhang erforderlich „über den Tellerrand des eigenen Mitgliedsstaates“ hinaus zu schauen, denn oftmals sind nicht nur Vermögensgegenstände in einem Mitgliedsstaat betroffen. Deshalb sollen im Rahmen dieser Arbeit, neben einzelnen Ansprüchen, Entscheidungen und Verfahrensarten in Deutschland, diese auch in zwei weiteren Mitgliedsstaaten der EU, England und Frankreich, mit in die Betrachtung einfließen.

Die Qualifikation von Annexverfahren als insolvenzrechtlich, hängt – wie bereits erläutert – davon ab, ob der Anspruch bzw. das Verfahren in engem Zusammenhang mit dem Insolvenzverfahren steht und unmittelbar aufgrund dessen ergeht (Art. 25 Abs. 1 UAbs. 2 EuInsVO).

Abzugrenzen davon sind Ansprüche, die die Errichtung, die innere Verfassung, die Auflösung und Beendigung, also das Entstehen, Leben und Vergehen

731 EuGH, Urteil 12.2.2009, Rs. C-339/07.

einer Gesellschaft zum Inhalt haben; diese Ansprüche und Verfahren sind gesellschaftsrechtlich und nach dem Gesellschaftsstatut zu bestimmen.[732] Das anzuwendende Gesellschaftsstatut ist indes nicht festgelegt; allerdings sind diesbezüglich durch den EuGH in den Urteilen „*Centros*"[733], „Überseering"[734] und „*Inspire Art*"[735] Vorgaben gemacht worden, nach denen das Gesellschaftsstatut zu bestimmen ist. Nach diesen Urteilen ist die Sitztheorie, zumindest in manchen Folgen, nicht mit der Niederlassungsfreiheit vereinbar.[736] Vielmehr soll bei Klagen innerhalb der EU das Recht des Mitgliedsstaates zur Anwendung kommen, in welchem die Gesellschaft gegründet worden ist (Gründungstheorie). Dies schließt aber nicht aus, dass sich Beschränkungen der Niederlassungsfreiheit dennoch rechtfertigen lassen, wenn zwingende Allgemeininteressen, Betrug, Missbrauch oder ein Verstoß gegen den *ordre-public* des Mitgliedsstaates vorliegen. Eine Rechtfertigung kann dann vorliegen, wenn sie die „Schranken-Schranken" der Vier-Konditionen-Lehre erfüllt. Diese sind die Verfolgung des zwingenden Allgemeininteresses, Geeignetheit, Anwendung in nicht diskriminierender Weise und der Grundsatz der Verhältnismäßigkeit im engeren Sinne.[737] Nicht als missbräuchlich hat der EuGH die Gründung von sog. Scheinauslandsgesellschaften angesehen. Diese Gesellschaften sind im Ausland gegründet worden und ausschließlich im Inland tätig. In Deutschland ist die häufigste Form dieser Art Gesellschaft die nach englichem Recht gegründete *Private Limited Company by Shares* oder kurz *Limited*.[738]

Im Rahmen der Beurteilung von Annexentscheidungen sind ferner die Entwicklungen der letzten Zeit mit aufzunehmen. So erging im Jahr 2009 die Entscheidung des EuGH in Sachen „*Deko Marty*"[739] hinsichtlich der Qualifikation von Anfechtungsverfahren. Außerdem trat am 1.11.2008 das Gesetz zur Modernisierung des GmbH-Rechts und zur Bekämpfung von Missbräuchen (MoMiG)

732 Gottwald – *Gottwald/Kolmann*, Handbuch, § 132 Rn. 93 m.w.N.

733 EuGH, Urt. v. 9. 3. 1999, Rs. C-212/97, "*Centros*".

734 EuGH, Urt. v. 5. 11. 2002, Rs. C-208/00, "Überseering".

735 EuGH, Urt. v. 30. 9. 2003, Rs. C-167/01, "*Inspire Art*".

736 *Grigoleit/Rieder*, GmbH-Recht nach dem MoMiG, Rn. 14 ff.

737 Gottwald – *Gottwald/Kolmann*, Handbuch, § 132 Rn. 90; *Grigoleit/Rieder*, GmbH-Recht nach dem MoMiG, Rn. 29.

738 *Grigoleit/Rieder*, GmbH-Recht nach dem MoMiG, Rn. 15; Gottwald – *Gottwald/Kolmann*, Handbuch, § 132 Rn. 88.

739 EuGH, Urteil vom 12.2.2009, Rs. C-339/07.

in Kraft.[740] Am 12.12.2012 veröffentlichte die Kommisssion der Europäischen Union einen Vorschlag zur Änderung der EuInsVO.[741]

Auch wenn die Entscheidung des EuGH in Sachen „*Deko Marty*"[742] zu Anfechtungsklagen erging und diese Klagen als insolvenzrechtlich qualifizierte, so stellt sich doch die Frage, ob das Urteil eine Richtung vorgibt, nach welcher Annexverfahren ganz allgemein zukünftig zu bestimmen sind, bzw. ob es eine Feststellung enthält, welcher Tendenz der EuGH bei der Qualifikation der Annexverfahren und bei der Bestimmung der Zuständigkeit für Annexverfahren künftig folgen wird. Dies wäre selbstverständlich dann auch für Entscheidungen, die im Rahmen gesellschaftlicher Streitigkeiten ergehen, zu beachten.

Auch der Reformvorschlag der Kommission vom 12.12.2012[743] ist in diesem Rahmen zu berücksichtigen, da er die Absichten des EU-Gesetzgebers für eine zukünftige EuInsVO darstellt. Ob dieser Vorschlag tatsächlich so umgesetzt wird, kann freilich noch nicht gesagt werden.

In Deutschland wurden durch das MoMiG tiefgreifende Eingriffe in das Gesellschaftsrecht vorgenommen. Dadurch könnten sich Merkmale einzelner Ansprüche derart verändert haben, dass einer bisher vorherrschenden Meinung zu der Qualifikation eines Anspruchs jetzt nicht mehr gefolgt werden kann. Insbesondere sind einzelne Ansprüche und Pflichten aus den gesellschaftlichen Normen mit der Absicht der Änderung des anzuwendenden Statuts in die Insolvenzordnung verschoben worden.[744] Deshalb ist es notwendig, derartige Ansprüche auch unter dem Blickwinkel des MoMiG genauer zu betrachten.

---

740 Gesetz zur Modernisierung des GmbH-Recht und zur Bekämpfung von Missbräuchen vom 23.10.2008, Bundesgesetzblatt Jahrgang 2008 Teil I Nr. 48, ausgegeben zu Bonn am 28. Oktober 2008; abrufbar unter: http://www.bmj.de/SharedDocs/Downloads/DE/pdfs/Gesetz_zur_Modernisierung_des_GmbH_Rechts.pdf?__blob=publicationFile; vergleiche dazu auch: Deutscher Bundestag, Drucksache 16/6140 vom 25. 07. 2007, Entwurf der Bundesregierung eines Gesetzes zur Modernisierung des GmbH-Rechts und zur Bekämpfung von Missbräuchen (MoMiG) mit den entsprechenden Erläuerungen, abzurufen unter: http://dip21.bundestag.de/dip21/btd/16/061/1606140.pdf.

741 Vorschlag der Kommission COM(2012) 744 final, 2012/0360 (COD), C7-0413/12.

742 EuGH, Urteil vom 12.2.2009, Rs. C-339/07.

743 Vorschlag der Kommission COM(2012) 744 final, 2012/0360 (COD), C7-0413/12.

744 *Grigoleit/Rieder*, GmbH-Recht nach dem MoMiG, Rn. 38.

10.1.1 Deutschland

In Deutschland ist insbesondere die Haftung der Gesellschafter und Geschäftsführer in der GmbH bzw. des Vorstands in der AG in Zusammenhang mit einem insolvenzrechtlichen Verfahren zu beleuchten. Aber auch die Haftungsverhältnisse in einem Konzern sollen dargestellt werden.

Dabei ist zu klären, ob der jeweilige Anspruch als insolvenzrechtlich oder gesellschaftsrechtlich zu qualifizieren ist. Auch eine deliktsrechtliche Qualifikation wird vorgeschlagen,[745] was dann dazu führen würde, den Verwaltungssitz bzw. Tätigkeitsschwerpunkt als relevanten Bezugspunkt zu nehmen (Art. 40 EGBGB, Handlungs- und Erfolgsort).[746] Auch Mischformen sollen möglich sein.[747]

Relevant in diesem Zusammenhang sind die Ansprüche aus § 826 BGB sowie § 823 Abs. 2 BGB. Da aber § 823 Abs. 2 BGB durch das jeweilige Schutzgesetz geprägt wird und § 826 BGB auf den Begriff der Sittenwidrigkeit abstellt, welcher durch das betroffenen Rechtsgebiet inhaltlich ausgefüllt werden muss,[748] ist eine deliktsrechtliche Qualifikation kaum einschlägig.

10.1.1.1 Gesellschafterhaftung

Eine Haftung der Gesellschafter ist in vielerlei Hinsicht möglich. Im Rahmen eines Insolvenzverfahrens sind aber vor allem die Ansprüche auf Erstattung verbotener Rückzahlungen nach § 31 Abs. 1 und 3 GmbH und § 62 AktG, die Insolvenzverschleppungshaftung nach § 823 Abs. 2 BGB i.V.m. § 15a InsO und eventuell noch richterrechtlich begründete oder auf § 826 BGB beruhende allgemeine Haftungsgründe in besonderen Fällen in Betracht zu ziehen.

Dabei ist das im Jahr 2008 erlassene Gesetz zur Modernisierung des GmbH-Gesetzes und zur Bekämpfung von Missbräuchen (MoMiG) zu berücksichtigen. Dieses Gesetz änderte auch Vorschriften zur Gesellschafterhaftung sowohl bei der GmbH als auch bei der AG. Es ist deshalb erforderlich die Rechtslage vor und nach dem Erlass des MoMiG zu betrachten, um Veränderungen aufzudecken und ein korrekte Einordnung der Verfahren und Entscheidungen vorzunehmen.

---

745 *Bayer*, BB 2003, 2357, 2365; *Grigoleit/Rieder*, GmbH-Recht nach dem MoMiG, Rn. 33; *Schanze/Jüttner*, AG 2003, 661, 669 f.; *Zimmer*, NJW 2003, 3585, 3588 ff.

746 *Grigoleit/Rieder*, GmbH-Recht nach dem MoMiG, Rn. 33; Palandt – *Thorn*, BGB, Art. 40 EGBGB Rn. 4 f.; vgl. hierzu auch Art. 4 Rom II-VO.

747 MünchKommBGB – *Kindler*, Band 11, IntGesR Rn. 716; Gottwald – *Gottwald/Kolmann*, Handbuch, § 132 Rn. 93.

748 *Grigoleit/Rieder*, GmbH-Recht nach dem MoMiG, Rn. 35.

10.1.1.1.1 Änderungen durch das MoMiG

Durch das MoMiG wurde eine Reihe von Neuerungen im Rahmen der Haftung der Gesellschafter, insbesondere für Rückzahlungen entgegen den Grundsätzen der Kapitalerhaltung, eingeführt.

10.1.1.1.1.1 Rechtslage vor Erlass des MoMiG

10.1.1.1.1.1.1 Kapitalerhaltungsanspruch nach § 30 GmbHG und § 57 AktG

Die Haftung der Gesellschafter bringt für einen Insolvenzverwalter eines Verfahrens über eine Gesellschaft oftmals „eine freudige Überraschung" mit sich, wenn er bemerkt, dass ein Gesellschafter entgegen den Grundsätzen der Kapitalerhaltung Geld aus dem Gesellschaftsvermögen erhalten hat, da er dieses von dem Gesellschafter zurückverlangen kann. Die Grundsätze der Kapitalerhaltung sind sowohl nach alter wie auch nach neuer Rechtslage in § 30 GmbHG für die GmbH und für die AG in § 57 AktG normiert. Allerdings hat sich ihr Inhalt geändert. § 30 Abs. 1 GmbH in der Fassung bis 31.10.2008 lautete:

> *„Das zu Erhaltung des Stammkapitals erforderliche Vermögen der Gesellschaft darf an die Gesellschafter nicht ausbezahlt werden."*

§ 57 Abs. 1 AktG in der Fassung bis 31.10.2008 lautete:

> *„Den Aktionären dürfen die Einlagen nicht zurückgewährt werden. Als Rückgewähr von Einlagen gilt nicht die Zahlung des Erwerbspreises beim zulässigen Erwerb eigener Aktien"*

Kapitalerhaltung ist dementsprechend das Verbot, das nach Maßgabe der Kapitalerhaltungsvorschriften aufgebrachte Vermögen offen oder verdeckt an die Gesellschafter zurückfließen zu lassen.[749] § 31 GmbHG und § 62 AktG stellen diejenigen Rechtsgrundlagen dar, wonach Ansprüche nach den Grundsätzen der Kapitalerhaltung geltend gemacht werden können; danach ist eine Zahlung zurückzugewähren, wenn sie entgegen § 30 GmbHG bzw. § 57 AktG geleistet wurde.

Das sog. *„Novemberurteil"* des BGH[750] stellte fest, dass auch die Gewährung von Darlehen aus dem gebundenen Vermögen an die Gesellschafter den

---

749 *Hirte*, Kapitalgesellschaftsrecht, Rn. 5.74.

750 BGH, Urteil vom 24. November 2003, Az. II ZR 171/01; vgl. dazu *Hirte*, Kapitalgesellschaftsrecht, Rn. 5.76a; *Binz*, DB 2004, 1273, 1273 ff.; *Cahn*, Der Konzern 2004, 235, 235 ff.; *Helmreich*, GmbHR 2004, 457, 457 ff.; *Langner/Mentgen*, GmbHR 2004, 1121, 1121 ff.; *Reidenbach*, WM 2004, 1421, 1421 ff.; *Schilmar*, DB 2004, 1411, 1411 ff.; *Vetter*, BB 2004, 1509, 1509 ff.; *Wessels*, ZIP 2004, 793, 793 ff.

Grundsätzen der Kapitalerhaltung unterliegt. Dies war nach dem Urteil selbst dann der Fall, wenn der Anspruch auf Rückzahlung des Urteils als vollwertig anzusehen war.

Danach galten sowohl im GmbH-Recht als auch im AG-Recht strenge Grundsätze, um einen möglichst hohen Gläubigerschutz zu gewährleisten. Ausnahmen vom Grundsatz der Kapitalerhaltung bestanden nicht.

10.1.1.1.1.1.2 Kapitalersatzrecht nach §§ 32a und b GmbHG

Das Recht der Finanzierung der Gesellschaft durch die Gesellschafter wurde früher durch die Grundsätze der Finanzierungsfolgenverantortung eingeschränkt.[751] Nach § 32a und § 32b GmbHG a.F., die die Grundsätze zum früher geltenden Eigenkapitalersatzrecht aufstellten, galt folgendes:

§ 32a GmbHG:

„(1) Hat ein Gesellschafter der Gesellschaft in einem Zeitpunkt, in dem ihr die Gesellschafter als ordentliche Kaufleute Eigenkapital zugeführt hätten (Krise der Gesellschaft), statt dessen ein Darlehen gewährt, so kann er den Anspruch auf Rückgewähr des Darlehens im Insolvenzverfahren über das Vermögen der Gesellschaft nur als nachrangiger Insolvenzgläubiger geltend machen".

(2) Hat ein Dritter der Gesellschaft in einem Zeitpunkt, in dem ihr die Gesellschafter als ordentliche Kaufleute Eigenkapital zugeführt hätten, statt dessen ein Darlehen gewährt und hat ihm ein Gesellschafter für die Rückgewähr des Darlehens eine Sicherung bestellt oder hat er sich dafür verbürgt, so kann der Dritte im Insolvenzverfahren über das Vermögen der Gesellschaft nur für den Betrag verhältnismäßige Befriedigung verlangen, mit dem er bei der Inanspruchnahme der Sicherung oder des Bürgen ausgefallen ist.

(3) Diese Vorschriften gelten sinngemäß für andere Rechthandlungen eines Gesellschafters oder eines Dritten, die der Darlehensgewährung nach Abs. 1 oder 2 wirtschaftlich entsprechen. Die Regeln über den Eigenkapitalersatz gelten nicht für den nicht geschäftsführenden Gesellschafter, der mit zehn vom Hundert oder weniger am Stammkapital beteiligt ist. Erwirbt ein Darlehensgeber in der Krise der Gesellschaft Geschäftsanteile zum Zwecke der Überwindung der Krise, führt dies für seine bestehenden oder neugewährten Kredite nicht zur Anwendung der Regeln über den Eigenkapitalersatz."

§ 32b GmbHG:

„Hat die Gesellschaft im Fall des § 32 a Abs. 2, 3 das Darlehen im letzten Jahr vor dem Antrag auf Eröffnung des Insolvenzverfahrens oder nach diesem Antrag zurückgezahlt, so hat der Gesellschafter, der die Sicherung bestellt hatte oder als Bürger haftete, der Gesellschaft den zurückbezahlten Betrag zu erstatten. § 146 der Insolvenzordnung gilt entsprechend.

751 vgl. dazu BGH, Urteil vom 07. November 1994, Az. II ZR 270/93; *Grigoleit/Rieder*, GmbH-Recht nach dem MoMiG, Rn. 227 ff.

Die Verpflichtung besteht nur bis zur Höhe des Betrags, mit dem der Gesellschafter als Bürge haftet oder der dem Wert der von ihm bestellten Sicherung im Zeitpunkt der Rückzahlung des Darlehens entspricht. Der Gesellschafter wird von der Verpflichtung frei, wenn er die Gegenstände, die dem Gläubiger als Sicherung gedient hatten, der Gesellschaft zur ihrer Befriedigung zur Verfügung stellt. Diese Vorschriften gelten sinngemäß für andere Rechtshandlungen, die der Darlehensgewährung wirtschaftlich entsprechen."

Werden also in der Krise einer Gesellschaft durch die Gesellschafter der Gesellschaft Gelder zugeführt, so entsteht damit insbesondere ein Missbrauchsrisiko, dass Insiderwissen verwendet und die Insolvenz verschleppt wird.[752]

Das Eigenkapitalersatzrecht wollte diesen Missbrauch dadurch verhindern, dass das derart zugeführte Vermögen vorrangig haftendes Kapital und in der Insolvenz der Gesellschaft nachrangig zu erstattendes Eigenkapital darstellen sollte. Es bestand ein Erstattungsanspruch gegen den Gesellschafter, falls dieser in einem gewissen Zeitraum vor der Insolvenz der Gesellschaft das Darlehen zurückerhalten hat. [753]

Die Rechtsfolgen kapitalersetzender Zahlungen waren umstritten. Es bildeten sich zwei Lösungsmöglichkeiten heraus: Die kapitalerhaltungsrechtliche Lösung (Rechtsprechungs-/BGH-Regeln) und die insolvenzrechtliche Lösung (Novellenregeln).[754] Beide Regelungen wurden von der h.M. und dem BGH nebeneinander angewendet, um größtmöglichen Gläubigerschutz zu gewährleisten.[755]

10.1.1.1.1.2 Aktuelle Rechtslage

10.1.1.1.1.2.1 Erweiterung der §§ 30 GmbHG und 57 AktG

Nach der aktuellen Rechtslage haben § 30 GmbHG und § 57 AktG nun folgenden Wortlaut:

§ 30 Abs. 1 GmbHG:

„Das zur Erhaltung des Stammkapitals erforderliche Vermögen der Gesellschaft darf an die Gesellschafter nicht ausgezahlt werden. Satz 1 gilt nicht bei Leistungen, die bei Bestehen eines Beherrschungs- oder Gewinnabführungsvertrages (§ 291 des Aktiengesetzes) erfolgen, oder durch einen vollwertigen Gegenleistungs- und Rückgewähranspruch gegen

---

752 *Grigoleit/Rieder*, GmbH-Recht nach dem MoMiG, Rn. 228; vgl. dazu auch: Ulmer/Habersack/Winter – *Habersack*, GmbHG, Band II, §§ 32 a/b Rn. 12.

753 *Grigoleit/Rieder*, GmbH-Recht nach dem MoMiG, Rn. 229.

754 *Grigoleit/Rieder*, GmbH-Recht nach dem MoMiG, Rn. 229 ff.; *Priester*, FS Döllerer, S. 482 ff.; Lutter/Hommelhoff – *Lutter/Hommelhoff*, GmbHG, §§ 32a/b Rn. 10.

755 BGH, Urteil vom 26. März 1984, Az. II ZR 14/84; *Grigoleit/Rieder*, GmbH-Recht nach dem MoMiG, Rn. 231.

den Gesellschafter gedeckt sind. Satz 1 ist zudem nicht anzuwenden auf die Rückgewähr eines Gesellschafterdarlehens und Leistungen auf Forderungen aus Rechtshandlungen, die einem Gesellschafterdarlehen wirtschaftlich entsprechen."

§ 57 AktG:

„Den Aktionären dürfen die Einlagen nicht zurückgewährt werden. Als Rückgewähr gilt nicht die Zahlung des Erwerbspreises beim zulässigen Erwerb eigener Aktien. Satz 1 gilt nicht bei Leistungen, die bei Bestehen eines Beherrschungs- oder Gewinnabführungsvertrages (§ 291) erfolgen oder durch einen vollwertigen Gegenleistungs- oder Rückgewähranspruch gegen den Aktionär gedeckt sind. Satz 1 ist zudem nicht anzuwenden auf die Rückgewähr eines Aktionärsdarlehens und Leistungen auf Forderungen aus Rechtshandlungen, die einem Aktionärsdarlehen wirtschaftlich entsprechen."

§ 30 GmbHG und § 57 AktG sind also deutlich erweitert worden. Inbesondere gilt der Grundsatz, dass das zur Erhaltung erforderliche Vermögen nicht an die Gesellschafter ausbezahlt werden darf, nicht mehr, wenn und soweit ein vollwertiger Gegenleistungs- und Rückgewähranspruch besteht.

Vollwertigkeit des Anspruchs besteht, wenn auch einem Dritten zu denselben Bedingungen ein Darlehen gewährt werden würde. Dies ist grundsätzlich nicht der Fall, wenn das Darlehen nicht oder nur gering verzinst werden würde.[756] Hierbei wird diese Aussage in den Zeiten, in welchen sehr niedrige Zinssätze gewährt werden bzw. sogar Strafzinsen erhoben werden, entsprechend relativiert werden müssen. Kein vollwertiger Anspruch liegt auch vor, wenn das Darlehen völlig ungesichert ist.[757] Dies gilt aber nur, wenn sich durch die mangelnde Verzinsung oder Sicherung nicht die übrigen Konditionen des Darlehens (positiv) verändern. Dabei ist der Zeitpunkt der Gewährung des Darlehens der entscheidende Zeitpunkt für die Qualifikation.[758] Auch die Nicht-Einforderung des Darlehens am Ende der Laufzeit kann die Vollwertigkeit eines Anspruchs entfallen lassen.[759] Ferner ist es nicht notwendig, dass das Darlehen ein Gelddarlehen ist; es können den Gesellschaftern auch andere Gegenstände überlassen werden.[760]

756 *Hirte*, Kapitalgesellschaftsrecht, Rn. 5.76a.

757 *Drygala/Kremer*, ZIP 2007, 1289, 1293.

758 *Drygala/Kremer*, ZIP 2007, 1289, 1293; *Hirte*, Kapitalgesellschaftsrecht, Rn. 5.76a; Die Durchsetzbarkeit ist Teil des Vollwertigkeitsbegriffs (Begr. RegE, BT-Drucks. 16/6140, S. 41); vgl. dazu allgemein: *Schmidt*, GmbHR 2007, 1072, 1072 ff.; *Winter*, DStR 2007, 1484, 1485 ff.

759 BGH, Urteil vom 10. Mai 1993, Az. II ZR 74/92; *Hirte*, Kapitalgesellschaftsrecht, Rn. 5.76a; *Drygala/Kremer*, ZIP 2007, 1289, 1293; *Gehrlein*, Konzern 2007, 771, 785 f.

760 *Hirte*, Kapitalgesellschaftsrecht, Rn. 5.76a; vgl. zum Ganzen auch: *Grigoleit/Rieder*, GmbH-Recht nach dem MoMiG, Rn. 207 ff.

10.1.1.1.1.2.2 Abschaffung des Eigenkapitalersatzrechts

§§ 32 a und 32 b GmbHG sind durch das MoMiG gestrichen worden. Die Problematik von Gesellschafterdarlehen ist nun teilweise in den § 19 Abs. 2 S. 1, 39 Abs. 1 Nr. 5, IV, V, 44a, 135, 143 Abs. 3 InsO geregelt.[761] Die von der Rechtsprechung entwickelten Grundsätze des Eigenkapitalersatzrechts sind aufgehoben worden. Eine Unterscheidung zwischen eigenkapitalersetzenden und normalen Darlehen gibt es nicht mehr.[762]

Stattdessen ist in § 30 Abs. 1 Satz 3 GmbHG geregelt, dass die Rückgewähr von Gesellschafterdarlehen nicht als verbotene Auszahlung zu werten ist. Dadurch wurden Leistungen der Gesellschafter an die Gesellschaft einfacher und leichter handhabbar gestaltet.[763] Dem Eigenkapitalersatzrecht, wie es in den oben genannten Rechtsprechungsregeln durchgeführt wurde, ist die Grundlage entzogen worden. Dies bringt allerdings einen erheblich geringeren Gläubigerschutz mit sich, denn selbst in der Krise der Gesellschaft können und müssen Darlehen an die Gesellschafter zurückgezahlt werden. Allerdings besteht hier die Möglichkeit der Anfechtung nach § 135 InsO; eine Haftung des Geschäftsführers aus § 64 S. 3 GmbHG bleibt zudem unberührt. Nach Erlass des MoMiG ist Voraussetzung der Anwendung der besonderen Regeln des Gesellschafterdarlehensrechts die Insolvenz der Gesellschaft.[764]

10.1.1.1.1.2.3 Einführung des § 15a Abs. 3 InsO

Eine weitere Neuerung durch das MoMiG erfuhr die Insolvenzordnung in § 15a. In dieser Vorschrift wird nun einheitlich die Insolvenzantragspflicht von Gesellschaftern und Geschäftsleitern, unabhängig von der Rechtsform, verortet. Es erfolgt eine Bündelung der bisher in GmbH-, Genossenschaft- und Aktienrecht verteilten Antragspflichten in § 15a InsO, welche „schlank und überzeugend" auf juristische Personen abstellt.[765]

Durch die insolvenzrechtliche Verortung dürften die Verfasser der Reformvorschriften die Umgehung der vom EuGH geforderten Bindung an das Gründungsstatut beabsichtigt haben, was bei internationalen Insolvenzen zum Tragen

761 *Grigoleit/Rieder*, GmbH-Recht nach dem MoMiG, Rn. 234.

762 *Grigoleit/Rieder*, GmbH-Recht nach dem MoMiG, Rn. 235; siehe schon: *Huber/Habersack*, BB 2006, 1, 2 ff.

763 BT-Drucks. 16/6140, S. 42.

764 Vgl. dazu insgesamt *Grigoleit/Rieder*, GmbH-Recht nach dem MoMiG, Rn. 233.

765 *Römermann*, NZI 2008, 641, 645.

kommt, da – so wohl die Ansicht der Verfasser – das Insolvenzstatut anstelle des Gesellschaftsrechtsstatuts zur Anwendung gelangt. Damit könnten die nationale Insolvenzantragspflicht und die damit verbundenen Sanktionen bei Scheinauslandsgesellschaften, deren Gründung zwar im Ausland erfolgte, deren Tätigkeitsschwerpunkt allerdings in Deutschland liegt, zur Anwendung gelangen.[766]

Hinsichtlich der Haftung von Gesellschaftern ist Absatz 3 des § 15a InsO relevant, der folgenden Wortlaut hat:

> *„Im Fall der Führungslosigkeit einer Gesellschaft mit beschränkter Haftung ist auch jeder Gesellschafter, im Fall der Führungslosigkeit einer Aktiengesellschaft oder einer Genossenschaft ist auch jedes Mitglied des Aufsichtsrates zur Stellung des Antrags verpflichtet, es sei denn, diese Person hat von der Zahlungsunfähigkeit oder der Führungslosigkeit keine Kenntnis.“*

Damit werden die Gesellschafter und Aufsichtsratsmitglieder im Falle der Zahlungsunfähigkeit in die Verantwortung einbezogen und ihnen die Pflicht auferlegt, einen Antrag zu stellen. Die Berechtigung haben sie in jedem Fall nach § 15 InsO.[767]

Diese Pflicht ist sowohl strafrechtlich als auch zivilrechtlich relevant. Die zivilrechtliche Haftung wird im Rahmen der Insolvenzverschleppungshaftung über § 823 Abs. 2 BGB vollzogen. Nach herrschender Meinung in der Praxis können Altgläubiger nur den Quotenschaden und Neugläubiger den gesamten Transaktionsschaden fordern.[768]

Die strafrechtliche Relevanz wird normiert in § 15a Abs. 4 und 5 InsO. Danach ist die fahrlässige (Abs. 5) und vorsätzliche (Abs. 4) Nicht-Stellung des Antrags unter Strafe gestellt, ebenso eine nicht richtige oder nicht rechtzeitige Antragstellung.

---

766 *Grigoleit/Rieder*, GmbH-Recht nach dem MoMiG, Rn. 285; Vgl. in Zusammenhang mit der Insolvenzverursachungshaftung, BT-Drucks. 16/6140, S. 47; *Wälzholz*, DStR 2007, 1914, 1914 f.; Zur Insolvenzantragspflicht bei der Limited: *Römermann*, NZI 2008, 641, 645; Zur weiteren Problematik vgl. Kap. 10.1.1.2.2 zur Geschäftführerhaftung bei der GmbH.

767 *Grigoleit/Rieder*, GmbH-Recht nach dem MoMiG, Rn. 287.

768 BGH, Urteil vom 06. Juni 1994, Az. II ZR 292/91; BGH, Urteil vom 25. Juli 2005, Az. II ZR 390/03; BGH, Urteil vom 05. Februar 2007, Az. II ZR 234/05; vgl. dazu: *Grigoleit/Rieder*, GmbH-Recht nach dem MoMiG, Rn. 288.

10.1.1.1.2 GmbH-Recht

10.1.1.1.2 Erstattung bei Empfang verbotener Auszahlungen § 31 Abs. 1 GmbHG

Ganz allgemein gesprochen sind auch Entscheidungen, die im Zusammenhang mit §§ 30, 31 GmbH getroffen werden, dann als insolvenzrechtlich zu qualifizieren, wenn sie unmittelbar aufgrund des Insolvenzverfahrens ergehen und in engem Zusammenhang damit stehen. Dies ist der Fall, wenn ein insolvenzspezifischer Zweck vorliegt.[769] Die Verortung einer Norm dagegen kann nur indizielle Bedeutung haben.[770]

Durch die Rückzahlung von verbotenen Auszahlungen wird oftmals versucht, eine Insolvenz noch zu vermeiden.[771] Dies spricht dafür, Ansprüche aus § 31 GmbHG nicht als in engem Zusammenhang mit der Insolvenz zu sehen. Insbesondere ergehen sie nicht aufgrund der Insolvenz. Diese Ansprüche bestehen unabhängig von der Eröffnung eines Insolvenzverfahrens oder einer Insolvenz. §§ 30, 31 GmbHG verlangen nicht einmal die Krise der Gesellschaft, die Zahlungsunfähigkeit oder ähnliches als Voraussetzung. Dies zeigt deutlich, dass eine Qualifikation derartiger Ansprüche als insolvenzrechtlich abzulehnen ist. Sie sind typisch gesellschaftsrechtlich und deshalb Entscheidungen darüber nicht als Annexentscheidung im Sinne des Art. 25 Abs. 1 UAbs. 2 EuInsVO zu qualifizieren.

Auch hinsichtlich Art. 3a Abs. 3 des Vorschlags für eine neue EuInsVO, soweit dieser zur Auslegung des Begriffs „Zusammenhang" i.S.d. Abs. 1 des Entwurfs herangezogen werden kann,[772] ist eine gesellschaftsrechtliche Qualifikation anzunehmen. Ein entsprechender Zusammenhang mit dem Hauptverfahren ist zu verneinen, da eine „gemeinsame Verhandlung" nicht geboten erscheint und keine widersprechenden Entscheidungen zu befürchten sind. Die Ansprüche sind unabhängig von einem eventuell eröffnetem Insolvenzverfahren und als solche selbständig geltend zu machen.

Es besteht aber nach dem Vorschlag der Kommission, nach dessen neuen Art. 3a Abs. 2, auch die Möglichkeit eine derartige insolvenzrechtliche Klage mit einer gesellschaftsrechtlichen Klage zu verbinden und beide gemeinsam vor dem

769 Siehe dazu insbesondere Kap. 5.6.

770 Gottwald – *Gottwald/Kolmann*, Handbuch, § 132 Rn. 93.

771 *Ambach*, Art. 25 EuInsVO, S. 168 m.w.N.

772 Siehe dazu Kap. 9.4 a.E.

nach der EuGVVO zuständigen Gericht geltend zu machen.[773] Wie bereits beschrieben, besteht aber keine Möglichkeit die gesellschaftsrechtliche zusammen mit der insolvenzrechtlichen Klage vor das Insolvenzgericht zu bringen.[774] Die Geltendmachung dieser Klagen vor dem Insolvenzgericht scheidet also in jedem Fall aus.

10.1.1.1.2.2 Ausfallhaftung der übrigen Gesellschafter § 31 Abs. 3 GmbHG

Die Ausfallhaftung nach § 31 Abs. 3 GmbHG im Fall der Unmöglichkeit der Erlangung der Erstattung aufgrund von § 31 Abs. 1 GmbHG steht in engem Zusammenhang mit dieser. Denn für eine Ausfallhaftung ist dieser Zusammenhang geradezu kennzeichend und Voraussetzung. Die Nicht-Erlangung von Erstattungsbeträgen von dem Gesellschafter, der eine verbotene Auszahlung nach § 30 GmbHG erhalten hat, ist nicht im Sinne einer Zahlungsunfähigkeit der Gesellschaft zu verstehen, sondern vielmehr des Gesellschafters, der die Auszahlungen bekommen hat. Von einer Krise oder Insolvenz der Gesellschaft ist dieser Anspruch somit unabhängig. Damit gilt – wie im Fall des § 31 Abs. 1 GmbHG -, dass kein insolvenzspezifischer Zweck vorliegt, sondern der Anspruch als gesellschaftsrechtlich zu qualifizieren ist.

10.1.1.1.2.3 Anfechtungsrecht nach § 135 Abs. 1 i.V.m. § 39 Abs. 1 Nr. 5 InsO

Wie bereits dargelegt, sind nun Rückgewähransprüche aus Gesellschafterdarlehen an die Gesellschaft nicht mehr als verbotene Auszahlung zu qualifizieren (§ 30 Abs. 1 S. 3 GmbHG). Die Sonderbehandlung der Gesellschafterdarlehen ist aber nicht gänzlich aufgegeben worden, sondern lebt als allgemein gesellschaftsrechtliches Prinzip in § 39 Abs. 1 Nr. 5 InsO für alle Gesellschaftsformen gleichermaßen weiter; dies wurde schon früher vom BGH für die AG und die GmbH analog anerkannt.[775] Darlehen der Gesellschafter an die Gesellschaft sind nun nachrangige Forderungen in der Insolvenz der Gesellschaft. Damit sind die darlehensgebenden Gesellschafter als nachrangige Insolvenzgläubier zu qualifizieren. § 135 Abs. 1 i.V.m. § 39 Abs. 1 Nr. 5 InsO gibt dem Insolvenzverwalter ein Anfechtungsrecht für die Rückgewähr derartiger Zahlungen.

---

773 Vorschlag der Kommission COM(2012) 744 final, 2012/0360 (COD), C7-0413/12, S. 23 f.

774 Siehe dazu Kap. 9.4.

775 BGH, Urteil vom 26. März 1984, Az. II ZR 171/83; vgl. dazu: *Grigoleit/Rieder*, GmbH-Recht nach dem MoMiG, Rn. 236.

Einschränkungen ergeben sich aus § 39 Abs. 4 und 5 InsO. Danach ist die Vorschrift des § 39 Abs. 1 Nr. 5 InsO nur anzuwenden auf Gesellschaften, die weder eine natürliche Person sind noch eine Gesellschaft als persönlich haftenden Gesellschafter haben, bei der ein persönlich haftender Gesellschafter eine natürliche Person ist. Ferner ergeben sich Einschränkungen aus dem Sanierungsprivileg nach § 39 Abs. 4 S. 2 InsO und dem Kleinbeteiligungsprivileg nach § 39 Abs. 5 InsO.

Der Anspruch aus § 135 Abs. 1 i.V.m. § 39 Abs. 1 Nr. 5 InsO ist zwar als insolvenzrechtliches Anfechtungsrecht ausgestaltet, gehört aber thematisch zum Gesellschaftsrecht. Ob das Anfechtungsverfahren als insolvenzrechtliches Annexverfahren zu qualifizieren ist, hängt vom Zusammenhang mit einem Insolvenzverfahren ab. Da das Anfechtungsrecht in der Insolvenzordnung normiert ist und somit die Insolvenz des Schuldners Voraussetzung ist, scheint die Qualifikation als insolvenzrechtlich naheliegend.[776]

10.1.1.1.2.3.1 Insolvenz als zwingende Voraussetzung

Nach dem früher geltenden Recht der § 32a und § 32b GmbHG war grundsätzlich die Insolvenz der Gesellschaft Voraussetzung; die Krise der Gesellschaft reichte aber bereits auch schon aus.[777] Die Krise der Gesellschaft lag in dem Zeitpunkt vor, in dem die Gesellschafter als ordentliche Kaufleute der Gesellschaft Eigenkapital zugeführt hätten (§ 32a Abs. 1 GmbHG a.F.). Eine Krise der Gesellschaft muss aber nicht zwingend stets zur Insolvenz führen. Vielmehr ist unter der Krise der Zeitpunkt zu verstehen, in dem die Gesellschaft Geld benötigt hat; danach besteht aber durchaus die Möglichkeit, dass es der Gesellschaft wieder besser geht und eine Insolvenz keine Rolle mehr spielt. Beide Begriffe sind daher inhaltlich strikt zu trennen.

Nachdem aber § 32a GmbH a.F. gestrichen worden ist, ist der Begriff Krise der Gesellschaft nicht mehr relevant. Der Anspruch aus § 135 Abs. 1 i.V.m. § 39 Abs. 1 Nr. 5 InsO setzt vielmehr ausschließlich die Insolvenz der Gesellschaft voraus.[778] Einer früheren Beurteilung der Anfechtungsmöglichkeit nach § 135 i.V.m. den Grundsätzen des Kapitalersatzrechts nach §§ 32a und b InsO a.F. als gesellschaftsrechtlich[779] kann nun nicht mehr gefolgt werden.

---

776 *Willemer*, Vis attractiva concursus, S. 230.

777 *Ambach*, Art. 25 EuInsVO, S. 168.

778 § 135 ist eine Anfechtungsvorschrift im Insolvenzverfahren, das logischerweise nur dann eröffnet werden kann, wenn ein Insolvenzverfahrenseröffnungsgrund, mithin Insolvenz im weiteren Sinne, vorliegt.

779 So *Willemer*, Vis attractiva concursus, S. 234.

Die frühere Funktion des § 135 InsO, die in § 32a Abs. 1 GmbHG geregelte nachrangige Befriedigung im Vorfeld der Insolvenz aufgrund der Tatsache sicherzustellen, dass sich § 32a GmbHG auch auf die Krise der Gesellschaft bezog, greift nur noch bedingt.[780] Diese Funktion fällt nämlich nun in zeitlicher Hinsicht größtenteils weg, da eine Sicherstellung im Vorfeld wegen Befriedigung des Rückgewähranspruchs nur noch im Jahr vor der Antragstellung möglich ist.

Nach der Reform ist ausschließlich die Insolvenz der Gesellschaft Voraussetzung für einen derartigen Anspruch. Denn die Anfechtungsfrist bezieht sich auf die Antragstellung. Die Krise der Gesellschaft, die weit vorher und unabhängig davon eintreten kann, ist in diesem Zusammenhang nicht mehr relevant, da § 32a GmbHG weggefallen ist.

Hätte der Gesetzgeber gewollt, dass die Vorschrift auch im Zeitpunkt der Krise anzuwenden ist, so hätte er die Vorschrift auch auf diesen Zeitpunkt bezogen. Dies war aber offensichtlich nicht beabsichtigt. Vielmehr ging man von den Beschränkungen durch das Eigenkapitalersatzrecht in eine relativ freie Gesellschaftsfinanzierung durch die Gesellschafter über.

10.1.1.1.2.3.2 Anfechtungsrecht als insolvenzspezifisches Recht

Spezifisch insolvenzrechtliche Interessen sprechen für eine insolvenzrechtliche Qualifikation des Anfechtungsrechts, da der insolvenzspezifische Zweck der Vergrößerung der Masse und die Gläubigergleichbehandlung einen der Anfechtung immanenten insolvenzspezifischen Zweck verfolgen. Durch die Anfechtung sollen gerade diese insolvenzspezifischen Ziele verfolgt werden.[781] Die von *Willemer*[782] angegebene Gründe der Verwirklichung eigenkapitalersatzrechtlicher Ziele durch § 32a Abs. 1 GmbHG und § 135 InsO können also nicht mehr greifen, da das Eigenkapitalersatzrecht in seiner damaligen Form abgeschafft wurde. Diesbezügliche Gesellschafterforderungen werden nun wie normale Forderungen im Insolvenzverfahren behandelt.[783] Die von *Willemer*[784] getroffene Unterscheidung zwischen einem normalen Anfechtungstatbestand und dem speziellen Tatbestand des § 135 InsO a.F. ist auch mit Wegfall des Kapitalersatzrechts hinfällig. So sieht auch *Häsemeyer* darin einen typisierten Unterfall der

---

780 *Haas*, NZI 2001, 1, 9; *Willemer*, Vis attractiva concursus, S. 231.

781 a.A. *Willemer*, Vis attractiva concursus, S. 231 f. (zur früheren Regelung); für eine Subsumtion unter Art. 25 Abs. 1 UAbs. 2 auch *Schwarz*, NZI 2002, 290, 294; OLG Hamm, Urteil vom 25.11.1999, Az. 27 U 46/99.

782 *Willemer*, Vis attractiva concursus, S. 232.

783 Vergleiche dazu Kap. 10.1.1.1.1.3.2.

784 *Willemer*, Vis attractiva concursus, S. 232.

Vorsatzanfechtung im Insolvenzverfahren nach § 133 InsO.[785] Deshalb ist § 135 InsO nicht mehr als gesellschaftsrechtlicher Grund im Gewand eines Insolvenzanfechtungstatbestands zu sehen,[786] sondern vielmehr als normaler Anfechtungstatbestand der Insolvenzordnung im Rahmen eines Insolvenzverfahrens.

10.1.1.1.2.3.3 Beabsichtigte Neu(ein)ordnung des Gesetzgebers

Gerade diese Neuordnung hat der Gesetzgeber beabsichtigt, als er die Regelungen hinsichtlich des Kapitalersatzrechts und der Insolvenzantragspflicht teilweise abänderte und in die Insolvenzordnung verlagerte. Durch die Einordnung der Vorschriften in die Insolvenzordnung sollte die Anwendung des Insolvenzstatuts anstelle des Gesellschaftsstatuts durchgesetzt werden, wodurch die Sanktionsmöglichkeiten des nationalen Insolvenzrechts auch auf Scheinauslandsgesellschaften[787] angewendet werden sollten, da die vom EuGH geforderte Gründungstheorie nicht anzuwenden wäre. Es würde also nicht das Recht des Gesellschaftsgründungsstaates gelten, sondern das Recht des Staates anzuwenden sein, in dem der COMI der Gesellschaft liegt.[788] Bei der aktuell typischen Umgehungsweise der Gründung einer englischen Limited mit Tätigkeitsschwerpunkt (teilweise ausschließlich) in Deutschland, könnten die Sanktionen des deutschen Insolvenzrechts angewendet werden, da der Mittelpunkt der hauptsächlichen Interessen in Deutschland liegt.

Die Problematik dabei besteht aber darin, dass das Europarecht autonom auszulegen und zu bestimmen ist.[789] Das Recht soll für alle Staaten und unabhängig von einzelnen Rechtsordnungen gelten. Damit ist eine vom deutschen Gesetzgeber beabsichtigte Umordnung in andere Gesetze grundsätzlich irrelevant. Nur eine inhaltliche Änderung der Norm ermöglicht eine andere Beurteilung auf europarechtlicher Ebene. Allerdings kann die Einordnung und der damit verbundene Wille des nationalen Gesetzgebers insoweit als Indiz[790] bei der Bestimmung

---

785 *Häsemeyer*, Insolvenzrecht, Rn. 30.60; so im Ergebnis auch: *Haas*, NZG 1999, 1148, 1152 f.

786 so aber *Willemer*, Vis attractiva concursus, S. 232; *Trunk*, Internationales Insolvenzrecht, 192 f.; *Schwarz*, FS 600 Jahre Würzburger Juristenfakultät, S. 510.

787 Siehe dazu Kap. 10.1.

788 *Grigoleit/Rieder*, GmbH-Recht nach dem MoMiG, Rn. 37 und 285.

789 MünchKommBGB - *Kindler*, Band 11, Vor Art. 1 EuInsVO Rn. 13.

790 Gottwald - *Gottwald/Kolmann*, Handbuch, § 132 Rn. 93; siehe dazu auch *Borges*, ZIP 2004, 733, 737, der feststellt, dass im umgekehrten Fall einer Verortung einer Regelung im AktG und GmbHG auf eine Einordnung in das Gesellschaftsrecht hinweist. Desweiteren: *Wälzholz*, DStR 2007, 1914, 1915.

der Qualifikation der Norm als insolvenzrechtlich oder gesellschaftsrechtlich berücksichtigt werden. Eine über die indizielle Bedeutung hinausgehende Argumentation ist aber aufgrund der zwingend autonomen Auslegung des Europarechts ausgeschlossen.

10.1.1.1.2.3.4 Stellungnahme

Unabhängig davon ist es aber sinnvoll und entspricht den Zielen der EuInsVO und dem Grundsatz der praktischen Wirksamkeit, wenn die Qualifikation von Annexverfahren nicht allzu restriktiv erfolgt. Liegen enge insolvenzrechtliche Zusammenhänge vor, so sind die Vorschriften künftig auch entsprechend zulasten des Gesellschaftsstatuts als insolvenzrechtlich zu qualifizieren.[791] *Gottwald* und *Kolmann*[792] erwarten, dass der EuGH für andere Entscheidungen als Insolvenzanfechtungsklagen eine insolvenzrechtliche Qualifikation annehmen wird. Es besteht also die Tendenz, den Begriff Annexverfahren weiter zu fassen als dies bisher als notwendig erachtet wurde.

Der insolvenzspezifische Zweck des Anfechtungsrechts, nämlich der Schutz der Masse und damit der Gläubiger vor ungerechtfertigten Vermögensverschiebungen, rechtfertigen damit die Qualifikation dieser Anfechtungsverfahren nach § 135 Abs. 1 i.V.m. § 39 Abs. 1 Nr. 5 InsO, wie auch andere Anfechtungsverfahren,[793] als insolvenzrechtlich und sie unter Art. 25 Abs. 1 UAbs. 2 als insolvenzrechtliches Annexverfahren zu subsumieren. Dafür spricht nun auch indiziell die Verweisung von einer insolvenzrechtlichen Vorschrift (§ 135 InsO) auf eine andere insolvenzrechtliche Vorschrift (§ 39 Abs. 1 Nr. 5 InsO), wohingegen die gesellschaftsrechtliche Regelung (§ 32a, b GmbHG a.F.) weggefallen ist.

Aber auch eine gemeinsame Verhandlung i.S.d. des Entwurfs des Kommission vom 12.12.2012[794] vor dem Insolvenzgericht im (weiteren) Rahmen des Insolvenzverfahrens erscheint geboten, da die Anfechtungsrechte insgesamt von dem Hauptverfahren abhängig sind. Sie würden ohne die Eröffnung des Hauptverfahrens nicht existieren. Würden sie von unterschiedlichen Gerichten entschieden werden, bestünde die Gefahr widersprechender Entscheidungen, insbesondere hinsichtlich der jeweiligen Voraussetzungen der Anfechtungsrechte. Damit wäre auch der Zusammenhang i.S.d. Art. 3a Abs. 3[795] des Entwurfs der Kommission

---

791 So auch *Horn*, NJW 2004, 893, 899.

792 Gottwald – *Gottwald/Kolmann*, Handbuch, § 130 Rn. 61.

793 Siehe dazu Kap. 10.2.

794 Vorschlag der Kommission COM(2012) 744 final, 2012/0360 (COD), C7-0413/12.

795 Vorschlag der Kommission COM(2012) 744 final, 2012/0360 (COD), C7-0413/12, S. 23 f.

bei entsprechender Anwendung auf den Zusammenhang zwischen Hauptverfahren und Annexverfahren[796] gegeben.

Somit ist § 135 Abs. 1 i.V.m. § 39 Abs. 1 Nr. 5 InsO als insolvenzrechtliche Vorschrift zu qualifizieren. Der Vorschlag der Kommission erwähnt die Anfechtungsverfahren als praktisches Musterbeispiel in einem neuen Erwägungsgrund 13b[797] und setzt damit das Urteil „*Deko Marty*“[798] um.[799] Eine andere als insolvenzrechtliche Qualifikation erscheint damit sowohl derzeit als auch zukünftig ausgeschlossen.

10.1.1.1.2.4 Insolvenzverschleppungshaftung § 823 Abs. 2 BGB i.V.m. § 15a Abs. 3 InsO

Die Neuregelung der Erstreckung der Insolvenzantragspflicht bei Führungslosigkeit einer Gesellschaft auf die Gesellschafter bringt eine deutlich erhöhte Verantwortung und ein höheres Risiko für die Gesellschafter einer GmbH bzw. die Aufsichtsratsmitglieder einer AG mit sich. Das alte Recht vor Einführung des MoMiG kannte eine derartige Verantwortlichkeit nicht. Hat also ein Gesellschafter bzw. Aufsichtsratsmitglied keinen Insolvenzantrag bei Führungslosigkeit der Gesellschaft gestellt, obwohl dieser Person die Zahlungsunfähigkeit, Überschuldung und Führungslosigkeit bekannt war, so haftet sie nach § 823 Abs. 2 BGB i.V.m. § 15a Abs. 3 InsO auf Schadensersatz. Der Gesellschafter bzw. das Aufsichtsratsmitglied tragen für die Unkenntnis auch die Beweislast („es sei denn“).[800]

Diese Ansprüche stellen insolvenzspezifische Ansprüche dar, die unmittelbar aufgrund eines Insolvenzverfahrens ergangen sind und in engem Zusammenhang damit stehen.

Insolvenzverschleppungshaftungsansprüche sind schon der Begrifflichkeit nach insolvenzspezifisch. Die Gesellschafter sind dafür verantwortlich, rechtzeitig Insolvenzantrag zu stellen. Die Insolvenzantragstellung und die Pflicht dazu sind so eng mit dem Insolvenzantrag verbunden bzw. sind sogar ein Teil des Verfahrens, sodass die Folgeansprüche gegen die Gesellschafter wegen des Versäumnisses der rechtzeitigen Antragstellung nicht als gesellschaftsspezifisch,

796 Siehe dazu Kap. 9.4.

797 Vorschlag der Kommission COM(2012) 744 final, 2012/0360 (COD), C7-0413/12, S. 17 f.

798 EuGH, Urteil vom 12.2.2009, Rs. C-339/07.

799 Vergleiche dazu bereits Kap. 9.4.

800 Vgl. dazu insgesamt BT-Drucks. 16/6140, S. 55 f.; *Grigoleit/Rieder*, GmbH-Recht nach dem MoMiG, Rn. 289.

sondern vielmehr als insolvenzrechtlich zu qualifizieren sind. Ziel ist vor allem der präventive und repressive Masseschutz.

Neben den Zielen, die mit einer Insolvenzantragspflicht und der daraus resultierenden Haftung verfolgt werden, können – wenn auch nur indiziell – die Absicht des Gesetzgebers und die Verortung der Insolvenzantragspflicht in § 15a InsO für eine insolvenzrechtliche Qualifizierung und Anwendung des Insolvenzstatuts herangezogen werden.[801] In der BT-Drucksache zum MoMiG[802] geht der Gesetzgeber von Folgendem aus:

> *„Die bisherige Regelung der Insolvenzantragspflicht in den einzelnen Gesellschaftsrechtsgesetzen ist historisch bedingt; eine dogmatische Einordnung oder bewusste Entscheidung lag dem nicht zugrunde. Anlässlich der Reform des GmbH-Rechts ist es geboten, auf den Sinn und Zweck der Insolvenzantragspflicht abzustellen. Dieser ist ein insolvenzrechtlicher. Bezweckt wird durch die Antragspflicht die rechtzeitige Einleitung des Insolvenzverfahrens und damit der Schutz sowohl der Altgläubiger vor weiterer Verringerung der Haftungsmasse als auch der Neugläubiger vor Vertragsabschluss mit notleidenden Gesellschaften. Dieser Regelungszweck ist von jeher Anliegen des Insolvenzrechts. Die Gesellschaftsgläubiger sollen letztlich davor geschützt werden, dass das Gesellschaftsvermögen weggegeben und die den Gläubigern zur Verfügung stehende Masse so geschmälert wird. Zudem besteht eine enge Verbindung zwischen dem Insolvenzantragsrecht, welches bereits in der Insolvenzordnung geregelt ist, und der Insolvenzantragspflicht. Für eine insolvenzrechtliche Einordnung spricht auch der Vergleich mit anderen Rechtsordnungen wie denen in Frankreich und England. Die der deutschen Insolvenzverschleppungshaftung vergleichbare englische wrongful-trading-rule wird nach englischem Verständnis als insolvenzrechtlich angesehen und die französische action en comblement de passif wurde bereits durch den EuGH als insolvenzrechtlich eingeordnet.“*

Die Verortung der Norm in der Insolvenzordnung stellt freilich, wie bereits erläutert, lediglich die Absicht des deutschen Gesetzgebers dar, kann aber nicht als ausschlaggebendes Argument bei der Beurteilung der Qualifikation auf europäischer Ebene herangezogen werden; vielmehr hat sie nur indizielle Bedeutung.[803] Notwendig ist freilich eine autonome Auslegung. So zweifelt *Hirte*[804] zurecht daran, dass durch dieses formale „Umhängen“ allein die Insolvenzantragspflicht tatsächlich ihren gesellschaftlichen Charakter verloren hat. Ebenso sieht er die Unsicherheit, ob die Erstreckung der Regelungen auf Scheinauslandsgesellschaften mit der Rechtsprechung des EuGH zur Niederlassungsfreiheit vereinbar ist.

Dennoch sind die beschriebenen Zwecke und Motive einleuchtend und den Zielen des Insolvenzverfahrens, insbesondere dem Gläubigerschutz, dienlich.

801 Siehe dazu Kap. 10.1.1.1.2.3.3.
802 BT-Drucks. 16/6140, S. 55.
803 Vgl. dazu Kap. 10.1.1.1.2.3.3.
804 *Hirte*, ZInsO 2008, 689, 699 m.w.N.

Auch der Vergleich mit dem englischen und französischen Insolvenzrecht ist korrekt, da die Haftung wegen *wrongful trading* und die Klage aus der französischen *action en comblement du passif* korrekterweise als insolvenzrechtlich zu qualifizieren sind.[805] So ist unabhängig von der Verortung durch den deutschen Gesetzgeber die Insolvenzantragspflicht und die damit einhergehende Haftung als insolvenzrechtlich zu qualifizieren, da die Pflicht insolvenzspezifisch ist und den Zielen des Verfahrens dient sowie sich ins Geamtgefüge der europäischen Klagen hinsichtlich verspäteter Antragstellung einfügt.

10.1.1.1.2.5 Existenzvernichtungshaftung § 826 BGB

Die vom BGH im Jahr 2001 in der Entscheidung „*Bremer Vulkan*"[806] entwickelte Existenzvernichtungshaftung ergänzt die durch das MoMiG verschärfte Haftung der Geschäftsleiter.[807] Leitsatz Nr. 2 der genannte Entscheidung lautet wie folgt:

> *„Veranlaßt der Alleingesellschafter die von ihm abhängige GmbH, ihre liquiden Mittel in einen von ihm beherrschten konzernierten Liquiditätsverbund einzubringen, trifft ihn die Pflicht, bei Dispositionen über ihr Vermögen auf ihr Eigeninteresse an der Aufrechterhaltung ihrer Fähigkeit, ihren Verbindlichkeiten nachzukommen, angemessene Rücksicht zu nehmen und ihre Existenz nicht zu gefährden. Kommt er dieser Verpflichtung nicht nach, kann er sich eines Treubruchs im Sinne des StGB § 266 Abs. 1 schuldig machen."*

Diese Haftung wurde schließlich im „*Trihotel-Urteil*"[808] des BGH teilweise verändert und weiterentwickelt und als schadensersatzrechtliche Innenhaftung gegenüber der Gesellschaft allein auf § 826 BGB als besondere Fallgruppe der vorsätzlichen sittenwidrigen Schädigung gestützt. Dabei besteht zu Ansprüchen aus §§ 30, 31 GmbHG Anspruchskonkurrenz, soweit sie sich überschneiden.[809] Der zweite Leitsatz des genannten Urteils lautet:

---

805 Siehe dazu Kap. 10.1.2.1 (*wrongful trading*) und Kap. 10.1.3.1 (*action en comblement du passif*).

806 BGH, Urteil vom 17. September 2001, Az. II ZR 178/99; vgl. dazu auch *Altmeppen*, ZIP 2001, 1837, 1837 ff.; *Altmeppen*, ZIP 2002, 1553, 1553 ff.; *Altmeppen*, NJW 2002, 321, 321 ff.; *Decher*, ZInsO 2002, 113, 113 ff.; *Henze*, WM 2006, 1653, 1656 ff.; *Hoffmann*, NZG 2002, 68, 68 ff.; *Keßler*, GmbHR 2001, 1095, 1095 ff.; *Mödl*, JuS 2003, 14, 14 ff.; *Römermann/Schröder*, GmbHR 2001, 1015, 1015 ff.; *Schmidt*, NJW 2001, 3577, 3577 ff.; *Ulmer*, ZIP 2001, 2021, 2021 ff.; *Wilhelmi*, DZWIR 2003, 45, 45 ff.; *Dauner-Lieb*, DStR 2006, 2034, 2034 ff.; *Rubner*, DStR 2005, 1694, 1694 ff.

807 *Hirte*, Kapitalgesellschaftsrecht, Rn. 5.172 ff.

808 BGH, Urteil vom 16. Juli 2007, Az. II ZR 3/04.

809 *Hirte*, Kapitalgesellschaftsrecht, Rn. 5.173.

„Der Senat gibt das bisherige Konzept einer eigenständigen Haftungsfigur, die an den Missbrauch der Rechtsform anknüpft und als Durchgriffs(außen)haftung des Gesellschafters gegenüber den Gesellschaftsgläubigern ausgestaltet, aber mit einer Subsidiaritätsklausel im Verhältnis zu den §§ 30, 31 GmbHG versehen ist, auf. Stattdessen knüpft er die Existenzvernichtungshaftung des Gesellschafters an die missbräuchliche Schädigung des im Gläubigerinteresse zweckgebundenen Gesellschaftsvermögens an und ordnet sie – in Gestalt einer schadensersatzrechtlichen Innenhaftung gegenüber der Gesellschaft – allein in § 826 BGB als eine besondere Fallgruppe der sittenwidrigen vorsätzlichen Schädigung ein."

Diese wesentliche dogmatische Änderung der Qualität des Anspruch als Innenhaftung sowie die Veränderung der Grundlage des Anspruchs hin zu einem Anspruch aus § 826 BGB wegen vorsätzlicher sittenwidriger Schädigung rechtfertigt es insbesondere wegen der Vergleichbarkeit mit den Anfechtungsvorschriften nach der Insolvenzordnung den Anspruch als insolvenzrechtlich zu qualifizieren. [810]

Es besteht ein enger Zusammenhang mit einem Insolvenzverfahren, da es sich in den meisten Fällen um Haftung wegen Insolvenzverursachung handelt.[811] Der Schutzzweck der Existenzvernichtungshaftung ist als insolvenzspezifisch zu qualifizieren. Dieser ist vornehmlich die präventive Verhinderung der Insolvenz (der Existenzvernichtung) des Unternehmens und der Umgehung der insolvenzspezifischen Verfahrensregelungen, insbesondere in Bezug auf Gläubigergleichbehandlung und den Grundsatz der vorrangigen Gläubigerbefriedigung vor den Gesellschaftern (siehe dazu die Regelung zum Sperrjahr nach § 73 GmbHG).[812] Eine Haftung wegen existenzvernichtenden Eingriffs kommt meist dann in Frage, wenn die Gesellschaft nahezu insolvent ist. Gerade in dieser Situation soll der Schutzzweck der Norm eingreifen und die Gesellschafter dazu anhalten, Vermögensverschiebungen zulasten der Gesellschaft und deren Gläubiger zu unterlassen.

Die Existenzvernichtungshaftung ist aber vor allem auch deshalb als insolvenzspezifisch anzusehen, weil sie mit den Anfechtungsvorschriften vergleichbar und zu diesen teilweise funktionsäquivalent ist.[813] Insbesondere wegen Vergleichbarkeit mit § 133 InsO ist es gerechtfertigt seit der Entscheidung des BGH im Fall „*Trihotel*" die alte, oftmals vertretene Ansicht aufzugeben, die eine Vergleich-

810 Für eine insolvenzrechtliche Einordnung auch: *Zimmer*, NJW 2003, 3585, 3589; *Horn*, NJW 2004, 893, 899.

811 *Weller*, IPRax 2003, 207, 210.

812 *Weller*, IPRax 2003, 207, 210; *Willemer*, Vis attractiva concursus, S. 250; ähnlich Emmerich/Habersack – *Habersack*, Aktien und GmbH-Konzernrecht, Anh. § 318 AktG Rn. 34; Kritisch und für eine gesellschaftsrechtliche Einordnung: *Ulmer*, KTS 2004, 291, 303 f.

813 *Weller*, IPRax 2003, 207, 210.

barkeit mit den Anfechtungsvorschriften ablehnt.[814] Diese Ansicht bringt vor, es werde bei der Beurteilung außer Betracht gelassen, dass es eine Reihe von Unterschieden zwischen den Voraussetzungen und den Rechtsfolgen hinsichtlich der Existenzvernichtungshaftung und der Insolvenzanfechtung gibt. So sind die Vermögensentzugshandlungen der Anfechtungsvorschriften und die jeweiligen subjektiven Anspruchsvoraussetzungen unterschiedlich ausgestaltet. Außerdem ist der Anspruch wegen Existenzvernichtung nur gegen die Gesellschafter gerichtet, also an deren Mitgliedschaft in der Gesellschaft gebunden, was wiederum bei Insolvenzanfechtung nicht der Fall ist. Auch die Rechtsfolge ist unterschiedlich ausgestaltet. Während die Insolvenzanfechtung zur Rückgewähr der Vorteile nach § 143 Abs. 1 InsO verpflichtet, ist die Rechtsfolge der Existenzvernichtungshaftung auf eine unbeschränkte Gesellschafterhaftung gerichtet.[815]

Allerdings ist diese unterschiedliche Ausgestaltung der Voraussetzungen und Rechtsfolgen kein Grund, eine Vergleichbarkeit abzulehnen.[816] Eine Übereinstimmung der Vorschriften würde zur Sinnlosigkeit einer der Vorschriften führen. Einer Weiterentwicklung durch den BGH hätte es dann nicht bedurft. Auch die Anfechtungsvorschriften nach § 129 ff. InsO sind unterschiedlich ausgestaltet, um mehrere Situationen erfassen zu können.

Die Existenzvernichtungshaftung ist aufgrund ihrer neuen Rechtsgrundlage, die ihr vom BGH zugesprochen worden ist, mit den Vorschriften über die Anfechtung vergleichbar, da eine ähnliche Grundsituation vorliegt. Voraussetzung für einen Anspruch ist die vorsätzliche sittenwidrige Schädigung der Gläubiger aufgrund eines Eingriffs in das Gesellschaftsvermögen, welcher – zumindest in den allermeisten Fällen – zur Insolvenz der Gesellschaft führt. Eine ähnliche, aber natürlich nicht dieselbe Voraussetzung hat § 133 InsO, der besagt, dass eine Rechtshandlung anfechtbar ist und nach § 143 InsO auszugleichen ist, wenn eine vorsätzliche Benachteiligung der Gläubiger innerhalb eines bestimmten Zeitraums vor Antragstellung vorgenommen worden ist. Nach § 133 Abs. 2 InsO ist ferner ein Vertrag, den der Schuldner mit einer ihm nahe stehenden Person geschlossen hat, durch den Insolvenzgläubiger unmittelbar benachteiligt wurden, anfechtbar. In dieses Konzept passt der Anspruch wegen einer vorsätzlichen sittenwidrigen Schädigung der Gläubiger wegen eines unzulässigen Eingriffs in das Gesellschaftsvermögen genau.

---

814 Vgl. zu der ablehnenden Ansicht, die ausschließlich auf die Entscheidung des BGH in Sachen „*Bremer Vulkan*" abstellt: *Willemer*, Vis attractiva concursus, S. 248 ff.

815 *Ulmer*, KTS 2004, 291, 303 f.; *Willemer*, Vis attractiva concursus, S. 250.

816 A.A. *Ulmer*, KTS 2004, 291, 304, der aus diesen Unterschieden folgert, dass bessere Gründe für eine gesellschaftsrechtliche Einordnung spechen.

Aber auch die Rechtsfolgen sind nach der neuen Entscheidung des BGH in Sachen „*Trihotel*“[817] ähnlich ausgestaltet. War nach der Entscheidung „*Bremer Vulkan*“[818] der Anspruch noch als Außenhaftung ausgelegt worden, so ist nach der neuen Entscheidung des BGH dieser Anspruch als Innenhaftung gegenüber der Gesellschaft zu qualifizieren, die vom Insolvenzverwalter geltend zu machen ist. Ebenso verhält es sich mit den Anfechtungstatbeständen. Nach § 143 Abs. 1 InsO sind die Vorteile, die durch die anfechtbaren Handlungen erlangt wurden, an die Insolvenzmasse zurückzugewähren. Anspruchsinhaber der jeweiligen Rückgewähransprüche ist also jeweils die Gesellschaft, deren Ansprüche durch den Insolvenzverwalter geltend gemacht werden.

Nach dem Urteil des EuGH in Sachen „*Deko Marty*“[819] und dem Entwurf der Kommission[820] sind Insolvenzanfechtungsverfahren Annexverfahren i.S.d. § 25 Abs. 1 UAbs. 2 EuInsVO. Da hier eine mit den Anfechtungstatbeständen vergleichbare Situation vorliegt, liegt es nahe, die Aussage des EuGH aus dieser Entscheidung auf die Fälle der Existenzvernichtungshaftung ebenfalls anzuwenden.

10.1.1.1.3 AG-Recht

10.1.1.1.3.1 Erstattung bei Empfang verbotener Auszahlungen §§ 57, 62 AktG

Hinsichtlich der Ansprüche auf Rückgewähr von Leistungen, die entgegen der Kapitalerhaltungsvorschriften geleistet wurden, gilt grundsätzlich dasselbe wie bei der GmbH.[821] Die Vorschrift des § 57 AktG entspricht weitgehend der Vorschrift des § 30 GmbHG. Auch § 62 AktG besagt, dass Leistungen, die entgegen den Vorschriften des AktG geleistet wurden, zurückzugewähren sind, sodass sich die Aussage mit der des § 31 GmbHG deckt.

Infolge der weitgehenden Übereinstimmung der Vorschriften ist auch bei der Aktiengesellschaft nicht von einer insolvenzrechtlichen Qualifikation auszugehen. Diese Ansprüche aus Kapitalerhaltungsvorschriften bestehen unabhängig von der Eröffnung eines Insolvenzverfahrens oder einer Insolvenz. Wie die §§ 30, 31 GmbHG verlangen auch die §§ 57, 62 AktG nicht einmal die Krise der Gesellschaft, die Zahlungsunfähigkeit oder Ähnliches als Anwendungsvoraussetzung. Dies zeigt deutlich, dass eine Qualifikation derartiger Annexentscheidungen als

817 BGH, Urteil vom 16. Juli 2007, Az. II ZR 3/04.

818 BGH, Urteil vom 17. September 2001, Az. II ZR 178/99.

819 EuGH, Urteil vom 12.2.2009, Rs. C-339/07.

820 Vorschlag der Kommission COM(2012) 744 final, 2012/0360 (COD), C7-0413/12, S. 18.

821 Siehe dazu Kap. 10.1.1.1.2.1.

insolvenzrechtlich abzulehnen ist. Sie sind typisch gesellschaftsrechtlich, haben keinen näheren insolvenzrechtlichen Bezug und sind deshalb nicht als Annexentscheidung im Sinne des Art. 25 Abs. 1 UAbs. 2 EuInsVO zu qualifizieren.

10.1.1.1.3.2 Weitere Ansprüche gegen Gesellschafter einer Aktiengesellschaft

Die weiteren Ansprüche gegen Gesellschafter einer AG, wie der Anspruch wegen Insolvenzverschleppung aus § 823 Abs. 2 BGB i.V.m. § 15a Abs. 3 InsO oder der Anspruch aus § 826 BGB oder das Anfechtungsrecht nach § 135 Abs. 1 i.V.m. § 39 Abs. 1 Nr. 5 InsO sind gesellschaftsformunabhängig formuliert, sodass die oben genannte Entscheidung[822] für die insolvenzrechtliche Qualifikation bei der GmbH auch für die Aktiengesellschaft gilt.

10.1.1.2 Geschäftsleiterhaftung

Die Qualifikation der Ansprüche gegen Geschäftsleiter ist von besonderer praktischer Bedeutung, da die Geschäftsleiter den täglichen, operativen Geschäften in einer Gesellschaft nachgehen und so bei jeder Handlung Fehler machen können. Die Geschäftsleiter haben die Sorgfalt eines ordentlichen Geschäftsmanns zu beachten. Dieses Prinzip ist sowohl im Recht der GmbH als auch der AG festgelegt. Fehler und daraus folgende Haftungsansprüche gegen die Geschäftsleiter sind gerade im Vorfeld einer Insolvenz keine Seltenheit.

10.1.1.2.1 Änderungen durch das MoMiG

Auch im Rahmen der Geschäftsleiterhaftung, also der Haftung des Geschäftsführers bei der GmbH und des Vorstands bei der AG, sind durch das MoMiG Änderungen vorgenommen worden.

10.1.1.2.1.1 Rechtslage vor Erlass des MoMiG

10.1.1.2.1.1.1 Insolvenzantragspflicht § 64 Abs. 1 a.F. und § 92 Abs. 2 AktG a.F.

Die Rechtslage hat sich durch den Erlass des MoMiG insoweit geändert als die Insolvenzantragspflicht des § 64 Abs. 1 GmbH a.F. und des § 92 Abs. 2 AktG a.F. nun in § 15a InsO gesellschaftsformübergreifend geregelt wurde. Beide Vorschriften hatten (mit Ausnahme der Bezeichnung der Geschäftsleiter) exakt den gleichen Wortlaut:

---

822 Siehe Kap. 10.1.1.1.2.3 bis 10.1.1.1.2.5.

Wird die Gesellschaft zahlungsunfähig, so haben die Geschäftsführer (GmbH)/ der Vorstand (AG) *„ohne schuldhaftes Zögern, spätestens aber drei Wochen nach Eintritt der Zahlungsunfähigkeit, die Eröffnung des Insolvenzverfahrens zu beantragen. Dies gilt sinngemäß, wenn sich eine Überschuldung der Gesellschaft ergibt."*

10.1.1.2.1.1.2 Schadensersatzanspruch wegen Zahlungen nach Eintritt der Zahlungsunfähigkeit § 64 Abs. 2 a.F. und § 93 Abs. 3 Nr. 6 i.V.m. § 92 AktG a.F.

In § 64 Abs. 2 GmbH a.F. wurde die Ersatzpflicht der Geschäftsführer für Zahlungen nach Eintritt der Zahlungsunfähigkeit normiert. Die Vorschrift hatte folgenden Wortlaut:

> *„Die Geschäftsführer sind der Gesellschaft zum Ersatz von Zahlungen verpflichtet, die nach Eintritt der Zahlungsunfähigkeit der Gesellschaft oder nach Feststellung ihrer Überschuldung geleistet werden. Dies gilt nicht von Zahlungen, die auch nach diesem Zeitpunkt mit der Sorgfalt eines ordentlichen Geschäftsmanns vereinbar sind. Auf den Ersatzanspruch finden die Bestimmungen in § 43 Abs. 3 und 4 entsprechende Anwendung."*

10.1.1.2.1.2 Aktuelle Rechtslage

10.1.1.2.1.2.1 Einführung des § 64 S. 3 GmbHG und § 92 Abs. 2 S. 3 AktG

Die Haftung der Geschäftsführer nach § 64 Abs. 2 GmbHG a.F. wegen Zahlungen nach Eintritt der Zahlungsunfähigkeit wurde beibehalten und nunmehr in § 64 Abs. 1 Satz 1, 2 und 4 GmbHG geregelt. Außerdem wurde die Haftung der Geschäftsführer ergänzt um eine Insolvenzverursachungshaftung nach § 64 S. 3 GmbHG, also eine Haftung wegen Zahlungen an Gesellschafter, soweit diese zur Zahlungsunfähigkeit der Gesellschaft führen mussten, es sei denn, dies war auch bei Beachtung der Sorgfalt eines ordentlichen Geschäftsmanns für die Geschäftsführer nicht erkennbar.

Ebenso wurde im Aktiengesellschaftsrecht verfahren. So wurde in § 92 Abs. 2 AktG ein neuer Satz 3 eingeführt, der Zahlungen an Aktionäre durch den Vorstand verbietet, soweit diese zur Zahlungsunfähigkeit der Gesellschaft führen mussten, es sei denn, dies war auch bei Beachtung der Sorgfalt eines ordentlichen und gewissenhaften Geschäftsleiters nicht erkennbar.

10.1.1.2.1.2.2 Einführung des § 15 a Abs. 1 InsO

Beide alten Vorschriften zur Insolvenzantragspflicht sind nun in 15a Abs. 1 InsO aufgegangen, wobei Abs. 2 die Vorschrift ergänzt. § 15a Abs. 1 und 2 InsO haben jetzt folgenden Wortlaut:

Absatz 1:

„Wird eine juristische Person zahlungsunfähig oder überschuldet, haben die Mitglieder des Vertretungsorgans oder die Abwickler ohne schuldhaftes Zögern, spätestens aber drei Wochen nach Eintritt der Zahlungsunfähigkeit oder Überschuldung, einen Eröffnungsantrag zu stellen. Das gleiche gilt für die organschaftlichen Vertreter der zur Vertretung der Gesellschaft ermächtigten Gesellschafter oder die Abwickler bei einer Gesellschaft ohne Rechtspersönlichkeit, bei der kein persönlich haftender Gesellschafter eine natürliche Person ist; dies gilt nicht, wenn zu den persönlich haftenden Gesellschaftern eine andere Person gehört, bei der ein persönlich haftender Gesellschafter eine natürliche Person ist."

Absatz 2:

„Bei einer Gesellschaft im Sinne des Absatzes 1 Satz 2 gilt Absatz 1 sinngemäß, wenn die organschaftlichen Vertreter der zur Vertretung der Gesellschaft ermächtigten Gesellschafter ihrerseits Gesellschaften sind, bei denen kein persönlich haftender Gesellschafter eine natürliche Person ist, oder sich die Verbindung von Gesellschaften in dieser Art fortsetzt."

Damit ist praktisch dasselbe wie zur Zeit vor Erlass des MoMiG geregelt. Durch die Zusammenführung und Neuregelung in der Insolvenzordnung anstelle der einzelnen gesellschaftsrechtlichen Vorschriften sollte jedoch insbesondere zum Vorteil der Sytematik die Insolvenzantragspflicht einer für alle juristischen Personen (außer Vereinen) gültigen, einheitlichen Lösung zugeführt werden.[823]

Kommt der nach § 15a Abs. 1 InsO Verpflichtete seiner Verpflichtung nicht nach, so ist er nach herrschender Meinung gemäß § 823 Abs. 2 i.V.m. § 15a Abs. 1 InsO schadensersatzpflichtig. [824]

10.1.1.2.2 GmbH-Recht

10.1.1.2.2.1 Haftung wegen Masseschmälerung § 64 S. 1 GmbHG

Ansprüche wegen Zahlungen nach Eintritt der Zahlungsunfähigkeit der Gesellschaft oder nach Feststellung ihrer Überschuldung sind als insolvenzrechtlich zu qualifizieren, da sie in engem Zusammenhang mit dem Insolvenzverfahren stehen.

Voraussetzung für einen Anspruch nach § 64 S. 1 GmbHG ist die Zahlungsunfähigkeit oder Überschuldung der Gesellschaft, welche Insolvenzeröffnungsgründe i.S.d. InsO darstellen (§§ 17 und 18 InsO). Damit stehen diese Ansprüche auch zeitlich in sehr engem Zusammenhang zu der Insolvenzeröffnung. Aber auch der Schutzzweck der Vorschrift zielt auf die Verhinderung der Entnahme

---

823 BT-Drucks. 16/6140, S. 55; siehe auch: *Grigoleit/Rieder*, GmbH-Recht nach dem MoMiG, Rn. 285.

824 *Grigoleit/Rieder*, GmbH-Recht nach dem MoMiG, Rn. 292; siehe schon oben den vergleichbaren Fall des § 15a Abs. 3 InsO in Kap. 10.1.1.1.1.3.3.

von Geld, wenn schon ein Eröffnungsgrund vorliegt. Damit wird der (späteren) Insolvenzgläubigergleichbehandlung Rechnung getragen.

Nach der Begründung zum MoMiG[825] soll die Vorschrift des § 64 S. 1 GmbHG über die Anfechtungstatbestände hinausgehen, weil deren zum Teil kurze Fristen abgelaufen sind, der Gläubigerbenachteiligungsvorsatz und die entsprechende Kenntnis des Empfängers nicht bewiesen werden können oder die Vermutungsregelungen namentlich gegenüber nahestehenden Personen nicht erfüllt sind. Sinn und Zweck der Vorschrift ist also ein ähnlicher wie bei der Anfechtung in einem Insolvenzverfahren nach §§ 129 ff. InsO.

Zwar greift hier nicht das Indiz der Verortung und der Systematik des § 64 S. 1 und S. 3 GmbHG, da dieser ja gerade nicht in die InsO übertragen wurde, dennoch hat die Vorschrift auch nach der Begründung zum MoMiG einen insolvenzrechtlichen Gehalt. In der Begründung zum MoMiG heißt es dazu:

> *„Die in dem Entwurf vorgenommene Erweiterung des § 64 hat einen starken insolvenzrechtlichen Bezug. Dies erleichtert es, § 64 als insolvenzrechtliche Norm zu qualifizieren und gem. Artikel 3 Abs. 1, Artikel 4 Abs. 1 und 2 Satz 1 der Europäischen Insolvenzordnung (EuInsVO) auch in Insolvenzverfahren über das Vermögen ausländischer Gesellschaften anzuwenden, deren Tätigkeitsmittelpunkt in Deutschland liegt. Die Neuregelung trägt dazu bei, die zum Teil geringeren Gründungsvoraussetzungen ausländischer Gesellschaften zu kompensieren, die bei einer Tätigkeit in Deutschland nicht dem strengen Insolvenzrecht ihres Herkunftsstaates unterliegen."*[826]

Die Anwendung der Sanktionen auf Scheinauslandsgesellschaften kann aber – das ist trotz aller positiven Effekte zu beachten – nur ein Vorteil von einer Qualifikation als insolvenzrechtlich, aber keine Argumentation dafür sein. Dennoch berechtigen die hier vorliegenden Insolvenzspezifika zu einer solchen Qualifikation.

Zwar kann der Anspruch theoretisch auch unabhängig von der Eröffnung des Insolvenzverfahrens geltend gemacht werden, dies aber nur im Fall der Abweisung mangels Masse.[827] Im Regelfall der Eröffnung des Verfahrens wird der Anspruch durch den Insolvenzverwalter während des Verfahren geltend gemacht. Zur Beurteilung der Qualifikation sollte durchweg auf den Normalfall und nicht auf Spezialfälle abgestellt werden, um den wahren Gehalt und Schutzzweck der Vorschrift erfassen zu können. Dieser ist, wie beschrieben, somit insolvenzspezifisch.

---

825 BT-Drucks. 16/6140, S. 46.

826 BT-Drucks. 16/6140, S. 47.

827 Vergleiche zum alten § 64 Abs. 2 GmbHG, der jetzt § 64 S. 1 GmbHG ist: BGH, Urteil vom 11.09.2000, Az. II ZR 370/99; *Ambach*, Art. 25 EuInsVO, S. 170; *Fleck*, GmbHR 1974, 224, 230.

Sollte sich der Entwurf der Kommission zur Reform der EuInsVO[828] tatsächlich durchsetzen, so kann hiermit auch für eine insolvenzrechtliche Qualifikation argumentiert werden, da über die Haftung wegen Masseschmälerung im Rahmen des Insolvenzverfahrens zu entscheiden ist, um einander sich widersprechende Entscheidungen zu vermeiden, soweit der hinter dieser Vorschrift stehende Gedanke auf den Zusammenhang zwischen dem Insolvenzhauptverfahren und dem Annexverfahren übertragen werden kann.[829] Der Anspruch wegen Masseschmälerung hängt vom Insolvenzverfahren ab. Voraussetzung des Anspruchs wegen Masseschmälerung ist die Zahlungsunfähigkeit oder Überschuldung der Gesellschaft, welche wiederum als Eröffnungsgrund im Insolvenzverfahren vorliegen muss. Daher ist auch der erforderliche Zusammenhang i.S.d. Entwurfs der Kommission zu bejahen.

10.1.1.2.2.2 Insolvenzverursachungshaftung § 64 S. 3 GmbHG

Der Anspruch nach § 64 S. 3 GmbHG, der durch das MoMiG neu eingeführt wurde, ist wie der Anspruch nach S. 1 der Vorschrift als insolvenzrechtlich zu qualifizieren. Die Vorschrift ergänzt die Haftung der Geschäftsführer für die sog. Ausplünderung der Gesellschaft.[830] Zahlungen an Gesellschafter, die zur Zahlungsunfähigkeit der Gesellschaft führen mussten, sind zu ersetzen, es sei denn, sie waren von der Sorgfalt eines ordentlichen Geschäftsmannes getragen.

Dieser Anspruch greift nur, soweit die Zahlung zur Insolvenz führen musste. Darunter ist nicht jeder entfernte Kausalbeitrag zu verstehen, die Insolvenz muss auch nicht zeitgleich herbeigeführt werden, sondern es reicht, dass sich die Zahlungsunfähigkeit aufgrund der Zahlung klar abzeichnet und nicht erst durch Hinzutreten weiterer, zum Zahlungszeitpunkt unsicherer Umstände erkennbar wird.[831]

Voraussetzung des Erstattungsanspruchs ist also wiederum der Eintritt der Zahlungsunfähigkeit der Gesellschaft. Im Unterschied zu S. 1 sind hierbei Zahlungen an Gesellschafter vorgenommen worden, die die Insolvenz verursacht haben. Aus diesem Grund stehen die Ansprüche in engem Zusammenhang mit der Insolvenz und dem Insolvenzverfahren. Das zum Anspruch nach S. 1 Gesagte[832] gilt insbesondere auch für den Anspruch nach S. 3. Dies gilt auch

---

828 Vorschlag der Kommission COM(2012) 744 final, 2012/0360 (COD), C7-0413/12; siehe dazu Kap. 9.

829 Siehe dazu Kap. 9.4 a.E.

830 *Grigoleit/Rieder*, GmbH-Recht nach dem MoMiG, Rn. 293.

831 BT-Drucks. 16/6140, S. 46 f.; *Grigoleit/Rieder*, GmbH-Recht nach dem MoMiG, Rn. 294 ff.

832 Vergleiche Kap. 10.1.1.2.2.1 und dort das Zitat aus der Begründung zum MoMiG.

für den Zusammenhang nach Art. 3a Abs. 3 des Entwurfs der Kommission,[833] da Voraussetzung des Anspruchs nach § 64 S. 1 und 3 GmbHG die Zahlungsunfähigkeit der Gesellschaft ist und somit eine einheitliche Beurteilung der Zahlungsunfähigkeit erfolgen sollte, um keine sich widersprechenden Entscheidungen hervorzurufen.

10.1.1.2.2.3 Insolvenzverschleppungshaftung § 823 Abs. 2 BGB i.V.m. § 15a Abs. 1 InsO

Die Vorschrift des § 15a Abs. 1 InsO (wie auch § 15a Abs. 3 InsO) ist nach herrschender Ansicht mit einer Schadensersatzpflicht nach § 823 Abs. 2 BGB bewehrt. Die Schutzgesetzhaftung nach § 823 Abs. 2 BGB i.V.m. § 15a Abs. 1 InsO ist mangels anderer Bewertungskriterien ebenso als insolvenzrechtlich zu qualifizieren wie das Pendant nach § 15a Abs. 3 InsO. Der Schutzzweck der Insolvenzantragspflicht, auch hinsichtlich der Anwendung bei Scheinauslandsgesellschaften, und die Systematik sprechen gegen eine gesellschaftsrechtliche Qualifizierung. Die Insolvenzantragspflicht und die damit verbundene Haftung sind Teil des Insolvenzverfahrens und notwendig für eine korrekte Abwicklung zum Schutz der Gläubiger vor Masseschmälerung durch verspätete Antragstellung.[834]

10.1.1.2.2.4 Haftung nach § 43 GmbHG

Die allgemeine Haftung der Geschäftsführer für Sorgfaltspflichtverletzungen nach § 43 Abs. 2 GmbHG unterfällt indes nicht dem Insolvenzstatut, da sie keine Insolvenzspezifika aufweist. Die Systematik, der Schutzzweck und die Anspruchsvoraussetzungen sprechen für eine typisch gesellschaftsrechtliche Einordnung der Vorschrift. Dies gilt auch für § 43 Abs. 3 GmbH, da dieser nur die Haftung für Zahlungen wider § 30 GmbHG sanktioniert, womit derselbe Zweck wie der Vorschrift des § 31 GmbHG zugrunde liegt, welche ebenso typisch gesellschaftsrechtlich ist.[835]

10.1.1.2.3 AG-Recht

10.1.1.2.3.1 Haftung nach § 92 Abs. 2 S. 1 i.V.m. § 93 Abs. 3 Nr. 6 AktG

Die Haftung nach § 92 Abs. 2 S. 1 i.V.m. § 93 Abs. 3 Nr. 6 AktG stellt die Parallelvorschrift zu § 64 S. 1 GmbHG dar. In § 93 Abs. 3 AktG sind die sog. Todsünden

---

833 Vorschlag der Kommission COM(2012) 744 final, 2012/0360 (COD), C7-0413/12.

834 Siehe dazu bereits oben zu § 823 Abs. 2 BGB i.V.m. § 15a Abs. 3 InsO in Kap. 10.1.1.1.2.4.

835 Siehe dazu insbesondere Kap. 10.1.1.1.2.1.

des Vorstands aufgelistet.[836] In der dortigen Nr. 6 sind Zahlungen entgegen § 92 Abs. 2 AktG aufgeführt. Da beide Parallelvorschriften exakt denselben Tatbestand aufweisen, ist die Vorschrift ebenso aus den zu § 64 S. 1 GmbHG genannten Gründen[837] als insolvenzrechtlich zu qualifizieren. Insbesondere die insolvenzspezifische Voraussetzung des Eintritts der Zahlungsunfähigkeit oder Feststellung der Überschuldung zeigt den insolvenzrechtlichen Charakter. Hier geht es nicht um Entstehen, Leben und Vergehen der Gesellschaft[838], sondern speziell um Zahlungen, die nach Vorliegen eines Eröffnungsgrundes geleistet wurden.

Wie bereits genannt sind die Ansprüche wegen Masseschmälerung insgesamt insolvenzspezifisch, stehen also in engem Zusammenhang mit einem Insolvenzverfahren, da die Haftung zur Auffüllung des Gesellschaftsvermögens dient, was wiederum die Gläubigergleichbehandlung und die gleichmäßige und ranggerechte Befriedigung der Gesellschaftsgläubiger fördert.[839]

10.1.1.2.3.2 Haftung nach § 92 Abs. 2 S. 3 i.V.m. § 93 Abs. 3 Nr. 6 AktG

Ansprüche nach § 92 Abs. 2 S. 3 i.V.m. § 93 Abs. 3 Nr. 6 sind wie Ansprüche nach § 64 S. 3 GmbHG als insolvenzrechtlich zu qualifizieren. Schutzzweck einer Insolvenzverursachungshaftung ist der Schutz der Gläubiger vor Masseschmälerung. Ein Vorteil dieser Qualifizierung liegt vor allem in der Anwendbarkeit auf Scheinauslandsgesellschaften, was den Gläubigerschutz in diesen Fällen deutlich stärkt.[840] Im Übrigen gilt das zu § 64 S. 3 GmbHG Gesagte.[841]

10.1.1.2.3.3 Weitere Ansprüche gegen den Vorstand einer Aktiengesellschaft

Weitere mögliche Ansprüche gegen den Vorstand sind ebenso zu beurteilen wie bei der GmbH. Trotz unterschiedlicher Gesellschaftsformen sind die GmbH und die AG hinsichtlich der Qualifizierung der Ansprüche weitgehend gleich zu behandeln. Aus den Unterschieden, die die Gesellschaftsformen mit sich bringen, ergeben sich keine Argumente für eine andere Behandlung hinsichlich der Qualifizierung dieser Ansprüche als insolvenzrechtlich oder gesellschaftsrechtlich, zumal die textliche Formulierung der Ansprüche zum Teil sehr ähnlich ist. So

---

836 *Grigoleit/Rieder*, GmbH-Recht nach dem MoMiG, Rn. 293.

837 Siehe Kap. 10.1.1.2.2.1.

838 Gottwald – *Gottwald/Kolmann*, Handbuch, § 132 Rn. 93.

839 Gottwald – *Gottwald/Kolmann*, Handbuch, § 132 Rn. 96.

840 Gottwald – *Gottwald/Kolmann*, Handbuch, § 132 Rn. 98.

841 Siehe Kap. 10.1.1.2.2.2.

verhält es sich beispielsweise mit der allgemeinen Haftung aus § 93 Abs. 2 AktG, die der allgemeinen Haftung des § 43 GmbHG weitgehend entspricht. Beide sind als typisch gesellschaftsrechtlich zu qualifizieren, da die Vorschriften keinen insolvenzrechtlichen Schutzzweck aufweisen, sondern vielmehr das ordnungsgemäße „Leben der Gesellschaft“[842] regeln.

Die Haftung aus Insolvenzverschleppung gemäß § 823 Abs. 2 BGB i.V.m. § 15a Abs. 1 InsO ist gesellschaftsformunabhängig formuliert, sodass dieselben Maßstäbe, die bei der GmbH Anwendung finden, auch bei der AG anzuwenden sind.[843] Damit ist auch hier der Anspruch aufgrund der Insolvenztypik des Insolvenzantrags und der diesbezüglichen Pflicht als insolvenzrechtlich zu qualifizieren.[844] Ebenso wäre bei einer Scheinauslandsgesellschaft der Vorstand in Anspruch zu nehmen, da bei der Insolvenz der Gesellschaft deutsches Recht gemäß dem COMI Anwendung finden würde, was den Gläubigerschutz enorm verbessern würde.[845]

10.1.1.3 Konzernhaftung

Im Folgenden sollen Ansprüche untersucht werden, die im Zusammenhnag mit der Konzernbildung und -beendigung entstehen. Zunächst sind aber folgende Grundsätze hinsichtlich der Ansprüche in einem Konzern zu beachten.

Es gibt kein Konzerninsolvenzverfahren. Dieses soll es auch nach dem Entwurf der Kommission vom 12.12.12 nicht geben.[846] Es wird also das Trennungsprinzip weiter anzuwenden sein, welches besagt, dass nur die einzelnen Unternehmen des Konzerns insolvenzfähig sind, nicht aber die Gesamtheit.[847] Dies wirkt sich auch auf die örtliche Zuständigkeit aus, da es somit auch keine zentrale Zuständigkeit an dem Ort gibt, von dem aus der Konzern gesteuert wird.[848]

Das Trennungsprinzip wirkt sich auch auf die Haftung im Konzern aus. So ist dem deutschen Gesellschaftsrecht eine generelle Einstandspflicht für Verbindlichkeiten anderer Unternehmen des Konzerns grundsätzlich fremd.[849]

---

842 Gottwald - *Gottwald/Kolmann*, Handbuch, § 132 Rn. 93.

843 Siehe Kap. 10.1.1.2.2.3.

844 So schon: *Eidenmüller*, NJW 2005, 1618, 1621; *Kuntz*, NZI 2005, 424, 428 ff.

845 MünchKommBGB - *Kindler*, Band 11, IntGesR Rn. 669; Gottwald - *Gottwald/Kolmann*, Handbuch, § 132 Rn. 97; *Zerres*, DZWiR 2006, 356, 361 f.

846 Vorschlag der Kommission COM(2012) 744 final, 2012/0360 (COD), C7-0413/12.

847 Gottwald - *Haas*, Handbuch, § 95 Rn. 2; in anderen Nationen wie den USA ist dies allerdings möglich (vgl. dazu Gottwald - *Haas*, Handbuch a.a.O. Fn. 5).

848 Gottwald - *Haas*, Handbuch, § 95 Rn. 3.

849 *Willemer*, Vis attractiva concursus, S. 238.

Allerdings bestehen in gewissen Fällen Ausnahmen. Dies sind insbesondere die Ansprüche aus §§ 302 und 303 AktG, welche analog auf die GmbH angewendet werden.[850] Diese Regelungen bilden den Kern der Gläubigerschutzregeln im Konzern.[851] Daneben ist noch die Haftung im qualifiziert faktischen Konzern zu erwähnen.

Durch das MoMiG hat sich hinsichtlich der Konzernhaftung nur insoweit etwas geändert, als die sog. *Cash-Pool*-Systeme legalisiert wurden. Diese *Cash-Pool*-Systeme beinhalten Absprachen zwischen den einzelnen beteiligten Konzerngesellschaften meist mit der Muttergesellschaft, um Überschüsse (*upstream loans*) und Unterdeckungen (*downstream loans*) automatisch, zum Teil buchungstäglich, auszugleichen.[852] Diese *Cash-Pool*-Systeme sind ökonomisch sinnvoll und für international tätige Konzerne durchaus sehr bedeutend, weshalb der Gesetzgeber insbesondere die Haftung für Verletzung des Ausschüttungsverbot nach § 30 Abs. 1 GmbHG und entsprechend § 57 AktG aufgehoben hat, wenn ein Beherrschungs- oder Gewinnabführungsvertrag i.S.d. § 291 AktG besteht.[853]

10.1.1.3.1 Ausgleichsanspruch gem. §§ 302, 303 AktG

§ 302 AktG normiert eine Pflicht zur internen Verlustübernahme des herrschenden Unternehmens gegenüber dem abhängigen (beherrschten) Unternehmen, wenn ein Beherrschungs- oder Gewinnabführungsvertrag zwischen den Gesellschaften besteht.[854] Dabei spielt es keine Rolle, weshalb die Jahresfehlbeträge entstanden sind.[855]

Im Fall der Beendigung eines Beherrschungs- oder Gewinnabführungsvertrages, besteht nach § 303 Abs. 1 AktG ein Anspruch auf Sicherheitsleistung seitens der Gläubiger, deren Forderungen begründet worden sind, bevor die Eintragung der Beendigung des Vertrags in dem Handelsregister nach § 10 HGB bekannt gemacht worden ist. Dabei kommt es darauf an, dass die Leistungsunfähigkeit der abhängigen Gesellschaft nicht endgültig feststeht. Denn im Fall der Leistungsunfähigkeit wandelt sich der Anspruch auf Sicherheitsleistung entsprechend § 322 Abs. 1 AktG in einen direkten Zahlungsanspruch gegen die herrschende Gesellschaft um,

850 Vgl. beispielsweise: BGH, Urteil vom 16. September 1985, Az. II ZR 275/84.
851 *Hirte*, Kapitalgesellschaftsrecht, Rn. 8.75.
852 *Grigoleit/Rieder*, GmbH-Recht nach dem MoMiG, Rn. 188.
853 *Grigoleit/Rieder*, GmbH-Recht nach dem MoMiG, Rn. 193 m.w.N.
854 *Hirte*, Kapitalgesellschaftsrecht, Rn. 8.75.
855 *Willemer*, Vis attractiva concursus, S. 241 f.; Emmerich/Habersack – *Emmerich*, Aktien- und GmbH-Konzernrecht, § 302 AktG Rn. 30.

da der Sinn der Sicherheitsleistung in Fall der Leistungsunfähigkeit zwecklos werden würde.[856]

Die Vorschrift des § 303 AktG soll die Innenhaftung des § 302 AktG ergänzen und den Schutzzweck der Norm auch nach Beendigung des Beherrschungs- oder Gewinnabführungsvertrages sicherstellen.[857] Der Außenhaftung liegen deshalb dieselben Aspekte zugrunde, die auch der Innenhaftung nach § 302 AktG zugrunde liegen.

Nach Ansicht von *Nitsche*[858] ist der konzernrechtliche Ausgleichsanspruch als insolvenzrechtlich zu qualifizieren, da der Zweck unter anderem auch Gläubigerschutz ist. Der Anspruch ergibt sich als Folge für das leitende Unternehmen gerade im Fall der insolvenzbedrohenden Situation der abhängigen Gesellschaft, insbesondere soweit diese auf Weisungen des herrschenden Unternehmens zurückzuführen ist.[859]

Zwar kann der Anspruch, gerade wenn er in der Krise der Gesellschaft geltend gemacht wird, auch Gläubigerschutzziele verfolgen; dies allein kann aber noch nicht ausreichen, um einen engen Zusammenhang zu einem Insolvenzverfahren zu begründen. Gerade im Fall des § 303 AktG ist die Zuweisung des Anspruchs auf die eine oder andere Seite schwer zu beurteilen, da mit diesem Anspruch im Fall der Insolvenz doch zumindest auch Zwecke verfolgt werden, die dem Insolvenzverfahren immanent sind. Die Ansprüche aus § 302 und § 303 AktG sind aber wegen des gemeinsamen Zwecks einheitlich zu beurteilen; somit sind die Ansprüche aus § 302 und § 303 AktG insgesamt als gesellschaftsrechtlich zu beurteilen, weil die gesellschaftsrechtlichen gegenüber den nur vereinzelt vorhandenen insolvenzrechtlichen Aspekten überwiegen.

Die Ausgleichspflicht nach § 302 AktG ist grundsätzlich nur eine Kompensation für das Versagen des gesetzlichen Systems der Kapitalerhaltung im Vertragskonzern und für das umfassende Weisungsrecht des herrschenden Unternehmens.[860] Sie stellt aber ein eigenständiges System des Gläubigerschutzes im Vertragskonzern dar.[861] Wegen der Vergleichbarkeit der Regelungen

856 *Hirte*, Kapitalgesellschaftsrecht, Rn. 8.79.

857 *Willemer*, Vis attractiva concursus, S. 245; so auch Emmerich/Habersack – *Emmerich*, Aktien und GmbH-Konzernrecht, § 303 AktG Rn. 1.

858 *Nitsche*, Konzernfolgeverantwortung, S. 278.

859 *Nitsche*, Konzernfolgeverantwortung, S. 282.

860 *Willemer*, Vis attractiva concursus, S. 241 f.; Emmerich/Habersack – *Emmerich*, Aktien und GmbH-Konzernrecht, § 302 AktG Rn. 16 f.

861 Emmerich/Habersack – *Emmerich*, Aktien und GmbH-Konzernrecht, § 302 AktG Rn. 17.

mit den Kapitalerhaltungsvorschriften, ist auch eine gleichartige Qualifikation geboten. Die Kapitalerhaltungsvorschriften sind als gesellschaftsrechtlich zu qualifizieren.[862] Deshalb ist der Anspruch aus § 302 AktG ebenso als gesellschaftsrechtlich zu bewerten. Es besteht auch (in den meisten Fällen) kein unmittelbarer Anspruch der Gläubiger der abhängigen Gesellschaft gegen das herrschende Unternehmen, vielmehr werden diese nur mittelbar geschützt.[863] Dieser mittelbare Schutz der Gläubiger reicht nicht aus, um einen engen Zusammenhang zu einem Insolvenzverfahren anzunehmen. Es handelt sich somit um eine gesellschaftrechtliche Vorschrift, die das Bestehen, das Leben einer Gesellschaft betrifft.

Ebenso verhält es sich mit dem Anspruch aus § 303 AktG. Für eine gesellschaftsrechtliche Einordnung spricht insbesondere, dass die Eröffnung eines Insolvenzverfahrens nicht Voraussetzung für den Anspruch ist, sondern vielmehr alle denkbaren Beendigungsgründe in Betracht kommen.[864] Ganz im Gegenteil kann der Anspruch auf direkte Zahlung an gewisse Gläubiger nach §§ 303, 322 AktG nur in den Fällen geltend gemacht werden, in denen die Leistungsunfähigkeit der abhängigen Gesellschaft endgültig feststeht.[865] Leistungsunfähigkeit liegt regelmäßig vor, wenn die Gesellschaft wegen Vermögenslosigkeit im Handelsregister gelöscht wurde oder wenn kein Verfahren wegen Masseunzulänglichkeit eröffnet wird oder das Insolvenzverfahren wieder eingestellt wird (§ 26 und § 207 InsO).[866] Mit der Eröffnung des Insolvenzverfahrens steht jedoch noch nicht endgültig fest, dass der Gläubiger mit seiner Forderung ausfällt.[867] Dies bedeutet, dass gerade dann der Anspruch auf direkte Zahlung bestehen kann, wenn das Verfahren von vorneherein nicht eröffnet wird oder nach Eröffnung wieder eingestellt worden ist. Der Anspruch ist gerade auch in den Fällen virulent, in denen es kein Insolvenzverfahren gibt. [868]

Im Fall der Sicherheitsleistung kann der Anspruch auch in einem Insolvenzverfahren geltend gemacht werden. Dies ergibt sich im Umkehrschluss aus

862 Siehe dazu Kap. 10.1.1.1.2.1.

863 Emmerich/Habersack – *Emmerich*, Aktien und GmbH-Konzernrecht, § 302 AktG Rn. 4.

864 *Willemer*, Vis attractiva concursus, S. 246; Emmerich/Habersack – *Emmerich*, Aktien und GmbH-Konzernrecht, § 303 AktG Rn. 7.

865 *Hirte*, Kapitalgesellschaftsrecht, Rn. 8.79.

866 *Hirte*, Kapitalgesellschaftsrecht, Rn. 8.79; Emmerich/Habersack – *Emmerich*, Aktien- und GmbH-Konzernrecht, § 303 Rn. 24.

867 *Hirte*, Kapitalgesellschaftsrecht, Rn. 8.79.

868 *Willemer*, Vis attractiva concursus, S. 247.

§ 303 Abs. 2 AktG, der besagt, dass der Anspruch auf Sicherheitsleistung nicht geltend gemacht werden kann, wenn die Gläubiger im Fall des Insolvenzverfahrens ein Recht auf vorzugsweise Befriedigung aus einer Deckungsmasse haben, die nach gesetzlicher Vorschrift zu ihrem Schutz errichtet und staatlich überwacht ist. Aber auch aus diesem Aspekt ergibt sich nicht die insolvenzrechtliche Qualifikation, da der geforderte enge Zusammenhang mit einem Insolvenzverfahren hier nicht vorliegt, da die Eröffnung des Insolvenzverfahrens nur eine Möglichkeit unter vielen darstellt, einen Beherrschungs- oder Gewinnabführungsvertrag zu beenden.[869]

Der Anspruch regelt vielmehr den Ablauf der Beendigung eines derartigen Beherrschungs- oder Gewinnabführungsvertrages ohne dabei zwingende insolvenzspezifische Voraussetzungen zu haben. Aus diesem Grund steht der Anspruch nicht in engem Zusammenhang mit einem Insolvenzverfahren, sondern ist als gesellschaftsrechtlich zu qualifizieren.

10.1.1.3.2 Haftung im GmbH-Vertragskonzern gem. §§ 302, 303 AktG analog

Die Ansprüche aus § 302 und § 303 AktG sind entspechend auf die GmbH anwendbar.[870] Daraus ergibt sich aber kein Unterschied hinsichtlich der Qualifikation der Ansprüche im Fall der Anwendung auf den GmbH-Vertragskonzern. Es gelten dieselben Argumente, die im Fall der Anwendung im Rahmen der AG aufgeführt worden sind.[871] Die Ansprüche sowohl aus § 302 als auch aus § 303 AktG als Anspruch auf Sicherheitsleistung oder als direkter Zahlungsanspruch sind somit ebenso als gesellschaftsrechtlich zu qualifizieren.

10.1.1.3.3 Haftung im qualifiziert faktischen Konzern gem. §§ 302, 303 AktG analog

Ein faktischer Konzern liegt vor, wenn mehrere Unternehmen unter der Leitung eines herrschenden Unternehmens zusammengefasst sind, wobei die Frage der Leitungsmacht nicht nur nach Beteiligungsgrößen zu beurteilen ist, sondern auch unter wirtschaftlichen Gesichtspunkten.[872] Eine „qualifiziert" faktische Konzernierung liegt dann vor, wenn die Leitungsdichte durch das herrschende Unternehmen so hoch ist, dass sich ausgleichspflichtige Nachteilszufügungen bei

869 *Willemer*, Vis attractiva concursus, S. 246.

870 Emmerich/Habersack – *Emmerich*, Aktien und GmbH-Konzernrecht, § 302 AktG Rn. 25 und § 303 AktG Rn. 3.

871 Siehe Kap. 10.1.1.3.1.

872 Gottwald – *Haas*, Handbuch, § 95 Rn. 18 m.w.N.

der abhängigen Gesellschaft nicht mehr isolieren lassen.[873] Das herrschende Unternehmen beeinträchtigt in diesen Fällen die Eigeninteressen des abhängigen Unternehmens nachhaltig.[874]

Bei Aktiengesellschaften werden insoweit die Ansprüche aus § 302 f. AktG entsprechend angewendet. Derartige Nachteilszufügungen, die im faktischen Konzern eben keine qualifizierte Grundlage wie einen Beherrschungsvertrag aufweisen, sind über § 302 f. AktG zu kompensieren.[875] Dabei sind nach überwiegender Meinung die §§ 302 f. AktG das speziellere Schutzsystem bei der AG und deshalb bei existenzgefährdenden Maßnahmen anzuwenden.[876] Die Voraussetzungen für einen existenzgefährdenden Eingriff bei der AG entsprechend den §§ 302 f. AktG sind streng; es wird neben der Abhängigkeit und der Nachteilzufügung auch verlangt, dass das Einzelausgleichssystem der §§ 311, 317 AktG diesen Fall nicht adäquat erfasst, mithin die Unmöglichkeit des Einzelausgleichs vorliegt.[877]

Der Hintergrund des Instituts des qualifiziert faktischen Konzerns ist die Sanktionierung und der Ausgleich bei existenzgefährdenden Maßnahmen. Wie bereits dargestellt, sind Ansprüche wegen Existenzgefährdung grundsätzlich insolvenzrechtlich einzuordnen. Dies gilt auch in diesem Fall trotz entsprechender Anwendung der gesellschaftsrechtlichen §§ 302 ff. AktG. Der Sinn der entsprechenden Anwendung, der eigentlich dem Wortlaut nach nicht anzuwendenden §§ 302 ff. AktG ist die Sanktionierung bei der nachhaltigen Beeinträchtigung der Interessen des abhängigen Unternehmens. Dies geht über den gesellschaftsrechtlichen Zweck der §§ 302 ff. AktG hinaus. Nicht ein Ausgleich für das Versagen des gesetzlichen Systems der Kapitalerhaltung im Vertragskonzern und für das umfassende Weisungsrecht des herrschenden Unternehmens soll bezweckt werden,[878] sondern vielmehr die schon fast deliktsrechtliche, nachteilige Einflussnahme auf das abhängige Unternehmen soll

---

873 Vgl. beispielsweise: BGH, Urteil vom 16. September 1985, Az. II ZR 275/84; und dazu: *Goette*, DStR 1997, 1937, 1938; *Hüffer*, AktG, § 302 Rn. 7; Gottwald – *Haas*, Handbuch, § 95 Rn. 18.

874 *Hirte*, Kapitalgesellschaftsrecht, Rn. 8.153 m.w.N.

875 Gottwald – *Haas*, Handbuch, § 95 Rn. 21.

876 *Eberl-Borges*, WM 2003, 105, 105 ff.; Gottwald – *Haas*, Handbuch, § 95 Rn. 21; Emmerich/Habersack – *Habersack*, Anh. § 317 AktG Rn. 5; *Schmidt*, Gesellschaftsrecht, § 31 IV 4; vgl. dazu auch *Cahn*, ZIP 2001, 2159, 2160; a.A. *Hüffer*, AktG, § 302 Rn. 9.

877 Gottwald – *Haas*, Handbuch, § 95 Rn. 21; Emmerich/Habersack – *Habersack*, Anh. § 317 AktG Rn. 7 ff.

878 Siehe dazu Kap. 10.1.1.3.1.

sanktioniert werden. Damit wird ein anderer Zweck verfolgt, was diesen Anspruch wie die Haftung aus Existenzvernichtung bei der GmbH gemäß § 826 BGB als insolvenzrechtlich qualifiziert.

10.1.2 England

Im Rahmen von gesellschaftsrechtlichen Streitigkeiten sind in England vornehmlich die Ansprüche aus sec. 214 Insolvency Act 1986 wegen *wrongful trading*, sec. 213 Insolvency Act wegen *fraudulent trading* sowie Ansprüche aus sec. 212 Insolvency Act 1986 wegen *misfeasence proceedings* und die richterrechtliche Durchgriffshaftung gemäß der Grundsätzen des *lifting the corporate veil* zu untersuchen. Diese Ansprüche sind regelmäßig repressiver Natur, da neben der Staatsaufsicht in England der Gläubigerschutz vornehmlich durch die Haftung der Geschäftsleiter sichergestellt wird, was am Beispiel der *Limited* gut zu erkennen ist, da zu deren Gründung kein Mindestkapital benötigt wird.[879]

Die Haftung wegen *wrongful trading* war – wie auch die Haftung wegen *fraudulent trading* – bis 1985/86 im Companies Act verortet.[880] Erst danach wurden die Vorschriften in den Insolvency Act 1986 übernommen. Die Haftung wegen *wrongful trading*, welche wohl praktisch relevanter als die Haftung wegen *fraudulent trading* ist,[881] ist nun in sec. 214 Insolvency Act 1986 geregelt.[882]

---

879 *Fleischer*, DStR 2000, 1015, 1019; *Schall*, ZIP 2005, 965, 965 ff.; *Schumann*, DB 2004, 743, 743 f.; *Willemer*, Vis attractiva concursus, S. 297; siehe auch *Zimmer*, Internationales Gesellschaftsrecht, S. 281; *Davies*, AG 1998, 346, 352 f.; *Borges*, ZIP 2004, 733, 735 f.; Zur Staatsaufsicht in England siehe: *Höfling*, Das englische internationale Gesellschaftsrecht, S. 167 ff.

880 Siehe zu den Unterschieden zwischen *wrongful trading* und *fraudulent trading*: *Goode*, Principles of Corporate Insolvency Law, Rn. 14–29.

881 *Willemer*, Vis attractiva concursus, S. 297.

882 Sec 214 Insolvency Act 1986 lautet wie folgt:

"(1) Subject to subsection (3) below, if in the course of the winding up of a company it appears that subsection (2) of this section applies in relation to a person who is or has been a director of the company, the court, on the application of the liquidator, may declare that that person is to be liable to make such contribution (if any) to the company's assets as the court thinks proper.
(2) This subsection applies in relation to a person if-
(a) the company has gone into insolvent liquidation,
(b) at some time before the commencement of the winding up of the company, that person knew or ought to have concluded that there was no reasonable prospect that the company would avoid going into insolvent liquidation, and

In England gibt es keine Haftung der Geschäftsleiter (*directors*) im Fall der Zahlungsunfähigkeit oder Überschuldung der Gesellschaft, wenn sie keine Insolvenzanmeldung durchgeführt haben.[883] Sec. 124 Insolvency Act 1986[884] stellt lediglich die Berechtigung, nicht aber die Pflicht der Geschäftsleiter, dazu fest. Allerdings liegt ein Betrug (*fraud*) vor, wenn die Geschäftsleiter trotz der Kenntnis, dass Zahlungen nicht mehr erfüllt werden können, weitere Verbindlichkeiten eingehen. Die daraus entstandene Haftung für *fraudulent trading* ist in sec. 213 Insolvency Act 1986 geregelt.[885]

Im Gegensatz dazu steht das *wrongful trading*, das nach den Vorstellungen des *Cork Committee*, welches den Haftungstatbestand im Jahr 1982 entwarf, vom

---

(c) that person was a director of the company at that time; but the court shall not make a declaration under this section in any case where the time mentioned in paragraph (b) above was before 28th April 1986.
(3) The court shall not make a declaration under this section with respect to any person if it is satisfied that after the condition specified in subsection (2)(b) was first satisfied in relation to him that person took every step with a view to minimising the potential loss to the company's creditors as (assuming him to have known that there was no reasonable prospect that the company would avoid going into insolvent liquidation) he ought to have taken.
(4) For the purposes of subsections (2) and (3), the facts which a director of a company ought to know or ascertain, the conclusions which he ought to reach and the steps which he ought to take are those which would be known or ascertained, or reached or taken, by a reasonably diligent person having both- (a) the general knowledge, skill and experience that may reasonably be expected of a person carrying out the same functions as are carried out by that director in relation to the company, and
(b) the general knowledge, skill and experience that that director has.
(5) The reference in subsection (4) to the functions carried out in relation to a company by a director of the company includes any functions which he does not carry out but which have been entrusted to him.
(6) For the purposes of this section a company goes into insolvent liquidation if it goes into liquidation at a time when its assets are insufficient for the payment of its debts and other liabilities and the expenses of the winding up.
(7) In this section "director" includes a shadow director.
(8) This section is without prejudice to section 213."

883 MünchKommInsO – *Schlegel*, Band 3, Anhang Länderberichte England und Wales Rn. 38.

884 Sec. 124 Insolvency Act besagt, dass die Geschäftsleiter ("directors") nur eine Berechtigung zur Antragstellung haben: "*Subject to the provisions of this section, an application to the court for the winding up of a company shall be by petition presented either by the company, or the directors,(…)*"

885 *Habersack/Verse*, ZHR 168 (2004), 174, 177.

Vorliegen einer Betrugsabsicht unabhängig sein und all die Fälle erfassen sollte, in denen die Gesellschaft weitere Schulden aufnimmt, obwohl sie zu diesem Zeitpunkt bereits überschuldet oder zahlungsunfähig war und vernünftigerweise nicht damit zu rechnen war, dass sie diese vollständig ausgleichen kann.[886] Im Laufe des Gesetzgebungsverfahrens wurde die Haftung auf die Zeit vor Eintritt der Insolvenz erweitert, sofern die insolvenzbedingte Liquidation der Gesellschaft bereits absehbar war.[887]

10.1.2.1 Wrongful trading gem. sec. 214 Insolvency Act 1986

Nach dieser Vorschrift haftet ein Geschäftsleiter gegenüber der Gesellschaft für Schäden, die er verursacht, weil er die Gesellschaft fortführt, obwohl er erkennt oder wenn er erkennen musste, dass es keine Aussicht gibt, die Insolvenz der Gesellschaft zu vermeiden *(„no reasonable prospect that the company would avoid going into insolvent liquidation“)*.[888] Der Anspruch besteht allerdings nicht, wenn der Geschäftsleiter alles unternimmt, um finanzielle Schäden der Gläubiger zu verhindern.[889]

Die Voraussetzungen des Haftungstatbestands sind konkret: zum einen die insolvenzbedingte Liquidation (*insolvent liquidation of a company*), wobei als Insolvenztatbestände in England die Zahlungsunfähigkeit (*cash flow test*) und die Überschuldung (*balance sheet test*) in Frage kommen;[890] ferner die Kenntnis oder das Kennen-Müssen der Geschäftsleiter, dass es keine vernünftige Aussicht darauf gab, die insolvenzbedingte Liquidation abzuwenden (*no reasonable prospect of avoiding insolvent liquidation*), welches den Hauptstreitpunkt in diesen Verfahren darstellt.[891] Schließlich muss es sich um einen *director* oder *shadow director* handeln.[892] Ein *shadow director* ist nach der Legaldefinition des sec. 251 Insolvency Act 1986[893]

---

886 *Habersack/Verse*, ZHR 168 (2004), 174, 178.

887 *Habersack/Verse*, ZHR 168 (2004), 174, 178 f.

888 Sec. 214, ss. 2b) Insolvency Act 1986.

889 Sec. 214, ss. 3) Insolvency Act 1986.

890 *Höfling*, Das englische internationale Gesellschaftsrecht, S. 226; Zum Cash-Flow-Test siehe ausführlich: *Goode*, Principles of Corporate Insolvency Law, Rn. 4–15 ff.; Zum Balance-Sheet-Test siehe ausführlich: *Goode*, Principles of Corporate Insolvency Law, Rn. 4–22 ff.

891 *Fletcher*, The Law of Insolvency, S. 661; *Habersack/Verse*, ZHR 168 (2004), 174, 183.

892 *Habersack/Verse*, ZHR 168 (2004), 174, 188; *Goode*, Principles of Corporate Insolvency Law, Rn. 14–32.

893 Sec. 251 Insolvency Act 1986 stellt gewisse, im Insolvency Act verwendete, Begriffe dar und erläutert diese. Hinsichtlich des “*shadow director*” besagt sec. 251 Insolvency Act folgendes:

derjenige, dessen Vorgaben und Weisungen die Geschäftsleiter üblicherweise zu befolgen pflegen; ausgenommen sind professionelle Berater.[894] Als letzte Voraussetzung ist die Einwendung gem. sec. 214 (3) Insolvency Act 1986 zu nennen (*took every step to minimise the loss*).[895] Liegt die Vorhersehbarkeit der Insolvenz vor, führt dies zu einer Beweislastumkehr hinsichtlich der Frage, ob jeder vernünftige Schritt ergriffen wurde, den Schaden gering zu halten.[896]

Der Ausgleichsbetrag wird in das Ermessen des Gerichts gestellt und beträgt regelmäßig die Summe, durch die das Gesellschaftsvermögen feststellbar aufgrund der Handlung des Geschäftsleiters vermindert wurde.[897] Nach sec. 215 (2) Insolvency Act 1986[898] kann das Gericht des Weiteren Maßnahmen anordnen, um die Haftung durchzusetzen.[899] Neben der Haftung auf Schadensersatz

---

"(…)"shadow director", in relation to a company, means a person in accordance with whose directions or instructions the directors of the company are accustomed to act (but so that a person is not deemed a shadow director by reason only that the directors act on advice given by him in a professional capacity)".

894 *Habersack/Verse*, ZHR 168 (2004), 174, 189.

895 *Habersack/Verse*, ZHR 168 (2004), 174, 193.

896 *Höfling*, Das englische internationale Gesellschaftsrecht, S. 227 mit weitere Anmerkungen.

897 *Habersack/Verse*, ZHR 168 (2004), 174, 195; *Willemer*, Vis attractiva concursus, S. 303; Lutter – *Fleischer*, Europäische Auslandsgesellschaften in Deutschland, S. 63.

898 Sec. 251 (2) lautet:

"(2) Where under either section the court makes a declaration, it may give such further directions as it thinks proper for giving effect to the declaration; and in particular, the court may—
(a)provide for the liability of any person under the declaration to be a charge on any debt or obligation due from the company to him, or on any mortgage or charge or any interest in a mortgage or charge on assets of the company held by or vested in him, or any person on his behalf, or any person claiming as assignee from or through the person liable or any person acting on his behalf, and
(b)from time to time make such further order as may be necessary for enforcing any charge imposed under this subsection."

Nach sec. 215 (4) können auch Forderungen von haftenden Geschäftsleitern, die auch Gläubiger der Gesellschaft sind, für nachrangig erklärt werden:

"(4) Where the court makes a declaration under either section in relation to a person who is a creditor of the company, it may direct that the whole or any part of any debt owed by the company to that person and any interest thereon shall rank in priority after all other debts owed by the company and after any interest on those debts."

899 *Habersack/Verse*, ZHR 168 (2004), 174, 195, Fn. 121a.

kann dem *director* auch die Sanktion der *disqualification* nach dem *Company Directors Disqualification Act 1986* auferlegt werden; nach diesem kann dem *director* die Ausführung eines solchen Amtes für bis zu 15 Jahre verboten werden; dies gilt ebenso für die Ausführung anderer Managementaufgaben.[900]

Wie bereits erläutert[901] ist im englischen Recht die *vis attractiva concursus* wesentlich stärker ausgeprägt als in Deutschland; deshalb ist das Insolvenzgericht für einen Anspruch aus *wrongful trading* aufgrund sec. 383 (1) Insolvency Act 1986 zuständig.

Eine Zuständigkeit ist auch nach der EuInsVO gegeben, da Ansprüche aus *wrongful trading* in engem Zusammenhang mit der Insolvenz einer Gesellschaft stehen. Sie sind als insolvenzrechtlich i.S.d. Art. 25 Abs. 1 UAbs. 2 EuInsVO zu qualifizieren.

Die Haftung aus *wrongful trading* ist zu vergleichen mit der deutschen Insolvenzverschleppungshaftung; hierbei besteht allerdings der Unterschied, dass in England – wie bereits beschrieben[902] – keine Pflicht zur Insolvenzantragstellungstellung vorgeschrieben ist, sondern nur eine Berechtigung.[903] Der Schutzzweck der Norm ist deshalb insolvenzrechtlich, da ein ähnlicher Schutzzweck wie bei § 64 GmbHG bzw. § 15a InsO i.V.m. § 823 Abs. 2 BGB vorliegt. Zweck ist auch die spätere gleichmäßige Befriedigung der Gläubiger. Ähnlich wie § 64 GmbHG oder § 15a InsO i.V.m. § 823 Abs. 2 BGB setzt der Tatbestand des sec. 214 Insolvency Act 1986 voraus, dass der Geschäftsleiter Zahlungen vorgenommen hat, die wegen der Zahlungsunfähigkeit nicht geleistet hätten werden dürfen, bzw. dass er den Insolvenzantrag nicht rechtzeitig gestellt hat. Obwohl in England keine Insolvenzantragspflicht existiert, ist der dahinter stehende Zweck der englischen Vorschrift mit den deutschen Vorschriften vergleichbar, da es um die gleichmäßige Gläubigerbefriedigung und den Masseerhalt zur Befriedigung der Gläubiger geht.

Ferner ist der enge Zusammenhang mit dem Insolvenzverfahren daran zu erkennen, dass den Anspruch nur der Insolvenzverwalter (nur eine als englischer insolvency practitioner vom englischen *insolvency service* zugelassene Person

900 *Habersack/Verse*, ZHR 168 (2004), 174, 198.

901 Siehe dazu Kap. 2.3.2.

902 Siehe oben im Überblick Kap. 10.1.2.

903 *Schumann*, DB 2004, 743, 747; MünchKommInsO – *Schlegel*, Band 3, Anhang Länderberichte England und Wales Rn. 38; *Habersack/Verse*, ZHR 168 (2004), 174, 177.

kann als *liquidator* bestellt werden)[904] geltend machen kann, den Gläubiger ist dies aber verwehrt.[905]

Schließlich kann zur Begründung der insolvenzrechtlichen Qualifikation auch noch die Verortung genannt werden, die zwar nicht ausschließliches Kriterium sein, aber als Indiz dienen kann.[906] So ist die jetzige Regelung im Insolvency Act 1986, anstelle der vorherigen Regelung im Corporate Act, ein Indiz für den Bestimmungswillen des englischen Gesetzgebers als insolvenzrechtlich - ähnlich der Verschiebung im deutschen Recht durch das MoMiG[907].

Aber auch auf europäischer Ebene lässt sich nach dem Urteil des EuGH in Sachen „*Deko Marty*"[908] eine Tendenz für alle relevanten nationalen Vorschriften der Mitgliedsstaaten der EU erkennen. Zukünftig wird wohl eine Vorschrift, deren Qualifikation nicht ganz eindeutig ist, eher dem Insolvenzrecht zuzuordnen sein, da dies die Praktikabilität (*effet utile*), die Rechtssicherheit und die Ziele der Erwägungsgründe zur EuInsVO, die mit einer *vis attractiva concursus* auf europäischer Ebene einhergehen, fördern würde.

Auch nach der Wertung des Art. 3a Abs. 3 des Entwurfs der Kommission vom 12.12.2012[909] ist - soweit dieser auf den Zusammenhang zwischen dem Insolvenzhauptverfahren und dem Annexverfahren anwendbar ist - ein Zusammenhang zu bejahen, da die insolvenzbedingte Liquidation Tatbestandsvoraussetzung ist und damit widersprechende Entscheidungen zum Insolvenzverfahren vermieden werden können. Damit sollte sich die Gerichte des eröffnenden Mitgliedsstaates, welches sich mit dem Insolvenzhauptverfahren beschäftigen, auch mit dem Annexverfahren befassen. Eine Zuständigkeitsbündelung im Staat der Insolvenzeröffnung ist hier jedenfalls sinnvoll.

---

904 *Lawlor*, NZI 2005, 432, 434.

905 *Habersack/Verse*, ZHR 168 (2004), 174, 195; *Willemer*, Vis attractiva concursus, S. 304.

906 Vergleiche dazu Kap. 10.1.1.1.2.3.3.

907 Siehe dazu BT- Drucks. 16/6140, S. 55.

908 EuGH, Urteil vom 12.2.2009, Rs. C-339/07.

909 Vorschlag der Kommission COM(2012) 744 final, 2012/0360 (COD), C7-0413/12, S. 24.

10.1.2.2 Fraudulent trading gem. sec. 213 Insolvency Act

Eine Haftung wegen *fraudulent trading*, also wegen betrügerischer Geschäftsführung, ist in sec. 213 Insolvency Act 1986 geregelt.[910] Die praktische Relevanz dieses Anspruchs ist aber geringer als die des sec. 214 Insolvency Act 1986[911]; auch hat der Anspruch insgesamt keine überragende Bedeutung erlangt, da die Gerichte an den Nachweis der betrügerischen Absicht hohe Anforderungen gestellt haben und daher der Nachweis in diesbezüglichen Klageverfahren oft gescheitert ist.[912] Anspruchsgegner aus Sicht des Insolvenzverwalters, der allein zur Geltendmachung (wie bei sec. 214 Insolvency Act) des Anspruchs befugt ist,[913] können aber nicht nur Geschäftsleiter, sondern grundsätzlich auch andere Personen sein. Der Anspruch geht vom Umfang nicht weiter als ein Anspruch nach dem deutschen § 823 Abs. 2 i.V.m. § 263 StGB und § 826.[914] Er setzt zudem kein insolvenzspezifisches Vermögensdefizit voraus.[915]

Der Anspruch aus sec. 213 Insolvency Act 1986 ist nicht als insolvenzrechtlich zu qualifizieren, da der Schwerpunkt des Schutzes, den diese Vorschrift bezwecken soll, nicht im Insolvenzbereich liegt. Zwar wird durch die Rückführung des durch betrügerisches Handeln erlangten Vermögens die Masse erhöht und damit werden die Gläubiger indirekt begünstigt,[916] allerdings sollen die Geschäftsleiter durch die Vorschrift hauptsächlich angehalten werden, ihre allgemeinen (gesellschaftsrechtlichen) Pflichten ordnungsgemäß auszuüben. Der Anspruch kann lediglich „bei Gelegenheit der Insolvenz" durch den Insolvenzverwalter geltend gemacht werden. Diese Möglichkeit stellt vielmehr eine

---

910 Sec 213 Insolvency Act 1986 lautet wie folgt:

"(1) If in the course of the winding up of a company it appears that any business of the company has been carried on with intent to defraud creditors of the company or creditors of any other person, or for any fraudulent purpose, the following has effect.
(2) The court, on the application of the liquidator may declare that any persons who were knowingly parties to the carrying on of the business in the manner above-mentioned are to be liable to make such contributions (if any) to the company's assets as the court thinks proper."

911 Lutter – *Fleischer*, Europäische Auslandsgesellschaften in Deutschland, S. 61;.*Maul/Schmidt*, BB 2003, 2297, 2299.

912 *Habersack/Verse*, ZHR 168 (2004), 174, 177.

913 *Willemer*, Vis attractiva concursus, S. 299.

914 Vgl. insgesamt *Habersack/Verse*, ZHR 168 (2004), 174, 178; *Höfling*, Das englische internationale Gesellschaftsrecht, S. 223 f.

915 *Willemer*, Vis attractiva consursus, S. 298.

916 *Willemer*, Vis attractiva concursus, S. 300.

Ergänzung der allgemeinen Geschäftsleiterpflichten im Fall der Insolvenz dar und weist daher keine Insolvenzspezifika und keinen weitergehenden insolvenzrechtlichen Schutzzweck und inneren Zusammenhang mit einem Insolvenzverfahren auf.

Die Haftung aus *fraudulent trading* ist weiter gefasst als der Anspruch aus *wrongful trading*. Aus diesem Grund ergibt sich hier auch eine unterschiedliche Bewertung, da der Begriff des engen Zusammenhangs bei *wrongful trading* noch erfüllt, während die Grenze des Begriffs bei *fraudulent trading* bereits überschritten ist. Insbesondere können auch andere Personen als Geschäftsführer den Anspruch geltend machen und diese Haftung kann jeden treffen, der an der Gesellschaft beteiligt ist. Ferner kann die Haftung auch eingreifen, wenn die Gesellschaft nicht insolvent ist.[917] Wegen des Erfordernisses eines betrügerischen Handelns geht die Haftung nicht weiter als die zivilrechtliche bzw. deliktsrechtliche Haftung nach deutschem Recht gemäß § 823 Abs. 2 i.V.m. § 263 StGB,[918] welche somit nicht typisch insolvenzrechtlich ist.

Zwar ist der Anspruch im Insolvency Act 1986 geregelt, was aber nur - wie bereits erläutert - ein Indiz darstellt; dieses Indiz wird aber vor allem dadurch widerlegt, dass kein Vermögensdefizit vorausgesetzt wird; ferner verlangt der Anspruch nicht die Eröffnung eines Insolvenzverfahrens.[919]

Im Ergebnis kann nicht von einer insolvenzrechtlichen Qualifikation des Anspruchs aus *fraudulent trading* ausgegangen werden, da der Anspruch gesellschaftsrechtliche bzw. deliktsrechtliche Inhalte hat und damit keinen engen Zusammenhang zu einem Insolvenzverfahren aufweist.

10.1.2.3 Misfeasance proceedings gem. sec. 212 Insolvency Act 1986

Sec. 212 Insolvency Act[920] stellt keinen eigenen Anspruch dar, sondern regelt die Möglichkeit der Geltendmachung bestimmter Ansprüche, die gegenüber der

---

917 *Höfling*, Das englische internationale Gesellschaftsrecht, S. 223.

918 *Habersack/Verse*, ZHR 168 (2004), 174, 178.

919 *Höfling*, Das englische international Gesellschaftsrecht, S. 223; *Willemer*, Vis attractiva concursus, S. 300; *Schillig*, IPRax 2005, 208, 215, siehe dort dazu insbesondere auch Fn. 113.

920 Sec. 212 Insolvency Act lautet:

"(1) This section applies if in the course of the winding up of a company it appears that a person who-
(a) is or has been an officer of the company,
(b) has acted as liquidator, administrator or administrative receiver of the company, or

Gesellschaft bestehen (Innenhaftung).[921] Diese *misfeasance proceedings* werden im Fall eines Insolvenzverfahrens vom Insolvenzverwalter geltend gemacht. Sec. 212 Insolvency Act stellt keinen Rechtsbehelf dar,[922] sondern beschreibt die Durchsetzung der auch außerhalb der Insolvenz bestehenden allgemeinen Haftung der Geschäftsleiter nach *common law* im Rahmen eines Insolvenzverfahrens.[923] In der Literatur wird diese Berücksichtigung von Gläubigerinteressen auch als *directors' duties to creditors* bezeichnet, wobei aber die genannte Haftung nicht gegenüber den Gläubigern, sondern, wie beschrieben, nur gegenüber der Gesellschaft als Innenhaftung zu berücksichtigen ist.[924] Diese Interessen werden

---

(c) not being a person falling within paragraph (a) or (b), is or has been concerned, or has taken part, in the promotion, formation or management of the company, has misapplied or retained, or become accountable for, any money or other property of the company, or been guilty of any misfeasance or breach of any fiduciary or other duty in relation to the company.
(2) The reference in subsection (1) to any misfeasance or breach of any fiduciary or other duty in relation to the company includes, in the case of a person who has acted as liquidator or administrator of the company, any misfeasance or breach of any fiduciary or other duty in connection with the carrying out of his functions as liquidator or administrator of the company.
(3) The court may, on the application of the official receiver or the liquidator, or of any creditor or contributory, examine into the conduct of the person falling within subsection (1) and compel him-
(a) to repay, restore or account for the money or property or any part of it, with interest at such rate as the court thinks just, or
(b) to contribute such sum to the company's assets by way of compensation in respect of the misfeasance or breach of fiduciary or other duty as the court thinks just.
(4) The power to make an application under subsection (3) in relation to a person who has acted as liquidator or administrator of the company is not exercisable, except with the leave of the court, after that person has had his release.
(5) The power of a contributory to make an application under subsection (3) is not exercisable except with the leave of the court, but is exercisable notwithstanding that he will not benefit from any order the court may make on the application.".

921 *Habersack/Verse*, ZHR 168 (2004), 174, 199 f.; *Willemer*, Vis attractiva concursus, S. 309.

922 *Habersack/Verse*, ZHR 168 (2004), 174, 200, Fn. 149; *Willemer*, Vis attractiva concursus, S. 309.

923 *Willemer*, Vis attractiva concursus, S. 308; siehe dazu auch ausführlich: *Habersack/Verse*, ZHR 168 (2004), 174, 199 ff.

924 *Habersack/Verse*, ZHR 168 (2004), 174, 199; Vgl. dazu auch: *Yukong Lines Ltd. of Korea v. Rendsberg Investments Corporation of Liberia*, QBD, 23.9.1997, The Weekly Law Reports 27 February 1998, 294, 312: *"In my judgment he does not owe a direct*

dann im Rahmen eines Insolvenzverfahrens über die *misfeasance proceedings* durch den Insolvenzverwalter geltend gemacht.[925]

Die allgemeine Haftung der Geschäftsleiter ist aber nicht als insolvenzrechtlich zu qualifizieren, da diese typisch gesellschaftsrechtlichen Charakter haben. Mit der allgemeinen Haftung der Geschäftsleiter soll das ordnungsgemäße Bestehen und Betreiben der Gesellschaft sichergestellt werden. Die Möglichkeit der Geltendmachung im Insolvenzverfahren macht diese Ansprüche aus dem *common law* nicht zu insolvenzspezifischen Ansprüchen. Die zugrundeliegenden Ansprüche behalten demnach trotz der Möglichkeit der Geltendmachung im Rahmen des Insolvenzverfahrens durch sec. 212 Insolvency Act ihren gesellschaftsrechtlichen Charakter. Demnach fallen diese Ansprüche – ähnlich der deutschen allgemeinen Geschäftleiterhaftung nach § 43 GmbHG[926] – nicht unter Art. 25 Abs. 1 UAbs. 2 EuInsVO, sondern in den Anwendungsbereich der EuGVVO.

10.1.2.4 Lifting the corporate veil

Diese richterrechtlich begründete Haftung ähnelt der deutschen, ebenfalls richterrechtlich begründeten Haftung wegen existenzvernichtenden Eingriffs.[927] Erfasst werden aber auch Fälle materieller Unterkapitalisierung.[928] Sec. 213, 214 Insolvency Act 1986 stellen gesetzlich geregelte Unterfälle dieser Durchgriffshaftung dar, was in England zur seltenen Anwendung der Haftung aus den Grundsätzen des *lifting the corporate veil* führt.[929] Außerdem greift diese Haftung meist nur bei Gesellschaften, die ihre Tätigkeiten in England durchführen; relevant ist dies insbesondere für eine *Limited*, die ihre Tätigkeiten eigentlich in Deutschland ausführt.[930]

Aufgrund der Ähnlichkeit gelten die zur deutschen Existenzvernichtungshaftung angeführten Argumente auch für die englische Durchgriffshaftung. Der Schutzzweck der Haftung liegt vornehmlich in der präventiven Verhinderung

---

fiduciary duty towards an individual creditor, nor is an individual creditor entitled to sue for breach of the fiduciary duty owed by the creditor to the company.".

925 *Habersack/Verse*, ZHR 168 (2004), 174, 200 m.w.N.

926 Siehe dazu Kap. 10.1.1.2.2.4.

927 vgl. dazu *Höfling*, Das englische internationale Gesellschaftsrecht, S. 182; *Borges*, ZIP 2004, 733, 735.

928 *Borges*, ZIP 2004, 733, 735.

929 *Willemer*, Vis attractiva concursus, S. 310.

930 *Borges*, ZIP 2004, 733, 735; *Borges*, RIW 2000, 167, 177; *Knobbe-Keuk*, ZHR 154 (1990), 325, 347; *Geyrhalter/Gänßler*, NZG 2003, 409, 411.

der Insolvenz (der Existenz) des Unternehmens und in dem Schutz vor Umgehung der insolvenzspezifischen Verfahrensregelungen, insbesondere in Bezug auf Gläubigergleichbehandlung. Dieses relativ früh eingreifende [931] Haftungsinstrument ist deshalb als insolvenzrechtlich zu qualifizieren.

10.1.3 Frankreich

In Frankreich sind Vorschriften zur Insolvenz von Gesellschaften im 6. Buch des *Code de Commerce (C.Com.)* festgehalten („*Des difficultés des entreprises*"). In dem dortigen 5. Titel sind Vorschriften zur Verantwortlichkeit und Sanktionen normiert, welche für die Untersuchung der Qualifikation von Ansprüchen im Zusammenhang eines Insovenzverfahrens relevant sind. Insbesondere ist dabei auf die bereits mehrfach erwähnte sog. „*action en comblement du passif*" gem. Art. L 651-2 C.Com. einzugehen.

10.1.3.1 Action en comblement du passif / Action en responsibilité pour insuffisance d'actif gem. Art. L 651-2 Code de Commerce

Die *action en responsibilité pour insuffisance d'actif*, wie die Klage nach der Überschrift des Gesetzes heute zu nennen ist, ist im *Code de Commerce*, dem französischen Handelsgesetzbuch, normiert.[932] Die *action en comblement du passif* bzw. *action en responsibilité pour insuffisiance d'actif* war ursprünglich in Art. 99

---

931 *Höfling*, Das englische internationale Gesellschaftsrecht, S. 174.

932 Art. L. 651-2 Code de Commerce hat folgenden Wortlaut:

"Lorsque la liquidation judiciaire d'une personne morale fait apparaître une insuffisance d'actif, le tribunal peut, en cas de faute de gestion ayant contribué à cette insuffisance d'actif, décider que le montant de cette insuffisance d'actif sera supporté, en tout ou en partie, par tous les dirigeants de droit ou de fait, ou par certains d'entre eux, ayant contribué à la faute de gestion. En cas de pluralité de dirigeants, le tribunal peut, par décision motivée, les déclarer solidairement responsables.
Lorsque la liquidation judiciaire a été ouverte ou prononcée à raison de l'activité d'un entrepreneur individuel à responsabilité limitée à laquelle un patrimoine est affecté, le tribunal peut, dans les mêmes conditions, condamner cet entrepreneur à payer tout ou partie de l'insuffisance d'actif. La somme mise à sa charge s'impute sur son patrimoine non affecté.
L'action se prescrit par trois ans à compter du jugement qui prononce la liquidation judiciaire.
Les sommes versées par les dirigeants ou l'entrepreneur individuel à responsabilité limitée entrent dans le patrimoine du débiteur. Elles sont réparties au marc le franc entre tous les créanciers. Les dirigeants ou l'entrepreneur individuel à responsabilité limitée

L.13 juillet 1967 normiert.[933] Eine entsprechende Klage konnte nur vom Insolvenzverwalter erhoben werden. Sie beinhaltete eine Verschuldensvermutung,[934] welche sodann bei einer Neuregelung der Vorschrift in Art. 180 L. 25 janv. 1985[935] entfallen ist. Stattdessen ist jetzt ein Fehler der Geschäftsleitung nachzuweisen, welcher zur Überschuldung der Gesellschaft führte.[936] Ferner ist es nun auch der Mehrheit der Gläubiger möglich die Klage zugunsten der Masse zu erheben.[937] Schließlich wurde die Vorschrift daraufhin zunächst in Art. 624-3 C-Com. verortet und ist derzeit in Art. L. 651-2 C.Com enthalten.

Wenn die gerichtliche Liquidation einer juristischen Person eine Unzulänglichkeit der Aktiva zutage fördert, kann das Gericht, in dem Fall, dass ein Managementfehler zu dieser Unzulänglichkeit beigetragen hat, entscheiden, dass der Betrag dieser Unzulänglichkeit der Aktiva, im Ganzen oder teilweise, von allen rechtlichen oder faktischen Geschäftleitern oder von bestimmten unter ihnen, die zu dem Managementfehler beigetragen haben, ausgeglichen werden muss. Im Fall von mehreren Geschäftsleitern kann das Gericht, mit begründeter Entscheidung, diese für solidarisch haftend erklären. Unter denselben Umständen, kann das Gericht nach den Voraussetzungen des Abs. 2 die Geschäftsleiter dazu verurteilen, den gesamten Betrag oder nur einen Teilbetrag der Unzulänglichkeit der Aktiva zu bezahlen.

---

ne peuvent pas participer aux répartitions à concurrence des sommes au versement desquelles ils ont été condamnés."

933 Siehe zu den einzelnen Gesetzesänderungen und dem Urspruch der *action en comblement du passif*: *Lemontey*, Rev.crit.dr.int.priv. 1979, 661, 664.

934 Siehe dazu: *Falcke*, Konzernrecht in Frankreich, S. 123.

935 Vergleiche dazu *Falcke*, Konzernrecht in Frankreich, S. 124; *Willemer*, Vis attractiva concursus, S. 276 f. m.w.N.

936 Vergleiche insgesamt: *Willemer*, Vis attractiva concursus, S. 276 f.

937 Vgl. dazu Art. L. 651-3 Code de Commerce:

"*Dans les cas prévus à l'article L. 651-2, le tribunal est saisi par le liquidateur ou le ministère public.*
Dans l'intérêt collectif des créanciers, le tribunal peut également être saisi par la majorité des créanciers nommés contrôleurs lorsque le liquidateur n'a pas engagé l'action prévue au même article, après une mise en demeure restée sans suite dans un délai et des conditions fixés par décret en Conseil d'Etat.
Le juge-commissaire ne peut ni siéger dans la formation de jugement, ni participer au délibéré.
Les dépens et frais irrépétibles auxquels a été condamné le dirigeant ou l'entrepreneur individuel à responsabilité limitée sont payés par priorité sur les sommes versées pour combler le passif.".

Kurz gesagt regelt die Vorschrift die Haftung der Geschäftsleiter für Fehler bei der Geschäftsführung, die zur Überschuldung bzw. einem Fehlbestand im Vermögen der Gesellschaft geführt haben.[938] Dieser Fehler (*faute de gestion*) liegt insbesondere dann vor, wenn die Gesellschaft trotz Überschuldung fortgeführt wird; dasselbe gilt bei mangelhafter Buchführung.[939] Geahndet werden darüber hinaus alle Arten von Geschäftsleitungsfehlern. Die deutsche Insolvenzverschleppungshaftung ist im Vergleich deutlich enger gefasst als die französische Haftung. Von dem französischen Anspruch werden grundsätzlich alle Fälle erfasst, in denen der Geschäftsleiter schuldhaft die Gesellschaft geschädigt hat und deshalb das Gesellschaftsvermögen nicht ausreicht, um die Insolvenzgläubiger zu befriedigen.[940] Entscheidend dabei ist die (zumindest teilweise) Kausalität des Fehlers für die Überschuldung.[941] Der Anspruch gilt für satzungmäßige und faktische Geschäftsleiter (*les dirigeants de droit ou de fait*) [942], sowie für juristische Personen (*personne morale*) als Geschäftsleiter.[943]

Die Höhe des Schadensersatzanspruchs liegt im Ermessen des Gerichts.[944] Der Fehlbetrag stellt dabei aber den Höchstbetrag dar, den das Gericht den Geschäftsleitern auferlegen kann.[945]

Trotz des sehr weit gefassten Begriffs des Fehlers, der durchaus auch Fälle umfasst, die in Deutschland nichts mit einer Insolvenzverschleppung zu tun haben,[946] ist die Haftung als insolvenzrechtlich zu qualifizieren, da sie typische insolvenzrechtliche Aspekte aufweist und der Schutzzweck insolvenzrechtlich ist. Hierfür spricht entscheidend die Notwendigkeit der Eröffnung eines Insolvenzverfahrens.[947] Aber auch die Verortung spricht als Indiz für die insolvenzrechtliche Qualifikation.[948] Der Anspruch ist im 6. Buch des Code de Commerce normiert, welcher hauptsächlich dem Insolvenzrecht gewidmet ist.[949]

---

938 Vgl. allgemein dazu *Marquardt/Hau*, RIW 1998, 441, 441 ff.; *Junker*, RIW 1986, 337, 337 ff.; *Zimmer*, Internationales Gesellschaftsrecht, S. 281 f.

939 MünchKommBGB – *Kindler*, Band 11, IntGesR Rn. 675.

940 Vgl. dazu insgesamt *Habersack/Verse*, ZHR 168 (2004), 174, 203.

941 MünchKommBGB – *Kindler*, Band 11, IntGesR Rn. 675.

942 *Marquardt*, RIW 1998, 441, 442.

943 *Willemer*, Vis attractiva concursus, S. 276.

944 MünchKommBGB – *Kindler*, Band 11, IntGesR Rn. 675.

945 *Willemer*, Vis attractiva consursus, S. 276.

946 *Habersack/Verse*, ZHR 168 (2004), 174, 203.

947 *Drygala*, ZEuP 2004, 337, 363.

948 *Drygala*, ZEuP 2004, 337, 363; MünchKommBGB – *Kindler*, Band 11, IntGesR Rn. 676.

949 MünchKommBGB – *Kindler*, Band 11, IntGesR Rn. 676.

Schutzzweck ist hier ähnlich wie nach § 64 GmbH und §§ 92, 93 AktG sowie § 823 Abs. 2 i.V.m. § 15a InsO des deutschen Rechts der Schutz der Masse vor Fortführung der Gesellschaft trotz Überschuldung, ferner auch der Schutz der Gläubiger und deren gleichmäßige Befriedigung im Insolvenzverfahren. Der Anspruch des deutschen Rechts wegen Insolvenzverschleppung und der Anspruch des französischen Rechts aus der *action en comblement du passif* sowie der Anspruch im englischen Recht aus *wrongful trading*, sind einander ähnlich,[950] da sie die schuldhafte Verletzung von Geschäftsleiterpflichten bei drohender Insolvenz zum Gegenstand haben. In Deutschland wird unterschieden zwischen fehlerhaften Auszahlungen, die nach Eintritt der Zahlungsunfähigkeit oder Überschuldung geleistet werden und Auszahlungen an Gesellschafter, die zur Zahlungsunfähigkeit der Gesellschaft führen mussten. In Frankreich werden diese „Fehler“ allgemein gefasst und die Zahlungen von den Geschäftsleitern als Schadensersatz mittels der *action en comblement du passif* zurückgeholt. Somit ist – wie bei den deutschen Ansprüchen[951] – der insolvenzrechtliche Charakter zu bejahen.

Der insolvenrechtliche Charakter der Klage ist auch aus anderen Gründen zu bejahen. Schon nach dem Urteil „*Gourdain/Nadler*“[952], welches trotz teils berechtigter Kritik[953] freilich zu beachten ist, hielt der EuGH fest:

> *„Die in einem Konkursgesetz besonders geregelte Klage des Artikels 99, die sogenannte Klage „en comblement du passif social (zur Deckung der Gesellschaftsschulden), gehört zur ausschließlichen Zuständigkeit des Gerichts, welches das Konkurs- oder Vergleichsverfahren eröffnet hat.“*[954]

Ebenso entspricht diese Qualifikation den Vorstellungen der Verfasser des EuInsÜ, welche die *action de comblement du passif* zu den Annexverfahren zählten.[955] Aber auch das neue Urteil des EuGH in Sachen „*Deko Marty*“[956] zeigt die Tendenz zu einer nicht zu eingeschränkten europarechtlichen *vis attractiva concursus* weg von dem deutschen System hin zu dem französischen, so dass die Auslegung des Begriffs der Verfahren, die unmittelbar aufgrund eines Insolvenzverfahrens ergehen und in engem Zusammenhang damit stehen, aufgrund der Praktikabilität

950 So auch BT-Drucks. 16/6140, S. 55.
951 Siehe Kap. 10.1.1.2.2 bzw. 10.1.1.2.3.
952 EuGH, Urteil vom 22.2.1979, Rs. 133/78.
953 Siehe dazu Kap. 5.5.3.
954 EuGH, Urteil vom 22.2.1979, Rs. 133/78 Rn. 5.
955 *Virgos/Schmit*, Erläuternder Bericht, in: Stoll, Vorschläge und Gutachten, Rn. 196; MünchKommBGB – *Kindler*, IntGesR Rn. 676 m.w.N.
956 EuGH, Urteil vom 12.2.2009, Rs. C-339/07.

einer umfassenderen *vis attractiva concursus* auf europäischer Ebene nicht zu restriktiv erfolgen sollte.

10.1.3.2 Art. 1382, 1383 Code Civil

Aus der allgemein deliktsrechtlichen Vorschrift der Art. 1382, 1383 C.Civ.[957] kann im französischen Recht ein Anspruch der Gläubiger (beispielsweise gegen Geschäftsleiter) hergeleitet werden, die mit ihren Forderungen ausfallen; dies gilt aber nur, soweit der Ausfall durch eine Pflichtwidrigkeit des Geschäftsleiters verursacht worden ist. Dies deshalb, da im französischen Recht auch reine Vermögensschäden ersetzt werden und fahrlässiges Handeln nach Art. 1383 C.Civ. ebenso tatbestandlich ist.[958]

Eine insolvenzrechtliche Qualifikation dieses Anspruchs ist indes ausgeschlossen, da die Ansprüche allgemein zivilrechtlich sind und in ihrer Allgemeinheit, natürlich mit deutlichen Unterschieden, mit dem deutschen § 823 BGB vergleichbar sind. Die Möglichkeit einer Geltendmachung „bei Gelegenheit" eines Insolvenzverfahrens prägt den Anspruch nicht. Die Eröffnung eines Insolvenzverfahrens ist auch nicht Anspruchsvoraussetzung; vielmehr ist der Anspruch ausgeschlossen, wenn ein Insolvenzverfahren eröffnet wird und die Möglichkeit der Geltendmachung der Ansprüche gemäß der *action en comblement du passif* besteht.[959] Damit würde sich der Anspruch grundsätzlich nicht zur gemeinsamen Geltendmachung mit der *action en comblement du passif* nach Art. 3a Abs. 2 des Entwurfs der Kommission[960] eignen.

Würde die insolvenzrechtliche Qualifikation auf diese Verfahren ausgeweitet, würde dies den Begriff des engen Zusammenhangs und damit der Annexverfahren i.S.d. Art. 25 Abs. 1 UAbs. 2 EuInsVO deutlich sprengen.

---

957 Die Vorschriften lauten:
„Article 1382:
Tout fait quelconque de l'homme, qui cause à autrui un dommage, oblige celui par la faute duquel il est arrivé à le réparer."
"Article 1383:
Chacun est responsable du dommage qu'il a causé non seulement par son fait, mais encore par sa négligence ou par son imprudence.".

958 *Willemer*, Vis attractiva consursus, S. 295.

959 *Willemer*, Vis attractiva concursus, S. 295 f.

960 Vorschlag der Kommission COM(2012) 744 final, 2012/0360 (COD), C7-0413/12, S. 24.

10.1.3.3 Art. L. 223-22, 225-251 Code de Commerce

Art. L 223-22 C.Com. für die Gesellschaft mit beschränkter Haftung (*sociétés à responsabilité limité*) und Art. 225-251 C.Com. für die Aktiengesellschaft (*sociétés anonymes*) normieren eine Geschäftsleiterhaftung gegenüber der Gesellschaft, den Gesellschaftern und den Gesellschaftsgläubigern für Fehler bei der Geschäftsführung oder bei Verstößen gegen Satzung und Gesetze. Auch hier ist die Fortführung der Gesellschaft trotz unüberwindlicher Krise als ein Geschäftsführungsfehler anzusehen.[961]

Wie bei Ansprüchen aus Art. 1382, 1383 C.Civ. ist die Qualifikation bei Ansprüchen aus Art. L223-22, 225-251 C.Com. zu beurteilen. Sie sind ebenfalls zivilrechtlich, da der Schutzzweck der Normen keine Insolvenzspezifika aufweist. Ein Insolvenzverfahren ist also nicht Voraussetzung. Folge ist die Anwendung der EuGVVO und nicht der EuInsVO. Die Ansprüche werden durch die *action en comblement du passif* während des Insolvenzverfahrens verdrängt.[962] Aus diesem Grund würde sich dieser Anspruch ebenfalls nicht zur gemeinsamen Geltendmachung nach Art. 3a Abs. 2 des Entwurfs der Kommission[963] eignen.

10.2 Anfechtung

Das früher umstrittene Thema der Qualifikation von Anfechtungsverfahren und der diesbezüglichen Zuständigkeit des Gerichts ist heute weitgehend geklärt. Mit dem Urteil des EuGH in Sachen „*Deko Marty*" vom 12.02.2009[964] ist die Qualifikation von Anfechtungsklagen als insolvenzrechtlich festgestellt und bestimmt, dass sich die Zuständigkeit dieser Klagen nach Art. 3 Abs. 1 EuInsVO richtet. In den Leitsätzen des Urteils heißt es:

> *„Art. 3 Abs. 1 der Verordnung Nr. 1346/2000 über Insolvenzverfahren ist dahin auszulegen, dass die Gerichte des Mitgliedsstaates, in dessen Gebiet das Insolvenzverfahren eröffnet worden ist, für eine Insolvenzanfechtungsklage gegen einen Anfechtungsgegner, der seinen satzungsmäßigen Sitz in einem anderen Mitgliedsstaat hat, zuständig sind.*
>
> *Diese Auslegung folgt aus der praktischen Wirksamkeit dieser Verordnung und der Absicht des Gesetzgebers, sie auf Vorschriften zu beschränken, die die Zuständigkeit für die*

961 *Willemer*, Vis attractiva concursus, S. 296.

962 *Willemer*, Vis attractiva concursus, S. 296.

963 Vorschlag der Kommission COM(2012) 744 final, 2012/0360 (COD), C7-0413/12, S. 24.

964 EuGH, Urteil vom 12.2.2009, Rs. C-339/07.

Eröffnung des Insovenzverfahrens und für Entscheidungen regeln, die unmittelbar aufgrund des Insolvenzverfahrens ergehen und in engem Zusammenhang damit stehen.“

Der EuGH führt als Gründe für die insolvenzrechtliche Qualifikation der Anfechtungsklagen die Gefahr des „*forum shopping*“, das ordnungsgemäße Funktionieren des Binnenmarktes und die Verbesserung der Effizienz und Beschleunigung des Insolvenzverfahrens gemäß dem 2., 4. und 8. Erwägungsgrund zur EuInsVO an.[965]

Dem EuGH ist hinsichtlich der Qualifikation der Anfechtungsklagen als insolvenzrechtlich zuzustimmen, da insbesondere der Schutzzweck der Anfechtungstatbestände insolvenzrechtlich ist und die Verfahren in engem Zusammenhang mit dem Insolvenzverfahren stehen und unmittelbar aufgrund dessen ergehen.

Der Schutz der Gläubiger vor Masseschmälerung und die gleichmäßige Gläubigerbefriedigung sind vornehmliche Zwecke. Der Gegenstand der Anfechtungsverfahren folgt aus der Insolvenz des Schuldners; Voraussetzung ist die Eröffnung eines Insolvenzverfahrens. Der Schutz der Interessen der Gläubiger wird dadurch verwirklicht, dass der von der Beschlagnahme ausgehende Schutz auf die Zeit vor Insolvenzeröffnung vorverlagert wird.[966] Der enge Zusammenhang mit dem Insolvenzverfahren wird aber auch durch die Verortung der Normen in den nationalen Insolvenzvorschriften indiziert.

Das Urteil des EuGH wurde durch die Kommission in ihrem Entwurf zur Reform der EuInsVO vom 12.12.2012 [967] umgesetzt, indem sie ausdrücklich Anfechtungsverfahren als Annexverfahren qualifizierte (Erwägungsgrund 13b des Entwurfs). Aufgrund der deutlichen Entscheidung des EuGH, dessen Aussage die Qualifikation der Anfechtungsverfahren als Annexverfahren i.S.d. Art. 25 Abs. 1 UAbs. 2 EuInsVO ausdrücklich feststellt, und des darauf aufbauenden Entwurfs der Kommission sollen im Folgenden nur noch die Verfahren und Entscheidungen in Deutschland, England und Frankreich dargestellt werden, die als Anfechtungsverfahren in den Anwendungsbereich des Art. 25 Abs. 1 UAbs. 2 EuInsVO fallen.

---

965 EuGH, Urteil vom 12.2.2009, Rs. C-339/07, juris Rn. 22. und 23.

966 *Trunk*, Internationales Insolvenzrecht, S. 116; *Ambach*, Art. 25 EuInsVO, S. 166; *Haas*, NZG 1999, 1148, 1152; *Mankowski/Willemer*, NZI 2006, 648, 651; *v. Campe*, Insolvenzanfechtung in Deutschland und Frankreich, S. 11.

967 Vorschlag der Kommission COM(2012) 744 final, 2012/0360 (COD), C7-0413/12.

10.2.1 Deutschland

10.2.1.1 Anfechtungstatbestände der §§ 129 ff. InsO

In Deutschland sind unter den Begriff der Anfechtungsverfahren, die unter Art. 25 Abs. 1 UAbs. 2 EuInsVO fallen, nur die Insolvenzanfechtungstatbestände der §§ 129 ff. InsO zu subsumieren. Sie sind aus den bereits genannten Gründen zum Urteil des EuGH in Sachen „*Deko Marty*"[968] typisch insolvenzrechtlich und im Rahmen des Insolvenzverfahrens anzuwenden.

10.2.1.2 Anfechtungstatbestände des AnfG

Anders verhält sich dies bei den Normen des Anfechtungsgesetzes (AnfG). Diese Normen werden durch die Insolvenzordnung verdrängt und können daher nie im Rahmen eines Insolvenzverfahrens zur Anwendung gelangen.[969] Klagen, die auf das AnfG gestützt werden, sind daher nicht als insolvenzrechtlich zu qualifizieren und unterfallen damit der EuGVVO.

10.2.2 England

Im englischen Recht sind sowohl für Gesellschaften als auch für natürliche Personen Anfechtungstatbestände[970] vorgesehen. Je nach Schuldner werden die Verfahren, in denen die Anfechtungstatbestände bestehen, als *bankruptcy* für natürliche Personen oder *liquidation / winding up* (Unternehmensabwicklung) bzw. *administration* (Unternehmenssanierung) für Gesellschaften bezeichnet.[971] Handlungen wegen *preferences* oder *transactions under value* sowohl bei Verfahren von natürlichen Personen wie auch von Gesellschaften sind anfechtbar.[972]

---

968 EuGH, Urteil vom 12.2.2009, Rs. C-339/07.

969 §§ 1 und 16 ff. AnfG; vgl. dazu *Willemer*, Vis attractiva concursus, S. 185; *v. Campe*, Insolvenzanfechtung in Deutschland und Frankreich, S. 79; *Zeuner*, Die Anfechtung in der Insolvenz, S. 8 f.

970 Diese Anfechtungstatbestände haben wiederum Unterfälle. Im Folgenden sollen nur die Hauptfälle dargestellt werden. Vgl. zu den Unterfällen *Willemer*, Vis attractiva concursus, S. 189 Fn. 48.

971 MünchKommInsO – *Schlegel*, Band 3, Anh. Länderberichte England und Wales Rn. 5, 6 und 31 ff.; *Willemer*, Vis attractiva concursus, S. 189.

972 *Kranemann*, Insolvenzanfechtung, S. 238 ff., 291 und 304.

10.2.2.1 Preferences gem. sec. 239 und 340 Insolvency Act 1986

Die Anfechtungsmöglichkeiten in England wegen *preferences*, also wegen willentlicher[973] Bevorzugung einzelner Gläubiger, ist für Gesellschaften in sec. 239 [974] und 340[975] Insolvency Act 1986 geregelt. Wie bei den deutschen Anfechtungs-

---

973 *Willemer*, Vis attractiva concursus, S. 190 m.w.N.; vgl. zur Anfechtung wegen *preferences* allgemein: *Finch*, Corporate Insolvency Law, S. 399 ff.

974 Sec. 239 Insolvency Act lautet:

"Preferences (England and Wales).
(1)This section applies as does section 238.
(2)Where the company has at a relevant time (defined in the next section) given a preference to any person, the office-holder may apply to the court for an order under this section.
(3)Subject as follows, the court shall, on such an application, make such order as it thinks fit for restoring the position to what it would have been if the company had not given that preference.
(4)For the purposes of this section and section 241, a company gives a preference to a person if—
(a)that person is one of the company's creditors or a surety or guarantor for any of the company's debts or other liabilities, and
(b)the company does anything or suffers anything to be done which (in either case) has the effect of putting that person into a position which, in the event of the company going into insolvent liquidation, will be better than the position he would have been in if that thing had not been done.
(5)The court shall not make an order under this section in respect of a preference given to any person unless the company which gave the preference was influenced in deciding to give it by a desire to produce in relation to that person the effect mentioned in subsection (4)(b).
(6)A company which has given a preference to a person connected with the company (otherwise than by reason only of being its employee) at the time the preference was given is presumed, unless the contrary is shown, to have been influenced in deciding to give it by such a desire as is mentioned in subsection (5).
(7)The fact that something has been done in pursuance of the order of a court does not, without more, prevent the doing or suffering of that thing from constituting the giving of a preference.".

975 Sec. 340 Insolvency Act 1986 lautet:

"Preferences.
(1)Subject as follows in this and the next two sections, where an individual is adjudged bankrupt and he has at a relevant time (defined in section 341) given a preference to any person, the trustee of the bankrupt's estate may apply to the court for an order under this section.

tatbeständen ist der Zweck die Verhinderung der bevorzugten Befriedigung von einzelnen Gläubigern zum Nachteil der anderen Gläubiger zu einer Zeit, in der die Gläubiger gleich behandelt werden sollten.[976] *Preferences* sind Handlungen, die durch den späteren Insolvenzschuldner vorgenommen oder geduldet wurden, mit der Folge dass ein Gläubiger bzw. Bürge (*surety or guarantor*) besser gestellt wird, als er ohne diese Handlung stünde.[977]

Voraussetzung der Anfechtung wegen *preferences* ist die Eröffnung eines Insolvenzverfahrens.[978] Anfechtungsberechtigt ist nur der *office-holder* (*liquidator or administrator)*; die Bezeichnung ist abhängig davon, ob ein *liquidation*- oder *administration*-Verfahren eröffnet wurde.[979]

Zwar steht im deutschen Recht kein einheitlicher Anfechtungstatbestand der Anfechtung wegen *preferences* gegenüber. Dennoch enthält die Anfechtung wegen *preferences* Elemente aus den deutschen § 130 – § 133 InsO.[980] Diese

---

(2)The court shall, on such an application, make such order as it thinks fit for restoring the position to what it would have been if that individual had not given that preference.
(3)For the purposes of this and the next two sections, an individual gives a preference to a person if—
(a)that person is one of the individual's creditors or a surety or guarantor for any of his debts or other liabilities, and
(b)the individual does anything or suffers anything to be done which (in either case) has the effect of putting that person into a position which, in the event of the individual's bankruptcy, will be better than the position he would have been in if that thing had not been done.
(4)The court shall not make an order under this section in respect of a preference given to any person unless the individual who gave the preference was influenced in deciding to give it by a desire to produce in relation to that person the effect mentioned in subsection (3)(b) above.
(5)An individual who has given a preference to a person who, at the time the preference was given, was an associate of his (otherwise than by reason only of being his employee) is presumed, unless the contrary is shown, to have been influenced in deciding to give it by such a desire as is mentioned in subsection (4).
(6)The fact that something has been done in pursuance of the order of a court does not, without more, prevent the doing or suffering of that thing from constituting the giving of a preference.".

976 *Willemer*, Vis attractiva concursus, S. 190 f.; *Goode*, Principles of Corporate Insolvency Law, S. 570 f.; *Finch*, Corporate Insolvency Law, S. 399.

977 *Kranemann*, Insolvenzanfechtung, S. 305.

978 *Willemer*, Vis attractiva concursus, S. 191 f.

979 *Kranemann*, Insolvenzanfechtung, S. 304.

980 *Kranemann*, Insolvenzanfechtung, S. 309.

Merkmale zeigen auch den insolvenzrechtlichen Charakter der Anfechtung wegen *preference* und die Vergleichbarkeit mit den deutschen Vorschriften der §§ 129 ff. InsO. Demgemäß sind auch diese Anfechtungstatbestände richtigerweise als insolvenzrechtliche Annexverfahren zu qualifizieren.

10.2.2.2 Transactions at an undervalue gem. sec. 238 und 339 Insolvency Act 1986

In sec. 238 Insolvency Act 1986[981] (für Gesellschaften) und sec. 339 Insolvency Act 1986[982] (für natürliche Personen) ist die Anfechtung wegen *transactions at an*

---

981 Sec. 238 insolvency Act 1986 lautet:

"Transactions at an undervalue (England and Wales).
(1)This section applies in the case of a company where—
(a)the company enters administration,
(b)the company goes into liquidation; and "the office-holder" means the administrator or the liquidator, as the case may be.
(2)Where the company has at a relevant time (defined in section 240) entered into a transaction with any person at an undervalue, the office-holder may apply to the court for an order under this section.
(3)Subject as follows, the court shall, on such an application, make such order as it thinks fit for restoring the position to what it would have been if the company had not entered into that transaction.
(4)For the purposes of this section and section 241, a company enters into a transaction with a person at an undervalue if—
(a)the company makes a gift to that person or otherwise enters into a transaction with that person on terms that provide for the company to receive no consideration, or
(b)the company enters into a transaction with that person for a consideration the value of which, in money or money's worth, is significantly less than the value, in money or money's worth, of the consideration provided by the company.
(5)The court shall not make an order under this section in respect of a transaction at an undervalue if it is satisfied—
(a)that the company which entered into the transaction did so in good faith and for the purpose of carrying on its business, and
(b)that at the time it did so there were reasonable grounds for believing that the transaction would benefit the company.".

982 Sec. 339 Insolvency Act 1986 lautet:

"Transactions at an undervalue.
(1)Subject as follows in this section and sections 341 and 342, where an individual is adjudged bankrupt and he has at a relevant time (defined in section 341) entered into a transaction with any person at an undervalue, the trustee of the bankrupt's estate may apply to the court for an order under this section.

undervalue normiert. Diese Anfechtungstatbestände sollen die Masse vor Verfügungen des Schuldners unter Wert schützen.[983] Bei Gesellschaften wie bei natürlichen Personen liegt ein Rechtgeschäft ohne wertgleiche Gegenleistung gemäß sec. 238 (4a) und (4b) Insolvency Act 1986 dann vor, wenn eine Schenkung an einen Dritten vorgenommen wurde oder in sonstiger Weise eine Leistung erbracht wurde, ohne dass dafür eine Gegenleistung vereinbart wurde oder eine Leistung erbracht wurde, bei der der Wert der Gegenleistung des Dritten bedeutend geringer ist, als der Wert der Verfügung des Schuldners.[984] Die Handlung muss gem. sec. 240 (1) Insolvency Act innerhalb eines Zeitraums von 2 Jahren vor dem Zeitpunkt des Eintritts der Insolvenz („*ending with the onset of insolvency*") vorgenommen worden sein.[985] Weiterhin ist Voraussetzung dafür, dass der Schuldner zu der Zeit, in der die Handlung vorgenommen wurde, zahlungsunfähig war oder dies die Folge der Handlung war. [986] Ferner ist in sec. 238 (5) Insolvency Act 1986 ein Ausschlusstatbestand für eine Anfechtung wegen *transaction at an undervalue* normiert, wenn der Schuldner die Handlung in gutem Glauben vorgenommen hat und objektiv nachvollziehbare Gründe vorlagen, dass die Vornahme der Handlung für den Schuldner wirtschaftlich vorteilhaft sein werde.[987]

Vergleichbar sind die Anfechtungsmöglichkeiten wegen *transaction at an undervalue* prinzipiell mit dem deutschen § 134 InsO, der die Anfechtung wegen unentgeltlicher Leistung regelt. Dabei bestehen zum Teil allerdings Abweichungen, insbesondere hinsichtlich der Anfechtungszeiten und der Voraussetzung,

---

(2)The court shall, on such an application, make such order as it thinks fit for restoring the position to what it would have been if that individual had not entered into that transaction.
(3)For the purposes of this section and sections 341 and 342, an individual enters into a transaction with a person at an undervalue if—
(a)he makes a gift to that person or he otherwise enters into a transaction with that person on terms that provide for him to receive no consideration,
(b)he enters into a transaction with that person in consideration of marriage or the formation of a civil partnership, or
(c)he enters into a transaction with that person for a consideration the value of which, in money or money's worth, is significantly less than the value, in money or money's worth, of the consideration provided by the individual.".

983 *Goode*, Principles of Corporate Insolvency Law, Rn. 13–12; *Willemer*, Vis attractiva concursus, S. 191.

984 *Kranemann*, Insolvenzanfechtung, S. 292.

985 *Kranemann*, Insolvenzanfechtung, S. 293 m.w.N.

986 Sec. 240 (2) Insolvency Act 1986.

987 Vergleiche dazu und weitergehend: *Kranemann*, Insolvenzanfechtung, S. 297 f.

dass der Schuldner bei Vornahme der Handlung bereits insolvent war oder es aufgrund der Handlung wurde. Diese Voraussetzung gibt es im deutschen Recht nicht.[988]

Wie auch die Anfechtung wegen *preferences* setzt die Anfechtung wegen *transactions at an undervalue* die Eröffnung eines Insolvenzverfahrens voraus. Ebenso kann nur der *liquidator* oder *administrator* die Anfechtung erklären.[989] Dies zeigt den typisch insolvenzrechtlichen Charakter dieser beiden Anfechtungsvorschriften, weshalb sie als insolvenzrechtliche Annexverfahren zu qualifizieren sind.

10.2.2.3 Transactions defrauding creditors gem. sec. 423 f. Insolvency Act 1986

Anfechtung wegen *transactions defrauding creditors* gem. 423 ff. Insolvency Act 1986[990], also die Anfechtung betrügerischer Verfügungen zulasten der Gläubiger,

---

988 *Kranemann*, Insolvenzanfechtung, S. 302 f.

989 *Willemer*, Vis attractiva concursus, S. 191 f.

990 Sec. 423 Insolvency Act 1986 lautet:

"*Transactions defrauding creditors.*
(1)This section relates to transactions entered into at an undervalue; and a person enters into such a transaction with another person if—
(a)he makes a gift to the other person or he otherwise enters into a transaction with the other on terms that provide for him to receive no consideration;
(b)he enters into a transaction with the other in consideration of marriage [or the formation of a civil partnership]; or
(c)he enters into a transaction with the other for a consideration the value of which, in money or money's worth, is significantly less than the value, in money or money's worth, of the consideration provided by himself.
(2)Where a person has entered into such a transaction, the court may, if satisfied under the next subsection, make such order as it thinks fit for—
(a)restoring the position to what it would have been if the transaction had not been entered into, and
(b)protecting the interests of persons who are victims of the transaction.
(3)In the case of a person entering into such a transaction, an order shall only be made if the court is satisfied that it was entered into by him for the purpose—
(a)of putting assets beyond the reach of a person who is making, or may at some time make, a claim against him, or
(b)of otherwise prejudicing the interests of such a person in relation to the claim which he is making or may make.
(4)In this section "the court" means the High Court or—

die im Zusammenhang mit einem Insolvenzverfahren geltend gemacht werden, fallen als typische Anfechtungsverfahren gemäß dem Urteil des EuGH in Sachen „*Deko Marty*“[991] ebenfalls unter den Begriff Annexverfahren und unter die Zuständigkeitsvorschrift des Art. 3 EuInsVO. Ihre Grundlage findet diese Anfechtungsmöglichkeit in der römischen *actio pauliana*.[992]

Dieser Tatbestand findet sowohl bei Insolvenzen von natürlichen Personen als auch bei juristischen Personen Anwendung.[993] Der Schutz der Gläubigerinteressen in einer Insolvenz wird hierbei dadurch verwirklicht, dass betrügerische oder gläubigerbenachteiligende Handlungen des Schuldners für anfechtbar erklärt werden.[994]

Anfechtungsberechtigt ist bei *companies* der *official receiver* oder der *liquidator* im Rahmen eines *winding-up*-Verfahrens; ist gegen die Gesellschaft eine *administration order* ergangen, ist der *administrator* anfechtungsberechtigt.[995]

Somit fällt auch diese Art von Anfechtungsklagen in den Anwendungbereich des Art. 25 Abs. 1 UAbs. 2 EuInsVO.

10.2.2.4 Weitere Anfechtungsmöglichkeiten

Im englischen Insolvency Act 1986 bestehen noch weitere Anfechtungsmöglichkeiten. Diese sind beispielsweise die Anfechtung von *floating charges*[996] gemäß sec. 245 Insolvency Act 1986 oder die Anfechtbarkeit von *extortionate credit transactions*[997] gemäß sec. 244 und 343 Insolvency Act 1986.

Floating charges, also schwebene Belastungen, sind im Wirtschaftsleben als Sicherungsmittel für Forderungen anerkannt. Mit der *floating charge* kann das

---

(a)if the person entering into the transaction is an individual, any other court which would have jurisdiction in relation to a bankruptcy petition relating to him;
(b)if that person is a body capable of being wound up under Part IV or V of this Act, any other court having jurisdiction to wind it up.
(5)In relation to a transaction at an undervalue, references here and below to a victim of the transaction are to a person who is, or is capable of being, prejudiced by it; and in the following two sections the person entering into the transaction is referred to as "the debtor".

991 EuGH, Urteil vom 12.2.2009, Rs. C-339/07.

992 *Willemer*, Vis attractiva concursus, S. 192.

993 *Kranemann*, Insolvenzanfechtung, S. 325.

994 *Willemer*, Vis attractiva concursus, S. 192 f.

995 *Kranemann*, Insolvenzanfechtung, S. 325.

996 vgl. dazu *Kranemann*, Insolvenzanfechtung, S. 317.

997 vgl. dazu *Kranemann*, Insolvenzanfechtung, S. 314 ff.

gesamte gegenwärtige und zukünftige Gesellschaftsvermögen (oder ein Teil davon) belastet werden, wobei der Sicherungsgeber allerdings weiterhin über alle Gegenstände und Rechte verfügen kann. *Floating charges* sind anfechtbar, wenn sie innerhalb von 12 Monaten vor Insolvenzbeginn („*onset of insolvency*" gemäß sec. 245 (5) Insolvency Act 1986 bzw. innerhalb von 2 Jahren bei Bestellung für eine nahe stehende Person) bestellt wurden, wenn das Unternehmen bei der Bestellung insolvent war und wenn mit dem der Bestellung der *floating charge* zugrunde liegenden Rechtsgeschäft dem Unternehmen keine adäquaten Geldmittel zugeführt wurden.[998]

Extortionate credit transactions sind Wucherkredite an den Insolvenzschuldner. Auch für die Gewährung derartiger Kredite besteht ein Anfechtungsgrund, wenn sie während eines Zeitraums von 3 Jahren vor Insolvenzbeginn gewährt wurden.[999]

Der Schutzzweck und auch indiziell die Verortung im Insolvency Act 1986 sprechen für eine insolvenzrechtliche Qualifikation.

10.2.3 Frankreich

Im Rahmen eines Sanierungs- oder Liquidationsverfahrens können in Frankreich bestimmte Rechtsverhältnisse angefochten werden. Die Anfechtungsmöglichkeiten werden als nichtige Rechtsverhältnisse während der Verdachtsperiode (*nullité de certains actes pendant la période suspecte*) bezeichnet.[1000] Bedeutend sind insbesondere die Anfechtungsmöglichkeiten aus der *action en nullité* gem. Art. L 632-1, -2 Code de Commerce und die *action paulienne* gem. Art. 1167 Code Civil.

10.2.3.1 Action en nullité gem. Art. L. 632-1, L. 632-2 Code de Commerce

Die *action en nullité* ist in Art. 632-1 und -2 C.Com. normiert.[1001] Sie soll die Nichtigerklärung von bestimmten gläubigergefährdenden Rechtsgeschäften ermöglichen.

---

998 Vgl. dazu insgesamt MünchKommInsO – *Schlegel*, Band 3, Anh. Länderberichte England und Wales, Rn. 19 und 34 m.w.N.

999 MünchKommInsO – *Schlegel*, Band 3, Anh. Länderberichte England und Wales, Rn. 35 m.w.N.

1000 MünchKommInsO – *Niggemann*, Band 3, Anh. Länderberichte Frankreich Rn. 42.

1001 Art. L 632-1 Code de Commerce lautet:

"I.-Sont nuls, lorsqu'ils sont intervenus depuis la date de cessation des paiements, les actes suivants:

Nichtig sind beispielsweise alle Zahlungen fälliger Verbindlichkeiten, die anders als mit üblichen Zahlungsmitteln vorgenommen worden sind, alle unentgeltlichen Verfügungsgeschäfte, alle Sicherungsmaßnahmen, die Gewährung von rechtsgeschäftlichen oder die Eintragung von gerichtlichen Hypotheken und die

---

1° Tous les actes à titre gratuit translatifs de propriété mobilière ou immobilière;
2° Tout contrat commutatif dans lequel les obligations du débiteur excèdent notablement celles de l'autre partie;
3° Tout paiement, quel qu'en ait été le mode, pour dettes non échues au jour du paiement;
4° Tout paiement pour dettes échues, fait autrement qu'en espèces, effets de commerce, virements, bordereaux de cession visés par la loi n° 81–1 du 2 janvier 1981 facilitant le crédit aux entreprises ou tout autre mode de paiement communément admis dans les relations d'affaires;
5° Tout dépôt et toute consignation de sommes effectués en application de l'article 2075-1 du code civil (1), à défaut d'une décision de justice ayant acquis force de chose jugée;
6° Toute hypothèque conventionnelle, toute hypothèque judiciaire ainsi que l'hypothèque légale des époux et tout droit de nantissement ou de gage constitués sur les biens du débiteur pour dettes antérieurement contractées;
7° Toute mesure conservatoire, à moins que l'inscription ou l'acte de saisie ne soit antérieur à la date de cessation de paiement;
8° Toute autorisation et levée d'options définies aux articles L. 225-177 et suivants du présent code;
9° Tout transfert de biens ou de droits dans un patrimoine fiduciaire, à moins que ce transfert ne soit intervenu à titre de garantie d'une dette concomitamment contractée;
10° Tout avenant à un contrat de fiducie affectant des droits ou biens déjà transférés dans un patrimoine fiduciaire à la garantie de dettes contractées antérieurement à cet avenant;
11° Lorsque le débiteur est un entrepreneur individuel à responsabilité limitée, toute affectation ou modification dans l'affectation d'un bien, sous réserve du versement des revenus mentionnés à l'article L. 526-18, dont il est résulté un appauvrissement du patrimoine visé par la procédure au bénéfice d'un autre patrimoine de cet entrepreneur.
II.-Le tribunal peut, en outre, annuler les actes à titre gratuit visés au 1° du I faits dans les six mois précédant la date de cessation des paiements."

Art. L 632-2 C.Com. lautet:

"Les paiements pour dettes échues effectués à compter de la date de cessation des paiements et les actes à titre onéreux accomplis à compter de cette même date peuvent être annulés si ceux qui ont traité avec le débiteur ont eu connaissance de la cessation des paiements.
Tout avis à tiers détenteur, toute saisie attribution ou toute opposition peut également être annulé lorsqu'il a été délivré ou pratiqué par un créancier à compter de la date de cessation des paiements et en connaissance de celle-ci."

Gewährung von rechtsgeschäftlichen Pfandrechten für bestehende Verbindlichkeiten sowie der Verkauf und die Genehmigung von Aktienoptionen, die nach dem Zeitpunkt der Zahlungseinstellung vorgenommen worden sind.[1002] Darüber hinaus kann die Erfüllung von Verbindlichkeiten nach Zahlungsunfähigkeit des Schuldners für nichtig erklärt werden, wenn der Zahlende Kenntnis von der Zahlungsunfähigkeit der Schuldners hatte. Die Berechtigung zur Erhebung der Nichtigkeitsklage haben der Insolvenzverwalter, der Liquidator, der Gläubigervertreter, der Kommissar zur Überwachung des Plans sowie die Staatsanwaltschaft.[1003]

Zuständig für derartige Klagen sind die Insolvenzgerichte; die umfassende *vis attractiva concursus* in Frankreich nach Art. 339 Décr. 28 déc. 2005 umfasst auch diese Klagen.[1004]

Die Insolvenzgerichte können den Zeitpunkt der Zahlungseinstellung auf bis zu 18 Monate vor Eröffnung des Verfahrens unter den Anforderungen des Art. 631-8 C.Com. vorverlegen, was die Bedeutung der Nichtigkeitsklage für das französische Insolvenzverfahren zeigt.[1005]

Diese Anfechtungsmöglichkeit soll den Gläubigerschutz und die Gläubigergleichbehandlung fördern. Als typisches Insolvenzanfechtungsrecht unterfällt es damit Art. 25 Abs. 1 UAbs. 2 EuInsVO.

10.2.3.2 Action paulienne gem. Art. 1167 Code Civil

Die *action paulienne* ist römischen Ursprungs („*actio pauliana*"). Sie ist in Art. 1167 C.Civ.[1006] geregelt. Die *action paulienne* soll allgemein neben der *action oblique* die nicht bevorrechtigten Gläubiger (*créanciers chirographaires*) schützen.[1007] Sie beinhaltet eine Anfechtungsmöglichkeit vorsätzlicher gläubigerbenachteiligende Handlungen und ist auch außerhalb des Insolvenzverfahrens

---

1002 MünchKommInsO – *Niggemann*, Band 3, Anh. Länderberichte Frankreich Rn. 42.

1003 Vgl. dazu insgesamt MünchKommInsO – *Niggemann*, Band 3, Anh. Länderberichte Frankreich Rn. 43.

1004 *Willemer*, Vis attractiva concursus, S. 188.

1005 MünchKommInsO – *Niggemann*, Band 3, Anh. Länderberichte Frankreich Rn. 44.

1006 Art. 1167 Code Civil lautet:

„Ils peuvent aussi, en leur nom personnel, attaquer les actes faits par leur débiteur en fraude de leurs droits.
Ils doivent néanmoins, quant à leurs droits énoncés au titre „Des successions" et au titre „Du contrat de mariage et des régimes matrimoniaux", se conformer aux règles qui y sont prescrites."

1007 *Hübner/Constantinesco*, Einführung in das französische Recht, S. 186.

anwendbar. Im Unterschied zum deutschen Anfechtungsgesetz ist die *action paulienne* auch neben einer Insolvenzanfechtung möglich, da die Tatbestände sich nicht ausschließen.[1008]

Eine Qualifizierung als insolvenzrechtlich kommt jedenfalls dann in Frage, wenn das Anfechtungsverfahren im Rahmen eines Insolvenzverfahren geltend gemacht wird. Auch hier gebietet es der Beschleunigungs- und Effizienzgrundsatz aus den Erwägungsgründen zur EuInsVO die Anfechtungsverfahren mit dem Insolvenzverfahren abzustimmen. Im Gegensatz zum deutschen Recht (Anfechtungsgesetz) schließen sich hier die Anfechtungsmöglichkeiten nicht aus, sodass es – im Falle der Eröffnung eines Insolvenzverfahrens – sinnvoll und dem Schutz der Gläubiger dienlich ist, das Anfechtungsverfahren nach der *action paulienne* als Annexverfahren i.S.d. Art. 25 EuInsVO zu qualifizieren.

10.3 Feststellung von Gläubigerforderungen zur Insolvenztabelle

Auch außerhalb von Gesellschaftsrecht und Anfechtungsrecht sind seit der Entscheidung des EuGH in Sachen „*Deko Marty*"[1009] viele Fragen wieder offen, die als geklärt angesehen wurden. Dies betrifft insbesondere Entscheidungen zur Feststellung von Insolvenzforderungen wie auch Haftungsklagen gegen den Insolvenzverwalter und Streitigkeiten hinsichtlich Absonderungs- und Aussonderungsrechten.[1010]

Eine Beantwortung dieser Fragen ist für die nahe Zukunft nicht ersichtlich, da – wie bereits beschrieben[1011] – der Entwurf der Kommission zur Reformierung der EuInsVO[1012] keine Vorgaben macht, welche Verfahren (ausgenommen Anfechtungsverfahren) unter den Begriff „Annexverfahren" zu subsumieren sind.

10.3.1 Deutschland

10.3.1.1 Verfahren und Entscheidungen

Entscheidungen im Rahmen einer Forderungsfeststellung nach §§ 179 ff. InsO entstehen nach deutschem Recht dann, wenn eine Forderung im Prüfungstermin

1008 Cass.com. 8.10.1996, Bull.civ. n° 227; *Hübner/Constantinesco*, Einführung in das französische Recht, S. 186; *Willemer*, Vis attractiva concursus, S. 188.
1009 EuGH, Urteil vom 12.2.2009, Rs. C-339/07.
1010 Geimer/Schütze – *Geimer*, EuZVR, A. 1 Art. 1 Rn. 130, dort Fn. 186.
1011 siehe Kap. 9.5.
1012 Vorschlag der Kommission COM(2012) 744 final, 2012/0360 (COD), C7-0413/12.

bestritten wird. Unabhängig davon, welche Wirkungen die Feststellung einer Forderung hat, sind diese Entscheidungen als insolvenzrechtlich zu qualifizieren, da es sich um eine Entscheidung handelt, die unmittelbar aufgrund eines Insolvenzverfahrens ergeht und in engem Zusammenhang damit steht. Denn ohne ein Insolvenzverfahren würde sich die Frage der Feststellung gar nicht stellen. Der Ansicht von *Ambach*[1013], welcher zwischen Feststellungsklagen zum Bestand der Forderung und Feststellungsklagen zur Einordnung als Insolvenzforderung unterscheidet mit der Begründung, dass der Verfahrensgegenstand von Feststellungsklagen über den Bestand einer Forderungen sich nicht ausschließlich aus der Insolvenz ergibt, kann nicht gefolgt werden, da jedes diesbezügliche Verfahren aus der Insolvenz entsteht, also ohne die Eröffnung des Insolvenzverfahrens nicht denkbar ist. Zwar kann selbstverständlich auch außerhalb der Insolvenz um den Bestand einer Forderung gestritten werden, eine Feststellungsklage zur Tabelle aber umfasst immer auch das Teilnahmerecht am Insolvenzverfahren, welches zugleich mit festgestellt wird.[1014]

10.3.1.2 Einordnung

Die Verfahren, die die Feststellung der Forderung betreffen, sind allesamt insolvenzrechtlich zu qualifizieren, denn der Verfahrensgegenstand der Feststellungsverfahren resultiert insgesamt aus der Insolvenz des Schuldners. Dieses Ergebnis wird tendenziell auch von der Entscheidung des EuGH in Sachen „*Deko Marty*“ getragen, da den dort angesprochenen Zielen nach den Erwägungsgründen zur EuInsVO, insbesondere der Effizienz und der Beschleunigung des Verfahrens, durch eine Bündelung aller Feststellungsverfahren in dem Mitgliedsstaat, welcher das Hauptverfahren eröffnet hat. In Deutschland sind zwar für die Feststellung nicht die Insolvenzgerichte selbst zuständig (§ 180 InsO), dennoch werden die genannten Vorteile der Zuständigkeitsbündelung erkannt und die Gerichte am Ort der Insolvenzverfahrenseröffnung für zuständig erklärt.

Anderenfalls würden Gerichte anderer Mitgliedsstaates sich mit dieser Materie vertraut machen müssen und eine gerichts- und länderübergreifende Verständigung und Kooperation, welche Zeit kosten und Verständigungsschwierigkeiten mit sich bringen könnte, würde erforderlich werden.[1015]

1013 *Ambach*, Art. 25 EuInsVO, S. 171 f.

1014 So auch *Willemer*, Vis attractiva consursus, S. 319 f. m.w.N.

1015 Für ebenso insolvenzrechtliche Einordnung siehe auch Rauscher – *Mankowski*, EuZPR, Art. 1 Brüssel I-VO Rn. 22; *Schack*, IZVR, Rn. 1187 m.w.N.; Geimer/Schütze – *Geimer*, EuZVR, A1 Art. 1 Rn. 130 m.w.N.; a.A. *Kropholler/von Hein*, EuZPR, Art. 1 EuGVO Rn. 37.

Auch eine entsprechende Anwendung des Art. 3a Abs. 3 des Entwurfs der Kommission[1016] zur Bestimmung des Zusammenhangs zwischen dem Insolvenzhauptverfahren und eines Annexverfahrens würde dieses Ergebnis hervorbringen, denn in einem Insolvenzverfahren muss eine einheitliche Entscheidung darüber ergehen, ob die Forderung nun festgestellt ist oder nicht. Die Forderungsfeststellungsprozesse sind somit zwingend notwendige Entscheidungen im Rahmen des Insolvenzverfahrens und als solche insolvenzrechtliche Annexverfahren i.S.d. Art. 25 EuInsVO (und i.S.d. Art. 3a des Entwurfs der Kommission).

10.3.2 England

10.3.2.1 Verfahren und Entscheidungen

Im englischen Recht gibt es für das Verfahren der Forderungsanmeldung sowohl für die Insolvenz natürlicher Personen, wie auch für die Insolvenz von Gesellschaften einheitliche Regelungen. Der *trustee* oder der *official receiver* als vorläufiger Verwalter überlässt den Gläubigern zur Anmeldung ein Formular.[1017] In diesem Formular haben die Gläubiger ihre Identität, Grund und Höhe der Forderung und eventuell bestehende Sicherheiten einzutragen und die Forderungsanmeldung innerhalb einer bestimmten Frist dem Insolvenzverwalter zu überlassen (*proof of debt*).[1018]

Daraufhin findet die Prüfung durch einen *liquidator* oder *trustee* in *bankruptcy* gem. sec. 322 (1) Insolvency Act[1019] 1986, 6.96–6.107 Insolvency Rules 1986[1020]

1016 Vorschlag der Kommission COM(2012) 744 final, 2012/0360 (COD), C7-0413/12, S. 24.

1017 *Hess*, Großkommentar, Band III, Internationales Insolvenzrecht, Anhang G Rn. 529 f.

1018 *Hess*, Großkommentar, Band III, Internationales Insolvenzrecht, Anhang G Rn. 533.

1019 Sec. 322 (1) Insolvency Act lautet:

"Proof of debts.
(1)Subject to this section and the next, the proof of any bankruptcy debt by a secured or unsecured creditor of the bankrupt and the admission or rejection of any proof shall take place in accordance with the rules.".

1020 6.96. (1) Insolvency Rules 1986 lautet:

"Meaning of "prove"
(1) A person claiming to be a creditor of the bankrupt and wishing to recover his debt in whole or in part must (subject to any order of the court under Rule 6.93(2)) submit his claim in writing to the official receiver, where acting as receiver and manager, or to the trustee."

statt. Der *liquidator* oder *trustee* in *bankruptcy* entscheidet anschließend über die Forderung. [1021]

Gegen eine negative Entscheidung kann sodann der Gläubiger gemäß 6.105 (1)[1022] *„appeal"* binnen 21 Tagen einlegen. Im Rahmen des *„appeal"* kann dann über die Zulassung der Forderung und den Rang der Forderung entschieden werden. Für die Entscheidung ist das Insolvenzgericht zuständig.[1023]

10.3.2.2 Einordnung

Die Feststellungsverfahren, insbesondere der *„appeal"* gegen die Entscheidung des Insolvenzverwalters, sind als insolvenzrechtlich einzuordnen, da diese Verfahren – wie im deutschen Recht – in unmittelbarem Zusammenhang mit einem Insolvenzverfahren stehen. Mit derselben Argumentation, dass diese Verfahren ohne das Insolvenzverfahren gar nicht entstehen würden, ist eine insolvenzrechtliche Streitigkeit, die als Annexverfahren im Rahmen eines Insolvenzverfahrens geführt werden muss, zu bejahen. Auch das nationale englische Recht ordnet das Verfahren insolvenzrechtlich ein, indem es das Insolvenzgericht gem. sec. 363(1) Insolvency Act 1986[1024] für zuständig erklärt. Nationale Bestimmungen können zwar – wie bereits beschrieben[1025] – lediglich als Indiz gewertet werden, sprechen aber dennoch auch in diesem Fall für eine insolvenzrechtliche Einordung. Aber auch der Schutzzweck der Vorschrift, der Schutz der Gläubigergemeinschaft vor Belastung der Masse mit ungerechtfertigten Forderungen, spricht neben dem bereits erwähnten engen zeitlichen und sachlichen Zusammenhang mit dem Insolvenzverfahren für eine insolvenzrechtliche Qualifikation.

1021 *Willemer*, Vis attractiva concursus, S. 324.

1022 6.105. (1) Insolvency Rules 1986 lautet:

> *"Appeal against decision on proof*
> *(1) If a creditor is dissatisfied with the trustee's decision with respect to his proof (including any decision on the question of preference), he may apply to the court for the decision to be reversed or varied.*
> *The application must be made within 21 days of his receiving the statement sent under Rule 6.104(2)."*

1023 *Hess*, Großkommentar, Band III, Internationales Insolvenzrecht, Anhang G Rn. 535; *Willemer*, Vis attractiva concursus, S. 324 f.

1024 Siehe dazu Kap. 2.3.2.

1025 Vergleiche dazu Kap. 10.1.1.1.2.3.3.

10.3.3 Frankreich

10.3.3.1 Verfahren und Entscheidungen

In Frankreich richtet sich Entscheidung über die Zulassung zur Insolvenztabelle nach Art. L. 624-2 C.Com.[1026]

Für die Forderungsanmeldung ist der *mandataire judiciaire*, der Gläubigervertreter, zuständig. Dieser hat innerhalb von 15 Tagen nach Verfahrenseröffnung die Gläubiger über die Notwendigkeit der Forderungsanmeldung zu informieren, soweit diese ihm aus den Buchungsunterlagen des Schuldner ersichtlich sind. Die Gläubiger haben ihre Forderungen, die vor Verfahrenseröffnung entstanden sind, innerhalb von 2 Monaten ab Veröffentlichung des Eröffnungsurteils anzumelden. Dies geschieht gegenüber dem *mandataire judiciaire* oder im Rahmen eines Liquidationsverfahrens gegenüber dem *liquidator*.[1027]

Danach entscheidet auf Grundlage der Vorschlags des *mandataire judiciaire* der *juge-commissaire*, ein Richter des für das Insolvenzverfahren zuständigen Gerichts, über die Zulassung der Forderung zur Tabelle.[1028] Die Ablehnung der Zulassung findet vor Gericht im Rahmen eines Verfahrens statt und ist nur nach vorheriger Anhörung des Gläubigers, Gläubigervertreters, des Schuldners und des Verwalters möglich. Diese können sodann auch Berufung beim *Cour d'appel* hinsichtlich Bestehen, Höhe und Rang der Forderung gegen diesen ablehnenden Beschluss gemäß Art. 624-3 C.Com.[1029] einlegen.[1030]

1026 Art. L 624-2 Code de Commerce lautet:

"Au vu des propositions du mandataire judiciaire, le juge-commissaire décide de l'admission ou du rejet des créances ou constate soit qu'une instance est en cours, soit que la contestation ne relève pas de sa compétence."

1027 *Hess*, Großkommentar, Band III, Internationales Insolvenzrecht, Anhang G Rn. 437; MünchKommInsO – *Niggemann*, Band 3, Anh. Länderberichte Frankreich Rn. 17.

1028 MünchKommInsO – *Niggemann*, Band 3, Anh. Länderberichte Frankreich Rn. 20; *Willemer*, Vis attractiva concursus, S. 323 m.w.N., insbesondere Fn. 672.

1029 Art. 624-3 C.Com lautet:

„Le recours contre les décisions du juge commissaire prises en application de la présente section est ouvert au créancier, au débiteur ou au mandataire judiciaire.
Toutefois, le créancier dont la créance est discutée en tout ou en partie et qui n'a pas répondu au mandataire judiciaire dans le délai mentionné à l'article L. 622-27 ne peut pas exercer de recours contre la décision du juge-commissaire lorsque celle-ci confirme la proposition du mandataire judiciaire.
Les conditions et les formes du recours prévu au premier alinéa sont fixées par décret en Conseil d'Etat."

1030 *Baur/Stürner*, ZKVR, Rn. 39.7; *Willemer*, Vis attractiva concursus, S. 323.

10.3.3.2 Einordnung

Bei Streitigkeiten im Rahmen der Feststellung von Forderungen zur Insolvenztabelle nach französischem Recht ergeben sich gegenüber den bereits zum deutschen und englischen Recht gefundenen Ergebnissen keine so gravierenden Unterschiede, dass eine andere Beurteilung gerechtfertigt wäre. Auch hierbei handelt es sich um ein Verfahren, welches ausschließlich aus der Insolvenz des Schuldners resultiert und deshalb unmittelbar aufgrund des Insolvenzverfahrens ergeht. Ebenso ist der sachliche und zeitliche Zusammenhang der Streitigkeiten zum Insolvenzverfahren offensichtlich, da der *juge-commissaire* über die endgültige Feststellung und die damit in Zusammenhang stehenden Verfahren Teil des für das Insolvenzverfahrens zuständigen Gerichts ist. Daher sind auch die französischen Verfahren, die die Streitigkeiten im Rahmen der Feststellung zur Tabelle betreffen, Annexverfahren i.S.d. Art. 25 Abs. 1 UAbs. 2 EuInsVO.

10.4 Aus- und Absonderungsklagen

10.4.1 Deutschland

10.4.1.1 Verfahren und Entscheidungen

In Deutschland ist zwischen einem Aussonderungs- und einem Absonderungsrecht in der Insolvenz zu unterscheiden. Genauso ist zu unterscheiden bei der Qualifikation diesbezüglicher Klagen.

§ 47 InsO bestimmt für das Aussonderungsrecht, dass derjenige, der auf Grund eines dinglichen oder persönlichen Rechts geltend machen kann, ein Gegenstand gehöre nicht zur Insolvenzmasse, kein Insolvenzgläubiger nach § 38 InsO ist. Dabei bestimmt sich der Anspruch nach den Gesetzen, die außerhalb des Insolvenzverfahrens gelten. Das bedeutet, dass derjenige, der an einer Sache beispielsweise Eigentum innehat, diese nach § 985 BGB herausverlangen kann. Diese Sache ist dann nicht Teil der Insolvenzmasse, da diese nur die Vermögensgegenstände nach § 35 InsO erfasst, die dem Schuldner gehören.[1031]

Bei Absonderungsrechten steht Gläubigern hingegen nur ein Recht auf Befriedigung aus den Gegenständen der Insolvenzmasse zu. Dieses Recht können Gläubiger auch im Rahmen eines eröffneten Insolvenzverfahrens verfolgen. Es wird differenziert zwischen Absonderungsrechten an beweglichen Sachen und

1031 Vgl. dazu: *Frege/Keller/Riedel*, Handbuch Insolvenzrecht, Rn. 1488 ff.

Rechten gem. §§ 50 f., 166–173 InsO und Absonderungsrechten an unbeweglichem Vermögen gem. §§ 49, 165 InsO.[1032]

Bei Absonderungsrechten nimmt der Gegenstand am Insolvenzverfahren jedenfalls insoweit teil als der Gegenstand entweder vom Gläubiger selbst oder vom Insolvenzverwalter verwertet wird und ein Kostenabzug für Feststellung und Verwertung erhoben wird (§ 170 InsO). Überschüsse und Fehlbeträge beim Erlös wirken sich auf die Masse aus. Darüberhinaus hat der Absonderungsgläubiger ein Stimmrecht in der Gläubigerversammlung nach § 74 InsO. Insofern bestehen einige Berührungspunkte mit dem Insolvenzverfahren. Dies unterscheidet Absonderungsrechte grundsätzlich von Aussonderungsrechten, welche lediglich zweiseitigen Charakter haben, mithin lediglich das Verhältnis zwischen dem Insolvenzverwalter und dem Gläubiger und nicht den Vorzug gegenüber den anderen Gläubigern betreffen.[1033]

10.4.1.2 Einordnung

Der Anspruch aus Aussonderung ist nicht als insolvenzrechtlich zu qualifizieren, da ihm die Insolvenzspezifika fehlen. Der Anspruch auf Herausgabe besteht auch außerhalb der Insolvenz und ist von diesem unabhängig. Der Anspruch auf Aussonderung und Herausgabe des Gegenstandes und die diesbezüglichen Streitigkeiten sind deshalb nicht notwendigerweise vor dem Insolvenzgericht auszutragen. Die Gegenstände sind schon nach dem Gesetzeswortlaut nicht Teil der Insolvenzmasse und nehmen nicht am Insolvenzverfahren teil. Lediglich der Anspruchsgegner wechselt, da jetzt anstelle des Schuldners der Insolvenzverwalter im Besitz des Gegenstandes ist und so zwingend gegen ihn der Anspruch geltend zu machen ist; auch nach nationalem Recht ist ein diesbezüglicher Streit nicht vor den Insolvenzgerichten auszutragen.[1034] Da es bei einem Aussonderungsrecht also um einen Anspruch geht, der nur bei Gelegenheit eines Insolvenzverfahrens geltend gemacht wird und nicht von einem Insolvenzverfahren abhängt, sind diesbezügliche Streitigkeiten nicht als Annexverfahren i.S.d. Art. 25 Abs. 1 UAbs. 2 EuInsVO zu qualifizieren.

Dieses Ergebnis wird durch das EuGH-Urteil in der Sache „*German Graphics*“ bestätigt, welches folgenden Wortlaut in Rn. 30 bis 34 hat:

> *„(30) In einer Situation wie der im Ausgangsverfahren fraglichen ist dieser Zusammenhang aber weder unmittelbar genug noch eng genug, um die Anwendung der Verordnung*

1032 Vgl. dazu *Frege/Keller/Riedel*, Handbuch Insolvenzrecht, Rn. 1500 ff.

1033 *Willemer*, Vis attractiva consursus, S. 363.

1034 *Frege/Keller/Riedel*, Handbuch Insolvenzrecht, Rn. 1489.

Nr. 44/2001 auszuschließen. (31) Aus der Vorlageentscheidung geht hervor, dass German Graphics, die Klägerin in dem Verfahren vor dem Landgericht Braunschweig, die Rückgabe der in ihrem Eigentum stehenden Sachen verlangt hat und dass dieses Gericht nur zu klären hatte, wer Eigentümer bestimmter sich in den Geschäftsräumen von Holland Binding in den Niederlanden befindender Maschinen ist. Die Beantwortung dieser Rechtsfrage erfolgt unabhängig von der Eröffnung eines Insolvenzverfahrens. (32) German Graphics wollte mit ihrer Klage nur sicherstellen, dass die zu ihren Gunsten vereinbarte Eigentumsvorbehaltsklausel angewandt wird. Die auf den Eigentumsvorbehalt gestützte Klage stellt mit anderen Worten eine eigenständige Klage dar, die ihre Grundlage nicht im Insolvenzrecht hat und weder die Eröffnung eines Insolvenzverfahrens noch die Bestellung eines Insolvenzverwalters voraussetzt. (33) Unter diesen Umständen erscheint die bloße Tatsache, dass die Konkursverwalterin an dem Rechtsstreit beteiligt ist, nicht als ausreichend, um das Verfahren vor dem Landgericht Braunschweig als ein Verfahren anzusehen, das unmittelbar aus dem Konkurs hervorgeht und sich eng innerhalb des Rahmens eines Konkursverfahrens hält. (34) Eine Klage wie die von German Graphics beim Landgericht Braunschweig ist daher nicht vom Anwendungsbereich der Verordnung Nr. 44/2001 ausgeschlossen.“

Bei Absonderungsrechten hingegen hätte zwar der Gläubiger das Recht auf Befriedigung unter bestimmten Vorausetzungen unabhängig von einem Insolvenzverfahren; dennoch ist aber bei Eröffnung des Insolvenzverfahrens der Verfahrensgang über die Insolvenzgerichte zwingend. Der Gläubiger des Absonderungsrechts bekommt lediglich einen „Bonus“ im Insolvenzverfahren gegenüber den anderen Insolvenzgläubigern, weitergehende Rechte allerdings nicht. Das Interesse und die Art der Geltendmachung entsprechen weitgehend der Klage auf vorzugsweise Befriedigung gemäß § 805 ZPO. Auch hier erhält der Gläubiger nur das Recht, sich vorzugsweise vor anderen an dem Gegenstand zu befriedigen, nicht aber sich aus dem Verwertungsverfahren herauszuhalten. Dieser Spezialfall eines Gläubigers im Insolvenzverfahren muss deshalb als insolvenzrechtlich eingestuft werden.

Damit kann nicht der Ansicht von *Haubold*[1035]gefolgt werden, der die Ab- und Aussonderungsrechte der Zuständigkeit der EuGVVO überlässt mit der Begründung, dass bei derartigen Ansprüchen das Interesse des Rechtsverkehrs an den allgemeinen Zuständigkeiten der EuGVVO überwiegt, da der Inhaber eines Sicherungsrechts darauf vertraut, dass er sich individuell befriedigen kann und nicht am Verfahren teilnehmen muss.[1036] Dies ist aber richtigerweise nur bei Aussonderungsansprüchen der Fall, nicht aber bei Absonderungsansprüchen.

1035 *Haubold*, IPRax 2002, 157, 157 ff.
1036 *Haubold*, IPRax 2002, 157, 163.

In Betracht kommen vorliegend beispielsweise Feststellungsklagen des Insolvenzverwalters oder Gläubigers bezüglich des Umfangs oder des Bestands der Sicherungsrechte oder Klagen auf Duldung der Zwangsvollstreckung bei Eigenverwertung des Gläubigers, wenn die Parteien sich über Möglichkeit oder das Vorliegen der Voraussetzungen der Eigenverwertung oder Verwertung durch den Verwalter uneins sind. Diese Klagen sind als insolvenzrechtlich und somit als Annexverfahren i.S.d. Art. 25 Abs. 1 UAbs. 2 EuInsVO zu qualifizieren.

10.4.2 England

10.4.2.1 Verfahren und Entscheidungen

Grundsätzlich ist im englischen Recht in diesem Zusammenhang zu unterscheiden zwischen dem *winding-up*-Verfahren[1037] und dem *administration*-Verfahren[1038]. Letzteres stellt ein Sanierungsverfahren dar, welches bestimmte Rechte der Gläubiger hemmt.[1039]

In England bestehen dem deutschen Recht ähnliche Möglichkeiten für Eigentümer von Gegenständen, die beim Schuldner vorgefunden wurden. So kann der Eigentümer, auch wenn er sein Recht aus einem Eigentumsvorbehalt herleitet, seine Rechte ebenso durchsetzen wie außerhalb eines etwaigen Insolvenzverfahrens.[1040]

Absonderungrechte hingegen sind anzunehmen bei Hypotheken an unbeweglichen Sachen und Besitzpfandrechten an beweglichen Sachen und Sicherungsrechten, die mit der Sicherungsübereignung eines Warenlagers und der Globalzession (*charge*) vergleichbar sind, aber auch bei gesetzlichen Pfandrechten, die nur ein Zurückbehaltungsrecht an der Pfandsache gewähren.[1041]

Hinsichtlich der Durchsetzung von Sicherungsrechten kann der Gläubiger, wenn ein *winding-up*-Verfahren eröffnet worden ist, seine Rechte unabhängig vom Insolvenzverfahren – mit Einschränkungen für *floating charges* – geltend machen. Der Gläubiger kann auch selbst freihändig verwerten, wenn es sich um eine bewegliche Sache handelt; soweit es es sich um Immobiliarsicherheiten handelt, geschieht dies unter Aufsicht des Insolvenzgerichts. Ein eventueller

1037 Vgl. dazu *Baur/Stürner*, ZKVR, Rn. 39.34.

1038 Vgl. dazu *Baur/Stürner*, ZKVR, Rn. 39.40.

1039 *Willemer*, Vis attractiva concursus, S. 357; *Baur/Stürner*, ZKVR, Rn. 39.40.

1040 *Willemer*, Vis attractiva concursus, S. 356.

1041 *Hess*, Großkommentar, Band III, Internationales Insolvenzrecht, Anhang G Rn. 541.

Fehlbetrag nimmt dann am Insolvenzverfahren teil; der Gläubiger wird dann mit der Schlussverteilung befriedigt.[1042]

Im Sanierungsverfahren hingegen gilt folgendes: Die Rechte der Gläubiger bleiben zwar bestehen, sie können aber, wie gesagt, nicht durchgesetzt werden; das Recht zur Durchsetzung und Verwertung ist ausgesetzt.[1043] Der *administrator* kann allerdings einzelne Zahlungen anweisen, wenn er dies als sachdienlich erachtet, um den Verfahrenszweck zu fördern. Grundsätzlich gilt aber, dass zunächst *preferential creditors* vorrangig befriedigt werden und Zahlungen an ungesicherte Gläubiger der gerichtlichen Zustimmung bedürfen.[1044]

10.4.2.2 Einordnung

Wie in einem deutschen Insolvenzverfahren so wird in England also auch tendenziell zwischen Aussonderungs- und Absonderungsrechten unterschieden. Ebenso ist die Qualifikation getrennt zu beurteilen. Streitigkeiten und Entscheidungen, die ein Aussonderungsrecht, also vor allem ein Eigentumsrecht betreffen, können in England wie in Deutschland unabhängig von einem Insolvenzverfahren durchgesetzt werden. Die Gläubiger nehmen nicht an einem Insolvenzverfahren teil, sondern machen ihre Rechte geltend, als ob kein Verfahren eröffnet worden wäre. Dies rechtfertigt es, derartige Streitigkeiten nicht als insolvenzrechtlich zu qualifizieren, da der Begriff des engen Zusammenhangs zu weit ausgedehnt werden würde, wenn diese Entscheidungen noch als Annexverfahren bezeichnet würden.

Für Sicherungsrechte muss in England hingegen differenziert werden: Insbesondere betreffend Streitigkeiten über Sicherungsrechte, zu deren Befriedigung der Erlös nicht ausgereicht hat, und über Sicherungsrechte im Sanierungsverfahren (*administration*), ist eine insolvenzrechtliche Qualifizierung zu bejahen. Diese Streitigkeiten sind eng mit dem Insolvenzverfahren verbunden, da die Rechte des Insolvenzverwalters hinsichtlich des Sicherungsgutes insolvenzspezifisch sind. Wäre das Sanierungsverfahren nicht eröffnet worden, wären die Rechte der Gläubiger zur Verwertung beispielsweise nicht eingeschränkt. Dies rechtfertigt eine insolvenzrechtliche Qualifikation.

Andere Sicherungsrechte im *winding-up*-Verfahren sind allerdings nicht als insolvenzrechtlich zu qualifizieren, da deren Geltendmachung, wie auch bei

---

1042 Vgl. insgesamt *Hess*, Großkommentar, Band III, Internationales Insolvenzrecht, Anhang G Rn. 542; *Willemer*, Vis attractiva concursus, S. 356 f.

1043 *Baur/Stürner*, ZKVR, Rn. 39.40; *Willemer*, Vis attractiva concursus, S. 357.

1044 MünchKommInsO – *Schlegel*, Band 3, Anh. Länderberichte England und Wales Rn. 24 m.w.N.

Aussonderungsrechten, unabhängig von einer Insolvenz erfolgt und diese damit keinen engen Zusammenhang zum Insolvenzverfahren aufweisen.

10.4.3 Frankreich

10.4.3.1 Verfahren und Entscheidungen

Im französischen Recht spielen vor allem Aussonderungsrechte eine Rolle,[1045] welche fristgebunden gegenüber dem Aufsichtsrichter geltend zu machen sind.[1046]

Aussonderungsberechtigt ist beispielsweise der Eigentümer, der Verkäufer unter Eigentumsvorbehalt oder der Gläubiger eines vor Verfahrenseröffnung beendeten Vertrages.[1047] Das Aussonderungsrecht muss innerhalb einer Frist von 3 Monaten geltend gemacht und beantragt werden.[1048] Die Frist läuft grundsätzlich ab Zeitpunkt des Eröffnungsbeschlusses.[1049] Die Geltendmachung dieser Rechte ist ähnlich dem deutschen Recht ausgestaltet, da der Herausgabeanspruch unabhängig vom Insolvenzverfahren ist und durch dieses bis auf bestimmte Fristerfordernisse nicht beeinflusst wird; auch das Verbot der Einzelrechtsverfolgung greift nicht. Voraussetzung für die Geltendmachung des Anspruchs ist allerdings, dass der Gegenstand noch in unverändertem Zustand (*en nature*) in der Masse existiert und identifizierbar ist.[1050]

Versäumt der Gläubiger die Frist zur Geltendmachung der Aussonderung, ist er für das weitere Verfahren nur als normaler Gläubiger zu behandeln. Die Möglichkeit der Geltendmachung eines Aussonderungsrechts hat er dann verloren.[1051]

Erkennt der Konkursverwalter das Aussonderungsrecht nicht an, so kann der Gläubiger innerhalb eines Monats am Konkursgericht auf Anerkennung klagen.[1052]

Absonderungsrechte hingegen existieren nur insofern, als der Erlös nach Verwertung durch das Gericht oder den Insolvenzverwalter unter den gesicherten Gläubigern nach ihren Vorrechten verteilt wird. Ansonsten sind die Forderungen der gesicherten Gläubiger, welche keine Eigenverwertungsrechte haben, normal zur Tabelle anzumelden.[1053]

1045 *Willemer*, Vis attractiva concursus, S. 355 f.

1046 *Hess*, Großkommentar, Band III, Internationales Insolvenzrecht, Anhang G Rn. 450 f.

1047 MünchKommInsO – *Niggemann*, Band 3, Anh. Länderberichte Frankreich Rn. 29.

1048 *Sonnenberger/Dammann*, Französisches Handels- und Wirtschaftsrecht, S. 540.

1049 *Hess*, Großkommentar, Band III, Internationales Insolvenzrecht, Anhang G Rn. 451.

1050 *Willemer*, Vis attractiva concursus, S. 355 m.w.N.; allgemein *Sonnenberger/Dammann*, Französisches Handels- und Wirtschaftsrecht, S. 540.

1051 *Hess*, Großkommentar, Band III, Internationales Insolvenzrecht, Anhang G Rn. 454.

1052 *Hess*, Großkommentar, Band III, Internationales Insolvenzrecht, Anhang G Rn. 456.

1053 *Willemer*, Vis attractiva concursus, S. 355 f.

Dingliche Rechte, insbesondere Pfandrechte, auch die in Registern eingetragen sind, nehmen wie alle anderen am Sanierungsplan teil und gewähren bis auf wenige Ausnahmen kein Absonderungrecht.[1054] Allerdings gewähren Pfandrechte mit Zurückbehaltungsrecht (*droit de rétention*) eine bevorzugte Stellung im Insolvenzverfahren; betreibt der *liquidateur* innerhalb von 6 Monaten die Verwertung des Pfandgegenstandes, so setzt sich das Zurückbehaltungsrecht am Verkaufserlös fort. Auch möglich ist, dass der Pfandgläubiger die Verwertung betreibt, wobei dann zuerst speziell bevorzugte Forderungen abgegolten werden müssen.[1055] Aber auch ohne Zurückbehaltungsrecht ist zumindest eine Verwertung des Pfandrechts bis zur Liquidation des Schuldners ausgesetzt; im Rahmen der Liquidation kann sich der Pfandgläubiger sodann die Pfandsache gerichtlich übertragen lassen.[1056]

10.4.3.2 Einordnung

Da das französische Aussonderungsrecht mit dem deutschen Aussonderungsrecht durchaus vergleichbar ist, ist auch hier eine insolvenzrechtliche Qualifikation nicht angezeigt. Dies vor allem deshalb anzunehmen, weil das Insolvenzverfahren den Anspruch nicht beeinflusst, sondern ihn, unabhängig davon, bestehen lässt. Eine Einbindung in das Insolvenzverfahren erfolgt grundsätzlich nicht, wenn die Voraussetzungen gegeben sind. Auch im französischen Recht existiert bezüglich solcher Ansprüche keine Zuständigkeit der Insolvenzgerichte.[1057] Dies ist zwar aufgrund der Notwendigkeit einer autonomen Auslegung kein ausschlaggebendes Kriterium für die Qualifikationen, kann aber – wie bereits beschrieben[1058] – ein Indiz für die Auslegung sein. Damit sind französische Aussonderungsrechte ebenso wie deutsche Aussonderungsrechte keine Annexverfahren i.S.d. der EuInsVO.

Bezüglich der Absonderungrechte gilt folgendes: Streitigkeiten gesicherter Gläubiger mit dem *juge-commissaire*, soweit sie denn entstehen können,[1059] sind als insolvenzrechtlich zu qualifizieren, da sie in das Insolvenzverfahren

---

1054 MünchKommInsO – *Niggemann*, Band 3, Anh. Länderberichte Frankreich Rn. 32; vergleiche zu den Ausnahmen a.a.O. Rn. 33–35.

1055 *Sonnenberger/Dammann*, Französisches Handels- und Wirtschaftsrecht, S. 544 f.

1056 *Sonnenberger/Dammann*, Französisches Handels- und Wirtschaftsrecht, S. 545.

1057 *Willemer*, Vis attractiva concursus, S. 355 m.w.N.

1058 Vergleiche dazu Kap. 10.1.1.1.2.3.3, nur dass in diesem Fall das Indiz für eine nicht-insolvenzrechtliche Qualifizierung spricht.

1059 Entscheidungen des *juge-commissaire* hinsichtlich der Verwertung von Sicherungsgegenständen sind grundsätzlich nicht anfechtbar (*Willemer*, Vis attractiva concursus, S. 356 m.w.N.).

eingebunden sind und in engem Zusammenhang mit diesem stehen. Sie sind also Annexverfahren i.S.d. Art. 25 Abs. 1 UAbs. 2 EuInsVO.

10.5 Haftung des Insolvenzverwalters

Abschließend sind Ansprüche gegen den Insolvenzverwalter selbst zu betrachten. Dabei wird teilweise differenziert zwischen Ansprüchen, die nur einzelnen Gläubigern und Ansprüchen, die der Masse zugute kommen.

10.5.1 Deutschland

10.5.1.1 Verfahren und Entscheidungen

In Deutschland regeln die §§ 60–62 InsO die Haftung des Insolvenzverwalters. Nach § 60 Abs. 1 InsO ist der Insolvenzverwalter allen Beteiligten gegenüber zum Schadensersatz verpflichtet, wenn er schuldhaft die Pflichten verletzt, die ihm nach der InsO obliegen. Er hat dabei die Sorgfalt eines ordentlichen und gewissenhaften Insolvenzverwalters zu beachten.

Grundsätzlich können derartige Ansprüche nur mit der Insolvenz des Schuldners entstehen und sind damit komplett abhängig von dieser. Zum einen können diese Ansprüche von einzelnen Gläubigern geltend gemacht werden, wenn sie mit dem Insolvenzverwalter Einzelvereinbarungen getroffen haben oder wenn Aus- und Absonderungsrechte bestehen.[1060] Zum anderen kann, wenn der Insolvenzverwalter Pflichtverletzungen begangen hat, die sich auf die Masse auswirken und damit alle Insolvenzgläuber betreffen, vom Insolvenzverwalter Schadensersatz zur Masse als das Substrat der Haftungsabwicklung[1061] zu leisten sein. Dies jedenfalls fördert die gleichmäßige Befriedigung der Gläubiger.[1062] Die Durchsetzung eines Anspruchs gegen den Insolvenzverwalter auf Ersatz eines gemeinschaftlichen Gesamtschadens der Gläubiger erfolgt gemäß § 92 S. 2 InsO nur durch einen neu bestellten Insolvenzverwalter.[1063]

1060 *Häsemeyer*, Insolvenzrecht, Rn. 6.37 f.; *Ambach*, Art. 25 EuInsVO, S. 170 f.
1061 *Häsemeyer*, Insolvenzrecht, Rn. 6.38.
1062 *Ambach*, Art. 25 EuInsVO, S. 171.
1063 Gottwald - *Klopp/Kluth*, Handbuch, § 23 Rn. 15.

10.5.1.2 Einordnung

Nach Ansicht von *Ambach*[1064] dienen Haftungsansprüche, die nur von Einzelnen geltend gemacht werden können, nicht der gleichmäßigen Gläubigerbefriedigung. Sie seien daher nicht als insolvenzrechtliche Annexverfahren zu qualifizieren. Der gegenteiligen Ansicht, die auch *Willemer*[1065] vertritt, ist jedoch zu folgen, da die Haftungsklagen allgemein als insolvenzrechtlich zu qualifizieren sind. Zu begründen ist dies mit dem insolvenzspezifischer Zweck. Mit der Haftung des Insolvenzverwalters für Individualschäden soll auch der Zweck des Insolvenzverfahrens durchgesetzt werden, da die Verletzung von insolvenzspezifischen Pflichten Voraussetzung für einen derartigen Anspruch ist.[1066] Mit der Haftung soll die ordnungsgemäße und zuverlässige Durchführung des Insolvenzverfahrens gewährleistet werden, was allen Gläubigern zugute kommt. Ferner kann der Anspruch ausschließlich dann entstehen, wenn eine Insolvenz bzw. ein Insolvenzverfahren vorliegt.

Aus gemeinschaftsrechtlicher Sicht ist dies auch deshalb zu befürworten, da die nationalen Rechtsordnungen unterschiedlich ausgestaltet sein können und damit für beide Haftungsfälle dieselbe Anspruchsgrundlage in einem Mitgliedsstaat heranzuziehen ist,[1067] was sodann im Falle der gleichzeitigen Geltendmachung zu Rechtsunsicherheit führen und der Prozessökonomie abträglich sein könnte.[1068] Damit sind alle Haftungsklagen gegen den Insolvenzverwalter als insolvenzrechtlich zu beurteilen und als Annexverfahren i.S.d. Art. 25 Abs. 1 UAbs. 2 EuInsVO zu qualifizieren.

10.5.2 England

10.5.2.1 Verfahren und Entscheidungen

Für den englischen Insolvenzverwalter (*liquidator, administrator* oder *administrative receiver*) gelten nach sec. 143 (1) Insolvency Act 1986 allgemein folgende Sorgfaltspflichten:

1064 *Ambach*, Art. 25 EuInsVO, S. 170 f.; Nicht der gleichmäßigen Gläubigerbefriedigung dienen daher nach *Ambach* insbesondere auch Ansprüche aus § 61 InsO.

1065 *Willemer*, Vis attractiva concursus, S. 388 ff.

1066 *Willemer*, Vis attractiva concursus, S. 389.

1067 Siehe dazu den deutschen § 60 Abs. 1 S. 1 InsO, der sowohl auf gemeinschaftliche als auch auf individuelle Gläubigerschäden anzuwenden ist (siehe dazu insgesamt: *Willemer*, Vis attractiva concursus, S. 392).

1068 *Willemer*, Vis attractiva consursus, S. 392.

„General functions in winding up by the court.

(1)The functions of the liquidator of a company which is being wound up by the court are to secure that the assets of the company are got in, realised and distributed to the company's creditors and, if there is a surplus, to the persons entitled to it"

Die Haftung eines Insolvenzverwalters im englischen Recht besteht insbesondere nach sec. 212 Insolvency Act 1986[1069] für die Fälle, in denen die Verwalter *duties of skill and care*, also Sorgfaltspflichten eines Insolvenzverwalters, verletzen. Bei Verletzung der Sorgfaltspflichten kann eine persönliche Haftung des Insolvenzverwalters durch das Gericht angeordnet werden.[1070]

10.5.2.2 Einordnung

Hinsichtlich der Qualifikation der Haftungsklagen gegen den Insolvenzverwalter wegen Verletzung seiner Pflichten gilt dasselbe wie in Deutschland. Haftungsklagen beruhen auf der Insolvenz des Schuldners und sind von ihr abhängig. Eine Haftung des Insolvenzverwalters ohne die Insolvenz eines Schuldners gibt es schlichtweg nicht. Aus denselben Gründen, mit denen die Haftung nach deutschem Recht als insolvenzrechtlich qualifiziert wurde, ist die Haftung des Insolvenzverwalters nach englischem Recht auch als typisch insolvenzrechtlich zu qualifizieren. Damit stellen auch die Haftungstatbestände und die daraus resultierenden Streitigkeiten nach englischem Recht betreffend die Pflichtverletzungen eines Insolvenzverwalters Annexverfahren i.S.d. EuInsVO dar.

10.5.3 Frankreich

10.5.3.1 Verfahren und Entscheidungen

In Frankreich können Gläubiger, Schuldner und Dritte sowie ein sonstiges Verfahrensorgan den Insolvenzverwalter (*administrateur judiciaire*) für Schäden zivilrechtlich haftbar machen, die insbesondere durch mangelhafte Überwachung eingetreten sind; ein Verschulden ist stets erforderlich.[1071] Beispielhaft sind hier

1069 Diese Haftung bzw. Haftungsdurchsetzungsmöglichkeit gilt nicht nur für Geschäftsleiter, sondern auch für Insolvenzverwalter (Sec. 212 (1)(b): *"(1) This section applies if in the course of the winding up of a company it appears that a person who- (...) has acted as liquidator, administrator or administrative receiver of the company (...)"*, Siehe dazu Kap. 10.1.2.3.

1070 Siehe dazu *Willemer*, Vis attractiva concursus, S. 382 f.

1071 *Ripert/Roblot*, Traité de droit commercial, Band II, Rn. 2948; *Willemer*, Vis attractiva concursus, S. 381.

Schäden, die durch Nachlässigkeit/Fahrlässigkeit (*négligence*) sowie Schäden, die durch mangelhafte Überwachung (*surveillance*) entstanden sind.[1072]

10.5.3.2 Einordnung

Trotz der nationalen zivilrechtlichen Geltendmachung ist der Anspruch als insolvenzrechtliches Annexverfahren zu qualifizieren, da – wie bereits oben erläutert[1073] – Haftungsansprüche gegen Insolvenzverwalter allgemein nur entstehen können, wenn die Insolvenz des Schuldners eintritt und der Verwalter bestellt wurde. Diese enge Verwobenheit des Anspruchs mit dem Insolvenzverfahren rechtfertigt die insolvenzrechtliche Qualifizierung des Anspruchs.

10.6 Überblick über weitere Verfahren

Im Folgenden sollen noch ergänzend und überblicksartig einzelne Verfahren dargestellt werden:

Klagen gegen Drittschuldner sind nicht als insolvenzrechtlich zu qualifizieren und unterfallen dem Anwendungsbereich der EuGVVO. Diese Klagen betreffen Ansprüche vor Eröffnung des Verfahrens wie vertragliche Ansprüche, deliktische Ansprüche, Ansprüche aus ungerechtfertigter Bereicherung oder Herausgabeansprüche. Zwar wird durch die Geltendmachung derartiger Ansprüche die Masse vergrößert und der Insolvenzverwalter ist für diese Ansprüche aktivlegitimiert. Allerdings sind diese Ansprüche bereits vor Eröffnung entstanden, der Drittschulder ist kein unmittelbarer Verfahrensbeteiligter und die Verfahren wären auch ohne die Eröffnung des Insolvenzverfahrens entstanden. Insofern stellen Anprüche gegen Drittschulder lediglich allgemein zivilrechtliche Ansprüche dar, die nur bei Gelegenheit des Insolvenzverfahrens geltend gemacht werden.

Ebenso verhält es sich bei Klagen nach Ausübung des Wahlrechts gemäß § 103 InsO, da die Ansprüche nicht aufgrund der Insolvenz ergangen sind. Auch fehlt der insolvenzspezifische Zweck, da hierdurch nicht der Zweck der Gläubigergleichbefriedigung verfolgt werden soll; Masserhalt- und Massemehrung sind nicht ausschlaggebend. Die Ansprüche können auch außerhalb des Insolvenzverfahrens geltend gemacht werden, da hierbei kein Vollstreckungsverbot nach § 90 InsO besteht.

1072 Vergleiche zum Ganzen: *Ripert/Roblot*, Traité de droit commercial, Band II, Rn. 2948 m.w.N.

1073 Siehe zur Abhängigkeit der Haftung vom Insolvenzverfahren auch die Ausführungen zum deutschen Recht, die hier aber ebenso zutreffen: Kap. 10.5.1.

Demgegenüber sind Klagen über Massezugehörigkeit zwischen Schuldner und Verwalter typisch insolvenzrechtlich, da sie ohne Insolvenz und Insolvenzverfahren nie entstehen würden. Zweck ist die gemeinschaftliche Gläubigerbefriedigung. Zwischen dem Insolvenzverfahren und derartigen Klagen besteht zudem ein zeitlicher und sachlicher Zusammenhang. Insgesamt fördern diese Verfahren den ordnungsgemäßen Ablauf des Insolvenzverfahrens.

Auch Klagen wegen ungerechtfertigter Kündigung sind aus meiner Sicht insolvenzspezifisch, da der Verfahrensgegenstand die Rechtmäßigkeit der Kündigung nach § 113 InsO ist. Die Verfahren sind zwingend aufgrund der Insolvenz und Verfahrenseröffnung ergangen. Obwohl hier auch vertreten werden kann, dass die Arbeitsverträge wie Verträge nach § 103 InsO behandelt werden könnten, da die Verträge nicht aufgrund der Insolvenz geschlossen, aber aufgrund der Insolvenz beendet wurden, ist die Bündelung bei Arbeitsverträgen am Ort der Verfahrenseröffnung – trotz der Anwendung des Art. 10 EuInsVO – sinnvoll, da der Überblick über die Kündigungen und die laufenden Kündigungsverfahren auch für deren Beurteilung relevant sind.

Klagen gegen Gesellschafter aus Ansprüchen, die nach § 92 InsO vom Insolvenzverwalter geltend gemacht werden, sind anhand der geltend gemachten Norm zu beurteilen. § 92 InsO regelt lediglich die Zuständigkeit des Insolvenzverwalters zur Geltendmachung verschiedener Ansprüche auf Ersatz von Schäden, die die Gläubiger als Gesamtschaden erlitten haben. Zwar sprechen hier viele Argumente für eine insolvenzrechtliche Qualifikation, wie Masseschutz, Gläubigergleichbehandlung, zeitlicher Zusammenhang mit dem Insolvenzverfahren, Insolvenz als Voraussetzung sowie die Geltendmachung durch den Insolvenzverwalter. Dennoch ist die zugrunde liegende Anspruchsnorm entscheidend. Dabei wäre im Fall einer Insolvenzverschleppungshaftung gegen Gesellschafter nach § 823 Abs. 2 i.V.m. § 15a Abs. 3 InsO etwa eine insolvenzrechtliche Qualifikation anzunehmen. Dies gilt selbstverständlich nur, soweit es sich um Altgläubiger handelt, da Neugläubiger einen selbständigen Anspruch gegen die Gesellschafter hätten. Im Ergebnis bietet sich hier deshalbeine getrennte Beurteilung der jeweils geltend gemachten Ansprüche an.

11. Schlussgedanke

Die unterschiedliche Ausprägung der *vis attractiva concursus* in den einzelnen Mitgliedsstaaten der EU bringt Schwierigkeiten auf internationaler Ebene mit sich. Das Problem könnte aber dadurch zu lösen sein, dass eine relativ umfassende *vis attractiva concursus* auf europäischer Ebene anerkannt wird. Mit dieser könnten manche Probleme bei der Qualifikation, der Zuständigkeit und der darauf folgende Anerkennung und Vollstreckung einfacher gelöst werden. Dies bedingt aber eine gedankliche Umstellung in Deutschland, da bisher eine *vis attractiva concursus* im deutschen Recht weniger ausgeprägt war. Die Rechtssicherheit und der Gedanke des *effet utile* könnte eine derartige *vis attractiva concursus* auf europäischer Ebene rechtfertigen. Die Insolvenzgerichte würden deutlich stärker belastet, andererseits würden die Verfahren schneller abgewickelt werden. Zudem würden wirtschaftlich zusammengehörige Sachverhalte von einem Gericht („aus einer Hand") beurteilt werden, dem aus dem Hauptverfahren alle Informationen und Beweismittel bekannt wären und vorliegen würden. Dies würde Wertungswidersprüche zwischen den einzelnen Verfahren und divergierende Entscheidungen verhindern.

Auch der EuGH könnte in dem Urteil „*Deko Marty*"[1074] eine tendenzielle Vorgabe gemacht haben, künftig eine derartige Zuständigkeitsbündelung voranzutreiben. Das Urteil legt die Qualifikation von Anfechtungsverfahren als Verfahren nach Art. 25 Abs. 1 UAbs. 2 EuInsVO und damit die internationale Zuständigkeit im Ergebnis nach Art. 3 EuInsVO fest.[1075] Die hauptsächliche Begründung liefert für den EuGH der Grundsatz der praktischen Wirksamkeit. Um diesem gerecht zu werden, ist die Ausweitung einer *vis attractiva concursus* der richtige Weg.

Auch die Kommission macht in ihrem Entwurf[1076] klar, dass sie die Absicht hat, die internationale Zuständigkeit zukünftig zentral regeln zu wollen. Nicht entschieden ist damit aber, welche Verfahren unter den eventuell künftigen Art. 3a des Entwurfs zu subsumieren sind. Der Entwurf äußert sich dazu nicht und gibt keine Anhaltspunkte. Lediglich Anfechtungsverfahren sind ausdrücklich als Annexverfahren genannt. Eine weitergehende Absicht zur Einführung einer umfassenden *vis attractiva concursus* kann dem Entwurf nicht entnommen werden. Das Gegenteil aber ebenso wenig.

1074 EuGH, Urteil vom 12.2.2009, Rs. C-339/07.

1075 Siehe dazu bereits oben im Überblick zu Kap. 10.2.

1076 Vorschlag der Kommission COM(2012) 744 final, 2012/0360 (COD), C7-0413/12.

Aus deutscher Sicht könnte sich der Blickwinkel des Gesetzgebers geändert haben, indem gesellschaftsrechtliche Vorschriften in die Insolvenzordnung verschoben wurden; damit wollte der deutsche Gesetzgeber die insolvenzrechtliche Qualifikation betonen, um auf europäischer Ebene auch eine derartige Qualifikation zu erreichen.[1077] Dass eine derartige Qualifikationsabsicht auf EU-Ebene aufgrund des Gebots der autonomen Auslegung grundsätzlich nicht durchzugreifen vermag, liegt auf der Hand. Bei allen Vorteilen, die eine umfangreiche *vis attractiva concursus* mit sich bringen würde, sind die Grenzen des Wortlauts unbedingt einzuhalten, welcher besagt, dass nur Entscheidungen unter Art. 25 Abs. 1 UAbs. 2 EuInsvO fallen, welche in engem Zusammenhang mit einem Insolvenzverfahren stehen und unmittelbar aufgrund des Insolvenzverfahrens ergehen. Dies wird auch im Urteil „*German Graphics*"[1078] deutlich, welches sich mit der Abgrenzung der EuGVVO und der EuInsVO beschäftigt. Im Urteil wird festgestellt, dass der Anwendungsbereich der EuGVVO weit zu verstehen ist. Im Umkehrschluss geht also das Gericht davon aus, dass der Anwendungsbereich der EuInsVO nicht zu weit ausgelegt werden darf und nur Verfahren in den Anwendungsbereich des Art. 25 EuInsVO fallen sollen, die tatsächlich einen engen Zusammenhang zum Insolvenzverfahren aufweisen.

Im Rahmen der vorliegenden Untersuchungen war ein Ausgleich zu finden zwischen den Interessen der praktischen Wirksamkeit einerseits und dem Wortlaut andererseits. Nach der in dieser Arbeit vertretenen Ansicht sind deshalb insbesondere Anfechtungsrechte, Ansprüche aus Insolvenzverschleppung, Masseschmälerung und Insolvenzverursachung sowie Streitigkeiten wegen Feststellung von Forderungen zur Insolvenztabelle, Haftungsanspüche gegen Insolvenzverwalter und grundsätzlich auch Absonderungsrechte als insolvenzrechtlich zu qualifizieren, sodass die Verfahren zu deren Durchsetzung Annexverfahren i.S.d. Art. 25 Abs. 1 UAbs. 2 EuInsVO sind.

Auch wenn durch die in dieser Arbeit besprochenen Urteile ein ganzes Stück Rechtssicherheit geschaffen wurde, so sind doch vermeintlich geklärte Fragen wieder neu zu überdenken gewesen. Mithin sind die Fragen, welche durch den Vorschlag der Kommission nicht beantwortet wurden, insbesondere die der Qualifikation von Annexverfahren an der Schnittstelle zwischen Gesellschaftsrecht und Insolvenzrecht, ein Bereich, der noch viele Jahre lang kontrovers diskutiert werden dürfte.

1077 Siehe dazu Kap. 10.1.1.1.2.3.3.

1078 EuGH, Urteil vom 10.9.2009, Rs. C-292/08.

Literaturverzeichnis

Aderhold, Eltje, Auslandskonkurs im Inland, Entwicklung und System des deutschen Rechts mit praktischen Beispielen unter besonderer Berücksichtigung des Konkursrechts der Vereinigten Staaten von Amerika, Englands, Frankreichs sowie der Schweiz, Berlin 1992 (zit.: Aderhold, Auslandskonkurs im Inland).

Adolphsen, Jens, Europäisches Zivilprozessrecht im einheitlichen europäischen Justizraum, in: Festschrift des Fachbereichs Rechtswissenschaft zum 400jährigem Gründungsjubiläum des Justus-Liebig-Universität Gießen, Tübingen 2007, S. 87 ff.

Altmeppen, Holger, Grundlegend Neues zum „qualifiziert faktischen" Konzern und zum Gläubigerschutz in der Einmann-GmbH, Zugleich Besprechung des Urteils des BGH vom 17.9.2001 - II ZR 178/99 „Bremer Vulkan" (ZIP 2001, 1874), ZIP 2001, 1837 ff.

–, Zur Entwicklung eines neuen Gläubigerschutzkonzepts in der GmbH, Zugleich Besprechung von BGH, Urt. v. 24.6.2002 - II ZR 300/00 (ZIP 2002, 1578), ZIP 2002, 1553 ff.

–, Parteifähigkeit, Sitztheorie und „Centros" - Besprechung des BGH-Beschlusses vom 30.3.2000, VII ZR 370/98 (DStR 2000, 1064), DStR 2000, S. 1061 ff.

–, Schutz vor „europäischen" Kapitalgesellschaften, NJW 2004, S. 97 ff.

–, Gesellschafterhaftung und „Konzernhaftung" bei der GmbH, NJW 2002, 321 ff.

Ambach, Jördis, Reichweite und Bedeutung von Art. 25 EuInsVO, Berlin 2009 (zit.: Ambach, Art. 25 EuInsVO).

Balz, Manfred, Das neue Europäische Insolvenzübereinkommen, ZIP 1996, S. 948 ff.

Baudenbacher, Carl / Buschle, Dirk, Niederlassungsfreiheit für EWR-Gesellschaften nach *Überseering,* IPRax 2004, S. 26 ff.

Baur, Fritz / Stürner, Rolf, Zwangsvollstreckungs- Konkurs und Vergleichsrecht, Band II Insolvenzrecht, 12. Auflage, Heidelberg 1990 (zit.: Baur/Stürner, ZKVR).

Bayer, Walter, Die EuGH-Entscheidung „Inspire Art" und die deutsche GmbH im Wettbewerb der europäischen Rechtsordnungen, BB 2003, S. 2357 ff.

Beck, Siegfried / Depré, Peter, Praxis der Insolvenz, Ein Handbuch für die Beteiligten und ihre Berater, 2. Auflage, München 2010 (zit.: Beck/Depré – Bearbeiter, Praxis der Insolvenz).

Behrens, Peter, Reaktionen mitgliedsstaatlicher Gerichte auf das Centros-Urteil des EuGH, IPRax 2000, S. 384 ff.

–, Das internationale Gesellschaftsrecht nach dem Überseering-Urteil des EuGH und den Schlussanträgen zu Inspire Art, IPRax 2003, S. 193 ff.

Benning, Olaf / Wehling, Axel, Das „Model Law on Cross-Border Insolvency" der Vereinten Nationen, Ein Regelungsmodell für internationale Insolvenzfälle, EuZW 1997, S. 618 ff.

Berges, A.M., Kommt es zu einem EWG-Konkursabkommen?, KTS 1965, S. 73 ff.

Binz, Hans-Bert, Darlehen an Gesellschafter als verbotene Auszahlung i.S. von § 30 GmbHG und Folgen für Bilanzierung und Berichterstattung – Auswirkungen des BGH-Urteils vom 24.11.2003 II ZR 171/01, DB 2004, S. 1273 ff.

Birg, Rolf, Die internationale Zuständigkeit in arbeitsrechtlichen Streitigkeiten nach dem Europäischen Gerichtsstands- und Vollstreckungsübereinkommen, RdA 1983, S. 143 ff.

von Boehmer, Ilka Annette, (Deutsches) Internationales Insolvenzrecht im Umbruch: Grundfragen grenzüberschreitender Insolvenzen, unter Berücksichtigung der UNCITRAL-Modellbestimmungen über grenzüberschreitende Insolvenzen, Dissertation an der Georg-August-Universität Göttingen 2006 (zit.: v. Boehmer, (Deutsches) Internationales Insolvenzrecht).

Borges, Georg, Gläubigerschutz bei ausländischen Gesellschaften mit inländischem Sitz, ZIP 2004, S. 733 ff.

–, Die Sitztheorie in der Centros-Ära: Vermeintliche Probleme und unvermeidliche Änderungen, Zugleich Besprechung von OLG Frankfurt a.M. (RIW 1999, 783), RIW 2000, S. 167 ff.

Braun, Eberhard / Heinrich, Jens, Finanzdienstleister in der „grenzüberschreitenden" Insolvenz – Lücken im System?, Ein Beitrag zu der Verordnung (EG) Nr. 1346/2000 des Rates vom 29.5.2000 über Insolvenzverfahren, NZI 2005, S. 578 ff.

Brinkmann, Moritz, Zu Voraussetzungen und Wirkungen der Art. 15, 25 EuInsVO, Die Wirkungen der Anordnung von Sicherungsmaßnahmen im Insolvenzeröffnungsverfahren auf im Ausland anhängige Prozesse, IPRax 2007, S. 235 ff.

Buchner, Benedikt, E-Commerce und effektiver Rechtsschutz – oder: Wer folgt wem wohin?, EWS 2000, S. 147 ff.

Cahn, Andreas, Verlustübernahme und Einzelausgleich im qualifiziert faktischen Konzern, ZIP 2001, S. 2159 ff.

–, Das richterrechtliche Verbot der Kreditvergabe an Gesellschafter und seine Folgen, Anmerkungen zum Urteil des BGH vom 24. November 2003, II ZR 171/01, Der Konzern 2004, S. 235 ff.

von Campe, Moritz, Insolvenzanfechtung in Deutschland und Frankreich, Das neue Sach- und Kollisionsrecht (InsO und Loi n° 85–98), Köln 1996 (v. Campe, Insolvenzanfechtung).

Chalupsky, Ernst, Das europäische Übereinkommen über Insolvenzverfahren, in: Baudenbacher, Carl, Aktuelle Probleme des Europäischen und internationalen Wirtschaftsrechts, Band I, Neuwied 1998, S. 297 ff. (zit.: Chalupsky, Das europäische Übereinkommen über Insolvenzverfahren, in: Baudenbacher, Aktuelle Probleme).

Dauner-Lieb, Barbara, Die Existenzvernichtungshaftung – Schluss der Debatte?, DStR 2006, S. 2034 ff.

Davies, Paul, Legal Capital in Private Companies in Great Britain, AG 1998, S. 346 ff.

Decher, Christian, Konzernhaftung im Lichte von Bremer Vulkan, ZInsO 2002, S. 113 ff.

Drygala, Tim, Stand und Entwicklung des europäischen Gesellschaftsrechts, ZEuP 2004, S. 337 ff.

Duursma-Kepplinger, Henriette-Christine / Duursma, Dieter / Chalupsky, Ernst, Europäische Insolvenzverordnung, Kommentar, Wien 2002 (zit.: D-K/D/Ch – Bearbeiter, EuInsVO).

Duursma-Kepplinger, Henriette-C. / Duursma, Dieter, Der Anwendungsbereich der Insolvenzordnung unter Berücksichtigung der Bereichsausnahmen, von Konzernsachverhalten und der von den Mitgliedsstaaten abgeschlossenen Konkursverträge, IPRax 2003, S. 505 ff.

Ebenroth, Carsten Thomas / Kieser Markus, Die Qualifikation der „action en comblement du passif" nach Art. 180 des neuen französischen Insolvenzrechts – Eine Studie unter Berücksichtigung der Rechtsprechung des BGH zum Universalitätsprinzip, KTS 1988, S. 19 ff.

Eberl-Borges, Christina, Die Haftung des herrschenden Unternehmens für Schuldnen einer konzernabhängigen Personengesellschaft – zugleich Kritik an der Rechtsprechung des Bundesarbeitsgerichts, WM 2003, S. 105 ff.

Ebke, Werner, Das Schicksal der Sitztheorie nach dem Centros-Urteil des EuGH, JZ 1999, S. 656 ff.

Eckstein, Felix, Das englisch Konkursrecht, Berlin und Leipzig 1935 (zit.: Eckstein, Das englische Konkursrecht).

Ehricke, Ulrich, Zur Anerkennung einer im Ausland einem Deutschen erteilten Restschuldbefreiung, IPRax 2002, S. 505 ff.

–, Die Wirkungen einer ausländischen Restschuldbefreiung im Inland nach deutschem Recht, RabelZ 62 (1998), S. 712 ff.

–, Die neue Europäische Insolvenzordnung und grenzüberschreitende Konzerninsolvenzen, EWS 2002, S. 101 ff.

–, Zur gemeinschaftlichen Sanierung insolventer Unternehmen eines Konzerns, ZInsO 2002, S. 393 ff.

Ehricke, Ulrich / Ries, Julian, Die neue Europäische Insolvenzverordnung, JuS 2003, S. 313 ff.

Eidenmüller, Horst, Geschäftsleiter- und Gesellschafterhaftung bei europäischen Auslandsgesellschaften mit tatsächlichem Inlandssitz, Besprechung von BGH, Urt. v. 14.3.2005 – II ZR 5/03 (NJW 2005, 1648), NJW 2005, S. 1618 ff.

–, Europäische Verordnung über Insolvenzverfahren und zukünftiges deutsches internationales Insolvenzrecht, IPRax 2001, S. 2 ff.

–, Verfahrenskoordination bei Konzerninsolvenzen, ZHR 169 (2005), S. 528 ff.

Emmerich / Habersack, Aktien- und GmbH- Konzernrecht, Kommentar, hrsg. von Volker Emmerich und Mathias Habersack, 7. Auflage, München 2013 (zit.: Emmerich/Habersack – Bearbeiter, Aktien- und GmbH – Konzernrecht)

Falke, Günther, Konzernrecht in Frankreich, Abhängigkeit und einheitliche Leitung im französischen Recht der Gesellschaftsgruppen, Baden-Baden 1996 (zit.: Falke, Konzernrecht in Frankreich).

Finch, Vanessa, Corporate Insolvency Law, Perspectives and Principles, Cambridge 2002 (zit.: Finch, Corporate Insolvency Law).

Fleck, Hans-Joachim, Zur Haftung des GmbH-Geschäftsführers, GmbHR 1974, S. 224 ff.

Fleischer, Holger, Gläubigerschutz in der kleinen Kapitalgesellschaft: Deutsche GmbH versus englische private limited company, DStR 2000, S. 1015 ff.

Fletcher, Ian, The law of insolvency, London 1996 (zit.: Fletcher, The law of Insolvency).

Foerste, Ulrich, Insolvenzrecht, 4. Auflage, München 2008 (zit.: Foerste, Insolvenzrecht).

Forsthoff, Ulrich, EuGH fördert Vielfalt im Gesellschaftsrecht – Traditionelle deutsche Sitztheorie verstößt gegen Niederlassungsfreiheit, DB 2002, S. 2471 ff.

Frankfurter Kommentar zur Insolvenzordnung, hrsg. von Klaus Wimmer, 6. Auflage, Köln 2011 (FK-InsO – Bearbeiter).

Frege, Michael / Keller, Ulrich / Riedel, Ernst, Insolvenzrecht, Handbuch der Rechtspraxis, 7. Auflage, München 2008 (zit.: Frege/Keller/Riedel, Handbuch Insolvenzrecht).

Freitag, Robert / Leible, Stefan, Justizkonflikte im Europäischen Internationalen Insolvenzrecht und (k)ein Ende?, zugleich eine Besprechung von EuGH, RIW 2006, 619 – Eurofood, RIW 2006, S. 641 ff.

Fritz, Daniel Friedemann / Bähr, Rainer, Die Europäische Verordnung über Insolvenzverfahren – Herausforderung an Gerichte und Insolvenzverwalter, DZWIR 2001, S. 221 ff.

Gebauer, Martin / Wiedmann, Thomas, Zivilrecht unter europäischem Einfluss, Die richtlinienkonforme Auslegung des BGB und anderer Gesetze – Erläuterungen der wichtigsten EG-Verordnungen, Stuttgart 2005 (zit.: Gebauer/Wiedmann – Bearbeiter, Zivilrecht unter europäischem Einfluss)

Goette, Wulf, Anmerkung zu BGH, Beschl. v. 3.11.1997, II ZR 328/96, DStR 1997, S. 1937 ff.

Gehrlein, Markus, Der aktuelle Stand des neuen GmbH-Rechts, Der Konzern 2007, S. 771 ff.

Geimer, Reinhold, Internationales Zivilprozessrecht, 6. Auflage, Köln 2009, (zit.: Geimer, IZPR).

–, Anerkennung und Vollstreckbarerklärung von ex parte-Unterhaltsentscheidungen aus EuGVÜ-Vertragsstaaten, IPRax 1992, S. 5 ff.

Geimer, Reinhold / Schütze, Rolf, Europäisches Zivilverfahrensrecht, Kommentar zur EuGVVO, EuEheVO, EuZustellungsVO, EuInsVO, EuVTVO, zum Lugano-Übereinkommen und zum nationalen Kompetenz- und Anerkennungsrecht, 3. Auflage, München 2010 (zit.: Geimer/Schütze – Bearbeiter, EuZVR).

–, Internationale Urteilsanerkennung, Band I, 1. Halbband: Das EWG-Übereinkommen über die gerichtliche Zuständigkeit und die Vollstreckung gerichtlicher Entscheidungen in Zivil- und Handelssachen, Systematischer Kommentar, München 1983 (zit.: Geimer/Schütze, Internationale Urteilsanerkennung).

–, Internationaler Rechtsverkehr in Zivil- und Handelssachen, Loseblatt-Handbuch mit Texten, Kommentierungen und Länderberichten, Band I, München Stand: Juli 2013 (Geimer/Schütze – Bearbeiter, Internationaler Rechtsverkehr).

Geyrhalter, Volker / Gänßler, Peggy, Perspektiven nach „Überseering" – wie geht es weiter?, NZG 2003, S. 409 ff.

Goode, Roy, Principles of Corporate Insolvency Law, London 2011 (zit.: Goode, Principles of Corporate Insolvency Law).

Gottwald, Peter, Insolvenzrechtshandbuch, 4. Auflage, München 2010 (zit.: Gottwald-Bearbeiter, Handbuch).

–, Grundfragen der Anerkennung und Vollstreckung ausländischer Entscheidungen in Zivilsachen, ZZP 103 (1990), S. 257 ff.

Grigoleit, Hans Christoph / Rieder, Markus, GmbH-Recht nach dem MoMiG, München 2009 (zit.: Grigoleit/Rieder, GmbH-Recht nach dem MoMiG)

Gröniger, Eva-Maria, Das französische Insolvenzsystem nach der Reform von 1967 im Vergleich zum deutschen Recht, Bielefeld 1984 (zit.: Gröniger, Das französische Insolvenzsystem).

Haas, Ulrich, Insolvenzverwalterklagen und das EuGVÜ, NZG 1999, S. 1148 ff.

–, Der Normzweck des Eigenkapitalersatzrechts, NZI 2001, S. 1 ff.

Habersack, Mathias / Verse, Dirk, Wrongful Trading – Grundlage einer europäischen Insolvenzverschleppungshaftung?, ZHR 168 (2004), S. 174 ff.

Habscheid, Edgar, Das deutsche internationale Insolvenzrecht und die vis attractiva concursus, ZIP 1999, S. 1113.

–, Grenzüberschreitendes (internationales) Insolvenzrecht der vereinigten Staaten von Amerika und der Bundsrepublik Deutschland, Systeme und Wechelswirkungen rechtsvergleichend auch zu anderen Rechtsordnungen, insbesondere der Schweiz, Berlin 1998 (zit.: Habscheid, Grenzüberschreitendes (internationales) Insolvenzrecht).

Häsemeyer, Ludwig, Insolvenzrecht, 4. Auflage, Köln München 2007 (zit.: Häsemeyer, Insolvenzrecht).

Hamburger Kommentar zum Insolvenzrecht, hrsg. von Dr. Andreas Schmidt, 3. Auflage, Münster 2009 (zit.: HambKomm-Bearbeiter)

Handbuch des Internationalen Zivilverfahrensrecht, hrsg. von Martiny, Dieter / Waehler, Jan Peter / Wolff, Martin, Band III/2, Tübingen 1984 (zit.: Handbuch IZVR – Bearbeiter).

Hau, Wolfgang, Der Vertragsgerichtsstand zwischen judizieller Konsolidierung und legislativer Neukonzeption, IPRax 2000, S. 354 ff.

Haubold, Jens, Europäisches Zivilverfahrensrecht und Ansprüche im Zusammenhang mit Insolvenzverfahren, Zur Abgrenzung zwischen Europäischer Insolvenzverordnung und EuGVO, EuGVÜ und LugÜ, IPRax 2002, S. 157 ff.

–, Mitgliedsstaatenbezug, Zuständigkeitserschleichung und Vermögensgerichtsstand im Internationalen Insolvenzrecht, IPRax 2003, S. 34 ff.

–, Internationale Zuständigkeit für gesellschaftsrechtliche und konzerngesellschaftsrechtliche Haftungsansprüche nach dem EuGVÜ und LugÜ, IPRax 2000, S. 375 ff.

–, BGH: Revision bei zu Unrecht verneinter internationaler Zuständigkeit, Anmerkung zu BGH, Urt.v. 27.5.2003 - IX ZR 203/02, EuZW 2003, S. 703 ff.

Helmreich, Kilian, Die Gewährung von Darlehen durch die GmbH in der Situation der Unterbilanz an ihre Gesellschafter nach der aktuellen Rechtsprechung des BGH, Zugleich Besprechung des BGH-Urt.v. 24.11.2002 - II ZR 171/01, GmbHR 2004, S. 457 ff.

Henze, Hartwig, Aspekte des Insolvenzrechts an der Schnittstelle zum Gesellschaftsrecht, WM 2006, S. 1653 ff.

Herbst, Oliver, Keine Geltung des § 19a ZPO für Aktivprozesse des Insolvenzverwalters, DZWIR 2001, S. 190 ff.

Herchen, Axel, Das Prioritätsprinzip im internationalen Insolvenzrecht, Zugleich Besprechung Stadtgericht Prag, Beschl. v. 26.4.2005 - 78 K 6/05-127 (ZIP 2005, 1431), ZIP 2005, S. 1401 ff.

–, Das Übereinkommen über Insolvenzverfahren der Mitgliedsstaaten der Europäischen Union vom 23.11.1995; Eine Analyse zentraler Fragen des Internationalen Insolvenzrechts unter besonderer Berücksichtigung dinglicher Sicherungsrechte, Würzburg 2000 (zit.: Herchen, Das Übereinkommen)

–, Scheinauslandsgesellschaften im Anwendungsbereich der Europäischen Insolvenzverordnung, Anmerkung zur Entscheidung des High Court of Justice, Chancery Division (Company Court) v. 7.2.2003, ZInsO 2003, S. 742 ff.

–, Aktuelle Entwicklungen im Recht der internationalen Zuständigkeit zur Eröffnung von Insolvenzverfahren: Der Mittelpunkt der (hauptsächlichen) Interessen im Mittelpunkt der Interessen, ZInsO 2004, S. 825 ff.

–, International-insolvenzrechtliche Kompetenzkonflikte in der Europäischen Gemeinschaft, Zugleich Besprechung der Entscheidungen des High Court of Justice Leeds v. 16.5.2003 und des AG Düsseldorf v. 19.5./ 6.6.2003, ZInsO 2004, S. 61 ff.

Herweg, Christian / Tschauner, Heiko, Kurzkommentar zu AG Hamburg, Beschl.v. 1.12.2005 - 67a IN 450/05, EWiR 2006, S. 169 f.

Hess, Harald, Insolvenzrecht, Großkommentar in drei Bänden, Band III, Heidelberg 2007 (zit.: Hess, Großkommentar, Band III).

Hess, Burkhard, Europäisches Zivilprozessrecht, Heidelberg 2010 (zit.: Hess, Europäisches Zivilprozessrecht).

Hess, Burkhard / Bittmann, David, Die Effektuierung des Exequaturverfahrens nach der Europäischen Gerichtsstands- und Vollstreckungsverordnung, IPRax 2007, S. 277 ff.

Heß, Burkhard / Hub, Thorsten, Die vorläufige Vollstreckbarkeit ausländischer Urteile im Binnenmarktprozess, IPRax 2003, S. 93 ff.

Hirsch, Alexander / Britain, Richard, Artfully Inspired – Werden deutsche Gesellschaften englisch?, NZG 2003, S. 1100 ff.

Hirte, Heribert, Kapitalgesellschaftsrecht, 6. Auflage, Köln 2009 (zit.: Hirte, Kapitalgesellschaftsrecht).

–, Neuregelungen mit Bezug zum gesellschaftsrechtlichen Gläubigerschutz und im Insolvenzrecht durch das Gesetz zur Modernisierung des GmbH-Rechts und zur Bekämpfung von Missbräuchen (MoMiG), ZInsO 2008, S. 689 ff.

Hirte, Heribert / Bücker, Thomas, Grenzüberschreitende Gesellschaften, Ein Praxishandbuch, 2. Auflage, München 2006 (zit.: Hirte/Bücker – Bearbeiter, Grenzüberschreitende Gesellschaften).

Hirte, Heribert / Mock, Sebastian, Wohin mit der Insolvenzantragspflicht?, ZIP 2005, S. 474 ff.

Höfling, Barbara Sabine, Das englische internationale Gesellschaftsrecht, Heidelberg 2002 (zit.: Höfling, Das englische internationale Gesellschaftsrecht).

von Hoffmann, Bernd / Hau, Wolfgang, Probleme der abredewidrigen Streitverkündung im Europäischen Zivilrechtsvekehr, RIW 1997, S. 89 ff.

Hoffmann, Jochen, Das GmbH-Konzernrecht nach dem „Bremer Vulkan" – Urteil, NZG 2002, S. 68 ff.

Homann, Stefan, System der Anerkennung eines ausländischen Insolvenzverfahrens, KTS 2000, S. 343 ff.

Horn, Norbert, Deutsches und europäisches Gesellschaftsrecht und die EuGH-Rechtsprechung zur Niederlassungsfreiheit – Inspire Art, NJW 2004, S. 893 ff.

Huber, Peter, Internationales Insolvenzrecht in Europa, ZZP 114 (2001), S. 133 ff.

Huber, Ulrich / Habersack, Mathias, GmbH-Reform: Zwölf Thesen zu einer möglichen Reform des Rechts der kapitalersetzenden Gesellschafterdarlehen, BB 2006, S. 1 ff.

Hübner, Ulrich / Constantinesco, Vlad, Einführung in das französische Recht, 4. Auflage, München 2001 (zit.: Hübner/Constantinesco, Einführung in das französische Recht).

Hüffer, Uwe, Aktiengesetz, Kommentar, 7. Auflage, München 2006 (zit.: Hüffer, AktG).

Jahr, Günther, Die gerichtliche Zuständigkeit für das Konkursverfahren und für die Entscheidung von Streitigkeiten, die mit dem Konkursverfahren zusammenhängen, ZZP 79 (1966), S. 347 ff.

–, Vereinheitlichtes Internationales Konkursrecht in der Europäischen Wirtschaftsgemeinschaft, Der Vorentwurf eines Übereinkommens über den Konkurs, Vergleiche und ähnliche Verfahren, RabelsZ 36 (1972), S. 620 ff.

–, Vis attractiva concursus, Stellungnahme zu den Artt. 15 und 16 des Entwurfs von 1980, in: Kegel, Gerhard / Thieme, Jürgen (Hrsg.), Vorschlage und Gutachten zum Entwurf eines EG-Konkursübereinkommens, Tübingen 1988, S. 305 ff. (zit.: Jahr, Vis attractiva concursus, in: Kegel/Thieme, Vorschläge und Gutachten).

Jayme, Erik / Kohler, Christian, Europäisches Kollisionsrecht 1996 – Anpassung und Transformation der nationalen Rechte, IPRax 1996, S. 377 ff.

–, Das Internationale Privat- und Verfahrensrecht der EG – Stand 1989, IPRax 1989, S. 337 ff.

–, Europäisches Kollisionsrecht 1997 – Vergemeinschaftung durch „Säulenwechsel"?, IPRax 1997, S. 385 ff.

Junker, Abbo, Die faktische Geschäftsführung („gérance de fait") in Frankreich und ihre Gefahren für deutsche Unternehmen, RIW 1986, S. 337 ff.

Kammel, Volker, Die Bestimmung der zuständigen Gerichte bei grenzüberschreitenden Konzerninsolvenzen, NZI 2006, S. 334 ff.

Kaye, Peter, Civil Jurisdiction and enforcement of foreign Judgments, Oxon 1987 (zit.: Kaye, Civil Jurisdiction).

Kemper, Jutta, Die Verordnung (EG) Nr. 1346/2000 über Insolvenzverfahren, Ein Schritt zu einem europäischen Insolvenzrecht, ZIP 2001, S. 1609 ff.

Keßler, Jürgen, Kapitalerhaltung und normativer Gläubigerschutz in der Einpersonen-GmbH – zum „beiläufigen" Ende des „qualifiziert faktischen" GmbH-Konzerns, Besprechung der Entscheidung BGH v. 17.9.2001 – II ZR 178/99 (GmbHR 2001, 1036) – „Bremer Vulkan", GmbHR 2001, S. 1095 ff.

Kerameus, Konstantinos / Prütting, Hanns, Die Revision des EuGVÜ – Bericht über ein Grotius-Projekt, ZZPInt 3 (1998), S. 265 ff.

Kienle, Florian, Effektiver Zugang zum (doppelten) Recht? Ein Zwischenruf zum Verhältnis von EuGVO und EuVTVO, EuZW 2010, S. 334 ff.

Kleinert, Jens / Probst, Peter, Endgültiges Aus für Sonderanknüpfungen bei (Schein-) Auslandsgesellschaften – Anmerkung zu EuGH-Urteil vom 30.9.2003 – Rs. C-167/01 – Inspire Art (DB 2003 S. 2219), DB 2003, S. 2217 ff.

Klöhn, Lars / Berner, Olaf, Anmerkung zu BGH, Beschluss vom 21.6.2007 – IX ZR 39/06, ZIP 2007, S. 1418 ff.

Knobbe-Keuk, Brigitte, Umzug von Gesellschaften in Europa, ZHR 154 (1990), S. 325 ff.

Kolmann, Stephan, Kooperationsmodelle im internationalen Insolvenzrecht – Empfiehlt sich für das deutsche internationale Insolvenzrecht eine Neuorientierung?, Bielefeld 2001 (zit.: Kolmann, Kooperationsmodelle).

Konecny, Andreas, Thesen zum Mittelpunkt der hauptsächlichen Schuldnerinteressen gem Art. 3 Abs. 1 EuInsVO, ZIK 2005, S. 2 ff.

Kranemann, Karl Robert, Insolvenzanfechtung im deutschen Internationalen Insolvenzrecht und nach der Europäischen Insolvenzrechtsverordnung, Dargestellt am Beispiel England – Deutschland, Frankfurt 2002 (zit.: Kranemann, Insolvenzanfechtung).

Krebber, Sebastian, Europäische Insolvenzverordnung, Drittstaatengesellschaften, Drittstaatensachverhalte und innergemeinschaftliche Konflikte, IPRax 2004, S. 540 ff.

Kropholler, Jan / von Hein, Jan, Europäisches Zivilprozessrecht, Kommentar zu EuGVO, Lugano-Übereinkommen 2007, EuVTVO, EuMVVO und EuGFVO, 9. Auflage, Frankfurt 2011 (zit.: Kropholler/von Hein, EuZPR).

Kropholler, Jan / von Hinden, Michael, Die Reform des europäischen Gerichtsstands am Erfüllungsort (Art. 5 Nr. 1 EuGVÜ), in: Gedächtnisschrift Alexander Lüderitz, München 2000, S. 401 ff.

Kübler, Bruno, Der Mittelpunkt der hauptsächlichen Interessen nach Art. 3 Abs. 1 EuInsVO, in: Festschrift für Walter Gerhardt, Köln 2004, S. 527 ff.

Kübler / Prütting / Bork, InsO, Kommentar zur Insolvenzordnung, hrsg. von: Bruno Kübler, Hanns Prütting, Reinhard Bork, Loseblattsammlung, Köln, Stand: August 2013, (zit.: Kübler/Prütting/Bork- Bearbeiter, InsO).

Kuntz, Thilo, Die Insolvenz der Limited mit deutschem Verwaltungssitz – EU-Kapitalgesellschaften in Deutschland nach „Inspire Art", NZI 2005, S. 424 ff.

Langner, Olaf / Mentgen, Judith, Aufsteigende Darlehen im physischen Cash Pooling und die neue Rechtsprechung des BGH, GmbHR 2004, S. 1121 ff.

Lawlor, Daniel, Die Anwendbarkeit englischen Gesellschaftsrecht bei Insolvenz einer englischen Limited in Deutschland, NZI 2005, S. 432 ff.

Lehr, Wolfgang, Die neue EU-Verordnung über Insolvenzverfahren und deren Auswirkungen für die Unternehmenspraxis, KTS 2000, S. 577 ff.

Leible, Stefan / Hoffmann, Jochen, „Überseering" und das deutsche Gesellschaftskollisionsrecht, Zugleich Besprechung BGH, Urt. vom 13.3.2003 – VII ZR 370/98 (ZIP 2003, 718), ZIP 2003, S. 925 ff.

–, Wie inspiriert ist „Inspire Art"?, EuZW 2003, S. 677 ff.

Leible, Stefan / Staudinger, Ansgar, Die europäische Verordnung über Insolvenzverfahren, KTS 2000, S. 533 ff.

Leipold, Dieter, Zuständigkeitslücken im neuen Europäischen Insolvenzrecht, in: Festschrift für Akira Ishikawa zum 70. Geburtstag am 27.11.2001, Berlin 2001, S. 221 ff.

–, Internationale Zuständigkeit am Erfüllungsort – das Neueste aus Luxemburg und Brüssel, in: Gedächtnisschrift Alexander Lüderitz, München 2000, S. 431 ff.

–, Zum künftigen Weg des deutschen Internationalen Insolvenzrechts (Anwendungsbereich, internationale Zuständigkeit, Anerkennung und Vollstreckung), in: Stoll, Hans (Hrsg.), Vorschläge und Gutachten zur Umsetzung des EU-Übereinkommens über Insolvenzverfahren im deutschen Recht, Tübingen 1997, S. 185 ff. (zit.: Leipold, Zum künftigen Weg, in: Stoll, Vorschläge und Gutachten).

Lemontey, Jacques, Bericht über das Übereinkommen über den Konkurs, Vergleiche und ähnliche Verfahren, ZIP 1981, S. 547 ff.

–, Anmerkung zu Cour de justice des communautés européenes – 22 février 1979 – Goudrain/Nadler, Revue critique de droit international privé, 1979, S. 657 ff.

Lent, Friedrich, Die vis attractiva concursus und das Konkursgericht als Kollegialgericht in ihrer Wechselwirkung, KTS 1959, S. 73 ff.

Lorenz, Verena, Annexverfahren bei Internationalen Insolvenzen, Tübingen 2005 (zit.: Lorenz, Annexverfahren)

Lorenz, Stephan / Unberath, Hannes, Internationale Zuständigkeit und Gläubigerwechsel, in: Festschrift für Peter Schlosser zum 70. Geburtstag, Tübingen 2005, S. 513 ff.

Lüke, Wolfgang, Das europäische internationale Insolvenzrecht, ZZP 111 (1998), S. 275 ff.

–, Europäisches Zivilverfahrensrecht – das Problem der Abstimmung zwischen EuInsÜ und EuGVÜ, in: Festschrift für Rolf A. Schütze zum 65. Geburtstag, München 1999, S. 467 ff.

Lüer, Hans-Jochem, Einheitliches Insolvenzrecht innerhalb der Europäischen Gemeinschaften – Die Quadratur des Kreises? – Anmerkungen zum Entwurf eines Übereinkommens über den Konkurs, Vergleiche und ähnliche Verfahren, KTS 1981, S. 147 ff.

Lutter, Marcus, „Überseering“ und die Folgen, BB 2003, S. 7 ff.

–, Europäische Auslandsgesellschaften in Deutschland, Köln 2005 (zit.: Lutter – Bearbeiter, Europäische Auslandsgesellschaften in Deutschland).

Lutter / Hommelhoff, GmbH-Gesetz, Kommentar, 16. Auflage, Köln 2004 (zit.: Lutter/Hommelhoff – Bearbeiter, GmbHG).

Mankowski, Peter, Inlandskonkurs und Vollstreckbarerklärungsverfahren, Zugleich eine Besprechung des Beschlusses des OLG Saarbrücken vom 1. Oktober 1993 (ZIP 1994, 1609), ZIP 1994, S. 1577 ff.

–, Entwicklungen im Internationalen Privat- und Prozessrecht 2004/2005 (Teil2), RIW 2005, S. 561 ff.

–, Anmerkung zu BGH-Urteil vom 27.5.2003 - IX ZR 203/02, NZI 2003, S. 545 ff.

–, EuGVÜ-Gerichtsstand für Gesellschafterhaftungsklage des Insolvenzverwalters, NZI 1999, S. 56 ff.

–, Keine örtliche Ersatzzuständigkeit der Hauptstadtgerichte für Verbrauchersachen unter dem EuGVÜ - oder: Tod einer Theorie in Berlin, IPRax 2001, S. 33 ff.

–, Anmerkung zu AG München, Beschl. v. 4.5.2004 - 1501 IE 1276/04, NZI 2004, S. 450 ff.

–, Klärung von Grundfragen des europäischen Internationalen Insolvenzrechts durch die Eurofood-Entscheidung?, center of main interests (COMI), Anerkennung, ordre public, vorläufige Insolvenzverwaltung, BB 2006, S. 1753 ff.

–, Kurzkommentar zu CA (Cour d'appel) Versailles, Urt.v. 4.9.2003 - 05038/03, EWiR 2003, S. 1239 f.

–, Grenzüberschreitender Umzug und das center of main interests im europäischen Internationalen Insolvenzrecht, NZI 2005, S. 368 ff.

Mankowski, Peter / Willemer, Charlotte, Anmerkung zu OLG Frankfurt a.M., Urt. v. 26.1.2006 - 15 U 200/05, NZI 2006, S. 648 ff.

Markus, Alexander, Zum internationalen Insolvenzrecht, Die Arbeiten der UNCITRAL an einem Modellgesetz, Der Schweizer Treuhänder 1997, S. 295 ff.

Marquardt, Alexander / Hau, Wolfgang, Risiken für Muttergesellschaften nach französischem Insolvenz- und Haftungsrecht, RIW 1998, S. 441 ff.

Martini, Ulf, Die Europäische Insolvenzordnung über Insolvenzverfahren v. 29.5.2000 und die Rechtsfolgen für die Praxis, ZInsO 2002, S. 905 ff.

Martiny, Dieter, Autonome und einheitliche Auslegung im Europäischen Internationalen Zivilprozessrecht, RabelZ 45 (1981), S. 427 ff.

Maul, Silja / Schmidt, Claudia, Inspire Art - Quo vadis Sitztheorie?, BB 2003, S. 2297 ff.

Metzger, Ingrid, Die Umsetzung des Istanbuler Konkursübereinkommens in das neue deutsche Internationale Insolvenzrecht, Freiburg (Breisgau) 1994 (zit.: Metzger, Die Umsetzung des Istanbuler Konkursübereinkommens).

Mödl, Robert, Pflichten des einzigen Gesellschafters gegenüber „seiner" GmbH - BGHZ 149, 10, JuS 2003, S. 14 ff.

Mörsdorf-Schulte, Juliana, Internationaler Gerichtsstand für Insolvenzanfechtungsklagen im Spannungsfeld von EuInsVO, EuGVÜ/O und autonomen Recht und seine Überprüfbarkeit durch den BGH (zu BGH, 27.5.2003 - IX ZR 203/02), IPRax 2004, S. 31 ff.

Müller, Carsten, Die Anwendung des Art. 34 Nr. 4 EuGVVO auf Entscheidungen aus ein- und demselben Mitglliedsstaat, IPRax 2009, S. 484 ff.

Münchener Kommentar Bürgerliches Gesetzbuch, Band 11, 5. Auflage, München 2010 (zit.: MünchKommBGB - Bearbeiter, Band 11).

Münchener Kommentar Insolvenzordnung, Band 3, 2. Auflage, München 2008 (zit.: MünchKommInsO - Bearbeiter, Band 3).

Münchener Kommentar Zivilprozessordnung, Band 3, 3. Auflage, München 2008 (zit.: MünchKommZPO - Bearbeiter, Band 3).

Nagel, Heinrich / Gottwald, Peter, Internationales Zivilprozessrecht, 7. Auflage, Köln 2013 (zit.: Nagel/Gottwald, IZPR).

Nerlich, Jörg / Römermann, Volker, Insolvenzordnung (InsO), Kommentar, Loseblattsammlung, München, Stand: August 2012, (zit.: Nerlich/Römermann -Bearbeiter, InsO).

Nitsche, Thomas, Konzernfolgeverantwortung nach lex fori concursus, Baden-Baden 2007 (zit.: Nitsche, Konzernfolgeverantwortung).

Oberhammer, Paul, Europäisches Insolvenzrecht in praxi – „Was bisher geschah", ZInsO 2004, S. 761 ff.

–, Von der EuInsVO zu europäischen Insolvenzrecht, – Eine Zwischenbilanz über rechtspolitische Gestaltungsmittel und Ziele, KTS 2009, S. 27 ff.

Palandt, Bürgerliches Gesetzbuch, Kommentar, 71. Auflage, München 2012 (zit.: Palandt - Bearbeiter, BGB).

Pannen, Klaus, Europäische Insolvenzverordnung, Kommentar, Berlin 2007 (zit.: Pannen - Bearbeiter, EuInsVO).

Paulus, Christoph, Änderungen des deutschen Insolvenzrechts durch die deutsche Insolvenzverordnung, ZIP 2002, S. 729 ff.

–, Überlegungen zu einem modernen Konzerninsolvenzrecht, ZIP 2005, S. 1948 ff.

–, Das neue internationale Insolvenzrecht der USA, NZI 2005, S. 439 ff.

–, Europäische Insolvenzverordnung, Kommentar, 3. Auflage, Frankfurt 2010 (zit.: Paulus, Europäische Insolvenzverordnung).

–, Der EuGH und das moderne Insolvenzrecht, NZG 2006, S. 609 ff.

–, Die europäische Insolvenzverordnung und der deutsche Insolvenzverwalter, NZI 2001, S. 505 ff.

Penzlin, Dietmar, Kurzkommentar zu Tribunal de Commerce de Nanterre, Urt.v. 15.2.2006 – PCL 2006J00174, EWiR 2006, S. 207 f.

Priester, Hans-Joachim, Die Erhöhung des Stammkapitals mit kapitalersetzenden Gesellschafterdarlehen, in: Festschrift für Georg Döllerer, Düsseldorf 1988, S. 475 ff.

Prütting, Hanns / Gehrlein, Markus, ZPO, Kommentar, Köln 2010 (zit.: Prütting/ Gehrlein – Bearbeiter, ZPO).

Rauscher, Thomas, Europäisches Zivilprozess- und Kollisionsrecht, EuZPR/Eu-IPR, Kommentar, Bearbeitung 2011, München 2011 (Rauscher – Bearbeiter, EuZPR)

Reidenbach, Dirk, Cash Pooling und Kapitalerhalt nach neuer höchstrichterlicher Rechtsprechung, WM 2004, S. 1421 ff.

Reinhart, Stefan, Sanierungsverfahren im internationalen Insolvenzrecht, Eine rechtsvergleichende Untersuchung über die besonderen internationalrechtlichen Probleme liquidationsabwendender Insolvenzverfahren, Berlin 1995 (zit.: Reinhart, Sanierungsverfahren).

Ringe, Wolf-Georg, Insolvenzanfechtungsklage im System des europäischen Zivilverfahrensrechts, Zugleich Anm. zu OLG Frankfurt, Urt, v. 26.1.2006 – 15 U 200/05, (ZInsO 2006, 715 ff.), ZInsO 2006, S. 700 ff.

Ripert, Georges / Roblot, René, Traité de droit commercial, Paris 1992 (zit.: Ripert/Roblot, Traité de droit commercial).

Römermann, Volker, Insolvenzrecht im MoMiG, NZI 2008, S. 641 ff.

Römermann, Volker / Schröder, Henning, Aufgabe des qualifiziert faktischen GmbH-Konzerns, Das „Bremer Vulkan" -Urteil des BGH vom 17.9.2001, GmbHR 2001, S. 1015 ff.

Rossbach, Oliver, Europäische Insolvenzverwalter in Deutschland, Köln 2006 (zit.: Rossbach, Europäischer Insolvenzverwalter).

Roth, Wulf-Henning, Internationales Gesellschaftsrecht nach *Überseering,* IPRax 2003, S. 117 ff.

Rubner, Daniel, Abschied von der Existenzvernichtungshaftung, DStR 2005, S. 1694 ff.

Saenger, Ingo Zivilprozessordnung, Handkommentar, 3. Auflage, Baden-Baden 2009 (zit.: Saenger – Bearbeiter, Hk-ZPO).

Schack, Haimo, Internationales Zivilverfahrensrecht, 5. Auflage, München 2010 (zit.: Schack, IZVR).

Schall, Alexander, Englischer Gläubigerschutz bei der Limited in Deutschland, ZIP 2005, S. 965 ff.

Schanze, Erich / Jüttner, Andreas, Die Entscheidung für Pluralität, Kollisionsrecht und Gesellschaftsrecht nach der EuGH-Entscheidung „Inspire Art", AG 2003, S. 661 ff.

Schillig, Michael, Die ausschließliche internationale Zuständigkeit für gesellschaftsrechtliche Streitigkeiten vor dem Hintergrund der Niederlassungsfreiheit – zur Anwendung des Art. 22 Nr. 2 EuGVVO auf eine englische limited mit Verwaltungssitz in Deutschland, IPRax 2005, S. 208 ff.

Schilmar, Boris, Kapitalerhaltung versus Konzernfinanzierung? – Cash Pooling und Upstream-Besicherung im Lichte der neuesten BGH-Rechtsprechung, DB 2004, S. 1411 ff.

Schlosser, Peter, EU-Zivilprozessrecht, EuGVVO, AVAG, VTVO, MahnVO, BagatellVO, HZÜ, EuZVO, HBÜ, EuBVO Kommentar, 3. Auflage, München 2009 (zit.: Schlosser, EU-ZPR).

–, Der EuGH und das Europäische Gerichtsstands- und Vollstreckungsübereinkommen, NJW 1977, S. 457 ff.

Schmidt, Jessica, Eurofood – Eine Leitentscheidung und ihre Rezeption in Europa und den USA, ZIP 2007, S. 405 ff.

Schmidt, Karsten, Gesellschafterhaftung und „Konzernhaftung" bei der GmbH, Bemerkungen zum „Bremer Vulkan"-Urteil des BGH vom 17.9.2001, NJW 2001, S. 3577 ff.

–, Gesellschaftsrecht, 4. Auflage, Köln 2002 (zit.: Schmidt, Gesellschaftsrecht).

–, Reform der Kapitalsicherung und Haftung in der Krise nach dem Regierungsentwurf des MoMiG, Sechs Leitsätze zu § 30 GmbH-E, § 64 GmbH-E und § 15 InsO-E, GmbHR 2007, S. 1072 ff.

Schollmeyer, Eberhard, Die vis attractiva concursus im deutsch-österreichischen Konkursvertrag, IPRax 1998, S. 29 ff.

–, Gegenseitige Verträge im internationalen Insolvenzrecht, München 1997 (zit.: Schollmeyer, Gegenseitige Verträge).

Schücking, Christoph, Kapitalersetzende Gesellschafterdarlehen im Internationalen Privatrecht, ZIP 1994, S. 1156 ff.

Schütze, Rolf, Die Anerkennung und Vollstreckbarerklärung ausländischer, insbesondere US-amerikanischer, insolvenzrechtlicher Entscheidungen in Deutschland, DZWIR 2001, S. 412 ff.

Schulz, Martin, (Schein-)Auslandsgesellschaften in Europa – Ein Schein-Problem?, NJW 2003, S. 2705 ff.

Schumann, Alexander, Die englische Limited mit Verwaltungssitz in Deutschland: Kapitalaufbringung, Kapitalerhaltung und Haftung bei Insolvenz, DB 2004, S. 743 ff.

Schwarz, Günter Christian, Insolvenzverwalterklagen bei eigenkapitalersetzenden Gesellschafterleistungen nach der Verordnung (EG) Nr. 44/2001 (EuGVVO), NZI 2002, S. 290 ff.

–, International-zivilverfahrensrechtliche Probleme grenzüberschreitender Eigenkapitalersatzklagen, in: Festschrift 600 Jahre Würzburger Juristenfakultät, Berlin 2002, S. 503 ff.

Sester, Peter, Plädoyer gegen ein materielles Konzerninsolvenzrecht, Erwiderung zu Paulus, Überlegungen zu einem modernen Konzerninsolvenzrecht (ZIP 2005, 1948), ZIP 2005, S. 2099.

Smid, Stefan, Grundzüge des Insolvenzrechts, 4. Auflage, München 2002 (zit.: Smid, Grundzüge des Insolvenzrechts).

–, Grenzüberscheitende Insolvenzverwaltung in Europa, in: Festschrift für Reinhold Geimer zum 65. Geburtstag, München 2002, S. 1215 ff.

–, Deutsches und Europäisches Internationales Insolvenzrecht, Stuttgart 2004 (zit.: Smid, Deutsches und Europäisches Internationales Insolvenzrecht).

Sonnenberger, Jürgen / Dammann, Reinhard, Französisches Handels- und Wirtschaftsrecht, 3. Auflage, Frankfurt 2008 (zit.: Sonnenberger/Dammann, Französisches Handels- und Wirtschaftsrecht).

Spellenberg, Ulrich, Das Europäische Gerichtsstands- und Vollstreckungsübereinkommen als Kern eines europäischen Zivilprozeßrechts, EuR 1980, S. 329 ff.

Spindler, Gerald / Berner, Olaf, Der Gläubigerschutz im Gesellschaftsrecht nach Inspire Art, RIW 2004, S. 7 ff.

–, Inspire Art – Der europäische Wettbewerb um das Gesellschaftsrecht ist endgültig eröffnet, Anmerkung zu EuGH, Urteil vom 30.9.2003 – Rs. C-167/01 (RIW 2003, 957 – Inspire Art), RIW 2003, S. 949 ff.

Stadler, Astrid, Zeitpunkt der Vorlage der im Klauselerteilungsverfahren nach Art. 47 Nr. 1 EuGVÜ notwendigen Urkunden, IPRax 1997, S. 171 ff.

Stürner, Michael, Gerichtsstandsvereinbarungen und Europäisches Insolvenzrecht, Zugleich ein Beitrag zur internationalen Zuständigkeit bei insolvenzbezogenen Annexverfahren, IPRax 2005, S. 416 ff.

Taupitz, Jochen, Das (zukünftige) europäische Internationale Insolvenzrecht – insbesondere aus international-privatrechtlicher Sicht, ZZP 111 (1998), S. 315 ff.

–, Anmerkung zu BGH, Urteil vom 11.1.1990 – IX ZR 27/89, ZZP 105 (1992), S. 212 ff.

Thieme, Jürgen, Der Entwurf eines Konkursübereinkommens der EG-Staaten von 1980, Überblick und allgemeine Kritik, RabelZ 45 (1981), S. 459 ff.

–, Der revidierte Entwurf eines EG-Konkursübereinkommens von 1984, Allgemeine Stellungnahme zu den Vorschlägen zweiter Lesung der Arbeitsgruppe beim Rat der EG, in: Kegel, Gerhard / Thieme, Jürgen (Hrsg.), Vorschläge und Gutachten zum Entwurf eines EG-Konkursübereinkommens, Tübingen 1988, S. 465 ff. (zit.: Thieme, Der revidierte Entwurf eines EG-Konkursübereinkommens, in: Kegel/Thieme, Vorschläge und Gutachten).

Thole, Christoph, Die internationale Zuständigkeit für insolvenzrechtliche Anfechtungsklagen, Zugleich Besprechung OLG Frankfurt/M. v. 26.1.2006 - 15 U 200/05 (ZIP 2006, 769), ZIP 2006, S. 1383 ff.

Thomas, Heinz / Putzo, Hans, Zivilprozessordnung, Kommentar, 33. Auflage, München 2012 (zit.: Thomas/Putzo - Bearbeiter, ZPO).

Trunk, Alexander, Internationales Insolvenzrecht, Systematische Darstellung des deutschen Rechts mit rechtsvergleichenden Bezügen, Tübingen 1998 (zit.: Trunk, Internationales Insolvenzrecht).

–, Regelungsschwerpunkte eines Ausführungsgesetzes zum Europäischen Insolvenzübereinkommen, in: Stoll, Hans (Hrsg.), Vorschläge und Gutachten zur Umsetzung des EU-Übereinkommens über Insolvenzverfahren im deutschen Recht, Tübingen 1997, S. 232 ff. (zit.: Trunk, Regelungsschwerpunkte, in: Stoll, Gutachten und Vorschläge).

Ulmer, Peter, Von „TBB“ zu „Bremer Vulkan“ - Revolution oder Evolution?, Zum Bestandsschutz der abhängigen GmbH gegen existenzgefährdende Eingriffe ihres Alleingesellschafters, ZIP 2001, S. 2021 ff.

–, Schutzinstrumente gegen die Gefahren aus der Geschäftstätigkeit inländischer Zweigniederlassungen von Kapitalgesellschaften mit fiktivem Auslandssitz, JZ 1999, S. 662 ff.

–, Insolvenzrechtlicher Gläubigerschutz gegenüber Scheinauslandsgesellschaften ohne hinreichende Kapitalausstattung? - Eine Skizze, KTS 2004, S. 291 ff.

Ulmer, Peter / Habersack, Mathias / Winter, Martin, Gesetz betreffend die Gesellschaften mit beschränkter Haftung (GmbHG), Großkommentar, Band II, Tübingen 2006 (Ulmer/Habersack/Winter - Bearbeiter, GmbHG, Band II).

Vallender, Heinz, Aufgaben und Befugnisse des deutschen Insolvenzrichters in Verfahren nach der EuInsVO, KTS 2005, S. 283 ff.

Vallens, Jean-Luc, La loi-type de la CNUDCI sur l'insolvabilité internationale, Recueil Dalloz 1998, S. 157 ff.

–, Anmerkung zu Cour de Cassation, com., 5 mai 2004, Recueil Dalloz 2004, S. 1796 ff.

Vetter, Jochen, Darlehen der GmbH an ihre Gesellschafter und Erhaltung der Stammkapitals, Zugleich Anmerkung zu BGH, Urteil vom 24.11.2003 – II ZR 171/01 (BB 2004, 293), BB 2004, S. 1509 ff.

Virgos, Miguel / Schmit, Etienne, Erläuternder Bericht zu dem EU-Übereinkommen über Insolvenzverfahren, in: Stoll, Hans (Hrsg.), Vorschläge und Gutachten zur Umsetzung des EU-Übereinkommens über Insolvenzverfahren im deutschen Recht, Tübingen 1997, S. 32 ff. (zit.: Virgos/Schmit, Erläuternder Bericht, in: Stoll, Vorschläge und Gutachten).

Vogl, Thorsten, Kurzkommentar zu EuGH, Urt.v. 17.1.2006 – Rs C-1/04, EWiR 2006, S. 141 f.

Wälzholz, Eckhard, Die insolvenzrechtliche Behandlung haftungsbeschränkter Gesellschaften nach der Reform durch das MoMiG, DStR 2007, S. 1914 ff.

Wagner, Rolf, Die geplante Reform des Brüsseler und des Lugano-Übereinkommens, IPRax 1998, S. 241 ff.

–, Vom Brüsseler Übereinkommen über die Brüssel I-Verordnung zum Europäischen Vollstreckungstitel, IPRax 2002, S. 75 ff.

–, *Der Beitritt Österreichs,* Finnlands und Schwedens zum Brüsseler Gerichtsstands und Vollstreckungsübereinkommen vom 27.9.1968, RIW 1998, S. 590 ff.

Weigand, Frank-Bernd, Die internationale Schiedsgerichtsbarkeit und das EuGVÜ, EuZW 1992, S. 529 ff.

Weller, Marc-Philippe, Das Internationale Gesellschaftsrecht in der neuesten BGH-Rechtsprechung, IPRax 2003, S. 423 ff.

–, Scheinauslandsgesellschaften nach Centros, Überseering und Inspire Art: Ein neues Anwendungsfeld für die Existenzvernichtungshaftung, IPRax 2003, S. 207 ff.

–, Einschränkung der Gründungstheorie bei missbräuchlicher Auslandsgründung?, IPRax 2003, S. 520 ff.

–, Forum Shopping im Internationalen Insolvenzrecht?, IPRax 2004, S. 412 ff.

Wenckstern, Manfred, Die englische Floating Charge im deutschen Internationalen Privatrecht, RabelZ 56 (1992), S. 624 ff.

Wessels, Bob, Cross-Border Insolvency Law, International Instruments and Commentary, Alphen aan den Rijn 2007 (zit.: Wessels, Cross-Border Insolvency Law).

Wessels, Peter, Aufsteigende Finanzierungshilfen in GmbH und AG, Zugleich Besprechung zu BGH, Urt. v. 24.11.2003 – II ZR 171/01 (ZIP 2004, 263), ZIP 2004, S. 793 ff.

Westpfahl, Lars / Goetker, Uwe / Wilkens, Jochen, Grenzüberschreitende Insolvenzen, Köln 2008 (zit.: Westpfahl/Goetker/Wilkens, Grenzüberschreitende Insolvenzen).

Westpfahl, Lars / Wilkens, Jochen, Kurzkommentar zu High Court of Justice Leeds, Chancery Division Companies Court (Leeds), Urt. v. 20.5.2004 – No. 556, 557/04, EWiR 2004, S. 847 f.

Wieczorek, Bernhard / Schütze, Rolf, Zivilprozessordnung und Nebengesetze, Großkommentar, 3. Auflage, Berlin 1994 (zit.: Wieczorek/Schütze, ZPO).

Wilhelmi, Rüdiger, Die „neue" Existenzvernichtungshaftung der Gesellschafter der GmbH, Zugleich Besprechung der Urteile des BGH vom 17.9.2001 – II ZR 178/99 „Bremer Vulkan", vom 25.2.2002 – II ZR 2002 – II ZR 196/00 und vom 24.6.2002 – II ZR 300/00 „KBV" sowie des OLG Jena vom 28.11.2001 – 4 U 234/01, DZWIR 2003, S. 45 ff.

Willemer, Charlotte, Vis attractiva concursus und die Europäische Insolvenzverordnung, Tübingen 2006 (zit.: Willemer, Vis attractiva concursus).

Wimmer, Klaus, Die UNCITRAL-Modellbestimmungen über grenzüberschreitende Insolvenzverfahren, ZIP 1997, S. 2220 ff.

–, Die EU-Verordnung zur Regelung grenzüberschreitender Insolvenzverfahren, NJW 2002, S. 2427 ff.

–, Die Verordnung (EG) Nr. 1346/2000 über Insolvenzverfahren, ZInsO 2001, S. 97 ff.

Winter, Michael, Upstream-Finanzierung nach dem MoMiG-Regierungsentwurf, Rückkehr zum bilanziellen Denken, DStR 2007, S. 1484 f.

Wunderer, Regina, Auswirkungen des Europäischen Übereinkommens über Insolvenzverfahren auf Bankgeschäfte, WM 1998, S. 793 ff.

Zerres, Thomas, Deutsche Insolvenzantragspflicht für die englische Limited mit Inlandssitz, DZWIR 2006, S. 356 ff.

Zeuner, Mark, Die Anfechtung in der Insolvenz, Ein Handbuch – unter Einbezug des AnfG 1999, München 1999 (zit.: Zeuner, Die Anfechtung in der Insolvenz).

Zeuner, Mark / Elsner, Theresa, Die internationale Zuständigkeit der Anfechtungsklage oder die Auslegung des Art. 1 Abs. 2 lit. b EuGVVO, DZWIR 2008, S. 1 ff.

Ziemons, Hildegard, Freie Bahn für den Umzug von Gesellschaften nach Inspire Art?!, ZIP 2003, S. 1913 ff.

Zimmer, Daniel, Nach „Inspire Art": Grenzenlose Gestaltungsfreiheit für deutsche Unternehmen?, NJW 2003, S. 3585 ff.

–, Wie es Euch gefällt? Offene Fragen nach dem Überseering-Urteil des EuGH, BB 2001, S. 1 ff.

–, Internationales Gesellschaftsrecht, Das Kollisionsrecht der Gesellschaften und sein Verhältnis zum Internationalen Kapitalmarktrecht und zum Internationalen Unternehmensrecht, Heidelberg 1996 (zit.: Zimmer, Internationales Gesellschaftsrecht).

Zöller, Zivilprozessordnung, Kommentar, 29. Auflage, Köln 2012 (zit.: Zöller-Bearbeiter, ZPO).

Schriften zum Verfahrensrecht

Herausgegeben von Jens Adolphsen, Christoph Althammer, Peter Gottwald und Ulrich Haas

Band 1 Matthias Rauscher: Die neue Berufung in Zivilsachen. 2002.

Band 2 Jörn-Christian Schulze: Grenzen der objektiven Schiedsfähigkeit im Rahmen des § 1030 ZPO. Eine Betrachtung des Rechts der Schiedsfähigkeit nach der Schiedsverfahrensrechtsform. 2003.

Band 3 Roman Rodloff: Das vereinfachte Verfahren zur Festsetzung von Kindesunterhalt nach §§ 654 ff. ZPO. Zugleich ein Beitrag zur Unterhaltsannexklage nach § 653 ZPO und zum vereinfachten Abänderungsverfahren nach § 656 ZPO. 2003.

Band 4 Helia-Verena Daubach: Kammer oder Einzelrichter? Ist die Kammer ein Qualitätselement des Zivilprozesses? 2003.

Band 5 Thomas Gemmeke: Beweisverwertungsverbote im arbeitsgerichtlichen Verfahren. 2003.

Band 6 Wolfgang Kreißig: Der Sportverein in Krise und Insolvenz. 2004.

Band 7 Alexander M. Krämer: Leasingverträge in der Insolvenz. 2005.

Band 8 Timo Christian Walther: Das Verfahren bei Masseunzulänglichkeit nach den §§ 208 ff. InsO. 2005.

Band 9 Henning Müller: Die Lebensversicherung in der Zwangsvollstreckung. 2005.

Band 10 Oliver Hilsbos: Die Mitwirkungspflicht von Personenstandsbehörden in Nachlassverfahren. 2006.

Band 11 Matthias Holla: Der Einsatz von Schiedsgerichten im organisierten Sport. 2006.

Band 12 Matthias Hofmann: Die Eigenverwaltung in der Insolvenz. Darstellung eines Rechtsinstituts unter besonderer Berücksichtigung der Gesellschaftsinsolvenz. 2006.

Band 13 Christian Schindler: Rechtskraft und Innenbindung von Beschlüssen nach der ZPO-Reform. 2006.

Band 14 Carola Reimann-Dittrich: Die Finanzierungsfolgenverantwortung des Gesellschafters. 2006.

Band 15 Viktoria Kress: Internationale Zuständigkeit für elterliche Verantwortung in der Europäischen Union. Das neue europäische Familienverfahrensrecht in Fragen der elterlichen Verantwortung im Kontext der Haager Abkommen. 2006.

Band 16 Frank Martin Herget: Die internationale Zuständigkeit im Electronic Commerce in der Europäischen Union. 2006.

Band 17 Cornelia Drenckhahn: Urkundsvorlagepflichten im Zivilprozess und im arbeitsgerichtlichen Verfahren nach der ZPO-Reform unter besonderer Berücksichtigung der Neufassung des § 142 ZPO. 2007.

Band 18 Walter Boeckh: Beschwerde und Rechtsbeschwerde im Zivilverfahren. 2007.

Band 19 Gökçe Nazar Uzar: Rechtsmittel gegen Schiedssprüche nach dem neuen deutschen und türkischen Schiedsverfahrensrecht. 2007.

Band 20 Christa Kraemer: Eigenkapitalersatz und Insolvenz. Klassische und moderne Fallgruppen. 2007.

Band 21 Martin Beckmann: Statutarische Schiedsklauseln im deutschen Recht und internationalen Kontext. 2008.

Band 22 Ulf Pechartscheck: Entgeltansprüche aus Altersteilzeitarbeit in der Arbeitgeberinsolvenz. Analyse gegenwärtiger Sicherungsmodelle in Deutschland. 2008.

Band 23 Thomas Baumann: Patentstreitigkeiten vor Schiedsgerichten. Eine rechtsvergleichende Betrachtung ausgewählter Probleme nach deutschem und schweizerischem Recht. 2008.

Band 24 Désirée Cimmino: Das UNCITRAL-Modellgesetz über internationale ADR-Verfahren in Wirtschaftsstreitigkeiten. 2008.

Band 25 Ralf Burkhard: Der Einfluss der Schuldrechtsreform auf von § 103 InsO erfasste Kaufverträge. 2010.

Band 26 Stefan Roßkopf: Die Aufrechnung im deutschen und englischen Insolvenzrecht. Eine rechtsvergleichende Untersuchung. 2008.

Band 27 Thomas Rothammer: Die insolvenzrechtliche Restschuldbefreiung – Probleme und Lösungen. 2008.

Band 28 Franziska Schmalenberg: Anerkennung von Patenten in Europa. 2009.

Band 29 Michael Schaumann: Reform des Eigenkapitalersatzrechts im System der Gesellschafterhaftung. Unter Berücksichtigung der Änderungen durch das MoMiG. 2009.

Band 30 Hengliang Shen: Das Absonderungsrecht in der Insolvenz. Erfahrungen aus Deutschland und die Praxis in China. 2009.

Band 31 Alexander Panier: Der Grundsatz der Schadenseinheit. 2009.

Band 32 Ming-Sheng Liu: Die richterliche Hinweispflicht. Dogmatik und Rechtskultur. 2009.

Band 33 Lothar Czaja: Umsetzung der Kooperationsvorgaben durch die Europäische Insolvenzverordnung im deutschen Insolvenzverfahren. 2009.

Band 34 Stefanie Reiche: Die prozessualen Folgen eines Betriebsübergangs nach § 613a BGB. 2009.

Band 35 Christoph Stieber: Der gesicherte Geld- und Warenkredit in der Insolvenz. Das Insolvenzverwalterwahlrecht nach § 103 InsO und dessen Wirkungen auf die Sicherungsübereignung und den Eigentumsvorbehalt. 2009.

Band 36 Miguel Teixeira de Sousa: Die Zulässigkeitsprüfung im Zivilprozess. 2010.

Band 37 Michael Schulze: Das Besteuerungsverfahren der Personengesellschaft bei Insolvenz. 2010.

Band 38 Ulrich Hönle: Die deliktische Grundanknüpfung im IPR und IZVR. Auswirkungen der Kollisionsrechtsvereinheitlichung auf europäischer Ebene. 2011.

Band 39 Hilke Schapp: Die Präklusion von Gestaltungsrechten nach § 767 Abs. 2 ZPO. Eine kritische Untersuchung der Rechtsprechung unter besonderer Berücksichtigung der Rechtskraft und der materiellen Rechtslage. 2011.

Band 40 Moritz Büchele: Eingriff in Gesellschafterrechte im Insolvenzplan. 2011.

Band 41 Markus Wimmer: Unternehmenssanierung mittels Transfergesellschaften. 2011.

Band 42 Christoffer Bortz: Urheberrechtliche Lizenzen in nationaler und internationaler Insolvenz. 2012.

Band 43 Martin Wigand: Verzicht, Vergleich und sonstige Haftungsbeschränkungen im Gesellschaftsrecht. 2012.

Band 44 Michael Schick: Die Zwischenfeststellungsklage des § 256 Abs. 2 ZPO. 2013.

Band 45 Olaf Benning: Internationale Prinzipien für grenzüberschreitende Insolvenzverfahren. 2013.

Band 46 Gero von Jhering: Die Wirkung von Schiedsvereinbarungen, Schiedsklauseln und Schiedssprüchen im Gesellschaftsrecht. Eine Zusammenführung von Schiedsverfahrens- und Gesellschaftsrecht. 2013.

Band 47 Anne Hoßfeld: Die Abtretung schieds- und gerichtsstandsgebundener Forderungen. 2013.

Band 48 Fabian Camek: Das Schutzschirmverfahren nach § 270b InsO und seine Funktionalität im internationalen Rechtsvergleich. 2014.

Band 49 Silvio Kupsch: Grenzüberschreitende Insolvenzverfahren in Südafrika. 2014.

Band 50 Martina Daus: Die insolvenzrechtliche Einordnung der betrieblichen Altersversorgung in der Insolvenz des Arbeitgebers. 2014.

Band 51 Fabian J. Hohl: Die richterliche Unabhängigkeit bei der Auswahl des (vorläufigen) Insolvenzverwalters nach dem ESUG. Vereinbarkeit mit Art. 97 GG und Auswirkung auf die Justiziabilität der Auswahlentscheidung. 2015.

Band 52 Carmen Schauberger: Die Partizipation Minderjähriger im Verfahren der freiwilligen Gerichtsbarkeit. Eine Analyse der Beteiligung und der Verfahrensfähigkeit in Familien- und Erbrechtsverfahren. 2015.

Band 53 Tobias Waldmann: Annexverfahren im Europäischen Insolvenzrecht. 2015.

www.peterlang.com